与时间书

刘硕良口述回忆录

总策划 黄伟林 / 口述 刘硕良 / 张俊显 李逊 唐迎欣 整理

漓江出版社

图书在版编目（CIP）数据

与时间书：刘硕良口述回忆录 / 刘硕良著；张俊显，李逊，唐迎欣整理. -- 桂林：漓江出版社，2023.1
ISBN 978-7-5407-9321-0

Ⅰ. ①与… Ⅱ. ①刘… ②张… ③李… ④唐… Ⅲ. ①刘硕良—回忆录 Ⅳ. ①K825.42

中国版本图书馆 CIP 数据核字（2022）第 202112 号

与时间书：刘硕良口述回忆录
YU SHIJIAN SHU：LIU SHUOLIANG KOUSHU HUIYILU

著 / 口述　刘硕良
整　　理　张俊显　李　逊　唐迎欣
总 策 划　黄伟林

出 版 人　刘迪才
总 监 制　张　谦
策划编辑　李　弘
责任编辑　霍　丽
助理编辑　梁虹程　王钧易
责任校对　卢琳桢
媒介主理　张津理
责任监印　杨　东
封面设计　刘　凛

出　　版　漓江出版社有限公司
地　　址　广西桂林市南环路 22 号
邮　　编　541002
网　　址　www.lijiangbooks.com
发行电话　010-65699511　0773-2583322

经　　销　广西新华书店集团
印　　装　广西壮族自治区地质印刷厂
开　　本　787 mm × 1092 mm　1/16
印　　张　27.75
字　　数　320 千
版　　次　2023 年 1 月第 1 版
印　　次　2023 年 1 月第 1 次印刷
书　　号　ISBN 978-7-5407-9321-0
定　　价　98.00 元

刘硕良（胡昌群 摄）

本书简介

本书系著名出版人刘硕良耄耋之年以口述方式回溯平生之作。书中述及作者在宁乡、长沙、桂林、南宁、昆明、北京等地生活、读书、学习、工作、创业经历及思考，呈现了一个献身新闻出版事业的文化工作者的视野、格局与洞见，以及他对身处其间的时代主流、时代趋势的理解和把握。

二十世纪的中国，是一个风云际会、百舸争流的时代。出生于1932年的刘硕良在家乡宁乡度过了童年时代。他十四岁长沙求学；十七岁随军南下广西征战新闻战线，在《广西日报》工作十六载；后因不实案情被判三年，在劳改场所“就业”十余年；年近半百投身出版，成为漓江出版社早期的核心开创者，因组织出版“获诺贝尔文学奖作家丛书”等外国文学作品名噪一时；年逾六十打造行业影响力期刊《出版广角》；新世纪之初，古稀之年转战云南创办《人与自然》杂志倡导环保生态理念；七十二岁进京“北漂”创业，策划“背影丛书”等精品力作；七十五岁还乡，入广西文史馆主编《广西文史》，组织编著出版《中国地域文化通览·广西卷》及其简编续编等具有里程碑式的著作。作为新中国出版事业的老编辑、老出版人，刘硕良参与了许多具有重大历史意义的新闻与出版事件，在当代中国阅读发展史中留下了不可磨灭的印记。

全书时间跨度近九十年，既是作者个人成长、工作、生活的历史，也是时代发展的缩影、新闻出版发展历史的难得切片。

本书亦是一部难得的出版编辑工作实录，作者以亲身的经历，真实再现了“获诺贝尔文学奖作家丛书”“法国二十世纪文学丛书”“人与自然文库”等作品进入中国读者阅读视野的跌宕历程，对出版人和出版社如何创造品牌、如何创新品牌等议题的探讨提供了经典案例。

◀ 20世纪80年代初，广西出版事业管理局、广西人民出版社部分领导合影。从左至右，前排：李名魁、贺鹤、王东焘、曾霞初、王谭、王劲、尚厚坻、张颉，后排：欧阳广、周刚、刚锐、陈学祥、单明贞、阮同、韦峰、陈国斌

◀ 1979年，（从左至右）广西出版事业管理局党组成员贺鹤、副局长王东焘、顾问曾霞初、副局长王谭、编辑部主任王劲在南宁市河堤路14号广西人民出版社前留影

▶ 茅盾先生为漓江出版社题写社名

▶ 1985年5月27日，漓江出版社在榕湖饭店举行迁址桂林挂牌开业仪式。广西区党委常委、宣传部长侯德彭（左四）到会祝贺。 广西出版局副局长李文杰（右一）、桂林市人大常委会主任高超（左一）、桂林市副市长梁继光（右三），广西师大教授林焕平（右四）、贺祥麟（右二），漓江出版社法定代表人、副总编辑蒋振立（左三）、副总编辑刘硕良（左二）等出席，刘硕良主持仪式

《白夜》

［俄］陀思妥耶夫斯基/著　王庚年/译

《保尔和薇吉妮》

［法］贝纳丹·德·圣比埃/著　亚丁/译

《家族复仇》

［法］巴尔扎克/著　郑克鲁/译

《麦田里的守望者》

［美］塞林格/著　施咸荣/译

《人鼠之间》

［美］斯坦倍克/著　秦似/译

《西方爱情诗选》

莫家祥、高子居/编

《巴黎的忧郁》

[法]波德莱尔/著　亚丁/译

《生活和爱情》

[意]A.E.霍契纳/编　舒展等/译

《世界中篇名作选》（第一辑）

白夫/主编

《漓江译丛》（第一辑）

郑克鲁等/编译

《甜蜜的生活》

[意大利]费利尼等/著　刘儒庭等/译

《暗沟》

[阿根廷]萨瓦托等/著　徐鹤林等/译

《斜雨》

[苏]谢·克鲁季林等/著　石国雄等/译

《为了你》

[印]西玛秀·乔希等/著　郝淑敏等/译

《猎枪》

[日]井上靖等/著　梁悦等/译

• 诺贝尔文学奖丛书最先出版的品种 •

《爱的荒漠》

[法] 莫里亚克/著　桂裕芳/译

《特雷庇姑娘》

[德] 保尔·海泽/著　杨武能/译

《饥饿的石头》

[印度] 泰戈尔/著　倪培耕/译

《蒂博一家》

[法] 马丹·杜伽尔/著　郑克鲁/译

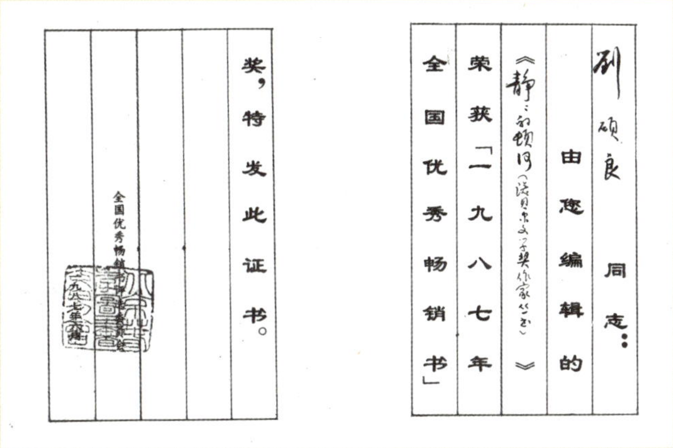

刘硕良 同志：

由您编辑的

《静静的顿河（诺贝尔文学奖作家丛书）》

荣获「一九八七年全国优秀畅销书」

奖，特发此证书。

• 获1987年全国优秀畅销书奖作品 •

《静静的顿河》（1-4卷）

［苏联］肖洛霍夫/著　力冈/译

• 获第三批全国优秀畅销书奖 •

《老人与海》

［美］海明威/著　董衡巽等/译

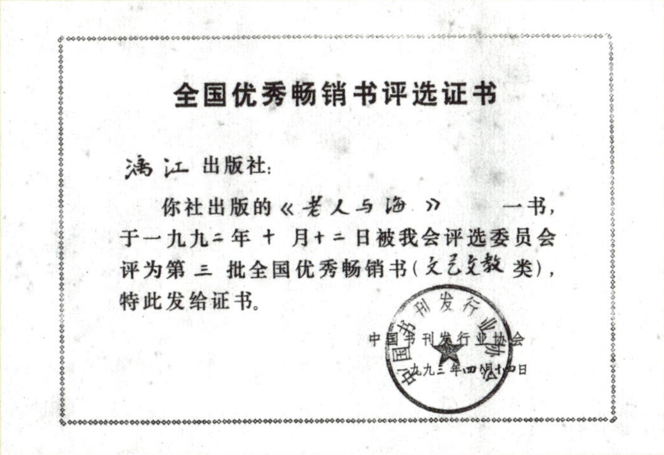

全国优秀畅销书评选证书

漓江 出版社：

你社出版的《老人与海》一书，于一九九二年十月十二日被我会评选委员会评为第三批全国优秀畅销书（文艺文教类），特此发给证书。

中国书刊发行业协会

一九九三年四月十四日

• 漓江出版社在全国首届优秀外国文学图书奖评奖中胜出的作品 •

一等奖《爱的荒漠》
［法］莫里亚克/著　桂裕芳/译

一等奖《我弥留之际》
［美］威廉·福克纳/著　李文俊等/译

一等奖《玉米人》
［危地马拉］阿斯图里亚斯/著
刘习良、笋季英/译

二等奖《外国名作家大词典》
张英伦、吕同六、钱善行、胡湛珍/主编

二等奖《诗海——世界诗歌史纲》
飞白/著

二等奖《茫茫黑夜漫游》
［法］塞利纳/著　沈志明/译

二等奖《栗树下的晚餐》
［法］莫洛亚/著　罗新璋等/译

三等奖《马克思与流浪儿》
[德]维·科恩、伊·科恩/著
周祖生、王燕生/译

三等奖《外国妇女文学词典》
朱虹、文美惠/主编

三等奖《夏威夷》
[美]詹姆斯·米切纳/著
卢佩文/译

领奖后和评委施咸荣(中)合影，左吴裕康

● 在“改革开放30年最具影响力的300本书”评选中，漓江出版社入选多达8种 ●

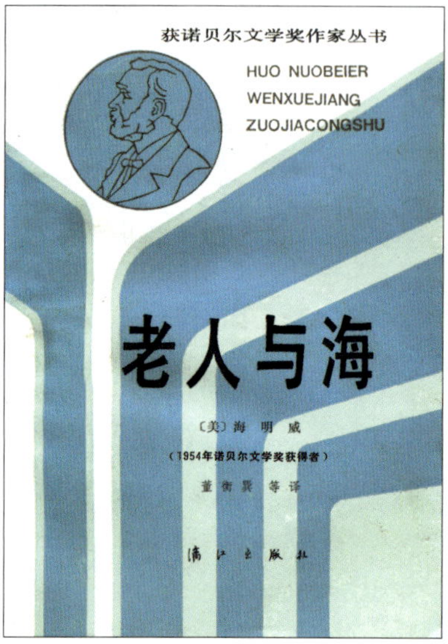

《老人与海》

[美]海明威/著　董衡巽等/译

《日瓦戈医生》

[苏联]帕斯特尔纳克/著　力冈、冀刚/译

《麦田里的守望者》

[美]塞林格/著　施咸荣/译

《意象派诗选》

[英]彼德·琼斯/编　裘小龙/译

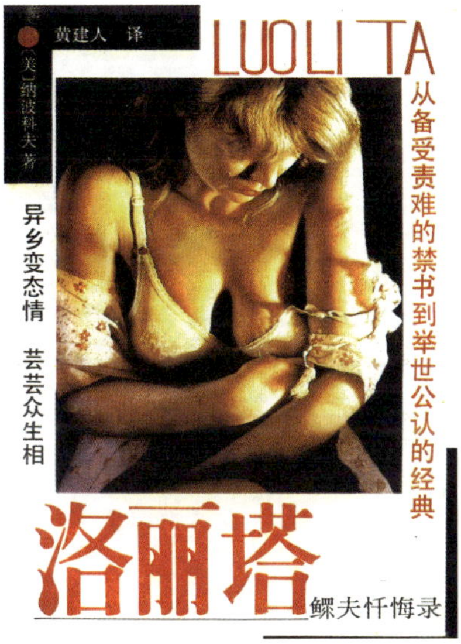

《洛丽塔》

[美]纳波科夫/著　黄建人/译

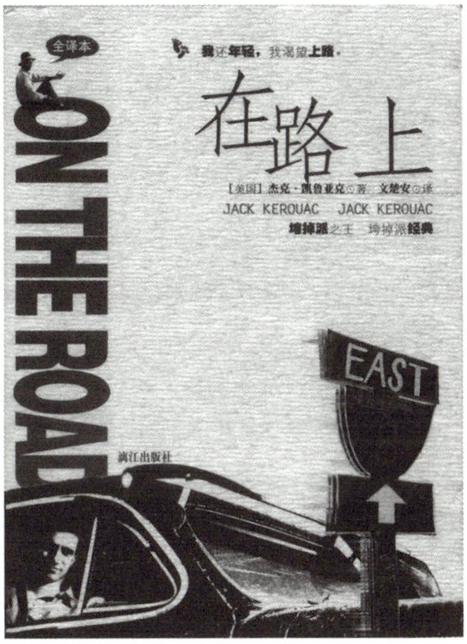

《在路上》

[美]杰克·凯鲁亚克/著　文楚安/译

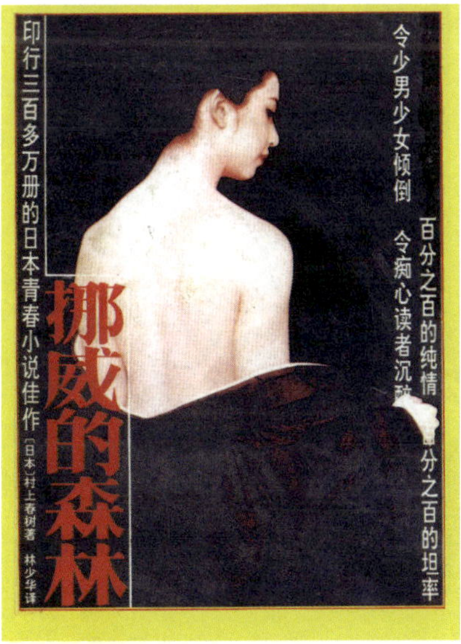

《挪威的森林》

[日]村上春树/著　林少华/译

《假若明天来临》

[美]西德尼·谢尔顿/著　龚人、宁翊/译

《外国名作家大词典》
张英伦、吕同六、钱善行、胡湛珍/主编

《外国妇女文学词典》
朱虹、文美惠/主编

《诗海——世界诗歌史纲》（传统卷）
飞白/著

《诗海——世界诗歌史纲》（现代卷）
飞白/著

《诺贝尔文学奖辞典》

王逢振/主编

《世界名诗鉴赏辞典》

飞白/主编

《彩色插图世界文学史》

［瑞典］托·柴特霍姆、［英国］彼得·昆内尔/编著

李文俊等/译

《火坑》
[俄]库普林/著　姜明河/译

《荆棘鸟》
[澳]科林·麦卡洛/著
晓明、陈明锦/译

移民三部曲：
《移民》《第二代》《生根》
[美]霍华德·法斯特/著
邝启漳、彭嘉林/译

1985年5月，漓江出版社迁址桂林后局、社领导合影，广西出版局主持工作的副局长谢盛培（左三），副局长李文杰（右二）和新建的漓江出版社班子：副总编辑蒋振立（右四）、刘硕良（左二）、陈肖人（左一），副社长张颉（右一）

1986年4月23日，中国版协主席王子野（左二）和外国文学专家柳鸣九（右前二）、吕同六（右后一）、杨武能（左一）、白烨（左后二）等出席在中国社科院外文所举行的漓江版外国文学座谈会

1988年10月，中国译协会长、中国社科院外国文学研究所所长叶水夫（左三），中国译协副秘书长林煌天（右二），广西壮族自治区党委常委、自治区副主席李振潜（左四），广西译协会长贺祥麟（左一），广西新闻出版局局长谢盛培（左二）出席漓江出版社邀集的第二次全国中青年文学翻译经验交流会

漓江出版社联手广西新华书店举行全国发行座谈会。右起：上海市新华书店有关业务主管乐佩华、发行科长刘諟明和新华书店上海发行所等单位同志，左后为重庆发行所负责同志

1990年7月17日，新闻出版署刘杲副署长视察漓江出版社时和员工合影，右五副署长刘杲，右三中宣部出版局张小影，右二新闻出版署图书司寇晓伟，前梯上起广西新闻出版局副局长李文杰、漓江出版社副社长兼副总编辑刘硕良、漓江出版社社长彭匈

1990年2月21日，漓江版《外国名作家大词典》等四部辞书出版座谈会在中国社会科学院新落成的学术报告厅举行。邓力群同志（左二）和贺敬之及宣传文化部门的领导同志出席。右起：吕同六、叶君健、汝信、梁光弟、伍杰。右后：王佐良

作家王蒙夫妇（左一、二）访问漓江出版社。右一庞俭克

作家贺敬之（右一）访问漓江出版社。右二沈东子

刘白羽（左一）访问漓江出版社。右二陈肖人

贺祥麟教授（中）陪同外国客人访问漓江出版社

与外国文学专家郑克鲁（左二）、朱碧恒（左三）、金子信（右一）同游漓江

1990年7月，新闻出版署在桂林召开外国文学出版座谈会，与人民文学出版社副总编辑秦顺新（左二），上海译文出版社社长骆兆添（左一）、总编辑叶麟鎏（右一）相聚于漓江之舟

▲ 飞白弟子胡小跃、吴德艺、张德明、张蕾莉、李力等造访漓江出版社

◀ 和王逢振在漓江，黄丽清（右）

◀ 1988年10月全国中青年文学翻译经验交流会——左二起：王逢振、龚文庠、林煌天、傅惟慈、莫雅平、裴显亚等在漓江之畔

漓江出版社译文室同仁与参加全国中青年文学翻译经验交流会的翻译家合影。
站者排，左起：宋安群、吴裕康、黄天源、梁义华、马高明、刘硕良、周仪、金龙格、沈东子
蹲排，左起：汪正求，左自鸣、臧藏、唐小平、莫雅平、周昱麟

与吴德艺（左）、郑海凌（右）同游漓江

与上海《文汇读书周报》编辑陆灏（右一）、徐坚忠（左一），《文学报》副主编陆行良（左二）在漓江之畔

与翻译家宋兆霖（中）、沈念驹（右）游河北苍岩山

"世界文豪书系"编委会合影于石家庄

河北教育版"世界文豪书系"编委、中宣部出版局领导张小影（右一），翻译家、《雪莱全集》主编江枫（左一），河北教育出版社社长王亚民（左二）和刘硕良合影于河北苍岩山

广西出版成就展于1997年9月30日至10月7日在南宁举行。图为新闻出版署副署长桂晓风（右二）、中宣部出版局副局长张小影（右一）在广西区党委宣传部副部长王其鹏（左二）、广西新闻出版局局长阳建国（左三）的陪同下合影于《出版广角》展位前

“感动共和国的50本书”热销书市，新闻出版署副署长杨牧之（右）在专馆开馆仪式上热情致辞

国家新闻出版署署长石宗源（右二），副署长、中国出版集团管委会主任杨牧之（左一）在第九届北京国际图书博览会上观看云南教育出版社引进出版的《我的野生动物朋友》。右一为广西万达版权中心主任吴呵融

云南省委常委、宣传部部长晏友琼（右二）、云南省新闻出版局党组书记贺全礼（左一）、云南教育出版社社长何学惠（右一）接见蒂皮和她母亲茜尔维

◀《中国地域文化通览·广西卷》编委会主任李康（右）和主编刘硕良

▼ 2010年11月22日，参加《中国地域文化通览·广西卷》《中国地域文化通览·广东卷》《中国地域文化通览·海南卷》编纂工作会议人员合影于南宁西园饭店10号楼前。前排左起：顾绍柏、蒋廷瑜、卢斯飞、陈祖武、司徒尚纪、陈鹤良、程大利、符和积、刘硕良、廖子良、凌沛钊。后排左起：韦俊、郑艳、维莉斯、麦淑萍、柳盛权、陈雄、陈思娣、朱嘉新、许宁、徐婕、晏玉英、蔡敏

中国韬奋出版奖证书

经第八届中国韬奋出版奖评奖委员会评定，授予 刘 硕 良 同志中国韬奋出版奖。

中国出版工作者协会　　中国韬奋基金会

二〇〇三年十二月

荣誉证书
兹授予刘硕良同志广西出版传媒集团有限公司"行业影响力杰出人物奖"荣誉称号。
广西出版传媒集团有限公司
2018年11月27日

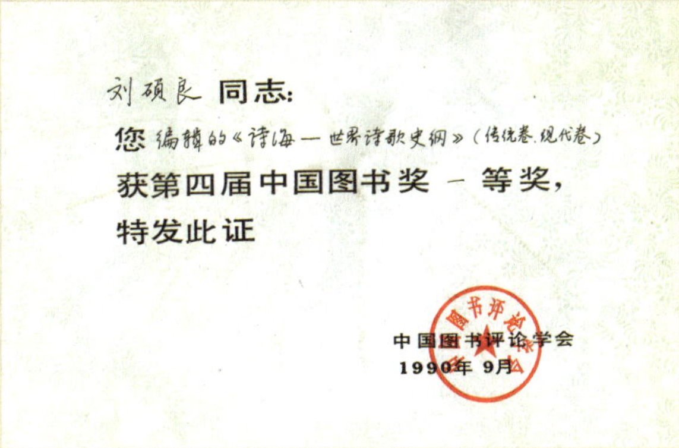
刘硕良 同志:
您编辑的《诗海——世界诗歌史纲》(传统卷、现代卷)
获第四届中国图书奖一等奖,
特发此证
中国图书评论学会
1990年 9月

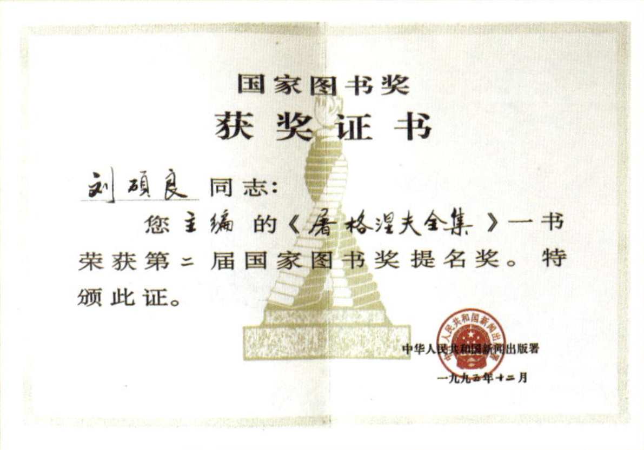
国家图书奖
获奖证书
刘硕良 同志:
您主编的《屠格涅夫全集》一书荣获第二届国家图书奖提名奖。特颁此证。
中华人民共和国新闻出版署
一九九五年十二月

庆祝中华人民共和国成立70周年
70
庆祝中华人民共和国
成立70周年纪念章
中共中央 国务院 中央军委

与黄丽清的结婚照，摄于1958年

与妻子黄丽清（左二）同儿子刘方（左一）、儿媳潘玲玲（右一）、孙女刘瑾懿（左三）

胞兄刘植根

姐妹情深

前排左起：黄丽清、二姐少珍、三姐杏珍

后排左起：六妹晚玲、弟勉北、五妹晚清

◀ 访谈结束后与“刘硕良口述实录项目”工作团队（从左至右：李逊、张俊显、梁虹程）合影

◀ 与本书总策划黄伟林（左二）、责编霍丽（左一）、整理者李逊（右一）商讨图书出版计划

▼ 本书总策划黄伟林（左二）、整理者李逊（左一）在广西师范大学育才校区（桂林）连线南宁进行线上采访

目录

序一

一个出版人的幸福是什么

◎ 杨牧之

* 杨牧之，原国家新闻出版总署副署长、中国大百科全书出版社总主编。

我知道刘硕良先生的大名，或者说“认识”硕良先生，确实很久了，但是了解并不多，知道他组织出版过“获诺贝尔文学奖作家丛书”，很不容易。印象更深刻的是他后来创办的《出版广角》杂志，一本偏居西南一隅的新办杂志，居然有这么大的影响，我很好奇。因为我也办过杂志，知道办杂志的不易。《出版广角》却能引得全国出版界瞩目，每一期刚出版，总想找来翻翻，看看有什么新文章，有什么高论。在出版改革风起云涌的时代，《出版广角》实在是一本有价值、有吸引力的杂志。

但那时我确实没有和硕良先生深入交流过。也许是因为他五十来岁，风华正茂，又曾经沧海，而我只有四十岁出头。加上他说的湖南话又混杂点儿广西的口音，听起来有些吃力，所以和硕良先生交流不多。责任编辑请我写点读后的感想，我踌躇着不知如何下笔。

但硕良先生毕竟是出版界的资深编辑，是出版家，组织出版了很多的好书，似乎不少书的出版还有些故事，就忍不住打开“回忆录”阅读。看了他的“回忆录”，特别仔细地看了他从事出版工作的后半生（或者说大半生）记述，我过去知道的关于他的一些事，在“回忆录”中找到了原委和答案，便抑制不住自己的情绪，想把我读后的感想写出来。

硕良先生的前半生，确实是曾经沧海，后来又曾经因为这样那样的原因，被监管了起来。但他出来后，平了反，还仍然受着不了解实情或者不愿意了解实情的人的冷眼，他却不顾这些，立即投入到事业中来。他说“我感觉像刚参加工作的年轻人一样兴奋，每天起来得很早”，骑单车上班，“很有新鲜感”。

这情景，一下子让我想到最早提出搞《中国大百科全书》的姜椿芳先生。姜老在狱中就筹划搞《中国大百科全书》。他出狱后，单位领导来看他，工资啊，住房啊，身体啊，他什么都没谈，马上提出关于编辑《中国大百科全书》的构想。随后便紧锣密鼓地不断给有关方面写报告，提出实施方案。

硕良先生和姜椿芳先生入狱原因各有不同，但他们在坎坷后振作奋起的精神却是一致的。这使我颇为感慨。我深深感到，老一代中国知识分子，执着地追求国家的进步和发达，事业是他们一生的奋斗目标，这一点恐怕今天的年轻人理解起来会费点儿劲吧？不少年轻人也许会觉得，国家给了他们什么，他们遭了不白之冤还这么卖力气？

一、一个出版人的幸福是什么

一页一页看着硕良先生的“回忆录”，我好像随硕良先生重新经历那个时代，走在那段历史的曲折、坎坷又让人努力前行的路上。

“回忆录”开头便说，他四岁便由父亲背着去上小学，学的第一个字是“油”，因为第一篇课文是《油菜花开了》。这可能是湖南油菜花遍地，小孩子容易理解的缘故吧？于是我回忆起我六岁读小学一年级时，天天由比我大两岁的姐姐拉着我上学，学的第一个字是“人”，一撇一捺的“人”字。比“油”字简单多了。然后是“一个（個）人，两只（隻）手，人有手，会做工”。这十几个字下来，已经是两三篇课文了。于是，我突然觉得和硕良先生拉近了，受着同样的教育，仿佛是同一代人了。

硕良先生转行从事出版事业时，已经快50岁了，也就是20世纪80年代，我也差不多是那前后在中华书局正式开始做编辑工作的。他被分配去做一份广西人民出版社从没做过的业务，负责外国翻译文学的出版。漓江出版社原来是广西人民出版社的副牌社，后来才转为独立社的，外国文学图书没人做过。当时前有人民文学出版社，后有上海译文出版社，漓江出版社刚刚转正，怎么突出“包围”，出些好书？按说硕良先生刚刚从管制他的地方出来，再度上阵应该是知道深浅了，但他仍然一往无前。他安排出的第一本书是俄国陀思妥耶夫斯基的《白夜》，接着是法国作家贝纳丹的《保尔和薇吉妮》、美国作家塞林格的《麦田里的守望者》，后来居然接受专家学者建议安排了“获诺贝尔文学奖作家丛书”……在当时，这些书都是很敏感的，尤其是“获诺贝尔文学奖作家丛书”，学术界对它看法不一。有的认为这个奖是资产阶级的；有的认为一些大作家因为观念不同就没有获奖，这个奖是有强烈政治性的，甚至是反共的；有的觉得作家多、书多，不好选，选出来，出不完如何收场，等等。当时我已经去做出版管理工作了，所以这些情况我也是略知一二的。一个曾经受过严厉处分的知识分子，为什么还敢接下这个大项目，敢去冒这个风险呢？他的“回忆录”中写道：“我只不过是想把窗口开得更大一点，让读者看到一些他们希望知道也应该知道的东西罢了。”

他的这个话让我好生感动。

我情不自禁地想到，是什么能让一个人刚刚平反，而且“反”平得还不彻底，就快快乐乐地走上出版之路呢？

是什么让一个人刚刚走上出版之路，就千辛万苦、东奔西走地努力去寻找好的书稿呢？

一个出版人的幸福是什么呢？

硕良先生的“回忆录”一开头就想到他启蒙的第一个字是“油”字，他带动我也想起了我启蒙所学的第一个字是“人”字，是“人有手，会做工”。这一小事，我们都记得那么清楚，可见学生的课本，课本上的内容，在年幼的儿童像白纸一样的心灵上，刻下的是多么深刻的印记。

那么，对每一个接受教育的人不也是如此吗？

一本好书它传播了科学的思想、优美的情操、高尚的价值观念，作为一个出版人内心的快乐无以言表。

这让我想起马克思关于寻求职业说过的一段话：“我们的事业并不显赫一时，但将永远存在，高尚的人们将在我们的墓前洒下热泪。”

硕良先生也许没有这样想过，没想过是不是“永远存在”，但一个有理想、有追求，正直前行的人，实际上不都是这么做的吗？

他们的人生，不在乎什么名利，只是为了“让读者看到一些他们希望知道也应该知道的东西”，把世界上美的东西挑拣出来，双手捧给读者。

二、出版人要为“品牌”而奋斗

硕良先生给我的第二点启发是出版社要有自己的“品牌”。一个出版人要为树立出版社的“品牌”而奋斗。

干了这么多年出版，现在出版社转为出版公司，有的还成为股份制上市公司，“品牌”就更加重要。“品牌”是什么？品牌是一个企业、一个出版社的无形资产，品牌是消费者对某类商品形成的一种观念存储和心理认同，是存储在读者脑子里的购买意向。比如，你要买马列的书，到人民出版社；买古籍整理和研究的书，到中华书局；买中外工具书，到商务印书馆；买中外文学图书，到人民文学出版社……读者为什么到那里去买书？因为读者认为那里出的那一类书质量好，其他出版社比不过。对出版社来说，这就是有了自己的“品牌”；对读者来说叫懂行，也就是“品牌”认同。

我联想到以硕良先生等人为主创办的漓江出版社。20世纪80年代中，一家刚刚成立五六年的出版社，地处偏远，出版外国文学翻译著作却已颇有气象。外国文学翻译图书的出版，北有建社数十载的北京的外国文学出版社[1]，南有成立于1978年的上海译文出版社，两家大牌出版社出书威震海内外，小小的漓江出版社怎么就能在两家的夹缝中，又成一军，而好书迭出，读者踊跃，被誉为“漓江现象”？《海盗船长》《假若明天来临》《西方爱情诗选》《麦田里的守望者》《荆棘鸟》《苍茫的时刻》《白夜》《移民》《挪威的森林》《日瓦戈医生》等，发行量少则十万册，多达五六十万

[1] 外国文学出版社系人民文学出版社副牌，1979年6月成立于北京，2009年8月更名为“天天出版社”。

册，直至“获诺贝尔文学奖作家丛书”，引起舆论热议、读者赞誉，而成为漓江出版社的标志性图书。

回忆那个年代，湖南的“走向世界丛书”、四川的“走向未来丛书”、广西的“获诺贝尔文学奖作家丛书”，在不同层次上轰动当时中国的思想界、文学界，引起人们思考、讨论和探索。他们的书，他们的名字刻在读书人、出版人的心中。应该说，成立不到十年的漓江出版社已在硕良先生手中形成了“品牌”。读者总想着到漓江出版社去找本新鲜的、别开生面的外国文学图书。

我曾经感叹道，一家出版社要出精品，出一本两本精品不难，出一系列精品就不容易了，这类精品出多了，出版社就形成了自己的风格，读者买这种风格的书就想到你，这就是形成“品牌”了。我觉得漓江出版社和硕良先生，正是走的这样一条路，它的品牌，就是通过后来人们赞誉的“漓江现象”形成的。我当过编辑，搞过出版管理，又做过出版集团的总裁，五十多年亲眼所见，能形成自己的品牌的出版社都是品位高尚、价值连城的，都是奋斗了几十年，几代人持续努力形成的。漓江出版社不容易。硕良先生不容易。

硕良先生回忆到这样一件事。

著名外国文学翻译家施咸荣家里有困难，家人生重病，住院治疗需要钱，他表示，如果能尽快出版他译的《麦田里的守望者》，能给他高些的稿酬，他愿意把这部书稿转让漓江出版社出版。

这部书过去作为“黄皮书”内部出过，总还是沾了重印的“光”吧，再印稿费就很难给太高，太高了出版社负责审核的部门是通不过的。硕良先生想办法让他再加修改，然后请人重抄，作为新书出版。书一出来马上按当时稿费的高标准每千字9元钱计算寄给他。施咸荣很感动，就把他多年积累的“外国通俗文库”转给漓江出版社出版。这套文库是他访问美国时，到处搜罗仔细选择买回来的，多是美国现当代的优秀作品，出版后在研究界影响很大，很受欢迎。施咸荣不只是一个翻译家，还是一个学者，有很多有见解的论文，硕良先生又给他结集出版了。

这样，漓江出版社在外国文学研究、出版界的名声越来越大。硕良先生很有见地，又能设身处地急人所急，自然也会得到作者的青睐，好的书稿越来越多，形成品牌的基础越来越雄厚。

三、创新是形成品牌的关键，创新是有风险的

好品牌的形成是与创新密切相连的，而创新必定是有风险的。我想到三点：（一）想要干成事，必定要创新。（二）创新是有风险的。（三）干事业的人要敢于承担风险甚至失败。

漓江出版社初期出的外国文学图书，出版的情况大体上我略知一二：《西方爱情诗选》《海盗船长》《白夜》《荆棘鸟》《苍茫的时刻》，等等。那时候，差不多每本外国文学作品的出版都会引起不同看法。比如在中国颇受欢迎、颇为知名的山口百惠，她的《苍茫的时刻》也有人认为不该出，说我们中国人年纪大了还要继续工作，继续革命，山口百惠才20多岁就洗手不干，回家相夫教子去了，这个导向有问题。《荆棘鸟》当时号称“世界十大畅销书”之一，有的同志说，里面有性描写，这属于色情淫秽内容，我们国家不能出。

关于性描写问题该怎么认识呢？该如何处理呢？回顾历史，会引出一些人物、故事，自然也会从中总结出些经验来。

我想起我国很著名的一本小说，出版后引起一些争论。在一次重要的会议上，有的人说它是一本夹杂色情内容的书，不好，得修改，不修改不能上市。如果再版，得删除这些描写。当时我对这本书的出版情况是比较了解的，这本书即将出版时，出版社的一位负责同志十分激动地跑来跟我说，这本书写得十分好，甚至可以说是中国的《静静的顿河》。我听后也非常激动。我认真读过《静静的顿河》，那是我最喜欢的书之一，听到说我们有一本书可以称作“中国的《静静的顿河》”，我怎么能不激动？真

的是有这样重大文化价值的书吗？跟我说这个评价的是一位很有水平的老编辑，策划过很多好书，写过很多有分量的书评，我不能不信，便说：样书到时，请尽快送一部给我。书出版后，我第一时间就拿到了，一口气读完，确实是一部多年难得一见的好书，但说它是中国的《静静的顿河》，我还是觉得不好去比。后来，听到有的同志说它夹杂色情淫秽内容，不能上市，而且还不止一个人同意这个观点，我吃惊不小，便下决心在那次会上坦率谈了我的意见，替这本书负责，尽我做一个出版管理人员的职责。

我认为，这本书中的一些描写，是塑造人物性格和情节发展的需要，正如《红楼梦》里的"贾宝玉初试云雨情"，正如《水浒传》中关于西门庆、潘金莲的描写，就说《静静的顿河》阿克西妮亚与格里高利如火如荼的爱情，也会引起读者很多联想，谁都不认为它们是"色情描写"。我至今记得那次会议的情景——我一五一十地说完后，没有人再发言。

胡乔木同志在1988年7月写过一封信，信是谈他对《查泰莱夫人的情人》和《金瓶梅》二书出版的想法的，我想对我们理解漓江出版社和硕良先生的出版理念应该有帮助。信中说：

> 关于劳伦斯的《查泰莱夫人的情人》一书在西方文艺界评价的历史，请参看最近出版的世界文学名著丛书《儿子与情人》一书的译后记，该书似是外国文学出版社所出。
>
> 关于中国的《金瓶梅》，我想看看人民文学出版社所出的删节本（该本比郑振铎节本删节更多），如还能找到，也可和郑节本作一比较，以便对此节本做出公正的评价和妥善的处理。当然，即使有控制地发行节本，也会为全本推波助澜，这是件难办的事。但是从长远说，这样一部开《红楼梦》先河的文学名著，国外争相翻译，学者争相研讨，出版方面决不能只当作淫书一禁了之，都得想出一个恰当的方针。为此，请设法把两种节本找给我。

所以，我体会到要想做好一件事情，尤其是涉及内容、涉及思想观念和意识形态的问题，首先要有科学的、实事求是的精神。不能先入为主地下个定义去套，或者多数人一说就作出决定。乔木同志的谨慎态度是个榜样。

另外，还得有些勇气。既然我们是为读者出书，出好书，就应该敢于说理，敢于辩论，我看硕良先生是做到了的。毛泽东主席曾经说过，不如马克思，不是马克思主义者；等于马克思，也不是马克思主义者；只有超过马克思，才是马克思主义者。说“不如”“等于”没有人说什么，要说“超过”那还了得？马克思主义是顶峰，毛泽东思想是当代的顶峰，居然敢于“超过”？传达上述毛主席这段话的原湖北省委第一书记王任重，在“文革”中被“红卫兵小将”揪出来批斗，这段话是他挨斗的一个重点，小将们非说他篡改毛泽东思想，篡改毛泽东的讲话。可见创新之难、超越之难。不超过旧有的东西怎么能叫创新呢？

硕良先生在外国文学图书刚刚复出还有许多禁锢的情况下，能够坚持科学精神、实事求是精神，没有点勇气，怎能做到。

尤其是他这个人。他这个曾经受过处分，在劳改农场中待了15年的人。虽然多经周折，终得平反，但有些人的心里是不是就给他平反了呢？有多少经历挫折的人就“安分守己”，“平安”过日子了，有多少人劳改时间到了都不愿意返回原单位，而甘愿继续留在劳改之地。像硕良先生这样，不但回去，还要干，不但要干，还要干出点名堂，他面对一切，坦坦荡荡，这种精神力量是何等的强大。

硕良先生的“回忆录”，是一面镜子，照出一个人一生的品貌。

硕良先生的“回忆录”，同样是一部“史记”，让我们回忆起很多事、很多人，不论风云雷电，不论春风杨柳，都是美好的。

硕良先生的“回忆录”，印证了我所了解的一件件往事，让我认识了一个人，了解了一段历史。我真切地感到硕良先生是一个勇敢的人，一个高大的人。

四、口述史的价值与意义

最后，我还要谈谈这本口述史的贡献。2016年6月，中国新闻出版研究院申报国家社科基金课题“中国出版人口述史研究及数据库建设”获得成功，出版人口述史项目得到国家层面的支持，这为出版史研究开辟了一个新领域，打开了一个广阔的世界。

出版人口述史与出版亲历者的“个人回忆录”不尽相同，是一门专门的学问，既有个人的回忆，也有记录者的核实、矫正。出版研究者通过注释、核实、矫正，就有可能真实地复原历史。同时，通过对出版亲历者个人记忆的发掘、研究来呈现当年的状况，也记录了诸多重要出版工程的细节，是优秀的出版实践经验和出版精神的传承。

我从出版社了解到，刘硕良先生的口述记录工作起始于2012年，这充分显示了工作团队的前瞻性，也体现了硕良先生作为一名资深出版工作者对出版史传承的自觉。在此，我致以深深的敬意，也期待这本书到达诸多身怀出版理想的同人手中，让我们在领受刘硕良先生出版激情的同时，在出版的田野里收获更多硕果。

2022.2 北京

序二

那个把窗口开得更大的人——新闻出版界的刘硕良现象

◎ 黄伟林

* 黄伟林，广西师范大学文学院教授、博士生导师。

刘硕良何许人也

刘硕良，何许人也？

我相信，知道刘硕良的人并不算多，至多以千计。

然而，读过刘硕良策划和编辑的书的人，一定不少。

像漓江版的“外国文学名著丛书”“域外诗丛”“艺苑人物”“世界中篇名作选”“获诺贝尔文学奖作家丛书”“外国通俗文库”“法国二十世纪文学丛书”[1]“法国现代当代文学研究资料丛刊”，接力版的“世界小说名著系列”“世界童话经典插图珍藏本”，河北教育版的“世界文豪书系”，云南教育版的“人与自然文库”，长江文艺版的“背影丛书”，湖北教育版的“世界文学大花园”，广西师大版的“广西政府参事文史馆员丛书”，以及多家出版社出版的“外国文学名著名译丛书”，这些丛书的图书品种多达数百种，发行总数量高达千万册。

还有漓江出版社的《漓江译丛》《青年外国文学》《国际诗坛》，广西新闻出版局的《出版广角》，云南教育出版社的《人与自然》，广西文史研究馆的《广西文史》，这些丛刊、期刊总数一百多期，发行总数量亦可百万计。《外国名作家大词典》《外国妇女文学词典》《世界名诗鉴赏辞典》《诺贝尔文学奖辞典》《诗海——世界诗歌史纲》《彩色插图世界文学史》，这些辞典类图书，发行量或许不大，但适合图书馆收藏，阅览量当以百万计。

[1] 该丛书出版时丛书名为“法国廿世纪文学丛书”，后来评论家多写作“法国二十世纪文学丛书”。为便于读者理解，本书采用“法国二十世纪文学丛书”的写法。全书同。

还值得关注的是以上丛书涵盖或未涵盖的畅销书，如《海盗船长》《战争与爱情》《假若明天来临》《情盗》《西方爱情诗选》《荆棘鸟》《移民》《暗沟》《苍茫的时刻》《生活和爱情》《凄艳一生》《李小龙——功夫巨星》《白夜》《保尔和薇吉妮》《家族复仇》《钢铁是怎样炼成的》《我的野生动物朋友》等，这些畅销书单本发行量少则十万册，多则上百万册。

还有刘硕良青年时代在《广西日报》《广西文学》上发表的文章，还有刘硕良晚年回顾他新闻出版历程的文集《三栖路上云和月》，还有刘硕良主持撰写的《中国地域文化通览·广西卷》《广西地域文化要览》《广西现代文化史》。

这些由刘硕良策划和编辑的书、撰写和编辑的文章，以及众多作家、翻译家、学者、记者、官员、出版人发表的有关刘硕良所编辑出版图书的书评，其读者至少可以千万计。

这是一个多么庞大的数量。

更重要的，还有质量。“获诺贝尔文学奖作家丛书”是改革开放以来中国出版最具影响力的大型丛书之一；《诗海》获第四届中国图书奖一等奖；1991年首届全国优秀外国文学图书评奖，评出96种优秀图书，漓江版图书10种获奖，获奖总数和一等奖数量在全国各文艺出版社中均排名第一；2008年，中国出版集团主办的“改革开放30年最具影响力的300本书”，入选的27种外国文学作品，漓江版《老人与海》《麦田里的守望者》《假若明天来临》《意象派诗选》《日瓦戈医生》《洛丽塔》《在路上》《挪威的森林》等8种入选，入选数量居全国出版社之首。

如果说1981年刘硕良编辑的第一批图书《白夜》《保尔和薇吉妮》主要影响了五六十年代出生的中国读者，新世纪以来刘硕良策划编辑的图书《我的野生动物朋友》《迁徙的鸟》主要影响了世纪之交出生的中国读者，那么，刘硕良40多年出版生涯所编辑的图书，至少影响了从20世纪50年代到21世纪初出生的新中国三代读者。

我就是刘硕良策划编辑的图书的读者。从大学时代读《西方爱情诗选》《麦田里的守望者》，到大学毕业读《美国通俗文化简史》《最新西方文论选》，人到中年读《母亲杨沫》《1949年：中国知识分子的私人记录》，这些书或伴随我度过青春岁月，或帮助我打开文化视野，或具象化我对中国当代历史的认知。毫无疑问，这些书对我的情感和思想都产生了影响。

2003年，刘硕良以71岁高龄，获第八届韬奋出版奖。韬奋出版奖是中国出版工作者协会设立的文化出版奖项，代表着中国出版界个人的最高荣誉。韬奋出版奖的获得者必须是"在出版工作中有特殊成就和做出重大贡献者"。如此，我们或可以回答本文开头提出的问题：刘硕良是一个"在出版工作中有特殊成就和做出重大贡献"的人。

然而，这个答案道出的迄今100多位韬奋出版奖获得者的共同特质，并不能精准说明刘硕良的个人业绩。那么，具体到刘硕良个人，究竟应该用什么词语来概括其出版成就呢?

刘硕良在全国范围内为人所知是从漓江出版社开始的。他是漓江出版社的创办者之一，也是漓江出版社崛起的扛鼎人。早在1990年，就有记者对漓江出版社进行了如此评价："这家地处偏隅、成立才五年的小出版社，通过自己的努力，在外国文学出版领域已经可以同北京的外国文学出版社和上海译文出版社这样的老牌出版社抗衡媲美……"[1]

这一年，我也在《广西日报》发表《人文风景亦漓江》一文，传播漓江出版社外国文学出版的业绩。

漓江出版社异军突起，与外国文学出版社、上海译文出版社在外国文学出版领域三足鼎立的现象，后来被概括为"漓江现象"。因此，我们可以这样说：刘硕良是"漓江现象"的创造者。

然而，刘硕良的出版业绩并不局限于"漓江现象"，"漓江现象"之外，他还创办了《出版广角》《人与自然》，他不仅打造了"获诺贝尔

[1] 安迪：《让上海成为优秀图书汇萃的窗口——记漓江版图书汇展》，《文汇读书周报》1990年2月17日。

文学奖作家丛书”这样的漓江出版品牌，而且打造了“世界文豪书系”这样的河北教育出版品牌，打造了“人与自然文库”这样的云南教育出版品牌，打造了“背影丛书”这样的长江文艺出版品牌。

诚如新闻出版署原副署长刘杲所言：“刘硕良是很多人熟悉的老出版人。他不是完人。在我的印象中，他是一位出版能人。”而这位自改革开放以来打造了诸多中国出版品牌的出版能人，不仅造就了中国出版界众望所归的“漓江现象”，而且也成就了如评论家白烨所说的“刘硕良现象”。[1]

“刘硕良现象”的背影

许多人注意到了外国文学出版的“漓江现象”。

对“漓江现象”关注较深的人，则会注意到“漓江现象”的背后，那个造就“漓江现象”的刘硕良。

刘硕良为什么能够创造如此辉煌的出版业绩？这个打造了多个中国出版品牌，造就了“刘硕良现象”的刘硕良，究竟是一个怎样的人？

刘硕良曾经为长江文艺出版社打造了一套“背影丛书”，这套丛书品种不多，已经出版的大约四种，分别是《长河孤旅——黄万里九十年人生沧桑》《一代报人王芸生》《不该遗忘的胡先骕》《光旦之华》。

关于这套丛书的策划理念，刘硕良有个说法：

> 在历史生活里面，有很多人正面都可以留下很多印记，但“背影”更长，里面有更多值得发掘的有价值的史料和文化……

[1] 张东：《往最高处去做——记第八届中国韬奋出版奖获奖者刘硕良》，见刘硕良《三栖路上云和月——为新闻出版的一生》（下），漓江出版社2012年9月第1版，第786页。

这是刘硕良对一批在中国近现代历史上留下印记的人物的理解。我们同样可以把这段话放在刘硕良身上：刘硕良在中国出版史上留下了很多印记，但“背影”更长，里面有更多值得发掘的有价值的史料和文化。

正是基于这样的想法，从2012年开始，我利用出差南宁的机会，开始做刘硕良的口述实录。这项工作一直持续了十年，正应了“十年磨一剑”，终于完成了目前呈现在读者面前的这部《与时间书：刘硕良口述回忆录》。

我认识刘硕良已经30多年，从刘硕良最初开始出版生涯，我就是他所编辑出版图书的读者，在很大程度上，我是刘硕良出版业绩的见证人；近10年，为做刘硕良的口述历史，我无数次往返南宁和桂林两座城市。于我而言，《与时间书：刘硕良口述回忆录》许多内容口述了两次，有些内容，甚至口述了三五次。刘硕良讲述的故事、阐明的道理、抒发的感情，我都听过、领教过、体会过，而且不止一次，甚至不止两次。这些内容对我而言，已经耳熟能详。

如此看来，《与时间书：刘硕良口述回忆录》这部书，对我而言，应该不再新奇、不再新鲜、不再新颖。我阅读它的时候，应该有审美疲劳。然而，很奇怪，当我逐字逐句阅读《与时间书：刘硕良口述回忆录》时，我还是时时被震撼、刻刻受启发、常常被感动。

它如此引人入胜，让我想起《世说新语》所记录的王献之游山玩水的感受：“从山阴道上行，山川自相映发，使人应接不暇。”

它又如此精警透彻，虽然是口述，但绝不随意、漫无边际，而是审慎、深思熟虑，整部书稿条理清晰，结构缜密，耐人寻味。

阅读《与时间书：刘硕良口述回忆录》，我既为刘硕良的博闻强记所钦佩，又为刘硕良的鞭辟入里所折服。我仿佛是在读一部新奇、新颖、新鲜，于我而言全新的书，它胜景层叠，美不胜收；同时，我也是在读一部回忆、反思、探究，于我而言深思的书，它发人深省，启人至深。

当然，我相信，对所有读者，《与时间书：刘硕良口述回忆录》也是一部别开生面的、给人启迪的书。

《与时间书：刘硕良口述回忆录》虽然才20多万字，但它的内容，从1932年讲到2020年，接近90年。整部书稿，波澜曲折，跌宕起伏，山重水复，柳暗花明。

在全书的首章，刘硕良称他所讲述的，是他“这个高中生几十年的传奇故事和所见所闻”。读完整部书，我觉得“传奇”这个词非常准确。《与时间书：刘硕良口述回忆录》确实是一部传奇，一部刘硕良个人的传奇，一部新中国成长起来的出版人的传奇。刘硕良的一生可以说是深度地嵌入了新中国新闻出版业的历史，因此，《与时间书：刘硕良口述回忆录》堪称一部新中国新闻出版业的传奇；又由于刘硕良与其同时代众多新闻出版人有深度的交集，他回忆到许多与其同时代的新闻出版人，《与时间书：刘硕良口述回忆录》亦可以说是一部刘硕良同时代新闻出版人的传奇；再往大里说，新中国经历了仿佛沧海桑田的文化变迁，因此，《与时间书：刘硕良口述回忆录》也未尝不可以理解为一部新中国的文化传奇。

《与时间书：刘硕良口述回忆录》中，刘硕良迄今为止的90年人生旅程共分成十个部分：第一部分是1932—1949年，是刘硕良接受人生启蒙和基础教育的回顾；第二部分是1949年，讲述刘硕良在新闻干部训练班的学习经历；第三部分是1949—1965年，讲述刘硕良在《广西日报》任职16年的新闻记者履历；第四部分是1965—1980年，讲述刘硕良15年的劳改劳教经历；第五部分是1980—1993年，讲述刘硕良从参与创办漓江出版社到造就“漓江现象”的全过程；第六部分是1993—2000年，讲述刘硕良创办《出版广角》的过程；第七部分是2000—2004年，讲述刘硕良创办《人与自然》的过程；第八部分是2004—2007年，讲述刘硕良在北京创办硕良文化公司的过程；第九部分是2007—2016年，讲述刘硕良主持《广西文史》的过程；第十部分是2017—2022年，讲述刘硕良近五年编书、口述历史的业绩。

我阅读《与时间书：刘硕良口述回忆录》，感觉到有一个特点：这是一部新闻记者口述的回忆录。记者的回忆录，与作家的回忆录有所不同。作家的特点是个人叙事，个人为主体，以个人见时代；记者的特点是时代叙事，时代为主体，以时代见群体。因此，《与时间书：刘硕良口述回忆录》的价值不仅在于它讲述了刘硕良的个人传奇，更重要的是，它讲述了造就刘硕良传奇的这个新中国的时代传奇，讲述了造就刘硕良传奇的新中国新闻出版人的群体传奇。

不妨这样说，《与时间书：刘硕良口述回忆录》就是刘硕良的“背影”，通过刘硕良个人，拉出了一个新中国的时代背影、新中国新闻出版人的背影，这是一个漫长的背影。因为这个漫长背影的存在，改革开放时期出版界的“漓江现象”“刘硕良现象”才不再平面，不再浅表，才立体丰满，才入木三分。

刘硕良的文化背景

刘硕良出生在湖南宁乡和湘乡交界的一个叫河堤上的小村子，他因此认为自己秉赋宁乡和湘乡两个地方的文化性格，他这样概括：

> 湖南人有一句土话，说宁乡人讲“看一看”不说“看”，说“kuàn”，声音好像狗叫一样，“去看看那个地方怎么样”，我们就讲“去kuàn kuàn”；湘乡人讲话就喜欢讲“嗡啊嗡啊”，像牛叫。这两句话恰好象征性地代表了宁乡人和湘乡人的性格：宁乡人像义犬那样忠毅、灵敏，湘乡人有股蛮劲，像牛一样，坚韧又能够吃苦耐劳，有顽强的韧劲。

像义犬一样忠毅、灵敏；像蛮牛一样，吃苦耐劳又坚忍不拔，有顽强的韧劲和蛮劲。这是刘硕良与生俱来的地域文化基因，也是刘硕良秉赋传承的地域文化性格。

人的文化性格不仅受制于地域文化的影响，更受制于时代文化。刘硕良是新中国的新闻出版人，但他的基础教育完成于旧中国。这个旧中国的基础教育也有新的元素。从小学到中学，刘硕良先后就读于湘乡金薮小学、宁乡汤泉乡中心小学、宁乡友仁中学和长沙清华中学。小学毕业之后，中学学习之前，刘硕良有一段时间在家自修，阅读了茅盾的《子夜》、邹韬奋的《萍踪忆语》和《萍踪寄语》，这些图书为刘硕良的精神世界打下了新文化的底色。

长沙清华中学，在当时的长沙，是一所进步的学校。教导主任旷璧城是闻一多的学生；刘硕良的语文老师施无已是鲁迅研究专家；音乐老师宋扬是中共地下党员，《古怪歌》的作者。其他老师，大多是在专业学术领域出类拔萃的人物，如教历史的易仁荄、教数学的杨邕鸣、教生物的傅柏、教英语的唐炳亮，等等。刘硕良回忆说：

> 长沙清华中学是我人生的一个关键时段。两年多的锻炼和学习，真正起到了基础教育的作用。……对我的性格、心理和人生价值取向的形成都起了关键作用。具体来说，表现在几个方面：一个是眼界放宽了，看到了世界的宽广，看到了这个世界是什么样子的，也看到了某种走向和大趋势。二是我们的国家是什么样的国家？在这个世界处在一种什么样的方位？处在一个什么阶段？……吸纳了新的世界观和人生观，也懂得社会发展，懂得一些马克思主义的基本知识和思想。……那时候的学习、锻炼和想法，是我的一个出发点，让我人生有了某种动力。

我想，长沙清华中学打造了刘硕良的精神基座。这个精神基座是属于新中国的，诚如刘硕良所说：

在长沙清华中学，我基本完成了思想上、文化上、知识上的打基础的阶段。在那里，我接受了新的事物，重新认识了世界，重新认识了历史，走上了革命道路。

刘硕良恰恰是在新旧之交的时候就读于长沙清华中学，为此他深感幸运。因为，正是长沙清华中学引领他进入了新中国。当他回首往事，他有了自己对那个新旧交替的时代的理解：

现在回想起来，《李有才板话》《洋铁桶的故事》那些作品，还是比较浅的，并没有真正地反映太多社会本质的东西、人民本质上的东西。但为什么那么让人激动呢？我认为这是一种新的事物、一种全新的理念，完全不同于传统的一些看法和观点，完全进入自己的脑海以后，不由自主地会受到冲击，就不由自主地有这样一种奋起的力量和动力。这不光是我一个人，千千万万个青年学生当时都是这样。我想这不是偶然的现象，而是反映出了那样一个时代需要一种变革，是一种必然的发展趋势，那是一个大破大立的、可以有一番大作为的时代。

这个对新旧交替的时代的理解，非常重要。刘硕良叙述得感性、具体、实在，比许多教科书的结论更能打动读者，更能让读者接受。正如前面所说到的，刘硕良的口述回忆录，不仅是他个人生涯的回忆，而且是他所经历的时代的回忆，而这个时代，是亿万人身所共处的时代。刘硕良以他个人的视角展开对时代的理解，既真实感性，又深刻独到。

阅读《与时间书：刘硕良口述回忆录》，我们时时可以感受到刘硕良对他所经历、对他所身处其间的时代的理解和把握，尤其是感佩他对时代主流、时代趋势的理解和把握，感佩他具有某种“当局者清”的能力。刘硕良就像一个冲浪者，顺应于时代趋势，激荡于时代主潮。

但值得注意的是，作为一部刘硕良抵达90岁高龄才定稿的回忆录，他对时代的理解和把握，又多了一个回首的视角。这时候他不仅是当局者，而且是旁观人。作为旁观人，刘硕良在回首往事的时候，不仅能看到汹涌澎湃的时代主流，而且能看到静水流深的时代潜流；不仅能看到亮丽炫目的时代浪花，而且能看到昔日未曾注意的不为时代潮流所动的那些深扎的文化根脉，像这段回忆：

> 在清华中学，进步的、左翼的思想有很强大的气场，氛围也很不一样，但是还是有学生是很淡定的，只埋头读书。他也不反共，他还是觉得学好数理化是踏踏实实的。我觉得这不单是说明这些同学有他自己独立的观察，同时也体现了文化的力量，一种恒定的力量。它的吸引力看似无形，实际上是很强大的。这就是一个民族生存的根。

刘硕良在肯定对时代趋势顺应、对时代潮流呼应的同时，蓦然回首，能够发现这种趋势和潮流在荡涤旧时代的时候，也存在极端，存在失误，存在遗憾，他如此反思：

> 我在清华中学接受了左翼思想的熏陶，匡补了原来我不了解的方面，但是又开始走向另外一个极端，容易轻率地否定那些历史的传统的东西。

时代必然要前进，要动荡，因此，前进、动荡的力量必然最醒目，最需要理解和把握；但总有一种恒定的力量贯穿所有时代，对这种恒定力量的理解和承认，则需要有置身时代又超越时代的智慧。

晚年的刘硕良看到了这种力量，因此，《与时间书：刘硕良口述回忆录》是智者的回忆录，是历尽沧桑者的回忆录。

刘硕良的业绩背面

无论是“漓江现象”，还是《出版广角》，或者《人与自然》，以及《广西文史》，都是刘硕良创造的值得大书特书的文化成果。

这些都是刘硕良人生事业的正面。

但是，创造这么多“正面”成就的刘硕良，却有着多数人并不了解的“负面”。或者说，刘硕良人生历程中许多负面因素，与他的正面成就形成了某种悖反的关系。这是“刘硕良现象”的提出者也未曾想到的问题。

很难想象，刘硕良这样一位近百种“获诺贝尔文学奖作家丛书”的主编，这样一位编辑出版数百种图书的出版家，竟然没有上过大学，没有受过大学的专业教育。

学历低，没有上过大学；入职晚，48岁才进入出版界；地理偏，广西是文化边缘地区；权力小，创办漓江出版社、任职漓江出版社13年，从来未曾担任过漓江出版社的正职领导。

刘硕良的这些人生履历存在许多不利于其事业成就的因素。

然而，正是在这种形势下，刘硕良创造了令人叹为观止的出版业绩。

他是怎么做到的呢?

如果探究刘硕良的成功元素，我觉得，最重要的元素，是刘硕良对文史地理的阅读热爱。

从小学阅读《论语》《孟子》《诗经》《左传》《战国策》《史记》《中国分省地图集》；到初中阅读袁了凡的《了凡纲鉴》、周谷城的《中国通史》、钱穆的《国史大纲》；到高中阅读钱亦石的《中国政治史讲话》、沈志远的《新经济学大纲》、曹伯韩的《通俗社会科学二十讲》、李剑农的《最近三十年中国政治史》以及《观察》杂志、《民策周刊》等期刊；在《广西日报》工作的时候“看过外国文学史，看过很多中外的文学名著”，“这些‘黄皮书’《广西日报》都买了，像《在路上》，还有英国的、苏联的一些作品，我都看过”；甚至在劳改劳教的时候，“系统地看了《毛泽东选集》《毛主席语录》等书籍”，“把我能够买到或是借到的鲁迅作品全部看了，看得非常仔细”；到了晚年，为了主编《中国地域文化通览·广西卷》，刘硕良到广西人民出版社、广西师范大学出版社、广西民族出版社、漓江出版社找了一两百本书，包括《新桂系史》《壮族通史》《广西通史》，“看了很多书，每个史料每个句子我都做了比较和考究”。要知道，这时候的刘硕良，已经年逾75岁，而当《中国地域文化通览·广西卷》出版之时，刘硕良已经年逾80岁，又马不停蹄地开始了《广西现代文化史》的主编和撰写工作。

刘硕良始终是时代潮流的冲浪者，而他同时也是文化传统的传承者。或许这并不是他的自觉意识，而是他天赋的阅读爱好所使然。读书，使他终于能够相对安然地度过变幻莫测、险象环生的年代；读书，帮助他后来在出版界大展宏图，创造辉煌。

畅游文史，博览群书，是刘硕良能够成就其出版业绩的文化根柢；与此同时，新闻工作的历练，则是刘硕良能够成就其出版业绩的专业准备。

刘硕良虽然没有上过大学，但他上过湖南省新闻干部训练班，接受过专门的新闻工作培训，并且在《广西日报》有过16年新闻工作的历练。

湖南省新闻干部训练班由原《群众日报》社长李锐、总编辑朱九思创办，廖经天担任新干班主任，尹正义、梁中夫担任副主任，周小舟、谢文清、李龙牧、尚子锦等都在这个班上过课。这些都是新中国历史上的重要人物。从1949年9月至11月，正是在中华人民共和国成立前后的两个月，刘硕良参加了新闻干部训练班的培训。学习包括了人生观的确立、世界观的改造、党的路线方针政策以及新闻业务基本知识，成为刘硕良走上新闻工作的前奏。

刘硕良总结自己在《广西日报》工作16年的意义时说：

> 我在省委机关报做新闻采编，从文教、政法、理论宣传领域到副刊部，在这一系列的历练中获得了一些积累，包括政治敏感力、职业精神和采写能力的养成，这些都是有利于做出版的。

在阅读“回忆录”中“党报生涯”这部分文字时，我感到，这16年，对于刘硕良后半生投入出版事业，确实是一个非常重要的准备。这个准备至少包括三个方面。

一是刘硕良参与了许多重要政治大事和文化现象的报道。如受派采访毛主席在南宁人民公园接见各族干部群众，并参与了报社贯彻执行毛主席指示信的决策与实践过程；担任临时报道组组长，统一指挥广西壮族自治区成立的报道；代表《广西日报》主持召开彩调剧《刘三姐》座谈会，负责歌舞剧《刘三姐》赴京演出团宣传工作。这些重要的大型报道，对于刘硕良的新闻才能，自然是非常难得的历练。此外，这些大型活动一方面帮助刘硕良获得了对社会和时代的认知能力，另一方面帮助刘硕良获得了策划领导、组织协同的行动能力，使刘硕良在知与行的结合上达成平衡。

二是刘硕良因为采访近距离接触了许多重要的领导干部。如1951年随当时广西省委代理书记陶铸到平乐地区下乡采访，如跟随韦国清到武鸣锣圩做调查。可以说，在《广西日报》期间，刘硕良与许多广西地方领导打过交道，并与他们有良好的关系。以至于他的同事陆里曾说过一句话：“刘硕良这个人能干是能干的，但是是‘通天’的哦。”这种经历，既锻炼了刘硕良与领导打交道的能力，也为刘硕良积累了许多人脉资源。

三是刘硕良主持副刊结识了许多广西重要文化人。这些文化人有的本身就在《广西日报》任职，如吴颂平、张辛、饶韬、周中仁、张谷、饶华桐、李宁。更多的则是报社之外的文化人，如陆地、谢逸、陈烟桥、刘宇一、阮同、刘名涛，等等。这同样为刘硕良积累了许多人脉资源。

在《与时间书：刘硕良口述回忆录》中，刘硕良专门谈到："对我们出版人来说，人脉资源比资金更重要。"这是刘硕良多年从事出版的体会。而刘硕良的《广西日报》工作经历，确实为他积累了宝贵的人脉资源。这个宝贵的人脉资源，为他后来在出版业的风生水起做了重要的铺垫。

实际上，以上三个方面的准备，对于刘硕良来说，绝不止于人脉资源的积累，而是帮助刘硕良深入了解了中国社会、中国国情，了解各行各业的领导，了解文化界各具个性的文化人，也可以说是了解了社会，了解了时代，了解了人性。这种了解非常重要，日后刘硕良能够在出版业创造业绩，大放光彩，与他对社会、时代、人性的了解有深刻的关系。

对人性的了解，帮助刘硕良正确地处理出版业不可避免的人际关系，帮助他明白文化人最看重的是什么：

> 归根到底，我们还是靠项目、靠书、靠文化、靠事业吸引人，其他的人际关系的手段都是很有限的。我们没有那么多钱请那么多的专家来桂林吃饭、旅游，而且我们很忙，根本顾不上这些繁文缛节。把书出好，项目好，选题好，他们感觉可以参加，手上的材料有出路，可以给我们用，被我们看重，他们才愿意和我们建立关系，否则那些关系都是不可靠的。

对社会时代、中国国情的了解，帮助他顺利出版有可能遭遇障碍的图书。比如，刘硕良晚年主编的《广西现代文化史》能够顺利出版，就得益于这种了解。《与时间书：刘硕良口述回忆录》中有这样一段回忆：

> 后来广西文史馆有些人事变动，好在做《广西现代文化史》的时候，我果断地把握了时机，《广西现代文化史》这个项目启动初期就抓紧时间，以最大的努力在2015年完成初稿，之后顺利出版。

为此，刘硕良指出：

> 在中国做出版，只懂得出版规律是不够的，还要懂得中国国情，要懂得很多的周折和意味，要善于回避和化解，才能达到预期的效果。

因此，如果我们只看到创造“漓江现象”、创办《出版广角》《人与自然》的刘硕良，并没有看到刘硕良的全部，那么只有将《广西日报》的刘硕良与漓江出版社的刘硕良合在一起，才得以看见完整的刘硕良。如果说，“漓江现象”之后的刘硕良，呈现的是刘硕良的正面，那么，“漓江现象”之前的刘硕良，呈现的是刘硕良的背面。正面的刘硕良令人景仰，背面的刘硕良予人启迪。

其实，在这个部分，我更想说的是，《与时间书：刘硕良口述回忆录》回忆的不仅是刘硕良本人的生命历程，更是刘硕良同时代许多领导、文人的人生片断，这些领导人、文化人的人生片断构成了刘硕良生命历程的背景、背影和背面，它们的集合，就成为刘硕良经历的整个时代。《与时间书：刘硕良口述回忆录》，不仅是刘硕良个人的回忆录，而且是刘硕良所经历的这个大时代的回忆录。只是，这个时代的回忆是以背景、背影和背面的形式呈现的。

刘硕良口述回忆的启迪

《与时间书：刘硕良口述回忆录》有叙事、有说理、有温情。

它将个人叙事融入时代叙事、群体叙事之中，具有历史的价值；它将理论思辨融入历史背景、个体人生之中，具有示范的意义；它将脉脉温情隐藏在历史时代和个人经历的后面，具有感动的力量。

在我阅读《与时间书：刘硕良口述回忆录》的过程中，在被那个时代、那个造就了一个时代的人物群体所震撼的时候，我更常常感喟于刘硕良蓦然回首其所经历时代、所经历人生、所成就事业的感悟。

其中，我觉得刘硕良最重要的感悟就是文化感悟。

时代千变万化，社会气象万千，我们置身社会时代之中，仿佛盲人摸象，神龙见首不见尾。然而，经历了诸多时代变迁、社会变化的刘硕良，于各种变幻莫测的思潮时尚之中，发现了文化的恒定力量。正是因为这种文化感悟，刘硕良才能重新发现他清华中学时代那些同学貌似超脱于时代的文化选择的意义，而具体到对出版业的思考，刘硕良做出了他的选择：

> 要把对经典性、艺术性的追求作为一个不动摇的、永恒的目标。

> 有些有价值的东西可能现在看起来它冷了，但过一段时间它还是会红起来，因为它有永恒的价值在里面，一旦遇到适当的时间、适当的机会，一发酵就马上散发出魅力。

> 畅销书不是“天外来客”，不是无法捉摸、全凭运气去碰的东西，它的追寻、发现和获得，尽管有时存在着某种偶然性，但总的来说，还是有迹可循、有路径可求的。我的一个观点就是，所谓畅销书，无非是把畅销潜质释放出来让大家接受。

确实，于千变万化之中发现不变的因素，于变幻莫测之中发现恒定的力量，这不仅需要理论的洞见，而且需要经验作为铺垫。

对专业和专家的尊重，是刘硕良从事新闻出版的一个重要认识。从《广西日报》到漓江出版社，刘硕良见证了许多失误，经历了许多成功，他因此认为：

办报除了政治上要强外，很重要的一条就是要有很扎实的功底，要有很好的文字能力，要有很好的历史文化素养，要有相当的学术水平和学术鉴赏能力，还应该有一定的写作能力。一个副刊的编辑，一个报社的编辑，如果文化基础差，在报社，光是政治进步，光是政治上表现坚定，那么在新闻事业上要想发挥一定的作用是很难的。

编辑、出版工作，在正确方针的指导下，更多时候是单兵作战，人多意见很难统一，个人的智慧也不一定能够充分地展开，有些事情是要有人去实施、实践，用实践的效果来证明对还是不对，而不是开个会表决，按多数人的意见办事就行。

工作不能靠人海战术，不在于人多，而是要有执行力强的班子。

这些观点，不是周密严谨的逻辑推理，不是复杂高深的理论演绎，而是刘硕良经过实践验证的通俗易懂的结论，是在实践中形成的真知灼见。

作为一个创造了诸多令人瞩目的出版业绩的出版家，刘硕良对出版的思考显然最有价值，最具有示范意义。那么，在整个出版系统中，究竟哪个环节最为重要，刘硕良有自己的思考：

做好出版工作，首先得有好的想法、好的眼光，要能抓住好的选题、好的作品，还要设计好，形式要新颖、美观。但是光是做好这些工作，还远远不够，还得做好印刷、发行、营销等工作。

有什么样的思路，就走什么样的道路；开什么路子出来，就会有什么样的过程和结果。

好的想法、好的思路、好的选题，才是出版制胜的法宝。那么，如何才能获得好的想法、好的思路、好的选题，刘硕良亦有具体的操作路径：

> 我觉得从事外国文学出版，必须要熟悉三本地图，要对世界文学的大格局了然于心，要对外部世界有所了解。一个是世界历史地图，一个是世界文学史地图，一个是外国文学翻译出版地图。

> 其实“获诺贝尔文学奖作家丛书”里面，好些在桂林文化城时期就出版过，解放初期倒向苏联，西方的东西就完全隔绝了，只有少数西方的古典作品在中国有介绍，西方的现代文学都被认为是反动的。做出版，要了解这些出版领域的历史情况，知道什么时候一些工作断了，要判断什么时候还能恢复起来。漓江出版社上手的时候为什么选《白夜》和《保尔和薇吉妮》？当然是填补空缺，你要想填空补缺，你就先要熟悉文学地图、出版地图，知道还有哪些空缺。

这个具体的操作路径虽然存在，但并不可能一蹴而就，而必须经过长期的专业训练和专业积累，说到底，出版人必须有深厚的文化素养和专业素养，这又与前面的文化感悟殊途同归。

具体而微的想法、思路、选题，多在抽象的思想基础上形成，从宏大的思想中孕育，于深刻的思想中产生。刘硕良虽然是一个行动者，但更是一个思想者，他的行动是以思想为准绳的。我们看到的是一部部厚重的获诺贝尔文学奖作家的作品，但刘硕良贯注这一部部作品后面的却是这样的思想：

> “获诺贝尔文学奖作家丛书”让人们知道20世纪的人类社会精神生活、精神世界是什么样的。像以前我们在一些作品中看到的人性没有那么复杂的，都是比较简单的，比较单一。但是在福克纳等很多获诺贝尔文学奖的作家作品里面，比如说西蒙“新小说”里面的，那不

仅是一个技巧上的突破，而且是对人类世界，对人性的理解、挖掘。它的文学意义自不待言，它的社会学意义、人类学研究意义也是很大的。这套书对社会思想文化有着启蒙作用，振聋发聩的作用。

正是因为有“获诺贝尔文学奖作家丛书”这样厚重的外国文学出版工程，刘硕良的这些思想才能有所凭借；正是因为有刘硕良的这些思想，“获诺贝尔文学奖作家丛书”与中国土地的相遇才能水乳交融，与中国文学的交流才能水到渠成。

我们看到的是一本本漂亮的《人与自然》杂志，但刘硕良赋予这一本本杂志背后的理念：

人与自然，关键在“与”，关键要在“与”字上做文章，表现人与自然的关系，正确地体现人与自然的关系。这个关系应该是以人为主导的，但在自然面前人要放下架子，要热爱自然、学习自然、敬畏自然、保护自然，不要动不动就要改变自然、改天换地，强调人类主导一切。如果人为所欲为，人与自然的关系就肯定搞不好，就会颠倒。

《人与自然》就是要在精神观念上施加影响，使得人们对自然的观念发生革命性的变化。因此，刊物就要在各方面展现自然的伟大、优美、永恒、不可抗拒、不可随意改变，以期将人们对自然的态度端正过来。

正是因为有《人与自然》这本杂志，刘硕良的这些理念才有了依托而不是空洞的夸夸其谈；正是因为有刘硕良的这些理念，《人与自然》杂志才有了灵魂而不是赶时髦追时尚的浅薄读物。

其实，《与时间书：刘硕良口述回忆录》许多思考都超出了新闻出版的范围，比如这段话："过去我们国家有一些失误，当然有很多原因，但是至少有一条，就是忽视多样性和不尊重多样性。"这样的思考，称得上掷地有声，振聋发聩，给我们启迪，令我们深思。

刘硕良的情感归宿

《与时间书：刘硕良口述回忆录》不仅有历史，有思想，而且有温情。

其中有对故乡、对家族的温情。

刘硕良谈到故乡的刘氏宗祠：

> 祠堂城分三四个大的部分，每一部分有前后两栋，甚至有三栋，每一栋都有戏台、骑楼，还有很多放墓碑、放神主牌的地方。宗祠大门进来有个比较大的广场，是一个集会的场所，左右都有骑楼，骑楼上面下面都可以住人、站人，规模相当宏大，办一个完全小学只用了其中还不到五分之一的地方，有宿舍、有礼堂、有操场，还有戏剧舞台。抗战的时候害怕日本人的飞机来轰炸，就用锅底灰涂在墙壁上面，躲过了日本人的轰炸。20世纪60年代大炼钢铁，破"四旧"，就把这些房子全部拆毁了，几百年的建筑，非常可惜。

"非常可惜"几个字，道出了刘硕良晚年对故乡、对宗族的温情。

刘硕良回忆了许多领导、同事、作者、译者。这些领导、同事大都是新闻出版界的重要人物，这些作者、译者更是全国文化界的知名人物。刘硕良将自己与他们的过从往来与人生交集娓娓道来，字里行间，可以体会到刘硕良对故人、故友的缅怀和追思。

刘硕良多次谈到他的妻子黄丽清。黄丽清曾经与他同过欢乐，也与他共过患难。刘硕良有过长达15年劳改劳教经历，受他牵连，黄丽清被下放到宁明山区，带着孩子与贫农“三同”。《与时间书：刘硕良口述回忆录》定稿期间，黄丽清已经去世，刘硕良反复说到“我也不想去太多打扰她”，“我在这里有意回避很多事情，就是不想打扰她。让她安息吧，让她在另外一个世界里面能过得安然。终究我们要走到一起的”。

这样的话，确实有一种特殊的感染力。

这种感染力，不是因为刘硕良个人多么善于修辞，而是因为刘硕良本质上是一个有情之人，虽然表面上看他情感内敛，行事理性。

漓江出版社是刘硕良事业的高峰。虽然刘硕良在漓江出版社正式任职只有13年，但刘硕良全部40多年的出版生涯，都对漓江出版社念兹在兹。他说：“一有机会能帮漓江出版社做点什么，我就去做。”他说：“40年来，我好像一个幽灵似的在漓江徘徊。”他说的不过是事实，但这样的事实，包蕴着深厚的情感内容。

刘硕良17岁离开湖南来到广西，在广西生活工作了70多年，他的事业和生活完全融入了广西，广西已经成为他无法分离的第二故乡。到了晚年，他放下了他最为风光的出版家身份，重新激扬疏离已久的写作热情，亲自主持撰写《中国地域文化通览·广西卷》《广西地域文化要览》《广西现代文化史》三部大书。这三部大书，不仅填补了广西文化史研究的空白，而且具有相当高的学术品质和文化价值，为广西文化学术史研究提供了典范之作。

值得注意的是，这三部大书出版的时候，刘硕良已经年逾80，他亲自撰写《中国地域文化通览·广西卷》的绪论、《广西地域文化要览》的绪论和《中国现代文化史》（四卷本）第九章“出版”等章节，个人承担的写作内容超过20万字。他是以行动表达他对八桂大地的深情。诚如他所说：

能把《广西现代文化史》这部书推出来，是广西文史馆对广西历史文化事业的一大贡献，也是广西文史馆的光亮点所在。这部书能出来，还是很幸运的事。想一想全国有几个省份有这样的现代文化史出版？

他欣慰地说：

叶落归根不单是指生活上、工作上，也可以包括文化、学术方面的“归根”。我最后还是回到了广西这片土地上，为广西做了一点事。

刘硕良是新中国培养的第一代新闻出版人，他从事新闻出版70多年，创造了诸多新闻出版业绩。

《与时间书：刘硕良口述回忆录》讲述了刘硕良70多年的新闻出版生涯，其中有个人的奋发作为，也有时代的因缘际会；有小舞台的匠心独运，也有大中国的春潮漫卷。它是刘硕良的个人史，记录刘硕良从童年到老年近90年的个体生命历程；也是中国新闻人出版人的共同史，涉及新中国新闻人出版人70多年的创业创新历程；更是中国改革开放以来的外国文学翻译史，因为刘硕良及其参与创办的漓江出版社，团结了几代中国最优秀的外国文学翻译家，共同打造了一个语种丰富、品质卓越、内容博大精深的外国文学译本世界。

刘硕良何以能创造如此骄人的新闻出版业绩？

我想，这既来自他作为湖南人的文化性格，有着兼容义犬与蛮牛的忠毅、灵敏、韧性和蛮劲，也来自他在八桂大地历练的宽容、多元、深情和朴厚。由是，刘硕良既有对改革开放的敏感，又有对出版事业的忠毅；既有开拓进取的蛮劲，又有持之以恒的韧劲；既有视野的兼容并包，又有情感的诚挚朴厚。

唯其如此，他才能在出版事业攻城拔寨，不仅拓展高原，而且攀登高峰；不仅有春夏的桃红李白，而且有秋冬的橙黄橘绿。

曾经有记者向刘硕良提问，是怎样一种信念和力量贯穿他的出版生涯。

刘硕良的回答是：

> 我只不过是想把窗口开得更大一点，让读者看到一些他们希望知道也应该知道的东西罢了。

回到本文开头，刘硕良何许人也?

我想，刘硕良就是那个把窗口开得更大的人，他希望通过他的努力，读者能够在图书中看到更真实多样的世界、更丰富复杂的人性以及更深邃广阔的历史和未来。

感谢刘硕良先生多年的支持与合作，我们共同完成了《与时间书：刘硕良口述回忆录》这部著作；感谢“刘硕良口述实录项目”团队的通力合作与付出，我们集团队之力、耗十年之功，才可能保存并如此呈现这部中国当代新闻出版的珍稀文献。

作为一群新中国出版事业的受益者，我们谨以这部《与时间书：刘硕良口述回忆录》向新中国出版人致敬!

2022年1月24日完稿于桂林漓东

第一章 在新旧交替中成长

宁乡是根，湘乡是血。

在一个新旧交替的时代，

在两县交界的小村庄出生、成长。

学堂闻道，私塾受教，读书自学，

新旧知识兼收，新旧思想并蓄，

孕育人生的萌芽与动能。

大时代里的青春，

成为一生的铺垫与伏笔。

★　本章内容根据2012年10月21日上午对刘硕良的现场采访（采访人：黄伟林、唐迎欣、李佳佳；采访地点：南宁，刘硕良家中；录音整理：李佳佳）及2021年1月9日上午、1月13日上午对刘硕良的视频采访（采访人：黄伟林、李逊、霍丽；摄像助理：郭烨泷；录音整理：李逊、唐迎欣）整理；根据2021年7月18日对刘硕良的现场采访（采访人：黄伟林、霍丽、李逊、梁虹程；采访地点：南宁，刘硕良家中；摄像助理：霍东升、黄重贸、庞纪兵；录音整理：李逊），2021年12月4日对刘硕良的现场采访（采访人：李逊、梁虹程；采访地点：南宁，刘硕良家中；摄像助理：蒙科宇、黄高峰、霍东升、黄重贸；录音整理：李逊）和2022年1月16日对刘硕良的现场采访（采访人：张俊显、李逊、梁虹程；采访地点：南宁，刘硕良家中；摄像助理：蒙科宇；录音整理：李逊）修订。

1932年8月23日[1]，我出生于湖南宁乡灰汤镇杨柳湾附近的一个叫河堤上的小村子。

从时间上来讲，我出生在一个新旧交替的时代。

从地理上来讲，我出生于一个两县交界的地方。

沩水的重要支流乌江从这里经过，与河堤隔着一垌田，就是我家所在的地方。从湘乡那边延伸过来的一处台地上，坐落着大小两个自然村，大的叫盘家湾，小的叫河堤上。河堤上村只有五户人家，在旧瓦房里的四户人家，有三户在20世纪40年代已经先后败亡、离散，一户远赴县城谋生，唯独茅屋里的刘姓一家还在苦苦坚持耕读为本，四处筹钱送儿子上学。到1949年秋，刘家供出了一个26岁的大学毕业生，一个17岁的高中毕业生。

这个高中毕业生，就是我。

下面讲的，就是我这个高中生几十年的传奇故事和所见所闻。

1

我的出生地是宁乡和湘乡交界的地方，村子在宁乡地界上，对面的村子是湘乡的。

宁乡和湘乡湘味很重，是湖南很有代表性的两个县[2]。

---

[1] 据刘硕良口述，他1932年农历七月二十二日出生，登记身份证信息时要求按照公历出生日期填写，当时就填写了大概对应的9月20日，实际的公历出生日期应该为8月23日。

[2] 经国务院批准，湘乡县、宁乡县分别于1987年3月6日和2017年12月3日撤县成立县级市。

灰汤长寿村

宁乡素以“湘中门户”“鱼米之乡”“省会后花园”闻名，水资源丰富，物产富有。宁乡在长沙的西面，被看成是长沙的西大门，因此有时也被称为“西宁”，就是“西边的宁乡”。

宁乡建县有一千多年的历史了，历史人文资源丰厚。诸葛亮的接班人蒋琬就是宁乡灰汤人。今天的灰汤有骑都之称，湖南省首个“自行车主题公园”就建在这里。我们那个村子就归灰汤管，离灰汤有十里路。为什么叫灰汤呢？因为此地有一个温泉，古时亦称“汤泉”，意思是高温泉水，温泉升腾起灰蒙蒙的水雾，故名灰汤。现在灰汤有多家疗养院，是长沙的疗养休闲胜地。

宁乡县读书风气比较盛。南宋大理学家张栻常年在宁乡讲学，死后埋葬在宁乡巷子口。岳麓书院的院长有六个都是宁乡的。宁乡也办有四个书院，还办过一个民国大学。这个大学是在北平办的，抗战的时候搬到宁乡来办，[1]“国大代表”鲁荡平[2]是那个学校的校长。周南女子中学创办人、湖南有名的教育家朱剑凡也是宁乡人。

宁乡人很勇敢，是比较有斗争性和进取心的，革命者也很多。最有名的就是刘少奇，他的家乡花明楼就在宁乡县城旁边十多里处，离我们家大概六七十里。此外还有无产阶级革命家、中共一大代表何叔衡，解放军二十二兵团司令员陶峙岳，全国政协地方政协工作委员会副主任贺耀祖，解放军总政治部副主任甘泗淇等。

湘乡比宁乡大，多山、多丘陵，人文资源也很丰厚。曾国藩就是湘乡人。他出生的那个村子叫荷叶塘，现在划到娄底了，原来是湘乡的一部分。除了曾国藩，湘军的一系列人物也是湘乡的，这些人不但对湘乡，还对湖南的发展、对中国的很多方面都起了历史性的作用。湘乡还出了像陈赓、蔡和森这样的一大批人才。湖南人敢为天下先、敢于进取、吃苦耐劳的精神，在湘乡和宁乡有比较典型的体现，这么多人物的产生也说明了这一点。

湖南人有一句土话，说宁乡人讲“看一看”不说“看”，说“kuàn”，声音好像狗叫一样，“去看看那个地方怎么样”，我们就讲“去kuàn kuàn”；湘乡人讲话就喜欢讲“嗡啊嗡啊”，像牛叫。这两句话恰好象征性地代表了宁乡人和湘乡人的性格：宁乡人像义犬那样忠毅、灵敏，湘乡人有股蛮劲，像牛一样，坚韧又能够吃苦耐劳，有顽强的韧劲。宁乡人也有这个性格，但又比湘乡人多一分忠毅、灵敏。我想，这两个县在很大程度上就代表了湖南，也代表了中国出身农村的广大群众的性格。

宁乡和湘乡交界处，宁乡这边是灰汤、杨柳湾这一带，我们家对面就是湘乡的金薮乡管辖的地方。我们家原来也住在湘乡那边，从祖父那一代

[1] 北平民国大学始建于1916年冬。1933年，时任北平市政务委员兼市党部宣传部长的鲁荡平担任民国大学校长。抗日战争爆发后，民国大学被迫将校址南迁，先后于1941年和1945年迁往宁乡县陶家湾。

[2] 鲁荡平，湖南宁乡人，早年加入同盟会，入籍南社。1949年渡台，创办《湖南文献》，在台任“国民大会代表”“立法委员”。

开始就搬到宁乡杨柳湾附近的河堤上，买了一些很好的水田，起了一间草屋。我们家的草屋盖的不是茅草，而是稻草。我们这有水田，有稻谷，稻草拿来喂牛，做原料，也拿来修补房屋、盖屋子。农村有一句话，“茅屋坨坨，财主婆婆”，意思是有钱的人不一定都住瓦房。我们家后来倒不是发了什么财，而是培养出一个大学毕业生和一个高中毕业生，这也不简单。

祖母曾经讲过，祖父发起脾气来，一个手抓着女人的发髻，一个手拉住人的手，可以把人甩出一丈多远去。我恍惚记得祖父的一点影子，我那时也就两岁上下。祖父生养了四个儿子、两个女儿，最小一个儿子就是我的父亲，叫刘文祥。祖父叫什么名字我都记不得了，也搞不清楚祖父之前家族有什么历史。据说祖父之前的先人在清朝还有一点小功名，但是并没有成什么大气候。自我祖父这一辈开始，主要的活动舞台就在宁乡地域，在宁乡郊区种田。他的四个儿子，前面三个都是种田的，我父亲算是个小知识分子。

我父亲在县城念过点书，旧的知识、新的知识都懂一点，回来以后就在本地发展，也种田，但主要就是做小学教员。看病、开药方，他也沾点边。为了赚钱，他也参与一些打官司的事情，做农村所谓的“土律师”，帮人家写状纸、告状，告得赢就得点钱。他这种“土律师”打的官司，很难讲得清楚是正义还是不正义，肯定两方面都有，也帮打抱不平，伸张了一点正义，同时也不排除有一些把无理讲成有理、恶人先告状的行为。反正他的目的就是一条，就是想办法攒钱给儿子上学。

我们家从祖父这一辈开始，活动舞台转到了宁乡，但是大部分亲戚都还在湘乡。我的祖母是湘乡人，她家在湘乡一个高山上的寺庙下面，如果天气晴朗，站在我们家的大门边，可以隐隐约约看见我的老祖母出生的地方。农村有就近联姻的习惯和传统，我的大姑二姑都嫁到了湘乡，我的母亲是我大姑介绍的，也是湘乡人。我的嫂子现在还健在，已经99岁了，也是湘乡人。我家里面，叔叔、伯伯的女儿都嫁到湘乡。

可以说，我们家，宁乡是根，湘乡是血，有一种割不断的血缘关系在。

1990年1月5日，第一次回老家扫墓

2008年春节回老家探亲

2

我很小的时候，父亲就带我去他教学的学校玩，顺便也学点东西，相当于四岁就开始了小学教育。

那个学校离我们家大概有一两里路，父亲背我去的。

启蒙的第一课读的是《油菜花开了》，学写的第一个字就是油菜花的“油”字，农村里面煮菜用的“油”，红油、茶油、菜油、花生油。

按照农村小学启蒙的习惯，一开始要用红字本学写字，用土话说就是“填红”。在我读书的时候，父亲没有用那种传统的教学方式，而是让我学写“油菜花”几个字，学写自己的名字，学写村子的名字，比较有生活气息，不是那种老古板的、很呆板的、老一套的教学方法。

小学跟父亲读了几年，后来才正式到小学里面去读书了。

我读过两个小学：一个是金薮小学，在湘乡那边，读了大概有半年的时间，不算太长；一个是宁乡高迁湾的完全小学——汤泉乡中心小学，我是在这个完全小学毕业的。

读小学的时候太小了，我小学毕业时也才九岁，上学时也不会照顾自己，生活上有很多困难。我记得在金薮小学读书的时候，学校门口有个很大的水塘，自己的衣服要换洗了，就在塘边搓一搓，挂起来晾干就穿了。身上长了疮、结了疤，有时候碰破了就在塘水里洗一洗，也不懂讲卫生，缺乏自我保护和生活自理的能力。

实际上，我读的小学也不是完全正规的。

跟着父亲读的那种农村初小，没有音乐、美术、舞蹈这方面的教学内容，就只有语文、算术和历史常识。所以，我的语文、算术这类课程学得还比较好，但是对于人的性格养成很重要的一部分，比如美育和体育，就基本上谈不上。这就造成我的成长道路比较单调，很多东西都不懂，比如我不会认五线谱，简谱也读不全，就是因为小学没上过音乐课。后来到初中的时候虽然有正规的音乐老师，但是因为底子打得不好，也就不行。

金薮小学是一个比较老的学校。有一个教史地的老师，也是教导主任，叫作李丰。他教历史、地理教得很好，很会讲，经常讲一些故事，讲得很生活化、现实化，听起来有味道，不枯燥，不是让我们光背地名、背历史年份。从他开始，我就对历史和地理很感兴趣。

高迁湾是当地的文化中心、教育中心，也是祭祀活动的中心。汤泉乡中心小学就设在高迁湾的刘氏宗祠。

明代的时候，刘洪公带着家人从江西迁移到宁乡杨柳湾上边的高迁湾，建了刘氏宗祠。这个祠堂城很辉煌，很远都能看见。祠堂城分三四个大的部分，每一部分有前后两栋，甚至有三栋，每一栋都有戏台、骑楼，还有很多放墓碑、放神主牌的地方。宗祠大门进来有个比较大的广场，是一个集会的场所，左右都有骑楼，骑楼上面下面都可以住人、站人，规模相当宏大。办一个完全小学只用了其中还不到五分之一的地方，有宿舍、有礼堂、有操场，还有戏剧舞台。抗战的时候害怕日本人的飞机来轰炸，就用锅底灰涂在墙壁上面，躲过了日本人的轰炸。20世纪60年代大炼钢铁，破“四旧”，就把这些房子全部拆毁了，几百年的建筑，非常可惜。

在高迁湾的旁边还有个古迹叫作焚字楼，就是烧字的塔，附近所有的垃圾都拿到那里烧掉，这也是农村爱护文化、保护传统的一种表现。农村有个习惯讲法，一本书或者谁写的字掉在地上，不能去踩，踩了之后那个人长大了可能就是个睁眼的瞎子，不认得字，没有思想能力。凡是看到地上有一页纸、一片书页都要收集起来，放到焚字楼焚烧，让它有个归宿。那个楼有三百多年的历史，在“文化大革命”的时候也被拆掉了。

这些祠堂也好，焚字楼也好，都表达了对文化的尊重和传播。

高迁湾的这个完全小学，是我们那里第一个也是唯一的新式学堂。学校的校长、老师都是高等师范学校毕业，受过正规的教育。校长叫张良学，教导主任叫成人美，都是国立师范学校毕业的。他们带来一些新的观念、新的风气，不但对学校、对学生有很大影响，对附近的村庄和城镇也起到了开风气的作用。

我记得有一年寒假考试，老师出了一个作文题目，叫“天寒思将士”，意思是天冷的时候思念去打仗的将士。一个调皮的男老师就给对了个下联，“夜雨忆良君”，下雨的夜晚就会思念良君。“良君”可以理解为情人、爱人，但这里还有另一层意思：出题目的这个老师，就是校长，他有个妹妹叫张良君。这个打油诗式的对联，带有点调侃，带有点调皮，很快就传到了附近的村子、街上，大家觉得学校里面还是有点浪漫情怀的。

这个下联是个叫李卓章的老师接的，他是我们村子里很有才华的人。我也跟着他读过几个月的私塾。李卓章老师会画画，字也写得好，人家家里面砌厨房、灶头，上面要画个猫啊什么的，他会去帮人家画，再涂上油漆，这样就可以保持很久。或者村子里砌个土地庙，他就去写副对联，不是照抄，拿了笔就直接写在墙上。你要看病，他也可以开药方给你。他在新式学堂里面教过英语、体育这些课程。他当时看了我写的一篇作文《太子深生论》，很赏识，批语说“苟能努力，是一代文豪，吾以许之”。实际上，我写的那样一种粗浅的东西，他就是一种鼓励。后来，由于各种原因，也可以说自己努力不够，也不可能成为“一代文豪”。但就从那个时候，由于他的鼓励，我也想再写些文章。我后面又写了一篇文章，他就不以为意了，批语是“只知撰修老爷”，就是说只知道拼凑，没有自己的观点。

我小时候读书时，正式的私塾很少了，一般都是新学堂，用的也是新课本，不过供应得不是很及时，也不是很规范、很统一。也有一些人在家里面或租个地方开办私塾，但不是很多，我也没上过正式的私塾。

除了李卓章老师，我还跟另外一个老师读过书。我们那里有个叫刘少苏的人，是私塾老师，大家都叫他“少苏鞭公”。他好像没有结婚，穿得很邋遢，一讲话胡须上都沾点白色的痰、口水什么的。后来他也招学生，我父亲不在家，我又想读书，就去跟他读了两个月。我父亲回来以后，赶快把我叫回来，说你跟那个“少苏癫子”读怎么行呢，其实刘少苏还是有点学问的。读《论语》《孟子》，他也讲不出什么，也不一定讲得都对，但还是可以从他那里学点东西的。

小学毕业以后我本来应该上初中，但家里面没有能力支持两个人同时上中学。那时候我的兄长刘兆龙[1]，在高小毕业以后要上中学，从农村里面买到一个在明德中学读过两年的人的名字，叫“刘植根”，就用了这个人的身份进了明德中学，一个很有名的私立学校。那时候有个讲法，“北有南开，南有明德”。他就跳了一级，从二年级开始读书。后来家兄就一直改名叫刘植根。当时湖南私立学校很多，普遍都办得比较好，像明德中学、清华中学，但收费都很高。公立学校收费比较少，但是公立学校有时候不一定请得到很多好的老师。中学阶段是打基础的时候，也是花钱最多的阶段，家里所有的收入都拿来支持家兄读明德中学，就没钱送我上初中了。

没上中学的时候，我就在家里自修。家兄放寒暑假回来的时候就教教我，或者是他在假期回来办补习班，我就去跟着听。我在家里也会看一些传统的、旧的经典的书，也上过私塾，跟着学《论语》《孟子》，四书五经没有完全读完，但也基本上涉猎了这些传统经典，包括《诗经》《左传》《战国策》《史记》，还有《洪秀全演义》等通俗小说。自从学了新的历史著作后，还是觉得新的历史观吸引人，很热衷于看中国学者的历史著作。实际上我是在新旧交替中前进，旧的知识也学了一点，新的知识也学了一点，混杂着，都有影响，对我一生的成长有直接的影响。

我家里有一个木柜子，七八十公分宽，一米多高，里面有些书，是我父亲以前读书的时候抄的或者怎么弄来的书。我印象比较深的，就是一本《中国分省地图集》，没事就翻出来看，从头看到尾，有时候想想又翻来看，翻到哪里就多看一点，我的地理知识就是从那里学来的。哪个省有多少个重要的城市，我基本上都知道。后来我在漓江出版社管发行时，我都

---

[1] 刘兆龙（1923—2012），又名菊盛，后改名植根。湖南宁乡人。教授级工程师。毕业于湖南大学矿冶系冶金专业。在校期间参加地下党外围组织领导的学生运动。长沙解放后在湖南省临时人民政府工矿部门工作。1950年9月，调中南有色金属总局，分到广西，在平桂矿务局、柳州冶炼厂、广西冶金局、有色金属广西分局等单位负责生产技术管理工作。1988年离休。

很注意这些地级市，对各个省的结构、地理、山形、地势、河流等情况都有所了解。

家里有《战国策》《左传》，我看得不是很懂，囫囵吞枣，主要是想找故事看。还有套手抄本的、安徽桐城派领袖姚鼐编选的《古文辞类纂》，有75卷。父亲还抄了很多中医的《汤头歌》，就是把中药的名字串在一起，韵体的，方便学、方便记。我有些中医知识，也是因为看了这些书。还有《芥子园画谱》等书，我没学过那方面的基本知识，当时看了也没什么大的收获，只是知道有那么回事。

家里也还有点新书，比如茅盾的《子夜》，还有邹韬奋的《萍踪寄语》《萍踪忆语》。《子夜》是我看的第一部长篇小说。邹韬奋的这两本书我印象很深，后来在我那本文集[1]里面，我曾经说过一句话："冥冥之中，也许真有某种因缘的牵引，我上初中，最先读的现代作品，是韬奋的《萍踪寄语》《萍踪忆语》，从这里引发出对新闻出版的向往与热爱。想不到，在这条道上，坎坷数十年。2004年3月，获得了韬奋出版奖，有幸成为韬奋旗下的一员。"我为什么说这个呢？就是小时候不管你看书的习惯是好是坏，还是中性的，往往在后面就看到它的影子、它的影响。当时我看了那些书以后，我就觉得当个记者很好。那时候农村看不到报纸，只有在我们旁边杨柳湾那里有个邮政代办所，报纸都寄到那里。代办所那个人的儿子跟我哥是同学，跟我们家挺熟，有时候就会到那里拿报纸回来看，看了以后还回去。那个时候，我才知道报纸是怎么回事，对邹韬奋也发生了兴趣。我觉得，一个新闻记者，跟这个时代、跟这个社会的关系很密切，很风光，我于是就对当一个记者、当一个编辑有些向往和兴趣。

因为我没上正规的学校，在家里面有机会接触到这些书，个人的知识也广博了，自己对社会、对历史的看法也受到了影响，培养了新的思想，但是传统东西的影响还是存在的。

---

[1] 《三栖路上云和月》，编者注。

3

经过一段时间的学习，后来我就去考初中，考上了友仁中学，就是现在的宁乡六中，也是个重点中学，在离我们家不是很远的一个地方。这是谢家祠堂办的学校，办得也不错。我是插班进去读的，直接读三年级，从1945年1月开始读，当年年底就毕业了。

跳了两个年级，我学的知识也不够扎实。比如说初中二年级下学期就开始修物理了，力学就是那时候学的，我就没有学到力学这个很重要的基本部分。化学、数学跟上了，英语很好。实际上，我那种学习方式带有点偏科性的，自己喜欢的，或者原来基础稍微好的，就学得好一点，基础差一点的就跟不上，因此物理一直不太好。

我们的历史老师很好，我也很喜欢历史，在家里也读过很多历史书。我读初中的时候，有一个姓谢的同学，他家是诗书世家，友仁中学就是他们谢氏家族办的。他父亲是数学老师，叫谢甲南，教书教得很好，但身体不大好，不过哪怕谢老师有病要休息两三个礼拜，校长也一定等到他病好了来上课，不让别人上。谢同学家离学校不远，经常拉我去他家里。他爷爷读过很多国学，家里有一个小阁楼，里面都是一些古书，我就经常跑到那里去看书。

在那里，我用了十多天的时间就把一套近二十本的袁了凡的《了凡纲鉴》基本读完了。《了凡纲鉴》跟司马光的《资治通鉴》比没有那么大的名气，没那么高的成就，但也是一部可以跟它一比的通史。那时候我的语言功底也不能够完全读懂，但是我把它从头到尾读了一遍，基本的故事、情节看下来了，对中国历朝历代的发展有一个比较完整的认识。我还在学校里面，从同学那里看到了周谷城的《中国通史》、钱穆的《国史大纲》，很多历史知识是在那个时候打下的基础。

我那时候对中国历史的了解超过了很多普通的中学生，在友仁中学上历史课的时候，老师讲完以后就要提问，或者考试的时候出题目，我不仅能答出他教的基本内容，还答出很多课堂之外的知识来。那有些同学很嫉恨啊，怕老师以我答的来打成绩。每一次老师要上历史课的时候大家就交代"你不要答问啊，你别害我们啊"。这也影响我跟同学的关系，同学们下了课之后就来嘲讽我、嘲笑我，甚至找机会来打击我。但我仍然保持住一股向上的好胜心，并不为一些同学的消极行为而退缩，结果得到了老师的支持和鼓励。

跳班、偏科，看起来不错，但是实际上也带来很多问题。

我在家里可以看到很多书，自学可以学到一些在正规学校学不到的知识，但是还是不够全面的，很多知识必须要在正规学校里循序渐进、一步一步地学好，那样基础才扎实。因为中小学是基础教育，它不要求你某一方面有太多才能的发展，就是把各方面的基础打好，为你将来选择职业，选择进一步深造创造好的条件。

我的学习，不足之处主要有两个：一是不够系统，这方面的影响到现在还有。我读书有点囫囵吞枣，看得比较杂，但是不深、不成体系。也许作为一个编辑、记者来讲，博一点、杂一点、广一点，它实用了，但是学问的"专"就说不上了。二是学习不够全面，有些偏，知识结构会有些问题。我没有好好学拼音，到现在我打字，用拼音都不行；我的音乐也不行，因为没有人教你唱歌啊，我基本上是个乐盲，也不会唱什么歌。

在我上初中的时候，抗日战争的烽火燃遍了大半个中国，我们那个地方侥幸逃过了日本人的侵略，日本侵略者的铁蹄没有到我们这个小地方，但我们也受尽了惊吓和兵灾之祸。那时候日本的飞机飞过村子，飞得不很高，甚至看得见飞机上的人，我们生怕炸弹掉下来。虽然日本人没到我们那里，但国民党败兵、撤退的部队很多都在那里驻扎，国民党撤退的部队到处都是。我嫂子的老家是湘乡花桥旁边的一个村子——黑冲。有一次躲国民党的败兵，大家都逃到山上去。我和我嫂子的弟弟罗生那时候都是十一二岁，也跑到山上去躲，中午没饭吃，肚子饿了，走到一个老太婆在山上的小屋子旁边，那个老人家看到我俩饿了，就把她在小瓦缸子里面冻的猪肉给我们吃。后来我想去看这个老人家，也没有机会了。

抗战的时候我也曾经在老师和年龄大一点的同学的带领下，到村子里去宣传抗日，表演唱歌。有一次在灰汤举行民众大会，很多人参加，在河滩边上搭了台子，各界代表人物发表演讲。我的父亲帮我起草了讲演稿，让我在上面念，讲稿上的东西我根本不懂，但是我记性好，背得下来，我照念、照背，文不文白不白的，不像小孩子讲的话。讲完话下来，我们的一个老师谢国璋就说："你看你看你讲什么，你懂么？"我当时觉得很尴尬。但是现在回想起来，一个几岁的孩子，能在抗日大潮中站到众多乡亲面前喊出反对日本侵略的心声，那种勇气、那股热情、那股赤子之心是宝贵的，值得鼓励的。

在友仁中学毕业前后，我病过一场，回到家里休息，自己看看书。

1946年，开春以后，我就跟我的父亲去了洞庭湖边的安乡县。

洞庭湖的湖边有各种各样大大小小的垸子，就是把一大片水面围起来，把里面的水排干、排少，沿着河堤住人，慢慢发展成为居民区，有田、有地、有果园，也有学校，一个垸子从几万人到十万人都有。洞庭湖当地人口少，劳动力不足，需要周边地区的农民来打工，特别是宁乡、湘乡、安化、娄底、新化、桃源这一带的农民，每到农闲季节都会去洞庭湖边打工，帮种稻子，帮收谷子，种收棉花。过去说八百里洞庭，后来因为围垦造田，实际上没那么宽，但鱼米之乡仍然是很富饶的，不仅养活湖区里的十来个县的人，而且还养活远近来湖区谋生的人。洞庭湖种植的是两季稻，有早稻有晚稻，我们家那里是丘陵地区，一般都种一季，时间也可以错开，农闲时很多人就跑过去做几个月的工，带回来些钱买米、买肥料。

我和父亲到那里教书，我们去的那个镇子离草尾[1]不远，到处都飘着

[1] 草尾，地名。此地原处洞庭湖中的青草湖之尾，泥沙淤积逐渐成洲，一些人在此经商形成集镇，故名草尾。

鱼腥味。父亲在那里不知道怎么认识一个靖港的富商的太太，她有一个女儿，讲起来要跟我换八字。按照以前的婚姻习惯，换了八字就算是订婚了，都谈到了这个程度。当时我冒冒失失就给这个女孩子的爸爸写了封信，自报家门，表达些无非是攀龙附凤之类的话。当然这样的信是不会有什么结果的，能不能收到也不一定。这也说明我这个人小时候容易动情，缺乏很严肃、慎重的考虑。后来确实也没有结果，算是个小插曲吧。

这段小插曲是1946年春夏之间的事。到了这年的秋天，我就随家兄到长沙去了，告别了我的宁乡、灰汤、杨柳湾，告别了我的少年时光。

整个少年时代，很多东西都还在萌芽阶段，但从一生来说，却有着很明显的影响。这种时代的、个人阅历的铺垫与影响，与我一生的发展有着千丝万缕的联系。少年时代的经历，为我的为新闻出版的一生埋下了伏笔、蓄好了势。

第二章 两大熔炉

两大熔炉，锤炼青春。

十四岁离乡，就读长沙清华中学，

完成了知识、文化和思想的奠基。

“新干班”系统的学习训练，

打开了新闻事业的窗口。

刷新视野，匡补认知，丰富思想，

在一个大破大立的时代，

获得了可有大作为的基点和契机。

* 本章内容根据2012年10月21日下午、10月22日下午对刘硕良的现场采访（采访人：黄伟林、唐迎欣、李佳佳；采访地点：南宁，刘硕良家中；录音整理：李佳佳），2021年1月13日上午对刘硕良的视频采访（采访人：李逊、梁虹程；录音整理：李逊、唐迎欣）和2021年1月19日上午对刘硕良的视频采访（采访人：黄伟林、李逊、梁虹程；录音整理：李逊、唐迎欣）整理；根据2021年7月18日对刘硕良的现场采访（采访人：黄伟林、霍丽、李逊、梁虹程；采访地点：南宁，刘硕良家中；摄像助理：霍东升、黄重贸、庞纪兵；录音整理：李逊）修订。

告别家乡，随着去读大学的兄长寄居长沙的那年秋天，我十四岁。不久，我考进了私立的清华高级中学读书，开始了新一段较为正式的学习时光，也开启了我的青年时代。

在家乡，不管是在本村还是村子外面读书，都还算是没有离开农村。在我熟悉的农村，我断断续续完成我的小学、初中阶段的基础教育，但是真正完成中学基础教育，还是到长沙以后。在长沙清华中学，我基本完成了思想上、文化上、知识上的打基础的阶段。在那里，我接受了新的事物，重新认识了世界，重新认识了历史，走上了革命道路。

在清华中学毕业后参加的“新干班”，是我正式进入革命队伍前的一次比较系统的培养、学习和训练。在“新干班”，我正式参加了工作，选择了新闻，走上了新闻出版这条道路。

可以说，清华中学和“新干班”在我的一生中起到了熔炉的作用。

1

我怎么进的长沙清华中学呢？要从家兄考上湖南大学讲起。

1946年秋天，家兄刘植根考上了湖南大学矿冶系冶金专业，他把我带到了长沙。

湖南大学历史悠久，有很多有名的教授，当时的校长叫胡庶华，冶金学家，先后做过几所大学的校长。和当时的很多大学一样，湖南大学的管理比较宽松。虽然也有教务长、总务长、训导长，也有很多政治活动，但是总体来讲，管控还不是很严，学生比较自由。那时候湖南大学组织了一个新生院，一年级的学生不管是哪个系的，都集中住在一个像饭堂一样的大房间，里面有一排一排的架子床，上下铺，每张床前放了一张桌子，学生就在里面住，晚上集体学习也在那里。大家都是比较努力、比较遵守纪律的，虽然人很杂，但并不像大杂院那么乱，也有些年纪大的同学带自己亲人来这里跟着读书的，不多，我是其中一个。我就跟着家兄住在他在湖南大学的宿舍里，他们去上课，我就在那里看书、做习题，准备考高中。那时候我也认识了很多湖南大学的学生，其中一个叫戴启余，是后来我在《广西日报》的同事，也是我“新干班”的同学。

1947年1月，寒假的时候，清华中学招春季插班生，我就去报考。清华中学一年招生两次，正常情况下是秋季招生，春季只招插班生，我不想再等到秋季学期，就报了春季插班的招生考试，结果一考考了个第一名。我还记得是在长沙青年会那里考试和发榜的，刚巧我老家有一个同姓的朋友在青年会当伙夫，我哥把我带过去找到他，借住在他那里参加考试。放榜以后，也是这个本家去揭这个榜，他一看我的名字排在第一名，很高兴，就把那个榜扯下来拿给我。等于说，我是在清华中学开学半年以后插班去读的，我高中就读了两年半。这两年半时间，算是我比较系统地学习文化知识的阶段了。

之所以选择考清华中学，主要是慕她的名：看到有“清华”两个字，就觉得办得肯定比较好，有清华大学做靠山，大牌子，将来说不定还可以保送去清华大学。虽然长沙清华中学是1946年才开始创办，但是这个学校很严格、很难考，考进去的人很少，有点贵族化的味道。我就觉得在那里读比较稳妥，而且离湖南大学很近，都在岳麓山那边。

清华中学是私立的，它的全称是长沙私立清华高级中学，没有设初中部，就是从高中办起。这个学校类似重庆清华中学、贵阳清华中学，都是清华大学的校友办的，不是清华大学投资，但清华大学给了支持和帮助，而且教师、校长、负责人都是清华大学派的，长沙清华中学办在第三组，贵阳和重庆已经办了很久。在抗战的时候，重庆的清华中学和贵阳的清华中学已经很有名了。长沙清华中学的校长是当时清华大学校长蒋梦麟的秘书傅任敢，他是清华大学教育系研究生毕业的。他1939年在重庆创办清华中学，任校长，把学校办得很好。创办长沙清华中学后，傅任敢兼任校长。当时还从重庆清华中学调了一个教导主任过来，叫旷璧城，个子不高，能量非常大，很能干。她是重庆清华中学的教导主任，调过来主持工作。当时傅任敢还担任着重庆清华中学的校长，待在长沙清华中学的时间不长，久不久来一下，日常工作由旷璧城负责。

说清华大学是靠山，为什么呢？学校的房子是清华大学给的。在1937年抗日战争全面爆发前，因为北方的局势紧张，当局曾经想过把清华大学迁到长沙，后来又想跟几个大学联合起来设立长沙临时大学。湖南大学在岳麓山的中段，南段有个左家垅，靠近岳麓山里面，上面有个有名的道观，叫云麓宫，就在道观下盖了好几栋房子，房子还没有完全起完，武汉又告急了，长沙可能也不安全了，就准备往昆明搬，后来在那边成立了西南联大。到抗战胜利后，清华大学就派人管这些房产，有一部分是直接管，有一部分就做了别的用途。那些房子都很高级，用的是钢筋水泥，日本飞机炸弹来轰炸，很少有哪栋房子整个被炸烂的，就是被炸了一个角，或者炸穿一个洞，房子大体上都没什么问题。这些房子，湖南大学要了一部分；岳麓中学要了一栋房子的两层；清华中学用了一栋还有其他的一些地方，教室、图书室、仪器室、实验室、教师宿舍、学生宿舍都有，很齐整。边上还有一些房子，破了一点，我们也可以跑去玩或者做活动。学校加了一点设备，建了操场。一些在银行工作的校友，帮学校搞贷款；一些搞工程的校友就来帮起房子、修房子；清华大学梅贻琦校长寄过来一亿元，当然那个一亿元不是现在的一亿元，但应该也还是很有用的。所以说，这个学校虽然不是清华大学的附中，但是实际上也得到清华大学多方面的支持和帮助。

清华大学给了房子，还推荐校友，校友互相推荐、互相介绍来了很多老师，那时进清华中学做老师的很多都是西南联大毕业的。旷璧城是清华大学中文系毕业的，1936年毕业回到湖南投身教育事业。她的毕业论文是闻一多指导的，闻一多想让她再读研究生，但是她想办教育，她毕业后就到湘乡师范工作了一两年。总务主任叫易仁荄，也是清华大学毕业的。他是教历史的，长沙的中学历史课本、高考的历史问答，大部分都是他写的，他教历史教得非常好。教我们语文的叫施无已，是个鲁迅专家，专门研究鲁迅，言必称鲁迅，对鲁迅的杂文非常熟悉，他来教我们的国文。数学老师是杨邕鸣，清华大学毕业的。中华人民共和国成立后这些人都调到北京了，都是大学老师。教我们生物的老师是北京师范大学毕业的，叫傅柏，是很有名的生物学家。他除了讲课以外，还讲他在西藏、青海考察动植物的情况，非常有味道。教我们英语的老师是湖南大学的讲师唐炳亮，他从牛津大学留学回来，一口牛津腔，非常地道，兼过我们两个学期的英语老师。教我们音乐的是《古怪歌》的作者宋扬，就是那首"往年古怪少啊，今年古怪多啊"的《古怪歌》，讽刺国民党腐败、没落，怪事连连。宋扬后来是北京的《歌曲》负责人。他是地下党员，是地下党的长沙市青委书记，他用清华中学音乐教师的身份隐藏在学校里，领导长沙的学生运动。一流的师资队伍，保证了清华中学的教学质量。

清华中学在制度方面也有很多创新。英语、国文、数学三门重点科目，每一个礼拜分别八节到十节课，两节连着上，留有大量的习题，注重大量的练习；历史、地理、化学、生物这些课穿插着上，不是每学期都有，但是课时都排得比较多。学校也注意联系社会，邀请知名人士来学校讲课。我记得对希腊、罗马特别有研究的罗念生来讲过课，可惜他的口才不好，讲的话听不怎么懂，声音又不大，我们听不出高水平在哪儿，后来我们才知道，这是希腊、罗马研究最权威的人物。国民党的一些政治人物也会被邀请来，比如孙立人，新一军军长，他是清华大学毕业，留学美国西点军校。那时候青年军有一位也是清华大学毕业的师长，在缅甸牺牲后一直没有安葬，后来孙立人亲自来办这个事，开追悼会，安葬在清华中学的校园附近。旷璧城以校友的身份去邀请孙立人来清华中学讲演，他很高兴。为了加强英语学习，学校也请过青年会的几位传教士来教实习课，跟学生直接对话。学校还请过经济学家、数学家来讲课。

学校管理很严格，严格到超乎常情，几乎不近人情。学校只招收男生，不给学生留头发，大家都是剃光头或者平头。注册的时候要有两套衣服，卡其布的，没有这两套衣服就不能注册。上装是什么样的，衬衣是什么样的，裤子是什么样的，帽子是什么样的，都有规定。还要有两条白床单，要求一条白床单铺在床上，另一条盖在上面。被子也得是白的，一定是要折出棱角，每天早上都要检查，折得不好就要重新来做，再不行，就记一个缺点，三个缺点就等于一个小过，三个小过就等于一个大过，三个大过就要开除，很严格。学生的活动范围都划定了，那边不能过湘江，只能到码头，不能到湖南大学那一边，这边不能过左家垅，不能到云麓宫，不能去道观里。每个礼拜天都不放假，四个礼拜才能请假一次，而且过河去长沙还要打报告请假，回来要销假。如果是长沙籍的学生，一定要有家长来信要求你回家才会准假回家住一晚，但第二天一早一定要赶回来。如果没有请假，在长沙街上发现了某个学生连老师都要追究责任。当时很多人认为清华中学是个贵族学校，我的理解是，学校并不是培养一种贵族气质，更多的是培养一种精神上的比较高雅的有教养的气质。比如，学校还要求早上在学校里面第一次见到人，不论是同学、老师、学校领导都要喊早安，下午、晚上碰到了，要立正喊下午好、晚安，养成一种礼貌。所以说，衣着打扮等各种规章制度，就是要让你自尊自重，把自己作为一个独立的人来要求自己。我跟着家兄在湖南大学的新生宿舍里面混的那几个月，是比较自由散漫的，到清华中学过这种严格的生活，还是不太适应。我一开始甚至还有点粗鲁，有点野。我还记得有一件事，教国文的施无己老师，有些长沙的同学背后开玩笑喊他叫“施太夫子”，有次上课之前我在黑板上写了“施太夫子”四个字。我不太知道这是带点侮辱的意思，其实我心里面是很佩服他的，也很注意听他的课。施老师看见后勃然大怒，粉笔一丢转身就走了，我这才知道闯了大祸了。结果教导主任旷主任很不高兴，要开除我，后来很多老师帮我说了话，同学们挽留，才改成记大过，我还给施老师道了歉。这件事我印象很深刻。我到清华中学以后，纪律观念和严于律己方面是有比较明显的提高的。

学校虽然管理很严格，但还是很有民主、自由的气氛的。清华大学的校风，讲科学，讲民主，要关心国家大事，不读死书，这些理念都带到了长沙清华中学来。比如说我们的学校里面不设公民课，也不搞什么教会。当时国民党的学校里面必须设公民课，就是讲国民党的那一套；还要有教会，每个礼拜要做纪念周，对总理的遗像敬礼，要念总理遗作，就是蒋介石的生活守则十二则什么的。长沙清华中学不让国民党搞支部，不让“三青团”进来，但是可以让牧师来教你做礼拜，可以让共产党做活动，那时候清华中学就已经有共产党的党支部了。

学校学生会，那时候叫学生自治会，干部是各个班级自己竞选的，没有说老师来指定。要是有同学想出来竞选，就要准备“施政纲领”，要发表自己的观点，讲演以后大家投票，哪一个得票多，就哪一个上台。我那个时候参加的一个组合，最终取得了胜利，后来我就被选为学术部长，因为我在学校里面组织办壁报，我主编了一个周刊，刊物名字为“Life周报”。学校虽然没有很大的图书馆，但是订的书报杂志很多，让学生可以看很多东西。图书馆里面有很多鲁迅的书，有解放区的书，像欧阳山的《高乾大》、柯蓝的《洋铁桶的故事》、赵树理的《李有才板话》，还有周而复的《白求恩大夫》，就是要让你可以看到解放区的新的生活是什么样的。

1948年的四五月间，地下党的学生党员和我谈话，想要发展我入党。可是我填好表格以后他们一看，还不到18岁，那时才16岁，后来就让我参加了地下党的外围组织新民主主义研究会，相当于地下党的团员一样。参加这个新民主主义研究会，我看的第一本书就是毛泽东的《新民主主义论》。

新民主主义研究会的成员办了一个民众夜校，做社会服务，吸收附近农民的孩子和一些更大年龄的人到这里上课，教大家识字，也教一点历史、语文、数学知识。这些学员都是农村的，个别学员家境也还可以，由于某种原因不能上学，也有一些做生意的家庭的女孩子也在我们那儿上学。女孩子受教育的机会还是比较少，即使家境很好，重男轻女的思想也还是有的。除了礼拜天以外，都是晚上上课，上到九点、十点这样子。当时有三个骨干，我是其中一个，校长是杨筱芳，我是民众夜校的秘书长，日常工作是我管。

我们这些学生参加进步学生运动，做了很多联系民众的事，写大字报贴到旁边的农村里去。礼拜天的时候，我们还去农村访问，跟一些农民家庭也是比较熟悉的。1949年11月7日，我们离开“新干班”，到广西来那天，我们民众夜校的一位家长，特地打了双草鞋赶到“新干班”来送给我。

学校标榜民主自由，向往新社会，在反饥饿、反内战、反迫害运动中，清华中学的学生也走在前面，在长沙的学生运动中处在一个领袖的地位。当时长沙一共有40多所中学，需要一个学生联合会来做工作，清华中学坐第二把交椅，主席是湖南大学的。地下党在湖南大学有一个领袖人物叫刘正，是我们清华中学的同学，解放后做过邵阳的地委副书记，湖南省委副书记、省长、政协主席等职。原湖南省教委党组书记朱尚同也是我们的同学，做过长沙市委副书记。我们下一年级的同学还有做过湖南省委宣传部部长、文化厅厅长的。还有一个叶石健，是我们宁乡人，他对国学很有研究。他在上海参加海军，后来在海运局的党校当教员。他对钱锺书非常敬仰，看了钱锺书的很多作品，他给钱锺书写信，对《管锥编》提了好几条意见。钱锺书回信给他，和他讨论。叶石健写了一篇文章《我和默老结墨缘》，介绍这个情况，1998年发表在《出版广角》上。可见他平常学习、钻研还是有相当的深度的。清华中学基础教育好，文化教育过硬，同时思想上也开明活泼，培养了很多人才。当时长沙学生联合会的联络部长是清华中学的，清华中学负责跟各个学校联系，是很重要的一个岗位，任务最繁重也最危险。去参加游行的时候，我还记得，军队、警察来阻挡，发生了一些冲突，我的膝盖还蹭破了皮。那时候搞运动也要适可而止，去游行，肯定是要流血的，旷璧城就劝学生不要去游行，在家里罢课是可以的。旷璧城还有一个不同于其他人的地方，她跟进步的学生说，你们的成绩一定要好，光搞政治活动，如果你们的成绩不好，将来公布你们的身份后，人家会说共产党的学生都是很差劲的，不是优秀的人，好好读书的人就不跟共产党，这个对共产党的威信不好。所以，我们这些同学，又参加学生运动，成绩又很好。我毕业成绩是全年级的第四名。

清华中学伙食标准很严，早上规定供应牛油稀饭，还有四个小碟子，花生米豆腐干，或者是一些鱼干；中午八个人一桌，四菜一汤；每天两顿豆浆，伙食很好。我们在家里面也好，在农村里面的小学也好，物资都是很匮乏的，学生都是要抢饭吃的，一大桶饭放在中间，第一碗不能装得太满，装得太满你吃得时间长，第二次去盛饭就没有了，饭就只有那么多。小孩都是活蹦乱跳的，一碗饭怎么吃都不够，由于缺乏油水，越吃越饿，总是吃不饱。但是在清华中学，生活就很有保障，每天有多少猪肉、青菜，有多少豆制品，都是有规定的。学校伙食是民主管理，让我们自己管。管什么呢？首先是要管买菜、买东西，有一个工人一起去买菜，实际上就是让你监督，学校给你一个权利，你懂不懂监督是另外一回事；第二个是保管，等买回来以后登记保管。每天都有一两个同学来参加食堂管理，而且是成绩好的同学才能去参加管理。这一方面是怕成绩不好的学生参与这些事务影响学习，另一方面是成绩好的要多加一些任务，去参加一些民主活动。所以说，在那个阶段，身体也好，卫生习惯也好，文明礼貌也好，方方面面都培养我们具有一种很从容、文雅的气质，有秩序又不失灵活性，而不是那种很浮躁的，打打闹闹的活泼和混乱。我觉得这些是影响一生的，基础教育就应该包括这些内涵。能够在清华中学获得这些，实在是很宝贵的。

长沙清华中学实际上没办多久，1946年开始招生，我们是第一级，后

旷璧城在长沙市第一中学校门前

旷璧城和学长费孝通

重庆清华中学、长沙清华中学老同学看望旷壁城主任，左起：廖暮侨、徐文科、博慧玲、王民一、旷壁城、杨德庆、王民一夫人、谭昌铭。（1999）

唐锡阳自西藏考察归来看望旷壁城老师并与清华中学一级同学小聚

来有二级、三级、四级，好像还有五级，1952年就和长沙一中合并了。原来清华中学是没有初中的，合并后高中、初中都有了，当时担任清华中学校长的旷璧城去那边做支部书记。

清华中学到二年级就分文组、理组了，一个组四十个人，我是在文组。毕业后，还没来得及参加毕业典礼，我就参加工作了，就是到湖南新闻干部训练班学习。

可以说，长沙清华中学是我人生的一个关键时段。两年多的锻炼和学习，真正起到了基础教育的作用。在这之前，虽然学过一些知识，也受过一些影响，但是在一个人价值观、世界观开始成形的阶段，得到这样比较好的、比较系统也比较新颖的栽培，为人生的发展打下了一定的基础，对我的性格、心理和人生价值取向的形成都起了关键作用。具体来说，表现在几个方面：一个是眼界放宽了，看到了世界的宽广，看到了这个世界是什么样子的，也看到了某种走向和大趋势。二是我们的国家是什么样的国家？在这个世界处在一种什么样的方位？处在一个什么阶段？在清华中学这一段我都有所了解，建立了一个坐标和参照系。以前读一些古书，看到一些古代文化精华，那时的社会是什么性质的社会，那个社会离我们今天来讲有多大的距离，有什么异同，基本是没有什么太多思考的，看了就看了，更多的是一种文化知识的吸收，还缺乏一种宏观的观察和把握。我在清华中学吸纳了新的世界观和人生观，也懂得社会发展，懂得一些马克思主义的基本知识和思想。尽管当时的了解、一些理解，和我后面的认识、和当今社会发展变化比起来，还只是一种初期的认识，但当时的理解、当时的对美好事物的追求，一直在支撑我成长。那时候的学习、锻炼和想法，是我的一个出发点，让我的人生有了某种动力。

当时读到那些解放区的文艺作品，对解放区有一些认识，“解放区的天是明朗的天”，那个时候看见解放军进长沙城里面来，第一次看到解放军的那种冲动到现在还没有忘记。现在回想起来，《李有才板话》《洋铁桶的故事》那些作品，还是比较浅的，并没有真正地反映太多社会本质的东西、人民本质上的东西。但为什么那么让人激动呢？我认为这是一种新的事物、一种全新的理念，完全不同于传统的一些看法和观点，完全进入自己的脑海以后，不由自主地会受到冲击，就不由自主地有这样一种奋起的力量和动力。这不光是我一个人，千千万万个青年学生当时都是这样。我想这不是偶然的现象，而是反映出了那样一个时代需要一种变革，是一种必然的发展趋势，那是一个大破大立的、可以有一番大作为的时代。

我不仅仅是赶上那样一个时代，而且跟上了全国千千万万个进步的学生前进的节奏，没有掉在时代的后面。能赶上进入清华中学这样一个极好的平台，是一种幸运。若不是清华中学，要做到这一点，要跟上时代的步伐，很不容易。比如说我要是在农村或者说我在另外一个老式学校，也许学习成绩或者某一些方面可能不会差多少，但是思想的发展，对人的前进机会的把握，就肯定不如在清华中学。

那段历史跟个人的关系到底有多大，这还不能只是笼统地说走上一个进步的人生道路，应该不仅仅是这样。它起码建立了一个引发思考的基础，有过一段那样纯真的追求，没有太多个人的功利的想法，而是那种青年人在这个年龄层次所固有的、向上的一些观念想法，“天下兴亡，匹夫有责”，还是处于以这样一种比较简单，比较纯洁、纯真的动机去学习去接受去追求的状态。当然那个追求在那个时候只是开幕，只是起点，到后面，包括到“新干班”，到《广西日报》，还有很多追求，但毕竟当年的追求是一个起点。尽管我们今天回想起来，那时会有不可避免的盲目性和浅薄之处，甚至是带有更多感情色彩在里面，但是这样的一种追求在人的一生里留下的印象还是很深刻的。

那个时候我比较仔细地看了许立群写的《中国史话》，胡绳（蒲韧）的《两千年间》，并就这两本书写了评鉴文章，发表在《生活与时代》杂志上。我还较系统地看了生活书店出版的张仲实主编的一套“青年自学丛书”，里面有钱亦石的《中国政治史讲话》，还有沈志远的《新经济学大纲》，曹伯韩的《通俗社会科学二十讲》等著作，篇幅都不大，只有十多万字，小开本。这套书都是用新的观点来写历史，分析经济现象，来写人物，写文化，与我初中时候看的历史教科书上讲的相比，完全是另一种新的观点，我就觉得很新鲜，很有道理。近百年来讲述中国历史比较好的书，我看了有不下十种，包括郭沫若、吕思勉、侯外庐、周谷城、钱穆、杨荣国的作品，那些比较重要的通史我差不多都看过了。特别吸引我的是李剑农写的《最近三十年中国政治史》，这是非常好的而且很有分量的书。就是说，我读的这一批新的书，推翻了过去，至少是更新了我以前的那些历史观点，整个的观点结构都不一样了，完全是进入了一个新的天地。现在看起来，那些书有一些观点并不完全客观，但是毕竟是从一个角度呈现了历史的一个层面。所以后来有很多年轻的编辑跟我谈学习看书，我就跟他说你不要先看新闻的报业史、新闻史，不要把这个当成第一步，你应该先看通史，要对国家整个的历史有一个通盘的了解。这个了解尽管不全面，有一些历史因为作者的原因被掩盖了、扭曲了，但是至少给你撕开了历史的一角，哪一本书能够让你看到历史的百分之百呢？你只要看到百分之二三十就不错了，总比脑子一片空白要好。我觉得做文化工作，特别是做新闻出版工作，对一个国家的历史，对世界的历史，要有一个通盘的大致了解，这个是基本功。

在清华中学那一段，可能有些方面我没看到，这不要紧，但是我至少知道郭沫若是一家，翦伯赞是一家，知道侯外庐、吕思勉，知道周谷城，还知道以钱穆为代表的，比如说李济、蒋廷黻、傅斯年、胡适，有很庞大的一个学者群。了解多了，才不至于太盲目。到清华中学之前，我看到的进步的、左翼的东西比较少，到了清华中学以后，这些进步的、人民的、革命的书籍看得多了，对自己原来的了解有了一个匡正、弥补。当然，很多方面的学习还不够深入，也只是有一些了解，就像我们去哪个地方旅游一样，没有去详细地看，只是到此一游，知道这里有一个景点。实际上一个人的学问很多时候都是看地图而已，不可能每个地方都深入了解，值得看的实在是太多，人生太有限了。我在清华中学接受了左翼思想的熏陶，匡补了原来我不了解的方面，但是又开始走向另外一个极端，容易轻率地否定那些历史的传统的东西。这可能也是参加工作以后走向了一种认识的片面、偏颇的开始。

我还记得，解放军一进长沙城的时候，大家自发地去欢迎，看见解放军的时候，都是真心去拥护。我见到的第一个解放军战士，是一个来管我们这一片治安的战士，我们就像农村里面的小孩围住一个老爷爷似的，觉得他是新的时代的代表人物，很了不起。年轻人本来就容易接受一种偶像的东西，因为要成长要发展总想找一个参照物和榜样。后来，我们想起来，这个战士可能也并不懂太多东西，他实际上就是从农村出来的普通士兵，当兵没有多久，也没有多少文化多少知识。

在清华中学，进步的、左翼的思想有很强大的气场，氛围也很不一样，但是还是有学生是很淡定的，只埋头读书。他也不反共，他是觉得学好数理化是踏踏实实的。我觉得这不单是说明这些同学有他自己独立的观察，同时也体现了文化的力量，一种恒定的力量。它的吸引力看似无形，实际上是很强大的。这就是一个民族生存的根。当时那些进步的东西，之所以发挥那么大的作用，也是因为依附在文化上。清华中学有一种很独特的现象，因为1946年10月才成立，还没有毕业生，但是学校在长沙40多所大中学校里面排在第二位，几乎跟湖南大学的那些进步学生组织平起平坐。为什么能够达到这种位置？这个现象值得研究。清华中学后来居上，学校科学、民主的气质带有一点左翼的色彩，起了很大的作用。

2

清华中学的学生与长沙大多数学生一样，投奔革命。那个时候很多学生不读大学，觉得读大学太迂腐了，等于逃避现实，等于是不进步的。

当时长沙的中学有40多所，解放以后，几十所中学的大部分学生都投奔了革命，以投身革命为时髦。当时解放军、新政府需要大量的工作人员，学生们的革命热情非常高涨，都不想再读书了，都想参加工作。长沙中学的很多学生考了军校、干部学校、革命大学、军政大学，也有参军的。我记得那时候海军、陆军学校来招无线电工作人员，无线电通信是机密的，政治上要非常可靠，长沙清华中学很多学生都是地下党员，或是其他外围组织的成员，参加过活动，年轻，成绩又好，有很多人去应征了。

因为办民众夜校这段经历，我当时就想过，毕业以后去当一名小学老师。我有一个同学，叫李淮，他是益阳的，就是周立波、周扬那个县的。他家乡想聘他去当小学校长，他就想拉我去当教导主任，想让我跟他去办小学。做一名教师能够给一个没有文化、缺乏教养的人打开一扇新的窗户，让他的人生能够找到一个光明的地方，我觉得这是很美好的，根本不考虑钱的多少。当然那个时候，教师的地位、待遇是很好的，特别是社会地位很高。我当时也很想去益阳，差一点就去了。可就在这时候，湖南省的新闻干部训练班开始招生了，我一看到这个消息，心中的记者梦就燃烧起来了，我还是想当一名记者。在清华中学读书的时候，我就比较注意看报纸，很关心时事政治，经常看《观察》杂志和进步人士办的《民策周刊》。如果没有在清华中学的那一段经历，我不一定能够走上新闻的道路；如果新闻干部训练班招生的消息知道得晚一点，我可能就去益阳了，也许人生就会是另外一个样子。

湖南省新闻干部训练班，简称“新干班”，是湖南省委机关报《新湖南报》和新华社湖南分社联合办的。《新湖南报》是1949年8月15日创刊的，创刊不久就办了这个班。改革开放后，湖南省委组织部有过一个报告，经过中央组织部批准，凡是参加“新干班”学习的学员都算是参加了工作。这也说明这个班是很受重视、很引起社会的关注的，新闻工作者都是受到尊重和重视的。当时很多优秀学生都来考这个“新干班”。这个班有一个要求是必须高中生以上才能报考，不像军大、革命大学招一两万人，甚至有些小学文化的、识了一点字的人都考上了。报考“新干班”的学生，实际上大部分都是大学毕业生，或者是正在读大学的学生，还有一部分就是各中学的优秀学生。

“新干班”是1949年8月28日进行招生考试，报纸上登了面试的通知和名单。面试以后，报纸上又登了分两批录取的名单，这个是在9月6日、7日两天，到了9月13日就开始报到了，9月18日举行了正式的开学典礼。毕业是11月22日，也就是说学习了两个月多一点。

为什么“新干班”那么受重视？就是刚才说的两个原因：一个是新闻工作为社会所重视，大家都有新鲜感，看看共产党的新闻工作应该怎么做；另外一个原因是门槛比较高，要求高中以上，招收的很多都是大学生，还有一些是已经在社会上工作了的人。有一位诗人，叫王晨牧，当时在《新湖南报》工作，编副刊，已经是很有名气的诗人，他也来报考、学习；还有一些国民党的新闻机构的记者、编辑也来报考。当时我们班有个叫刘耀曹的同学，中央大学毕业，中央社的记者，“新干班”结束后他到湘西教中学地理。可以说，当时学员里很多人都学有所成，已经有相当好的文化基础，羡慕这个“新干班”就来报考、学习，希望能在新社会的新闻工作岗位上取得一个入门的机会。

训练班还有一点受人瞩目的是举办人非同凡响，湖南省委非常重视这个训练班。湖南省委的班底，包括宣传系统的，都是从老解放区来的。冀察热辽军区，在华北和东北交接的地方，是当时去东北的桥梁和门户，也是华北的门户。冀察热辽中央分局的书记是黄克诚，办的报纸叫《群众日报》，李锐就是《群众日报》的社长，朱九思是总编辑，廖经天是副总编辑，都很了不得，改革开放后第一个新闻学专业博士点就是朱九思开办的。解放军平津战役以后，在黄克诚的领导下接手天津的报纸，开办天津市委的报纸《天津日报》，李锐是社长、朱九思是总编辑，廖经天是北平市委宣传部编审处处长，后来南下的时候他们冀察热辽《群众日报》的这个班底，就跟着黄克诚从天津南下到武汉，后来又到湖南，开办《新湖南

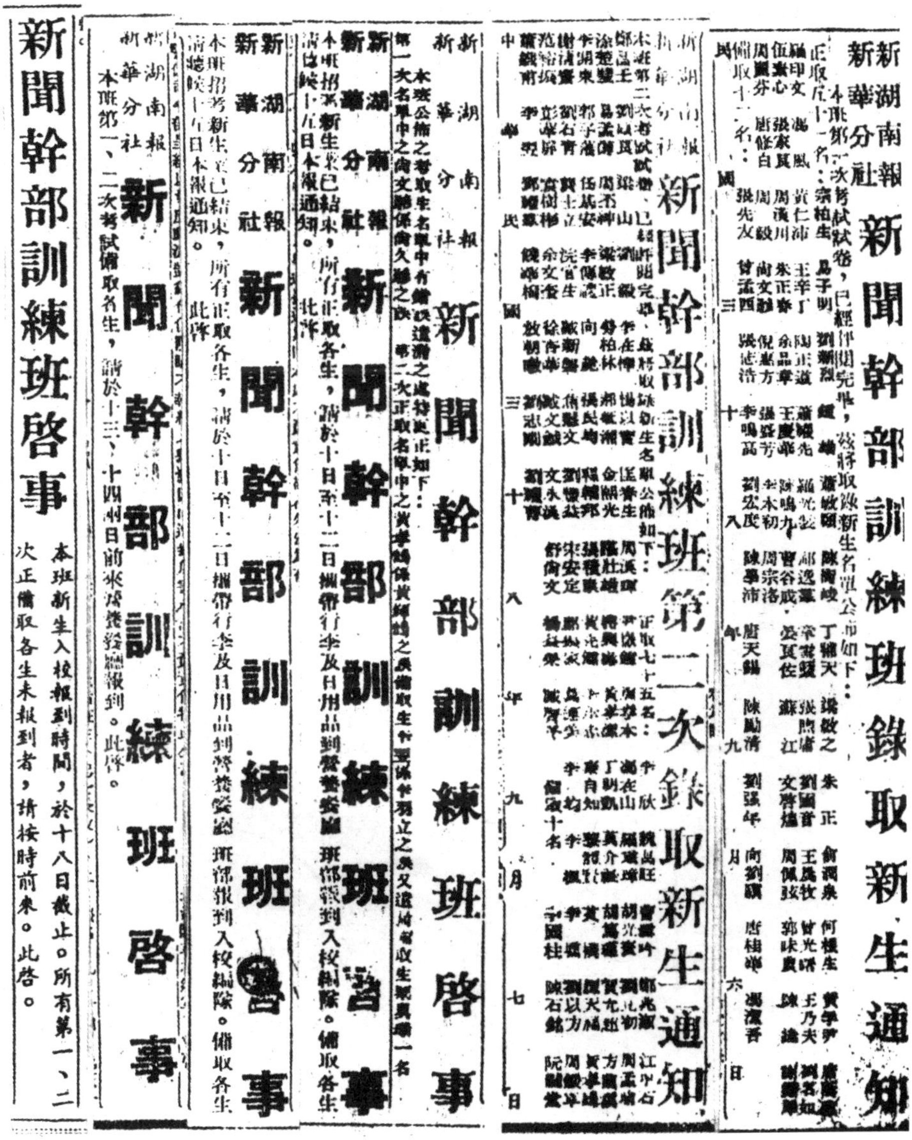

新闻干部训练班录取新生通知与启事

报》。后来分了一些人到广西来，这些人的源头都是冀察热辽《群众日报》的。湖南省委宣传部部长周小舟，抗战时期曾经在延安做过毛泽东主席的秘书，后面下到地方去工作，当时是湖南省委常委、宣传部部长、省委第一书记。湖南省委宣传部的副部长李锐，做过毛泽东主席的政治秘书，文章写得非常好，是他来主持办班的，他又兼新湖南报社社长。

这个“新干班”社会声望很高，像周小舟、李锐，也都来讲话上课。后来还有很多知名的学者、新闻界的元老也来讲过课，比如谢文清，当时是新华社湖南分社的采访主任，后来调到新华社做驻外记者。1956年波匈事件发生那段时间，他正在华沙当记者。谢文清后调到莫斯科当记者，改革开放以后又到广电部当副部长，是很能干的一个人。他当时给我们讲课，带我们去街头采访。那时候群众为庆祝解放举行游行，晚上也游行，我们要去采访，但都还不懂什么叫采访、怎么采访、找谁，那么多人写什么、记什么，基本上都是一头雾水。他带着我们一个点一个点去看，这个点应该找什么人了解，那个点应该采访什么，他给我们讲，他把这些汇总起来就写个报道。还有一个叫李龙牧，也是一个老记者，改革开放后做过复旦大学新闻系的副主任，当时他已经有点年纪了，他也来讲课，讲怎么采访。还有湖南商业厅厅长尚子锦，当时做长沙市工商管理局局长，来给我们讲财贸、物流等政策，因为采访首先要知道政策精神是什么；长沙市总工会主席、湖南省总工会筹委会副主席袁学之给我们讲工会政策，工会在解放区的作用，工会到了新解放区后怎么开展工作，既团结、联合资产阶级，同时又依靠工人阶级，怎么把握这个分寸。这些大报告让我们明了了世界大势，也明了了党和国家的很多历史，知道党中央新解放区的政策的来源、依据，考虑的目的、要点是什么，这样采访的时候才会不那么盲目，心里有底、有杆秤。

刚才我们讲到一些最有名的老师，但是还没有讲到“新干班”的主要人物廖经天。廖经天是广东梅县的客家人，年轻的时候就参加进步学生活动，早年的时候去南洋的印尼办报，办文艺杂志，后来回到延安，进了延

新湖南報新聞幹部訓練班畢業紀念 一九四九.十一.三
新華分社

自左至右

第一排 李承志 黄先健 郭味农 焦慧文 胡坚 陈励清 徐梦兰 曹典谟 任基安 戴启予 饶华桐 梁敏正 余文奎 张家良 周丕绅 萧蝶蝶 陈鸣九 胡光寰 王乃夫 冯风 郭子凡 谢灵犀 刘硕良 刘耀曹

第二排 赵绵兰 周丽芬 赵挽澜 赵淑琴 范裕振 匡春生 李开东 易烈武 唐荫荪 罗印文 廖经天 尹正义 李勋 余品章 黄孚尹 宋安定 易子明 曾孟西 罗光裳 周汉晖 刘以方 李欣 李均 蓝秉刚

第三排 刘毅 曹谷成 谢清斋 张先友 王庆华 丁补天 周碧英 戴文钺 陆孝基 朱正 程辅邦 黄辉鹄 丁明凯 李本初 倪惠方 金希光 李鸣高 黎体贤 莫介祉 梁敏之 刘国音 张煦庸 魏昌旺 唐天锡 陈学沛 杨益荣 欧阳山音 伍素心 唐修白

第四排 许明 郑兆淑 徐杏华 栗翼珊 周孟瑜 章雪凡 谭天福 陈石铭 方兰溪 邓庶康 江中石 黄铁君 涂楚璧 张志浩 萧敏颐 文启煌 苏江 龚士立 易孟醇 王辛丁 萧铁甫 邓耀群 刘石青 戴新畴 李羽立 戴新磐 周汉川

第五排 文永汉 莫运美 蒋兴寿 周孝本 向刘骥 李传礼 欧阳荃 傅小茅 秦自知 郝砥湘 吴莫畏 刘皓宇 冯洁吾 周铁军 罗重璋 阮甫堂 尹岳中 浣官生 刘耀黎 周可家 王晨牧 敖朝暾 黄仁沛 冯代松 俞润泉

第六排 贺蔚钰 朱正春 赵宗昌 张盛方 刘志刚 彭华屏 李昆纯 乔高阳 祁逸群

新干班毕业纪念1949.11

安的国际问题研究所，做过野坂参三的秘书。野坂参三长期以来担任日共中央总书记，是老资格的日共，当时在延安主持、指导日本的进步人士反对日本侵略军国主义活动。廖经天后来参与筹建《新湖南报》，历任《新湖南报》副总编辑，《桂北日报》总编辑、社长，《广西日报》副总编辑、总编辑和社长。1952年冬天，《人民日报》把廖经天从广西调到北京去当管国际版的副总编辑。这是后话。当时他在“新干班”当主任，报社有些事就不怎么参加了，专门办“新干班”。

“新干班”副主任是尹正义，他是中原大学新闻专业的负责人，武汉解放初期设立过中原大学，相当于革命大学、军政大学那样的，也是干训班性质的。那时候这一类的学校，各地叫的名字不太一样，基本性质差不多。中原大学培养出来的人，学生或者老师，也有到别的省去的。这是中原局开办的，中原局就是华中局、中南局的前身。在武汉，尹正义就是中原大学新闻专业的负责人之一，到长沙的时候就派他来常驻“新干班”做管理工作。廖经天当时是《新湖南报》的副总编辑，有时要回去开会，尹正义是驻班管理的。

还有个副主任，是后来增加的，是地下党员，叫梁中夫，广东人，很早就参加革命，白色恐怖紧张时，有一段时间离开了组织，所以解放后调查他，考验了很久。在“新干班”当副主任后，他到出版局当办公室主任，现在已经去世了。解放前长沙新闻界包括《中央日报》《湖南日报》《国民日报》等，报纸很多，地下党组织的活动总得有个新闻支部管理，梁中夫是新闻支部的负责人。新闻支部派了很多人来考“新干班”。

“新干班”的学员是怎么来的呢？有相当一部分都是地下党组织推荐来的，所以也没有特别的政治审查，考试就是现场问情况。我记得我去考试的时候，没有笔试，就相当于是面试，卡片上写了很多问题，不同的人把卡片翻出来让你回答，卡片就是考卷，判断你的文化能力、历史知识和基本的政治思想。我去应试的时候，一个叫黎辛的人看我成绩很好，显得很高兴，就问我参加地下组织了吗，我说能讲给你听吗？因为我们当时参加这些组织还不是很公开的。他笑起来说可以。我就告诉他说我参加了新民主主义研究会。因为那时候思想很简单，不知道他的来头怎么样。问我的文化题目，我觉得都答得很不错，后来果然很快就通过了。

“新干班”学员一共145人，编为一个中队，中队下面有三个分队，一个分队有四个班。中队长是唐修白，指导员是饶华桐；一分队队长是周汉晖，二分队队长是我，三分队队长是涂楚璧。我还兼着八班的班长。“新干班”还成立了团支部，团支部有两个组织干事，一个是我，一个是丁补天。他后来到新华社去了，做调干生，选送到中国人民大学去学习新闻，带薪学习了四年，毕业后到新华社当记者，是新华社摄影部副主任，离休后去新华社香港分社，在内地进步人士办的刊物《广角镜》做副总编辑。后来我和周汉晖、涂楚璧都来广西工作了，饶华桐后面也来了。

“新干班”的学习主要是三个大的内容：一个是人生观的确立、世界观的改造，第二个是党的路线方针政策的学习，第三个是新闻业务基本知识的学习。“新干班”能产生那么大的影响，出那么多的人才，就是这三个重点抓得很突出。

人生观的学习，一个是老同志讲话，一个是个人做总结，回顾历史，反省自己走过的路，联系起来提高，这是人生观的学习和改造。实际上并没有学多少新闻的基本理论，更多的是讲政策听报告，更没有提升到法律的角度。新闻业务的学习，主要是听报告，再加上实习，除谢文清、李龙牧这些老前辈传帮带外，《新湖南报》还有一批南下的年轻干部、记者，像张雨林、李冰封、蔡克诚、柏原等，带我们去采访，辅导我们学习。我们学到的东西都很实在、很新鲜、很生动，不是一般的讲义上能够学到的。

这个“新干班”，当然就跟我们过去心目中一般的正规学校完全不一样。它也上大课、听报告，然后就是小组讨论、学习发言，撰写个人心得，也不只是“新干班”这样，实际上还是一样学政策、讲形势，讲大的东西，让你了解，把你的人生观、奋斗的方向调整到为人民服务、为革命

“新干班”干部合影（1949年）
上排：周汉川 李承志 周丕绅 余品章 戴启予 谭天福
中排：李欣　李均 梁中夫 廖经天 刘硕良 黎体贤 周汉晖
下排：丁补天 尹岳中 饶华桐 罗印文 余文奎 涂楚璧 尹正义 唐修白

做贡献的轨道上来。它还是先改造思想，端正方向，明确道路，先解决这个问题。为什么呢？因为刚刚解放，尽管人来参加了，但是人的思想一下子还没有跟这个新的事物合拍。有一个同学，两个晚上点名都没在，他一看打通铺睡地上、木板上就不肯睡，他要到外面租房子。班里面正好利用这个机会，拿他这件事来讨论，大家来批评他，很多学生都纷纷指责他，表示我们都要安下心来。因为有些年轻人条件好，过惯了好生活，一下子适应不了，我们从农村来的对这些都是比较好接受的。那时候，大家有一股很淳朴的热情、朝气，有一种对新的生活的向往，好像觉得不吃点苦不时髦，吃苦已经成为一种风气了。每个人多少都有一点改变，都有很革命的那种时尚。你想通也好，没想通也好，你都已经卷进来了，来不及给你想这个行不行，没有的，疾风暴雨，摧枯拉朽，那个时候都是一种大潮，血气方刚，这个你来不及想。我记得批判那个同学的时候，有好些人上台，积极得很，其实他们自己也都是过惯那些好生活的。

学习过程中，也有很激烈的场面：有检查自己痛哭流涕的，也有别人帮助他人言辞很激烈的，甚至形成斗争火爆的场面。总的来说，大家还是与人为善、互相帮助，思想上受到的触动比光看书、光听报告要更多、更快。这样学习了以后，到11月7日，廖经天就带着我们几个人离开长沙“新干班”到广西来了。

11月的时候，四野部队已经迂回到广东、桂南，有的经过湘西，二野的部队从华东经过江西经过湖南北部、湘西已经到重庆、四川了。我记得那个时候西蒙诺夫来中国采访，来四野采访，四野文化部的一个副部长陪他来采访。广西省委是7月间在武汉就成立了，那时候广西省委的机关报《广西日报》的报头在武汉就已经由林彪写好了，来广西的新闻工作者的班底都是从北方一路下来的。《广西日报》的第一位社长是新华社河南分社的社长，叫史乃展。他是江苏人，当时还兼广西省委宣传部副部长，接管南宁、桂林，他就是文教接管部的部长。他们在武汉就已经初步搭了《广西日报》的班底了，报头也题字了，准备好了文章，一到新解放区就要发表的，因为那个时候一下子没有自己记者写的东西，就发一些基本的宣传材料，这都已经准备好了。

广西日报社副社长是刘毅生，陆川人，地下党员，本姓宁。刘毅生是从梧州去解放区，到延安，后来又去了东北，在《东北日报》做了很久，和当时担任《广西日报》副刊组组长的陆地是在《东北日报》时的同事。《广西日报》的负责人中还有叶藜，是魏伯的夫人。1964年，中南局组织现代戏会演观摩，我代表广西到中南几个省去看戏，在广州的剧场里就见到了叶藜。她知道我们是广西来的，和我们打招呼，很亲热。那时候魏伯是中南局宣传部的副部长。刘毅生开始时任副社长，后来是总编辑，廖经天是副总编辑。

11月初，党中央统一安排，在武汉成立了一个广西工作队，一路到长沙，他们一边工作一边吸收人才，有几个工作人员，加上“新干班”的几个学员，一起来广西，参加广西工作队，分配到《广西日报》。廖经天要了“新干班”的三个分队长，我、周汉晖、涂楚璧，还有周丕绅、余品章、黄仁沛，还有工作人员翁守悦和乔高扬。11月7日晚上，我们从长沙出发来广西。我们坐火车，火车走得很慢，在衡山下车又坐汽车，又走了几天路，11月23日到全州的黄沙河。后来，又陆续来了一些人，饶华桐和他的夫人以及戴启予就是后面来的。黄仁沛因为已经结婚了，廖经天想把他的夫人一起调过来，《新湖南报》不同意，后来只好又把黄仁沛放回去了。余品章也因为一些原因，后来也回湖南了。实际上，湖南“新干班”和有关部门为广西输送了9个人。

“新干班”作为新闻教育史上一个个例，在新闻界曾经引起了大家的兴趣，也公开出版过很多内部通讯和两本纪念册。

《走过五十年——新华分社新湖南报新闻干部训练班五十周年纪念》

《苦辣酸甜六十年——新华分社新湖南报新闻干部训练班花甲纪念》

这个“新干班”，实际上它有门槛，等于是在一般知识分子里面挑选了一些精英出来进行训练。这个训练本身不一定有什么很特别很了不得的，但是经过这么一个渠道，经过这么一个集合，包括一定的历练，然后再分散去，会帮助他们从当时大量的知识分子、大量的青年里面冒出头来。

“新干班”对我来说，除了一般意义上的学习以外，对于我走上革命道路，走上新闻工作岗位，是一个开端，实际上也成为我踏上新闻工作之路的前奏：完成了这一步以后，我才正式到《广西日报》工作。而我真正从事新闻工作，是到了桂林以后。

“新干班”学生看望旷璧城老师（左一）

第三章 党报生涯

投身新闻，扎根广西。

随着解放的号角进入桂林，

在新中国的新闻战线上生根发芽。

跑新闻，编报纸，办副刊，

党报生涯十六载，

以新闻的视角见证广西建设发展，

形成人生和事业的最初收获，

为出版生涯积淀了宝贵财富。

* 本章内容根据2012年10月22日下午对刘硕良的现场采访（采访人：黄伟林、唐迎欣、李佳佳；地点：南宁，刘硕良家中；录音整理：李佳佳），2013年1月21日上午对刘硕良的现场采访（采访人：唐迎欣、谢婷婷、莫艳芳；采访地点：南宁，刘硕良家中；录音整理：谢婷婷），2021年1月21日对刘硕良的视频采访（采访人：黄伟林、李逊、梁虹程；录音整理：李逊、唐迎欣），2021年1月22日、1月23日对刘硕良的视频采访（采访人：李逊、唐迎欣、梁虹程；录音整理：李逊、唐迎欣），2021年1月24日对刘硕良的视频采访（采访人：黄伟林、李逊、张俊显、谭彦、梁虹程；录音整理：李逊、唐迎欣）和2021年2月23日对刘硕良的视频采访（采访人：黄伟林、李逊、梁虹程；录音整理：李逊、唐迎欣）整理；根据2021年7月19日对刘硕良的现场采访（采访人：李逊、梁虹程；采访地点：南宁，刘硕良家中；摄像助理：霍东升、黄重贸、庞纪兵；录音整理：李逊），2022年1月16日对刘硕良的现场采访（采访人：张俊显、李逊、梁虹程；采访地点：南宁，刘硕良家中；摄像助理：蒙科宇；录音整理：李逊）和刘硕良的《三栖路上云和月——为新闻出版的一生》（漓江出版社2012年版）中的有关资料修订。

“新干班”是我走上新闻工作战线的一个前奏。在“新干班”学习之后，我参加了广西工作队，在班主任廖经天的带领下，随解放军进军广西。

从此，我就生活、学习、工作在《广西日报》，一直到1965年6月，前后有16个年头。

我从事新闻工作的这16年，是我工作的第一个阶段，对我的人生和事业都产生了很大的影响。

1

广西省委的班子，其实是在武汉的时候，大概是1949年夏就开始搭建了。9月下旬，中共广西省委在武汉成立后，即着手配备广西各地市的党政领导班子，批准张云逸为广西省委书记，陈漫远、莫文骅、何伟、李楚离为副书记，并从四野南下工作团选拔1000多人编为广西工作队，随解放军进军广西。我们坐火车到衡阳就停下来等，那时候前方还要打仗。我们就一路走走停停，有时候坐汽车，有时候坐火车，有时候步行。1949年11月23日下午，我们到了湖南和广西交界的一个很有名的镇子，就是全州的黄沙河。此时就传来桂林解放的消息，我们非常高兴，都希望能早日来到桂林。

桂林是在11月22日解放的。在解放军进入桂林之前，桂林市地下党组织就成立了人民解放委员会，后来还组织出版了《解放快报》，是8开铅印的报纸，创刊于当年的11月25日。我们大概是27日到达的桂林。几天后，11月30日，桂林市成立军事管制委员会，主任是中共广西省委的副书记陈漫远，当时广西省委的书记是张云逸，桂林市市长是何伟。桂林军管会下面有好几个部，分别接管经济、财政、党政机关、文教，等等。文教接管部部长是刘宏，他也是省委宣传部副部长。文教接管部副部长是我们前面提到的史乃展，他当时是省委宣传部的副部长，同时兼新华社广西分社的社长、广西日报社社长，负责新闻出版以及其他文教部门的接管工作。

当时广西日报社在桂林市阳桥头边上，靠近榕湖这一边，《广西日报》的编辑部、发行部、印刷厂都在这里。后来《广西日报》搬走，这里就成为《桂林日报》编辑部所在地。我记得我们几个年轻人走进广西日报社大厅的时候，看见一个女孩穿着一件红毛衣，在妈妈的写字台旁边玩。这个女孩是国民党时期广西日报社南宁分社社长吴颂平的女儿吴呵融。有意思的是，吴呵融后来也到了漓江出版社工作，成了我的同事。由这个事情也可以看出，新闻与出版的关联是非常密切的。

经过几天紧张的接收，到了12月3日，新的《广西日报》诞生了。在这之前，《广西日报》在国民党时期有过几十年的历史，也出过很多版，有桂林版、柳州版、百色版、昭平版、南宁版、宜山版，但这都是在人民还没掌握政权时，资产阶级、地主阶级等反动统治阶级和他们的知识分子办的报纸。人民的《广西日报》当时用的报头是林彪题写的，直到“九一三”事件后才更换。当时的省报多半都采用毛主席的题字，其他人的题字不多，《广西日报》是一个比较特别的例子。

中央选定的广西省会不是桂林，而是南宁。1949年以前，南宁也做过一段时间的省会，但时间不长。当时桂林是十多万人口，南宁的人口也不多。在桂林抗战文化城时期，桂林曾经达到三四十万人口。但是南宁却从未达到过二十万人口，基本都在十万人左右。解放前夕，南宁就是九万多人，城区也不大。但是南宁的历史悠久，战略地位非常重要。那个时候越南、老挝、柬埔寨的革命斗争如火如荼，毛泽东高瞻远瞩，把广西的省会

《广西日报》第一任社长史乃展

《广西日报》第一任总编辑刘毅生在做报告，时为1950年冬

《广西日报》副总编辑、《桂北日报》社长兼总编辑、《广西日报》第二任社长廖经天

《广西日报》第三任社长姚天纵，1955年摄于编辑部门前

放在南宁，是有他的战略考虑和长远打算的。国民党的省政府设在桂林，经济、文化的中心也在桂林，解放桂林后，广西一边在桂林展开工作，一边积极地想办法准备把省会迁到南宁，建立省一级政权。

一个多月后，广西省委搬到了南宁。桂北跟桂南关系密切，但是交通阻隔很大，当时的铁路只通到来宾，来宾到镇南关（今友谊关）的铁路是1950年突击抢修的。桂林到南宁要经过48弄，经过大瑶山旁边，那一带土匪很多，交通往来都不太便利。因此，1950年2月初，广西省委经过中共中央批准，成立了桂北区党委，机关驻桂林市，管桂林、柳州、宜山、平乐四个地委和桂林、柳州两个市委。

成立桂北区党委后，就考虑马上要办一张报纸，因为靠无线电来传递消息也不够方便，一定要有一张平面媒体，于是就创办了《桂北日报》。《桂北日报》于1950年2月20日创刊，是对开大报。《广西日报》随省政府搬到南宁，于1950年1月22日出版迁南宁后的第一期。当时广西就《广西日报》和《桂北日报》两张大报。《桂北日报》的社长、总编辑是廖经天，副总编辑是钟纪民、陈国光。《桂北日报》吸收了《广西日报》的一部分编辑、记者，也吸收了当地的参加工作的年轻同志，包括市委干校调过来的人。

我跟着廖经天留在桂林，在《桂北日报》工作。在廖经天的领导下，《桂北日报》办得比较生动活泼，采访、通讯、联络也做得很好。给读者的感觉是《桂北日报》可能比《广西日报》还更有生气些。1951年5月1日《桂北日报》停刊，要合并到《广西日报》，桂北日报社的社长廖经天是合并后的广西日报社的社长。《桂北日报》的人员大部分都去了南宁，留在桂林的人员进入《桂林日报》和平桂矿务局的《平桂工人报》工作。

广西两大新闻机构之一的新华社广西分社一开始是和《广西日报》一起办公的。《广西日报》有什么稿子，广西分社认为合适，就发到北京的新华社总社。也有的稿件是《广西日报》的编辑编好，交给新华社广西分社发到北京。最初新华社广西分社的负责人是史乃展，他同时也是广西日

廣西日報

1950年1月22日在南宁出版的第一张《广西日报》头版

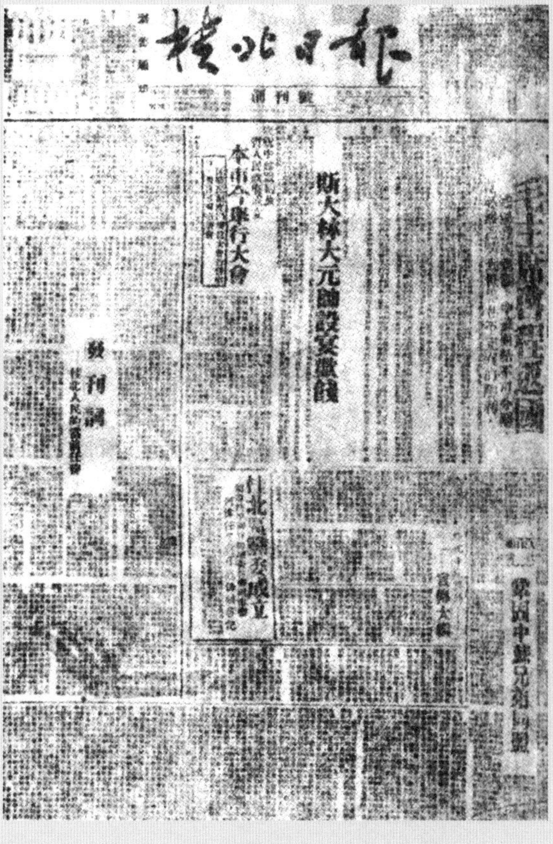
桂北日報

發刊詞

1950年2月20日创刊的桂北区党委机关报《桂北日报》

报社社长。后来他不再兼广西日报社社长、新华社分社社长，专职做省委宣传部副部长了。他是一个很厚道、勤恳、朴素的老同志。他在“文革”期间被下放到邕宁县（今邕宁区）新华书店，因为他是老同志，离休的工资很高，新华书店门面一个月的营业额还不见得够发他一个人的工资，大家都当笑话讲，说新华书店养不起他，可见“文革”期间新华书店的业务很萎缩。

新华社广西分社逐步建立了自己的机构，有了自己的队伍。初期的记者组组长叫杨嚣基，后来在波兰当记者。新华社来的有两个比较年轻的记者，一个叫郭承青，还有一个叫陈蓬生。郭承青在广西分社成长为骨干记者，陈蓬生因为有历史问题被清查，“肃反”的时候被送去教养。杨嚣基走了以后，记者组组长是刘远修。他是从中原解放区来的，后来做了新华社广西分社的负责人。广西分社的负责人，在刘远修后，还有个宫敬之。他是从安徽分社调来的。《人民日报》刚解放的时候没有派记者，是新华社的记者帮《人民日报》写稿，后来《人民日报》才开始派记者，但是发稿比较正常、比较多的时候应该是郑盛丰当记者站站长、分社社长的时候，那时《人民日报》在广西的业务发展得比较好、比较大。

那时候中南局有一个机关报叫《长江日报》，这个报纸现在还有，现在是武汉市委的报纸，不是省委的机关报了。当时，从武汉派到广西来的记者叫孙祖年，这是比较有资历的一个记者；还有个年轻的叫袁谅，后来袁谅也曾经调到过《广西日报》工作。这是解放初期广西重要新闻机构的一些情况。

我在《广西日报》是从记者做起的。桂林刚解放没几天，我跟一个叫江枫的记者去兴安采访。江枫是从中原解放区过来《广西日报》工作的。《广西日报》在武汉组织人马时，吸收了河南、湖北一些新闻干部，江枫就是其中一个。他年纪明显比我要大，那时应该是30岁左右。记者分工时，我们两个分配到兴安。晚上睡觉我们就在一个大戏台的地板上铺块油布打地铺。由于我人长得比较白嫩，头发留得较长，有些头发漏出帽子外面，有人就以为我是女的，就很好奇，怎么一个男记者和一个女记者睡在戏台上，天天都在那里？这一时还被传为笑话。

解放初期，中共桂林地委设在兴安，大概一个多月后才搬到桂林。兴安县委书记侯采苓，南下前是河南省驻马店的市委书记，调到广西工作后分派到兴安当书记。他的夫人彭远安是桂北游击队的指导员。他们在兴安有很多建树。那时候县委人员不足，机构不是很健全，往往有组织部部长就没有宣传部部长，有宣传部部长就暂时不设组织部部长，县里面有县长就没有副县长。我在兴安写的报道都请侯采苓帮我看、帮我改。我觉得他改得都很有道理。

我到兴安采访时刚17岁，实际上还是个娃娃，很多事情都不懂，谈何采访？虽然在"新干班"学了一两个月，但是学的东西还没消化得了，一下子也用不上。那时候我抱定的一个原则就是跟老同志学习，什么都向他们请教，看他们怎么工作，我才慢慢摸到工作的内容、形式。因为采访报道不是凭空而来的，要报道人家，首先要了解人家，看人家是怎么做的，有什么经历，有什么故事，有什么教训，有什么人物的活动，等等。

刚解放，县里面的工作主要是征粮、剿匪，搞减租退押，慢慢开始清匪反霸，搞土地改革。我们要报道的这些事情，我都是第一次接触，只有跟着老同志走。那时对我帮助最大的是兴安县委组织部部长高超。这位老同志后来调到苍梧去当县委书记，再之后又调到桂林市工作。漓江出版社1985年在桂林建社的时候，高超是桂林市人大常委会主任，参加了漓江出版社的揭牌仪式，还讲了话。我在兴安的时候，首先是拜高超为师。他告诉我怎么写报道，生活上也很照顾我。我记得下乡最先是跟他去乡下征粮，接近群众，发动群众。开始的时候老百姓都怕我们，不敢接近我们。那时县以上的干部都有警卫员、勤务兵帮牵马、牵驴、送饭，那个小勤务员每天早上一起床，第一件事就是拿一个口盅，找几根柴烧点开水。高超有个习惯，早上一定要喝杯水才愿意做事。我也跟着他养成了早上喝水的习惯，没喝水就不想干别的，直到现在都是这个习惯。

那时候采访什么都不懂，具体要怎么写也不是很清楚。高超带着我去开会，我就做记录。他在道冠乡（今兴安县道冠村）开农民代表大会，要我去做记录，结果那个报道我写得很好，《广西日报》头版头条全部发了。大家看到后都在议论，这个刘硕良是个什么人啊？还以为我是个什么大人物，或者是什么老干部。慢慢地，我在兴安写的东西就引起人们的注意了。

后来江枫到全州去工作，我继续在兴安工作。全州是大县，是广西十几个产粮重点县之一，一直是广西主要的产粮基地。全州县委书记王斌吾是地委委员，级别比较高，也说明领导对那块地方的重视。从地理上来讲，全州是湖南进入广西的门户大县，其形势可以左右资源、灌阳，对兴安、灵川也有影响。江枫去那里采访，发的稿子没我多。我在兴安就跟着高超、侯采苓，把他们认为比较重要的东西及时反映出来，实际上这就是共产党的机关报办报的基本原则、基本方针，即依靠党委，全党办报，机关报不能脱离本级机关党委的领导。你到地方上去，对各级党组织都要尊重，因为工作都是由他们发动和推动的，只有这样，报道才能找到线索，才能有衡量的标准。这是我在兴安工作的最初体会。我在兴安工作、报道几个月后，桂林地区的报道就走在全省各地区的前面了。

从一开始参加新闻报道工作，我接触到的很多老同志，都非常淳朴，平易近人。

那时桂林的地委书记叫肖一舟，和乔晓光在冀南就是搭档，后来乔晓光从湖南常德调来广西，肖一舟南下到广西在桂林当地委书记。肖一舟吃不了辣，有一次我跟他到全州，县城有很多铺子没开门，他带着警务员和我进米粉店吃米粉，刚开始兴致很大，一吃才知道根本吃不了，因为辣椒很多，吃得一身大汗。

后来在桂林地区开展减租退押，这个是土改运动一个重要的环节。开始没有看得很重要，到后来从西南开始，邓小平提出土改分田地之前，一定要进行减租退押，把地主的赋税基本上搞掉，认为减租退押是土改运动中的“淮海战役”，如果减租退押做好了，土改运动基本上就取得成果了。桂林地区当时在中央和省委的指导下，减租退押做得很好。肖一舟在一次县委书记会议上做总结，讲减租退押，我根据他的总结写了一篇很长的报道《桂林地区减租退押的几点体会》。那时候的版面有一块，中间划一个角或横线出来叫辟栏，《桂北日报》在头版划了一个辟栏登我的文章，大大的一版。用这种方式发表的文章比较引人注目，梧州的《建设日报》转载了这篇文章。在梧州的县委书记会上，大家都很注意学这篇文章。后来时任桂平县（今桂平市）县长的韦纯束跟我讲，他说我们当时看这篇文章的时候，以为这个作者是哪个县的县委书记，后来才知道是个小年轻。其实我也不懂减租退押，就是很注意钻研领导的总结文件，选取一些好的东西报道出来，自然就会产生启发、指导、推广的作用。因为桂林地区土改、减租退押是先行一步，后来这些县委书记都往百色、钦州、南宁调，或到自治区担任领导职务了。肖一舟后来是广西省党委的常委，省人民政府副主席、书记处书记。

1950年6月，广西日报平乐地区通讯站（后为记者站）在召开各县通讯干事会议后合影。二排右二为站长刘硕良，前左一为记者朱致龙，前左三为照片保存者、当年荔浦县委的宣传通讯干事韦耀京

桂林专署的专员梁仰云，字写得很好，后来到广西粮食局当局长。桂林还有两个副专员：一个是马鸿祥，一个是谢东来。他们后来都到自治区重要部门做负责人。有一次我在灵川，他们路过灵川，县委书记吴英甫向他们汇报工作，我也在场。一张破旧的桌子放在前面，其他人在旁边坐着或者站着，要发表意见的时候就坐到前面讲。当时桂林地区出来很多人，都在自治区，或者桂林市、桂林地区担任领导职务。这些人的水平还是比较高的，工作是走在比较前面的，我依靠他们，向他们学习，将从他们那里取得的材料写成报道在报纸上发表，稿子的真实性、现实性、指导性就有一定的保证，自然就有比较好的影响。

1950年的夏秋季节，我去柳州采访。在柳州地委采访了一段时间后，就下到重点县武宣县。武宣是桂中农民运动的发源地之一。虽然我之前没到过武宣，但我很关注那里。在武宣时，我去过东乡采访，那里有土匪，晚上睡觉都不敢睡太死。那里比较富裕，所谓“东乡三里吃白米，黄茆金鸡吃牛肠”。其实二塘也有养牛，人们用牛拉车拉东西。当地吃牛肠的人很多，牛肠非常好吃。有一次我从武宣县城走路到黄茆，然后到金鸡，路过二塘吃牛肠的时候，店里的辣椒很好吃，我是湖南人嘛，喜欢吃辣椒，就把辣椒罐里的辣椒差不多吃光了。老板不高兴，非让我交点辣椒钱给他。后来回到报社，我讲到这件事，大家都哄堂大笑，很多人都知道这个笑话。

在武宣我曾经生过一场病，发烧。当时我在县长那里聊天，聊着聊着坚持不住了，就在当时的副县长莫文骝床上休息了。莫文骝是莫文骅的弟弟。莫文骅是十三兵团政委，后来曾担任解放军政治学院的院长，是赫赫有名的，虽然授衔只有中将，但在解放军中的地位很高，也受到毛泽东主席的重视。莫文骝是副县长，没什么架子，我就在他那里休息了一晚，后来才缓过来。那个时期，干部上下并没有什么很严的界限，上下打成一片，彼此互相关心，我也体会到这一点。

后来我又到平乐工作。平乐是个地区，平乐地委最初的所在地是八步

（今贺州市八步区）。辖管原来一度归梧州管的贺州、信都、昭平，桂林地区靠近东边的平乐、荔浦、钟山，还有靠北些的富川、蒙山、修仁、恭城，这些地方或前或后都归平乐地区管。《广西日报》一个地区派一个通讯站，就是后来的记者站，记者站根据热点地区、热点新闻的多少划分为甲等站、乙等站，桂林、南宁、柳州是甲等站，平乐、宜山、钦州这些是乙等站。在十几个记者站中，平乐记者站发稿最多，超过所有的甲等站。

我在平乐去采访的时候交通不方便，都要带电台，带一个电台两个发报员，因为要发报给南宁。我们刚到平乐，要到平乐地委去找房子，他们看见我们有电台，就说电台不能在这里。我记得，有一次我在兴安写了一个稿子，让解放军的行军部队带到桂林去，那时候很幼稚啊，哪里带得到啊。从平乐地委所在的八步到桂林要两天，途中要先在平乐县城休息一晚才到得了桂林，所以带着电台还是方便一点、可靠一点。我们还带有手枪，因为有土匪。有天晚上很晚了，不知道怎么我的枪就走火了，“啪”地打出一个洞。第二天公安就到处问，因为听到枪响，晚上没有找到什么线索，后来才知道是我的枪走火了。

平乐地委书记是晁福祥，曾做过部队主力军的政委，后来他离开了。副书记是黄传林，后来做过广西监察厅副厅长，做过广西大学党委书记。宣传部部长是吴赞之，组织部部长是杨林，公安部部长是田民，专员是甘怀勋。各个地委领导都是第一次参与地方管理，生机勃勃，英姿焕发，工作都做得呼呼响。我除了采访报道，还在荔浦召开平乐地区各县通讯干事会议。县委、地委都设有通讯干事，或者是专职，或者是宣传干事兼职，记者站的工作就是要通过这些人带动相关县、区、乡的报道。我在平乐地委宣传部长的支持下，在地委宣传部通讯干事朱慧英的支持下，组织了全地区的通讯干事会议。

在平乐的很多工作都是开拓性的。在贺县的八步到旧街有个莲塘桂水村，我在那里搞土改，搞了40天。开始不知道怎么做，后来和农民一起商量，听农民的意见，把那个村子的土改搞完了。中间我想要离开一段时间，农民都不肯。我有事情要到八步去，离开莲塘走了好几里地了，农会干部骑着单车把我拉回来，说你不能走。莲塘客家人比较多，在那里搞土改，我就开始学客家话，虽然不能够完全讲得好，但是可以听懂客家话了。在旧街的房东家里，他有个女儿结婚后不满意，闹离婚，找到我要我帮写申诉。可能是我的申诉里写了点东西出来，法院的干部不高兴，认为是我支持离婚，结果那个婚也没离成。那个女的做了一双鞋子，在我离开村子回到八步开会的时候，托人追到半路送给我。

1951年8月，我跟广西省委代书记陶铸下乡去视察工作。他是第四野战军的政治部副主任，在华南分局是第四书记。那时全国剿匪有两个“乌龟”：一个是福建，一个是广西。福建后来赶上来了，广西还不行。毛泽东把陶铸派到广西来做代书记，那时广西的书记是张云逸，副书记是陈漫远等，毛泽东认为这些人不够雷厉风行，大股的土匪没有有力打掉。陶铸来了后，首先实行重点剿匪，先在大瑶山、大桂山剿匪，土匪一下就紧张了。主要的土匪头子消灭了，那零散的土匪经过土改、“清匪反霸”自然就消灭了。当时为抗美援朝而掀起的爱国增产捐献活动在全国热烈展开，陶铸在平乐地区贺县三嘉乡视察，看到三嘉乡农民爱国增产捐献的高涨热情十分高兴，就叫《广西日报》记者站派记者随同采访。我就跟着去听汇报，帮陶铸记录整理。采访完了，陶铸走了，我也回南宁了。因为那个时候也不太知道这个事情那么重要，就没有马上把稿子写出来。陶铸就打电话到报社来问总编辑刘毅生，说怎么还不见三嘉乡的报道？这“细伢子”是不是讲话不算数啊？几天了稿子还没登出来？我就马上连夜赶写报道，写出来后，报社配了一篇社论在8月22日的报纸第一版发表。

在桂北的新闻采访工作中，还有一个群体我联系比较多，就是公安干部。回想起来，在我的一生中，不管在哪儿工作，我和公安干部都建立了很好的关系。潘子明在桂林地区专署当公安处处长的时候，对我很好，给我讲很多公安工作的情况，让我知道政法战线公安工作是很重要的一环。后来成立自治区一级政法机构的时候，很多地区的公安处处长都调到高级法院或者检察院当头，因为提拔的名额有限，潘子明后来到广西高级人民法院做办公室主任。桂林市的公安局局长柯德夫对我也很好，我和他关系很好。平乐地区公安处处长叫田民，他的妹妹叫田克，在我在平乐记者站的时候，我们的关系就很好。

我在《广西日报》做记者，开始是在桂北，在桂林、柳州和平乐地区，1953年开始，我就到桂东南了，到容县专区采访。

那个时候，桂南有梧州市委、梧州地委还有容县地委，容县专区由原梧州专区的一部分与玉林专区合并而成，玉林还归容县管。后来地委才从容县搬迁到玉林来，成立玉林地委、玉林专区，《广西日报》记者站也从容县搬到玉林。容县专区管的范围比较大，包括容县、岑溪、苍梧、平南、桂平、贵港、玉林、北流、陆川、博白等县。其中的玉林，不管经济也好、文化也好、教育也好，是广西比较发达的地区，财政经济状况比较好，文化基础也比较好，玉林高中的高考成绩曾经是广西第一名，在全国来讲也是很优秀的。记者站那时由《广西日报》编辑部管理，同时也受驻地地委的领导。

玉林地委书记最初是谢鹤筹，之后是贺亦然，接着是李一平。贺亦然在广西工作的时间很长。来广西的部队主要是四野的部队，唯一的例外就是宜山有一个师是二野过来的，因为剿匪完成得很好就留了下来。二野的师政委贺亦然就做了宜山地委书记，后来调到玉林做地委书记，之后还做过广西省委宣传部部长、常委，农村工作部部长，在柳州当过地委书记，“文化大革命”以后做自治区党委宣传部的副部长兼文化局局长，可以说是老广西了。李一平做过柳州地委书记，省委工业交通部部长，后来调到武汉钢铁公司当副总经理。桂北区党委的秘书长、省委的宣传部部长孙德枢，第一个“五年计划”开始后也调到武钢当副总经理了。容县专区的专员是骆明，是从新四军解放区过来的，口才也很好，在干部里威信很高，后来他在省委当省委委员、宣传部部长，在“反右运动”“文化大革命”中受到冲击，改革开放后恢复工作，做过广西社科联的主席。广西社

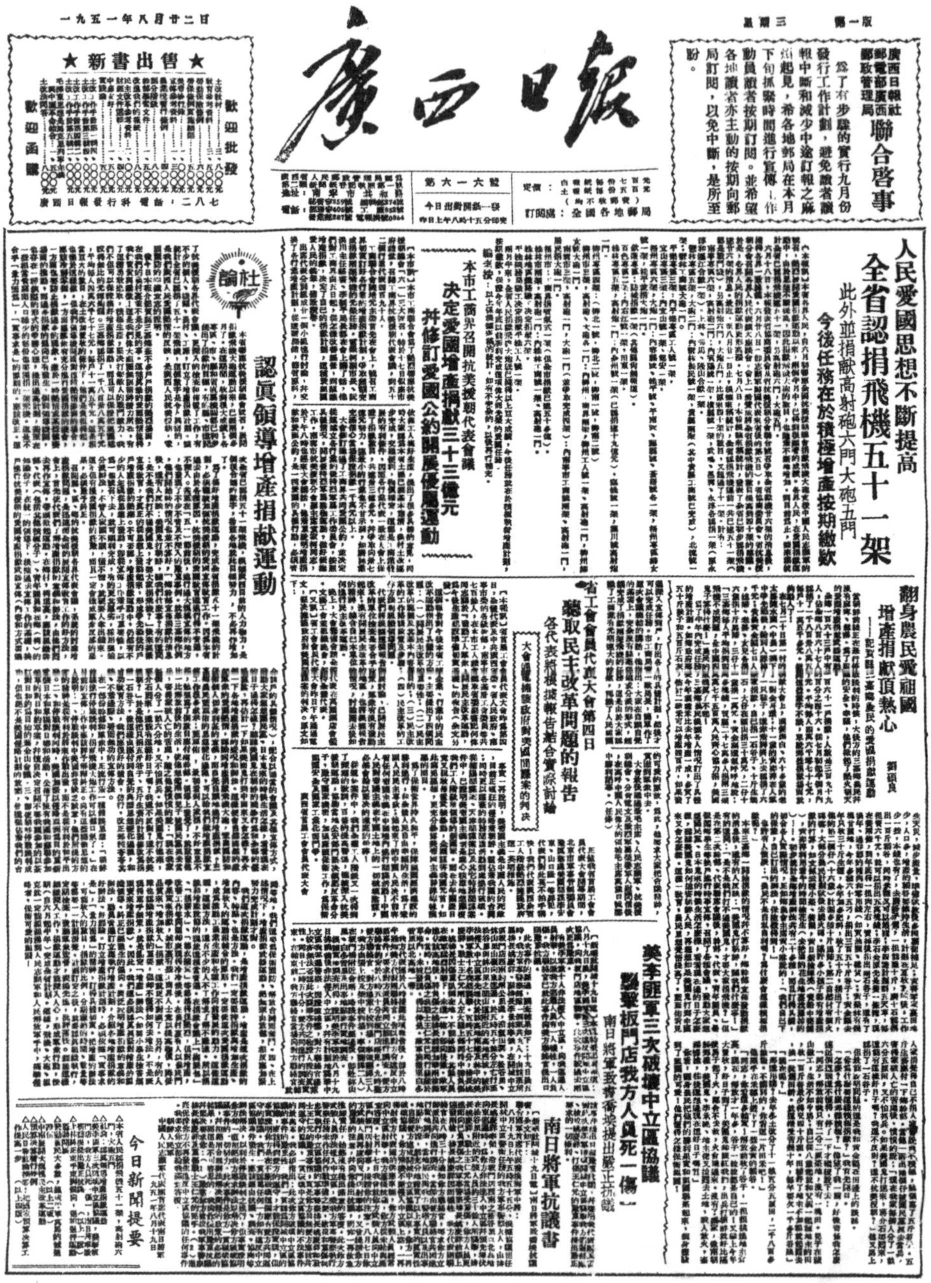

廣西日報

一九五一年八月二十二日　星期三　第一版

聯合啟事

★新書出售★

人民愛國思想不斷提高 全省認捐飛機五十一架

此外並捐獻高射砲六門大砲五門

今後任務在於積極增產按期繳款

社論　認真領導增產捐獻運動

本市工商界召開抗美援朝代表會議 決定愛國增產捐獻三十三億元 并修訂愛國公約開展優屬運動

翻身農民愛祖國 增產捐獻頂熱心

省工會會員代表大會第四日 聽取民主改革問題的報告

各代表積極接報告結合實際討論

美李匪軍三次破壞中立區協議

南日將軍抗議書

今日新聞提要

1951年8月22日《广西日报》第一版报道贺县三嘉乡农民爱国捐献运动并配发社论

科联的工作在改革开放时期得到恢复和开展，都是在骆明领导下做的，文教界、社科界对他的印象和反映很好。副专员蔡勇为，后来接任容县专区专员，后调到南宁当了广西水电厅厅长。容县地委副书记林克武，是地下党，做过中学老师，在玉林、陆川都教过书，解放后是玉林地委副书记，后来是自治区党委的统战部部长，喜欢写诗，出版过诗集。容县地委组织部部长是韦树辉，后来也做过玉林地委的副书记、书记。在三年困难时期，粮食供应紧张，农民没饭吃，有一些基层干部不敢反映真实情况，不敢讲实话，韦树辉是坚持实事求是，敢讲真话、讲老实话的。有一段他也受到批判，到改革开放后才澄清真相。大家都觉得韦树辉是能坚持实事求是、讲真话的一个好领导，很难得。改革开放初期，韦树辉做了自治区党委组织部的副部长。容县地委宣传部部长是黄云，在广东参加革命，后来去山东，在两广纵队，后来南下的时候从上海回到广西。南下到广西的干部，刚解放的时候大部分是从北到南，从北京、湖北、湖南来到广西，还有一批人是从华东过来的。因为两广纵队在山东活动很久，新四军里也有很多广西人。广西参加革命的老干部有一批去延安，也有一些从延安从八路军到新四军，新四军从华东那边来。张云逸是海南人，在两广干革命起家，是右江革命根据地的开辟者，广西革命斗争早期的领导人。张云逸和广西的关系非常深，做过新四军的副军长，解放战争时期参加接管了华东地区很多地方。华东解放后，中央决定让他到广西工作。张云逸在华东物色了一批干部，带到广西来，黄云就是其中一位。还有骆明，潘子明也是新四军过来的。黄云后来又到省委工业部当副部长，在桂林、柳州都当过市委书记。在桂林当书记期间，对桂林的文化建设和旅游事业的发展做了很大的贡献。黄云后来是自治区党委的副书记，成立广西顾问委员会时，他是顾问委员会的主任。后来共青团广西区委的干部有很多是玉林上来的。梁宁当时是容县地委办公室的青年团地工委的负责人，后来也调到南宁，在省委宣传部文艺处，改革开放后任广西社科联的副主席。所以说，玉林不单是出粮食，上缴利税多，人才也出得多，很多干部都是从玉林出来的，走出来的知识分子也比较多。

在这样坚强的领导班子的领导下，我在容县专区的记者站也写过很多东西，包括土改复查工作的报道。当时发现土改有不彻底的地方，中央部署开展土地改革的复查运动，把一些夹生、不彻底的问题加以解决。容县专区的土改复查走在前面。玉林地区地委的土改复查办公室不是设在县城，而是设在新桥旁边的五金乡（今五金村），在玉林到陆川的路上。新桥再下去就是马坡、米场，然后就到陆川了。五金那里有地主留下来的房子，比较宽敞，地委土改复查办公室就设在那里。土改复查办公室每天要收集很多人的快报和电话，工作人员要夹着电话一面听一面记录，这就要求耳朵要好，反应要快，要记得快、记得清楚，不是谁都能进办公室工作的。在容县玉林地委办公室工作过的人，比如周刚，原来是国民党《中央日报》、新加坡《新岛日报》驻梧州的记者，字写得工整又清楚；还有黄溪、黄希，这两个人的名字讲普通话都一样，讲白话马上就可以分清楚了，后来都在农村工作部门工作过；还有一个叫易明性，后来肖一舟从桂林地委书记任上调到省里当领导时，易明性跟着调到自治区做他的秘书。周刚后来调到省委农村工作部，“文化大革命”后调到出版局编辑部当副主任。那时，进办公室工作的都是比较能干的知识分子，既要有经验，政治上也得可靠，思想立场比较坚定，而且文化比较好，字写得快，善于整理材料。哪怕工作做得再好，如果材料整得不好，报不上去，成绩就显不出来。报社与这些人联系很多，依靠他们帮助提供资料，有些稿子也请他们写。

玉林县城旁边有个新民乡，做了一系列的“土改复查”工作，主要就是稳定农民生产形势，发挥农民的生产积极性。因为“土改”后，原来的生产关系被推翻了、破坏了，新的生产关系刚刚建立起来，农民担心很快又要搞第二次“土改”，就不敢投入，也无心发展生产，积极性受到影响。中南局那时候有个“十大政策”，由中南军政委员会发布的，主要就是说“土改”后土地分配不能再动，要稳定下来；不管谁的私人财产，都不能随便侵犯。新民乡为贯彻“十大政策”做了很多细致的工作，处理了很多个案，这让农民的生产情绪得以稳定，生产积极性得以发挥。我写了一篇报道《郁林新民乡怎样解决土改遗留问题，进行稳定农民生产情绪的工作》，发表在1953年11月8日的《广西日报》第三版，对新民乡的做法进行总结，主要是训练骨干，贯彻政策、发动群众、处理问题和总结教育、转向生产这三方面的工作紧密联系，全面抓好。可惜后来在农业合作化运动的时候，采取了一些“极左”的政策，不是让农民自愿组织起来，而是强迫组织，追求数字、成绩，片面追求合作化的速度、进度。互助组办初级社还比较好，比较稳健，生产形势不受大的影响，但是由初级合作社进到高级合作化后，就取消了土地分红，生产关系受到很大的破坏，一直到“大跃进”、人民公社化，“一大二公”，政策越来越“左”、越来越激烈，农村的生产受到很大的破坏，以致后来自然灾害的影响时期就出现没饭吃、饿死人的现象。

《广西日报》报道玉林地区在“土改复查”中能从农村的实际情况出发，不急于合作化，采取比较稳健的发展生产的政策，对社会的发展起到了好的作用。

我在容县通讯站期间，玉林下面的镇、村、城乡附近，新桥、城厢、大平山、小平山、卖酒、仁东等镇子，我都跑过。我的采访主要是在铁路线以东，即湘桂铁路线东边的地方，铁路线以西我去得比较少。

2

我在容县通讯站大约工作了一年，大概在1954年，我回到了编辑部，开始做编辑工作，先后在几个主要部门担任组长等职务。农村组是当时全报社最大的一个组，因为整个报纸版面都是以农村农业为主。农村组开始有四个组长：第一组长是杨一纯，是从老解放区来的；第二组长是周汉晖；第三组长是季伟；第四组长是我。有一段时间，农村组的工作会都是由我来主持。那时报社有个"金童玉女"的说法，"金童"是我，"玉女"是周汉晖。周汉晖比我大四岁，她是湖南第一师范毕业的，参加"新干班"的时候已经做了几年小学教师了。用周汉晖的话说，她在《广西日报》就是个长工，实际上也是这样，每次运动里面她都没有受到很大的干扰，她只是留守摊子，维持报纸的正常出版，勤勤恳恳做好本职工作，贯彻好党的政策，完成机关报应尽的责任。可惜她走得早了，2008年刚80岁就去世了。新中国成立初期和我一批从湖南来的新闻工作者，有7位已经先后去世，另一位健在的是翁守悦，他长期在《广西日报》电务科、摄影组工作，离休前在《广西日报》负责老干工作。

后来新华社提出，要把新华社建成中国以及世界上的消息总汇，各个地方的报纸也跟着加强新闻报道。《广西日报》成立新闻组后，我去当组长。新闻组有个副组长叫周丕绅，也是"新干班"来的，是湖南大学英语系毕业的，参加过抗美援朝，当过翻译；还有个副组长虞达文，广西大学毕业的，曾在灵川当过区长，后来到《广西日报》，离开《广西日报》后到广西大学教书，是广西大学新闻系新闻专业的开创人之一，也是广西新闻教育事业的开拓者、奠基者之一。两个副组长都是大学毕业生，而我是一个高中生，由我来当组长，如果我在平乐、在桂东南工作时，在新闻报道方面没有一点成就，也是不能想象的。

那时广西的一些重要的事件都是我参与报道的，像广西的第一次工业展览会、第一次物资交流会、黎湛铁路通车等重大活动和事件，都是我去采访报道的，采写的稿子《大有前途的广西工业——广西工业展览馆总馆掠影》（《广西日报》1954年5月1日）、《从湛江到黎塘——黎湛铁路通车记》（《广西日报》1955年7月5日）等，篇幅都比较长，出来后反响都很好，可以说是见证了广西的发展建设。

广西土地改革的时候，北方有很多高级知识分子、艺术家、文学家、作家来到广西参加土改。土改运动的领导乔晓光，组织这些专家办了一个土改展览会，还出了本8开的画册，里面有三篇署名的报道，一篇是《广西日报》的副总编辑钟纪民写的，一篇是省委宣传部的宣传员读本的负责人谭流写的，还有一篇是我写的。

广西农民第一次代表大会在南宁召开，我去报道。农民代表来到《广西日报》印刷厂参观，《广西日报》编委会的秘书长黄耿来接见农民代表，跟农民讲话。黄耿不会讲白话，而那些农民除了白话听不懂别的话，我就做翻译。我在玉林地区采访的时候就学会了白话，有句话说“天不怕地不怕，最怕湖南人讲白话”，意思是湖南人讲不好白话，事实上我也讲不好，但我有勇气去学，能够翻译一部分，差不多也完成任务了。

抗美援朝的时候，发现很多的教堂里面有迫害幼儿的事件，有人反映北海有个教堂里发现埋有小孩的骨头，意思是说外国传教士迫害中国的幼儿。这个事情报上来后，广西省委决定要公安厅派人去北海查这个事情，《广西日报》派了我去跟随采访。带队的是广西公安厅的老处长谢振华，查来查去好像都找不到证据。

1954年的时候，北京的苏联展览馆（后改名北京展览馆）建成，当初修这个馆就是为了办苏联经济及文化建设成就展览会的。苏联展览会在北京展出后，又到上海、广州展出。到广州展出的时候，是1955年10月。《广西日报》专门派我去采访。当时去广州要去衡阳转车。我第一次来到广州这样的大城市，感触非常多。虽然我去过北京，参观过几个地方，但没住那么久，在广州采访这个展览会我住了半个多月。每天坐中山5路公共汽车采访，我写了9篇报道说明展览会的成就。我第一次拿着照相机拍照片，后来报社也选用了一些。

1956年，第一次全国青年文学创作者会议在北京召开，会议由团中央和中国作家协会、中华全国总工会等几个单位来组织。我记得我们是“三八节”那天到的北京，当天还下了雪，雪还没化完。这个会议全国很多青年文学创作者都参加了，包括王蒙、刘绍棠。广西、广东合组成立了华南代表团参会。那时广东分成几个区党委，粤北、粤西、粤中，很长时间都没有广东省委，华南分局直接领导几个区党委，直至1955年成立广东省委。华南代表团领队是华南分局宣传部文艺处的副处长郑江萍，秘书长、副团长是广东宣传部文艺处的科长韦丘。广东去的代表有20来个人，广西只去了5个人，这反映了广东对文艺工作的重视，体现出他们的开拓精神。其实他们的团员有写诗的，有写散文的，作品也并不多，但他们组织了20多个团员。广西说选不出人，就选了5个人。广西参加的就是《广西文艺》杂志（《广西文学》前身）的编辑部副主任李汗，写过一些评论和小说；蒙光朝，写山歌的，后来做过来宾县的副县长、县长；赵丹，《桂林日报》印刷厂的工人，写过一些诗；陈成初，容县农民，写过一些山歌；还有一个是我，在《广西日报》写过一些通讯报道，说不上有多大文学性，就是对文艺有点兴趣，在向报告文学方面努力，写了一点点东西。我写过一篇关于离容县城镇很近的一个合作社晓光农业社的活动报道，题目叫《月光晚会》。晓光农业合作社办得比较早，也比较有生气。那时候晚上没有电灯，社员借着月光开过一次晚会。后来华南人民出版社编了一本报告文学集，把我这篇作品收进去了。我到北京开会学到了很多东西，也受到很大的鼓舞。那个时候武汉长江大桥还没修好，我们在武汉等轮渡过江，过了江再前往北京，在北京开完会又去天津、上海、杭州等地方参观。会议除了胡耀邦做报告外，老舍、康濯等几个老作家也来给我们讲课。回来以后，《广西日报》总编辑姚天纵让我在干部大会上给大家做了传达。

当时农村组主要是贯彻一条原则，就是依靠党委，全党办报。首先在体制上，党委机关报的一把手、总编辑一定是和党委常委会有紧密联系的，必须依靠党委开展工作。在20世纪50年代到70年代，省报总编辑的行政级别是正厅级，按当时的行政级别划分大概是十级。那时一条杠是十七级，县、团级；一条杠是十三级，正处级，地委委员这一级。听报告的话，达到相应级别就可以参加。《广西日报》的总编辑不同于其他的厅局长由省委任命到中央备案就可以了，《广西日报》的总编辑是要中央批的。省报总编辑有资格参加同级党委的常委会，除了讨论干部问题需要保密外，其他常委会议题都可以列席旁听；发到省委常委的文件，省委和军区的文件，《广西日报》总编辑一般也有一份。这些文件到了省报机关以后由机要员保管，到了《广西日报》以后，因为报社没有党组，编委会实际上就相当于党组，编委会委员都可以看到，目的就是让党报负责人能第一时间掌握党的方针政策，知道政治气候的变化，这样在安排版面、组织报道、组织评论的时候才能心中有数，不偏离轨道。

省委机关报党委领导是什么方式呢？一般都是省委秘书长或者宣传部部长来管，或者由省委书记处的某位书记分管，或者由省委第一书记委托某位常委来管理。陈漫远管过《广西日报》，他主要是看社论，他要批、要签字，所有的社论都需要他签字才行。有的时候太忙，来不及看，就交给秘书看。报社的总编辑有时候也有不同的意见，姚天纵当总编辑的时候就讲过，送社论给漫远同志，他不看，让秘书看，有时秘书改动一点，文字前后不太衔接，或者突然插一句话，文字上显得不那么顺畅。后来我当编委的时候，文教方面的社论还是请书记看，他不看就请宣传部部长，或者他指定的副部长看，文教方面、文化方面的稿子大部分都是宣传部部长葛震看，他是中央宣传部理论局的副局长。中宣部各处都是藏龙卧虎。葛震原来是华北局理论处的副处长，华北局撤销后就调到中央宣传部当理论处副处长，管党校，后来从北京调来广西。同时期来广西工作的还有霍泛，他是“中国农村改革之父”杜润生的得力助手，是农村专家，在广西做过候补书记，全票当选。离开广西后回到山西，做过山西省人大常委会副主任、党组副书记。刘建勋来广西任第一书记后，就委托霍泛代表常委来管《广西日报》。葛震也是常委，他有时也管。

我听葛震讲过：宣传部部长不管报纸，是这个理么？他的意思是他不满意，说宣传部部长不能不管报纸，所以至少他要管的事情，都由他管，特别是宣传思想文化这条战线的所有重要事情，包括社论都要给他看。有时葛震也会直接开会布置工作，久不久会找一些人谈话、交流一些事情，没有一定的主题。有一次葛震召集几个人晚饭后到他家谈事情，谈着谈着，他想起当天第一届自治区运动会开幕，就说，这个事情好像应该有个社论吧？其他同志也都说应该这样。当时在场的有宣传部理论处的副处长苏丹、教育处的副处长王同连等人。葛震最后敲定说还是要写个社论，我就马上回报社写。好在我对运动会的情况了解，很快就写好拿到工厂排样，排出来以后马上坐报社的小车去葛震家里，他们的会还没散。

有些文艺方面的社论请陆地看。陆地当时是宣传部分管文化艺术的副部长，他比较谨慎，一般不改什么，有时他会提出来社论是不是多了，要不要写那么多社论。毛泽东到南宁开会，写了一封信给刘建勋、韦国清，那封信里面就特别强调社论，所以在整改过程中大家都注意尽量加强社论，社论一下就增多了。陆地就提出是不是要那么多的社论，陆地是作家，他是文人味道，不会下行政命令要求不要发，只是提出来商量，我们以后注意掌握就行了。

《广西日报》成立新闻组，组织一些重大活动报道的同时，也开始重视社会新闻。解放初期，在报纸里面，社会新闻不受重视，版面上多是政治新闻、经济新闻、文教新闻。新闻组成立后，恢复和加强了社会新闻的采编，在第一版开辟了社会新闻专栏，主要发表一些和中心工作、政治运动联系不是太紧密的新闻，比如剧团的节目彩排、上演情况，学校和医院等社会性、群众性的活动安排等内容，增加了生动活泼的新闻报道，而不是老是一个面孔，讲工作、讲农业、讲工业、讲生产，也报道和人们日常生活有这样那样联系的社会新闻。《广西日报》在发展过程中始终紧密依靠党委、依靠群众，人民报纸、无产阶级新闻单位的特色很鲜明。

前面也讲到，报社的总编辑是可以列席党委常委会的，有时也可以发表一些意见，主要是旁听、列席。党委有什么重要会议、中央有什么重要的精神，报社都能及时传达给大家。省委第一书记刘建勋委托秘书长霍泛管报纸，之前是陈漫远管，陈漫远之后有一段是党委副书记郝中士管。郝中士是从广东粤西区党委书记任上调到广西省委当副书记的，管农业、农村工作，也管过一段时间的报纸。还有一个领导是伍晋南，也是广东过来的。红军当时有个独立的兵团在广东，伍晋南是粤北很多革命活动根据地的开拓者，解放后他是粤北区党委书记。那时广东没有省委，只有粤西、粤北、粤中几个区党委，伍晋南调到广西来任党委书记处的书记。他资格老，排名比较靠前，管过工业，后来管文教。刘三姐演出的发动组织，伍晋南是省委的主要代表。“文化大革命”期间，提到他就给他戴个帽子，画个漫画，是“伍三姐”，因为刘三姐的会演主要是他在组织、安排的。刘建勋来广西是1957年年中，那时就比较明确，主要的社论，特别是农业的社论由霍泛来审阅。霍泛是山西人，他来广西前是中央农村工作部的处长，管互助合作。那时候中央的部下面没有司，只有处，这个处和地方的处不一样，这个处相当于政府部门的部。那时中央农村工作部的部长是邓子恢，副总理兼的，刘建勋是其中一个副部长，后面就调来广西了。杜润生是中央农村工作部的秘书长，是有名的农村问题专家，他主张农村改革要从实际出发，要充分发挥农民个体的生产积极性，不要过渡得太快，主张搞社会主义合作化运动要稳妥，也受过批判，但是终究证明他的观点还是对的。还有李友九，是《红旗》杂志的编委，之前在中央农村工作部当过处长、副秘书长，他调到广西做省委书记处书记，管农业。当时与刘建勋差不多同时从北方来的有好几个地委书记：一个是徐瑞林，在桂林地委当书记；一个是崔廷智，在梧州当书记；一个是董有法，在南宁地委当副书记。他们都是重要人物，但是时间不是很长，后来陆续也都离开了。那个时候省委书记处书记管报纸或者看报纸的社论，除了省委书记以外，一些重要事情，其他书记，第二书记或者常务书记都是直接过问的。土改那段时间基本上都是乔晓光来管，审社论，也审有关土改的重要稿件。

我记得，有一次送稿子给乔晓光审的时候，我写了一封短信，讲到我看了《长江日报》，看到中南局湖北省委很多领导都分头下乡去指导工作。实际上这些情况乔晓光早就知道，而且要领导下乡去指导工作也不需要我们这样的基层干部来建议，但是那个时候想到什么就讲什么。没想到乔晓光回信给我，纸条上面写广西哪个常委去哪里，广西也是这样做的。从这个事情上，我感觉到乔晓光是很虚心的，是走群众路线的，很注意听取各个方面的情况，而且他的回信写得很讲究，没有一个多余的字，没有一个标点是乱写的。

乔晓光从常德地委调来了安乡县委书记肖寒，肖寒到广西后任土改委员会和农村工作部的秘书长、省委政策研究室主任。王祝光之前是湖南常德地委的办公室副主任，乔晓光把他调过来做省委政策研究室副主任，也是农村工作部日常工作的负责人。当时广西这几个部门都是空的，农村工作除了省委主要领导，省委政策研究室主任是很重要的人物，很多调查研究的报告、调查研究的试点都是他们带队去开展的，形成基本的文字材料之后再在全省推广。肖寒后来调到柳州当市委书记，在“文化大革命”以后回到山东工作。王祝光后来是自治区副主席、自治区人民政府的特邀顾问。那时的特邀顾问只有一两个人，不是挂名的，是代表老同志在过渡时期带年轻的同志开展工作的。有一次，肖寒他们在邕宁搞土改、搞试点，肖寒在人民礼堂做了一天报告。肖寒讲完以后，我帮他整理他的报告，他看了以后亲自骑单车送到广西日报社的楼下交给我们。那会儿肖寒30多岁，肯干、能讲，也能写。那个时候全省的工作，包括《广西日报》的工作都以农村为重点、以农村为主要对象，所以报社的记者、编辑，特别是农村组的负责人，跟农村工作部的同志，跟省委政策研究室的同志联系比较多，大家互相都很熟悉。

当时很多的重要报告，包括何伟在桂林做土改的报告，都是我记录、整理的。有时领导同志下乡也会想到从《广西日报》要人一起参加。1960年的时候，有汇报说农村里饿死人，自治区党委农村工作部的领导徐麟村带了几个人去苍梧的新地公社蹲点做调查，要我也去。在工作期间，徐麟村就提到了钟林，说钟林原来是做公安工作的，不是搞新闻的。钟林最先是在冀南公安局工作，是秘书科科长。其实做公安工作的人来做文字工作有他的优势，那就是认真、负责、原则性很强，非常细心、一丝不苟。因为公安工作涉及敌我矛盾的确定，这个界限稍微有点偏离，要么是让敌人跑了，给敌人做了掩护，要么就是把自己的人推到敌人那边去，扩大了打击面，缩小了团结面。这个素养、基本的要求，做哪样工作都少不了的，办报纸也同样是这样。我参加工作以后，和公安部门的同志有很多接触，对公安的同志有一种敬仰和尊敬。

韦国清去参加庐山会议，原来的议程是要继续进行调整国民经济方针，克服困难走出低谷，全党全国都在为此出力谋划。他带了自治区党委农村工作部的副秘书长董有法和农村工作部的几个同志去，叫我也参加，看看可以整些什么材料。我们到武鸣的锣圩去做调查，韦国清没有住招待所，而是和大家一起住在村子里，一起吃饭、研究工作。他做了布置以后，有时候也亲自听汇报，了解情况。我们准备了一些汇报材料，带到了庐山，最后基本没有用上。因为到了庐山，会议的风向很快就变了，变成集中火力批判所谓的彭德怀、黄克诚、周小舟“反党集团”。

后来有一次，韦国清要做一个报告，要几个人起草报告，我写的大概就是开头的几句用了，其他的基本都没用，因为我们的思想远远跟不上韦国清这样的高层领导，对很多情况又不太了解。听韦国清讲了以后，我好像醍醐灌顶一样，突然间清醒起来。总之，办党报要和党委保持非常密切的联系。

我在农村组的时候，和农村工作部联系比较多。之后调到文教部当主任，再后来机构改革把文教、政法合并为文教政法部，文教部里的副刊也划到这个部，这个部几乎是半个编辑部。当时的《广西日报》有四个版，第一版是要闻，第二版是经济，第三版是文教政法，第四版是国际时事。实际上，从发稿量来看，文教政法部的发稿量差不多占三分之一。经济新闻，工商、财贸方面的也不多，主要是农业和农村。文教政法版主要是新闻和专刊，新闻包括文化、教育、卫生、体育、科学技术、学术活动、社科等方面，专刊就包括综合性的副刊和主要登文艺作品的文艺版，此外还有党的生活、民兵、人民武装等专栏，有时也有青年、妇女等专栏。我是文教政法部主任兼主编，副主任兼副主编是李庚成，副刊的主编是我，副主编是张辛、饶韬。副刊的版面多由张辛组织，饶韬管作品多一点。

副刊组人比较齐整，当时有几个人在“反右派”的时候被打成“右派”，要下放下乡，但由于各种原因没有下去，还待在编辑部，我就把他们要到文教政法部来编副刊，发挥他们的作用。其中一个是周中仁，广西大学出来的，湖南人，英语好，文笔也好，而且有古典文化修养，经常在副刊上编写一些古典文学的史料、寓言、小故事来活跃版面。副刊的来稿很多，日常的稿件基本都是周中仁看，能用就用，不能用的就放到一边或者退稿。还有一个是张谷，主要是管杂文、历史文化活动，他的点子也比较多。那时候《广西日报》有个小杂文的栏目《言路》，每一则就是两栏竖排一个方块，加个花边边框和其他稿件区别开来，有个集体的笔名叫“公之于”。这个《言路》专栏就是刊载杂感、语丝这一类的小文章，规定不超过500字，多了也没地方排。张谷写得最多，我也写过，不算多，饶韬、王慕冰也写过。张谷筹办了个《桂林文化城忆旧》专栏，邀请夏衍、司马文森、秦似等为这个专栏写回忆文章，很受欢迎。张谷毕业于桂林师范学校，在桂林抗战文化城期间办了儿童刊物，参加过很多进步革命文化活动，跟地下党有密切的联系。广西解放后就到《广西日报》工作，开始是读者来信组的组长，长期管读者来信。解放后的机关报有一个鲜明的特点，就是重视读者的呼声和反映，每个报社都有很庞大的读者来信组，专门整理读者的来信并答复，或者发表，或者转给有关部门处理。张谷思想活跃，视野开阔，而且组稿、组织能力很强，副刊里很多的主意都是他出的，稿子是他组来的。

张谷曾和岳玲合写过一部小说，叫《落胆坡》，在《广西日报》连载。这是《广西日报》第一部连载作品，写的是剿匪、清匪活动。张谷还当过《广西日报》的内部刊物《广西报人》的编辑，内刊的稿子最后由总编辑姚天纵审定。我也在《广西报人》上写过一篇《向时事部进一言》，主要是针对《广西日报》时事部负责的第四版很多稿件的处理方式，拿来和《人民日报》或者别的报纸对照，觉得有很多可以商量的地方。文章发表后时事部的反响很大，但他们没有答复。时事部主任梁良说“意见我就不答复了”，表示对我那篇文章有保留。实际上我后来也觉得，别的报纸，特别是《人民日报》，版面和地位不一样，拿《广西日报》跟这些报纸比较，哪些稿子用了哪些没用，哪些稿子位置排得合适哪些不合适，这样简单地类比并断定《广西日报》有什么不妥当的地方，也并没有充分的根据。但是那时年轻气盛，想到什么就写了。

解放初期，广西日报社的机构里面有一个列席编委，挑选组长一级的干部来参加编委会，一共有三个人：一个是张谷，一个是饶华桐，一个是卢蒙坚。饶华桐是湖北人，湖南大学中文系毕业的，在东北大学也读过，合作能力很强，口才也很好，在“新干班”是中队指导员，后来调到《广西日报》做通讯联络组的组长，直接管理各地市的通讯站，管全省的通讯员队伍。通讯联络组要指导记者站，指导各地市的通讯干事，各单位的通讯组、通讯员写稿，工作量很大。卢蒙坚是资历比较老的党员，年纪不大，解放时不到30岁，但他大学时代就参加了工作。后来临解放的时候，大概是因为有什么事情，对他的使用方面有所考虑，没有安排很重要的职务，让他到《广西日报》。他资格老，在广西大学读过书，有大学学历，艺术修养也好，艺术感觉很敏锐，把他个人家里收藏的唱片拿出来在报社可以开一场晚会，每一张唱片都能说得头头是道，说得我们目瞪口呆。他是《广西日报》文教组的组长。这三个人是解放前后参加工作的，是比较年轻的优秀骨干，而且都是重要部门的负责人。

后来随着政治运动的展开，这些人跟其他的同志一样都或多或少受到了冲击，编委会后来也就不列席了。当时《广西日报》这三位列席编委，除了卢蒙坚是党员，其他的都没有解决入党的问题，这也影响到他们的发展。他们开始是在出版机关内部的整风中受到冲击，后面又牵涉历史问题和党籍的问题，或者是别的政治上的历史上的问题交代不清楚，或是被认为说不清楚，这三个人都被打下去了。卢蒙坚被撤掉了组长职务，后来到华南农学院读书去了。饶华桐到农场去改造，一直到改革开放以后才调回报社担任曲艺办公室主任。张谷一直在报社编稿，也是在副刊。六十年代副刊改版，《广西日报》总编辑钟林提出来要办“七性”（思想性、艺术性、学术性、知识性、趣味性、多样性、群众性）副刊，副刊的改版，张谷和周中仁都是主要人物。

这些人历史的起伏反映了《广西日报》的高和低。实际上办报除了政治上要强外，很重要的一条就是要有很扎实的功底，要有很好的文字能力，要有很好的历史文化素养，要有相当的学术水平和学术鉴赏能力，还应该有一定的写作能力。一个副刊的编辑，一个报社的编辑，如果文化基础差，在报社，光是政治进步，光是政治上表现坚定，那么在新闻事业上要想发挥一定的作用是很难的。

解放后的报纸编辑部有很多旧社会留下的老知识分子，这些人都有这样或者那样历史上的纠葛或问题，这些问题使他们在政治运动中很难不成为清算、“肃反”的对象，他们总是不大抬得起头，积极性的发挥自然受到影响。这里面就包括在国民党时期办过报的人，比如前面讲到的老社长吴颂平。这个人有朝气，看过很多书，有一定的写作能力，歌也唱得很好，是个多才多艺的报人，解放后在《广西日报》新闻编辑组编辑、处理稿件。旧社会报纸的版面没有人专门画版，就是一沓稿子，将稿子标个顺序在标题纸上，由工厂的工人按照这个顺序去排版，所以版面拐弯转得很多，稿件安排的版面位置主次不够分明。解放后的报纸都有组版编辑，一个人组一块版，一版、二版、三版、四版，这四个组版编辑有个小组，特别是前三个版面的编辑会一起碰头；第四版是国际时事版，是新华社的电稿，拿了以后编排就可以，组版编辑就不一定参加讨论。组版组的编辑都是比较老练的，有国民党时期留下来的，也有新进的有兴趣的同志。组版组是要体现编委的意图的，每天下午4点都有个编前会，第二天的报纸编什么要过一轮，几个组版编辑是编前会的主要成员，一个月或者一个礼拜轮换一次，由值班编委代表编委会，对第二天的报纸负最后的责任。报纸的面貌怎么样，是否有政治问题，处理得好不好，第一责任人就是值班编委。省委有什么指示，经常在半夜三更打电话来，不一定找总编辑、社长，多是找值班编委。值班编委就根据情况督促处理，如果没有把握处理就要请示社长、总编辑。因此，组版组的编辑都得对业务很熟，对情况比较了解，对报纸发展的脉络比较清楚。

吴颂平是组版组的编辑，参加过编前会议。那时候《广西日报》换了个版面，新学的同志都有一根木尺，一米尺，横竖一格格画好，用那个来比画来计算，比如这篇稿子800字，如果两栏要排多少行，三栏要排多少行。老练的组版编辑，像吴颂平那样的，拿一支毛笔就可以当尺子来用。如果经验不足，画的版拿给工人排，可能排这个版面排不下，放不完稿子，或者那个版面太大了，会留有空白，所以这个判断很重要。有经验的编辑会发几篇预备的稿子做填充和补白。吴颂平是老报人，对这些工作很熟悉，就给他做这个事情。后来随着政治形势的越来越紧，这个工作也不给他做了。那时候被下放的人很多，这就在一定程度上影响到报纸的质量。

后来，为了弥补干部力量的不足，《广西日报》也从下面的县区选调人员。选调的一些人员能力还是不错的，都发挥了积极的作用，大多能独当一面，成为骨干力量。他们往往政治上强，但有的文化程度并不高，或者文字能力差，文笔比较呆滞。当然，写作能力不光看文凭，而要有长期的阅读积累和写作锻炼。语文不是上大学学出来的，学语文首先要在中小学里把基础打好，如果中小学语文差，看书少，到大学来学，哪怕你是中文系的，文字水平的提高也是有限的。

不过，从长远来看，大学毕业分来的更能发挥作用，特别是新闻系或者相关专业的毕业生。这些人基本功扎实，有专业的修养，有职业的锻炼和准备。进入新闻出版行业，需要职业化水准，要有岗位的修养、能力的储备。解放后，陆续从大学，特别是从新闻系专业里，分了一些毕业生到《广西日报》来，这些人发挥的作用还是比较好的，比如复旦大学来的李宁、张鸿慰、张筱蕴。张筱蕴的爱人是新华社广西分社的记者胡国正，他是湖南大学毕业的。还有北京大学分来的张靖邦，他的夫人叫谭士林，中国人民大学的调干生，他们是在北京读书的时候认识的，后来谈了恋爱。毕业的时候他们都很浪漫，不提出来分到一起，谭士林分到《宁夏日报》，张靖邦分到《广西日报》。他俩经常写信，每次谭士林寄来的信都很重，拆开一看都是有名的贺兰石，拿来做情物寄给爱人。还有个刘士昀，他的父亲刘思慕是有名的国际问题专家，上海《新闻日报》总编辑及创办人之一，也是《中国日报》创刊人之一，世界知识出版社创办人之一。刘士昀北京大学毕业后分到广西来，和爱人一起到《广西日报》，“文化大革命”后也离开广西回到北京。还有很多年轻人，比如陈广旭、何家松等。还有一些在报社工作的人到中国人民大学去进修的，比如韦剑辉、王慕冰、赵宁、覃光昌，去学习一两年甚至更长的时间，他们后来都成为骨干，因为他们的文化修养、基本素质涵养已经达到一个比较高的层次，能在报社很好地发挥作用。可惜这些同志，有一部分人在报社并没有得到充分的发挥，当时政治信号太紧张。比如李宁，曾经参加地下党领导下的活动，是进步学生，是我国新闻界新闻教育家大师级人物王中的高徒，他来到《广西日报》就碰到整风，他就给《文汇报》投稿，把广西知识分子的意见捅到《文汇报》去发表，有些人就拿了这些材料作为根据、作为炮火批评广西的领导，“反右派”的时候他被打下去。后来划“右派”，因为怀疑他的历史，他在隔离审查期间有时递条子，通消息，被别人检举搞特务活动，结果被定为“反革命”判了刑，改革开放后才得以平反，恢复了工作。那时他已经40多岁了，还没结婚。后来找到一个文化比较低的工人结婚，有了小孩，因为工资不够开销，丈母娘家里还要经济上的支持，所以他就拼命写稿。他后来也跟漓江出版社合作过，曾经在《广西日报》副刊头条位置刊发文章介绍漓江出版社——《“小弟弟”创出响牌子：漓江》。

总的来说，我在《广西日报》感受到，办好一张报纸，政治上要强，但除了讲政治，还必须讲文化、讲业务，讲职业的素养、道德、能力，应该有一些标准化的东西，而且应该是稳定的，不能老是变动。

3

我在《广西日报》待过几个部门。在“整风”“反右”时，任临时报道组的组长。后来广西壮族自治区成立，也成立了个临时报道组，我也是组长。这些活动都在一个时期内有比较大的影响。

广西壮族自治区于1958年3月5日成立。按照编辑部的分工，当时有一个政治部，实际上就是政法部，主任是编委、《广西日报》副总编辑钟纪民，副主任是李庚成，日常的报道由他们负责。2月下旬就成立了临时报道组，专门集中加强对自治区成立的有关报道。我当时是编委会成员，编委会派我去当组长，李庚成当副组长。报道组的成员有政法部的全体编辑，还有文教部和其他部门抽调的一批人，比如张辛、饶韬，当时他们是副刊的副主编，还有编委、财贸部的主任陈铭，还有摄影和美编，一共有20多人。系列报道从2月就开始了，3月5日至13日，自治区第一届人民代表大会第一次会议召开。中央代表团来到广西，之后代表团分头到各个地市活动，慰问干部、群众。来南宁的除了新疆、内蒙古这两个自治区的代表团，还有吉林、辽宁、青海、云南、贵州、四川、西藏、广东、北京、上海等十几个省市的代表团。当时西藏、宁夏还没成立自治区，宁夏回族自治区是1958年10月才成立的，西藏自治区1965年成立。一些民族自治州或民族自治县也派了代表团参加。还有好几个部门都派出了演出团体来南宁演出，包括全国总工会文工团、广州军区的战士歌舞团、中央民族歌舞团。另外还特邀了一些红七军、红八军的代表以及一些和广西关系特别密切的老革命、领导干部、民主人士来参加。

人民代表大会开完后，3月14日，在南宁市人民公园举行了一次6万多人的庆祝大会。南宁那个时候才20多万人口，6万人的大会规模很了不起。开完大会后，各个地市陆续开展庆祝活动，《广西日报》都做了报道。前后1个多月的时间里，《广西日报》发了34个版面的报道。刊登的人民代表大会代表发言100多篇，而且是破天荒的全文发表，以前人民代表大会上的发言主要是综合报道。我负责看这些代表的发言，并亲自编辑、审定，给每个代表的发言都加了标题，突出发言精彩的、吸引人的地方，这也是以前没有过的。政府管会务的领导人对此也表示肯定，认为这个做法很好，让发言更鲜明、更醒目。

各个代表团的活动，包括著名人士的活动，我们都派人采访。比如作家华山来南宁，是张辛去采访的。红七军、红八军的代表我们也有报道和采访。中央代表团来南宁的那天，1958年3月4日，他们经过柳州，我们特地派了记者到柳州迎接，从柳州开始采访。这些报道不仅包括会议上的、场面上的活动，而且包括了更深层次的内容，包括自治区为什么要成立等。因为当时很多人对壮族还很陌生，广西有那么多的壮族人，壮族的历史渊源、伟大贡献、值得学习弘扬的优秀的文化遗产，很多人不了解，特别是在桂北、桂东地区的部分汉族群众和干部不了解，有的人提出来广西成立自治区也可以，但是应该分出来，铁路以东汉族多点，铁路以西少数民族多点，主张分成两半，广西壮族自治区也成立，广西省也保留。有一些民主人士在会上提出来这个意见，像黄绍竑。这个问题，国家民委开过几次座谈会征求意见、讨论，经过酝酿，周总理，还有当时中央统战部部长李维汉亲自召集广西有关人士在北京开座谈会，听取大家的意见，讨论、化解这些不同的意见，让大家理解为什么要成立自治区，为什么不把壮族和汉族地区分开，为什么合比分好。在广西这里，特别是在汉族地区，也开会讨论为什么要把广西省改成壮族自治区，经过事先酝酿讨论，《广西日报》也做了报道，专门写了文章评论、分析，还发了两篇社论。

在自治区成立和开庆祝大会的时候，我作为报道组的组长指挥报道，见证了自治区成立这个伟大的历史事件，我感到非常荣幸。到今天，我觉得自治区成立的伟大意义越来越彰显，历久弥新。因为开始的时候我们还不能完全理解为什么要成立广西壮族自治区，以为成立只不过是省的名字变化了，实际上不仅是这样，它对广西历史文化的发展，对广西经济社会的发展变化起到了巨大的推动作用。

大家都注意到，1958年中国发生很多重大事件，这一年出现了“总路线”“大跃进”、人民公社“三面红旗”，这一年很多“左”的东西发展到登峰造极的地步，“反右派”虽然是1957年开始的，实际上真正深入开展是1958年，有些地方在1958年出现了“整风补课”，这是新中国成立后经历的一个变革和动荡的年份。无论从哪个角度来说，广西壮族自治区成立都是一个了不起的事件。首先从民族关系来讲，壮族不仅是中国人口最多的少数民族，在世界上也是一个体量很大的民族，以前不为人们所熟知，成立自治区后，壮族以崭新的面貌出现在世界面前，这很了不起。虽然壮族历史发展的进程比较快，有一部分壮族社会已经和汉族社会相融合，但是民族的心理、意识、思维是保持独特性的。成立自治区使得壮族人民民族意识和民族的自信心、自觉感大大加强，与汉族的关系也进一步改善和发展。其次，从社会发展来说，成立自治区以后，广西的面貌大大改变，因为中央和全国都更加关心广西的建设。在国家经济还很困难的时期，1958年，毛泽东来广西视察，推动自治区成立，并特地批准广西柳钢建厂、西津水电站继续开工、广西大学恢复，这些对广西来说都是具有标志性意义的大事。1953年全国高等学校院系调整后，广西省没有一所综合大学，只有一些学院；本来在全国已经有了一定地位的广西大学被拆散了，分到武汉、广州、长沙等地。自治区成立后恢复了广西大学。韦国清自己兼任校长，亲自请专家，请当时东北人民大学的冶金专家郑建宣来当副校长，请监察厅厅长、原来的平乐地委副书记黄传林当党委书记，广西大学才慢慢发展到今天这样的规模，成为“211工程”学校。自治区成立以后，民族地区的建设得到进一步的重视，国家给了更多的支持，地方也有了更大的积极性来发展生产、改善生活。第三，从国际关系来讲，广西跟越南、印尼、老挝、柬埔寨等东南亚国家历史上交往一直都是很密切的，当然也免不了有矛盾和摩擦。自从广西壮族自治区成立后，中国在面向东南亚方面显然有了更好的基地，更好的前沿阵地，更多的主动权。所以说，广西壮族自治区成立意义重大，影响深远，无论从哪个角度看都是历史性大事。

在《广西日报》工作期间，还有一些比较重要的事，比如我在钟林的领导下，组织文教政法部、文艺部副刊组的成员进行副刊改版，这在《广西日报》历史上也是有重要意义和长远影响的。

那个时候副刊要改版，没有人手，一方面把划了“右派”但是没有下放的人用起来，一方面从别的部门调人。那时是困难时期，新华社的业务也精简、调整，人员比较富裕，就放到《广西日报》来。其中一个是姚燕戈，负责《影城来信》栏目。当时全国只有几家电影制片厂，他们正在拍或者准备拍什么片子，姚燕戈就写一些报道，加上照片发表。那时候没有什么群众娱乐活动，主要就是看电影。《影城来信》及时提供演员的照片、活动、行踪，很受欢迎。副刊还办有个杂文栏目，叫“园边杂话”，是谢逸主持的。谢逸在国民党时期的《广西日报》做过主笔、做过总编辑，历史文化知识很丰富，散文文笔很好。他对广西历史文化很有研究，对古典的东西很有兴趣。还有个叫“红雨集”的栏目，也是杂文的园地。袁可如在解放前办过副刊，专门讲吃的，那些生活上的知识都由他包揽，比如白切鸡怎么做、纸包鸡怎么弄。副刊把各方的力量整合起来，栏目众多，琳琅满目，丰富多彩。

文教政法部比较杂，还有负责武装的、教育的、军事的，其中一个大头就是教育，《广西日报》花了很大的篇幅来报道教育。当时中央提出要加强中小学的基础教育，要勤工俭学，要提高教学质量。宣传部有个教育处专门管这方面工作，有关提高教育质量的社论都是由自治区党委宣传部长葛震领头，教育处处长王同连、副处长方宏誉，教育厅厅长李晓光、副厅长余明炎，还有我，都写过关于提高中等学校教育质量的文章和社论。还有广西师范学院（今广西师范大学）的院长张云莹，有几篇社论都得到了他的帮助，或者他参加写作的。

那时候广西艺术学院的老师刘宇一，是中央美院附中毕业调来广西的，年轻气盛，脑子活络，也有一定的基本修养。他画了幅油画叫《耘天》，有点“月份牌”的味道。这个作品发表后陈烟桥写了一篇批判的文章，讲这个作品没功夫，认为刘宇一这画太俗，不雅。陈烟桥是鲁迅提到的木刻界的人物之一，《鲁迅全集》里面有几封信是写给陈烟桥的，是鲁迅很看得起的年轻木刻家，1958年从上海调到广西艺术学院当副院长。现在来看，陈烟桥讲的也是有点道理的，但是语气太重。当时对陈烟桥的批评也很重，说他压制新生力量，用贵族老爷式的态度对待年轻人，帽子扣得很大。《广西日报》副刊组织了一个雅与俗的讨论，最后形成了40余篇文章，作者包括广西师范学院的刘亮盈和广西艺术学院的年轻教师刘益之、何楚熊。我用笔名“韦望园”也写了篇文章。后来刘宇一的画风得以张扬，逐步成为广西美术界的新晋人物。《广西日报》组织的这场大讨论，在学术文化界有一定的影响。

《广西日报》文教政法部，以韦剑辉为核心，还有李必训、左英、司马骅等，在理论方面也开展过很多讨论，其中对于壮族的古代历史分期，还有《太平天国：李秀成自述》的讨论都产生了比较大的影响。

当时在第三版思想文化这条线上，除了文艺副刊，还有很多其他活动报道，包括刘三姐的会演。刘三姐能风靡全广西乃至全国，跟《广西日报》初期的宣传报道有很大的关系。刘三姐第一次在南宁演出是宜山桂剧团来演出的，后来是柳州的彩调团演出，然后才是南宁马若云和桂林黄婉秋演出。演出以后很受欢迎，《广西日报》在宜山桂剧团来演出的时候，专门刊发了柳州的本子，几个版连起来，两天就登完了。那时候很少有一个报纸发表一个地方戏剧本的情况。当时还召开了一个座谈会，座谈会上所有人的发言也在《广西日报》登出来，一下就轰动了广西，各个地区、市也响应，都排演《刘三姐》。伍晋南通过省委提出要搞全区的刘三姐会演。有一些意见和看法汇报到伍晋南那里，希望他能表态，为他专门再演一场，最后把刘三姐的剧本组织起来到北京演出。宣传部牵头，成立了一个宣传班子，刘三姐演出团由自治区文化局副局长郭铭任团长，我是秘书长，很多宣传方面的工作都是我策划的。

那个时候自治区在筹备召开广西的文代会，为第三次全国文代会做准备。文代会上有个报告是介绍东欧、苏联的关于修正主义文艺思潮，开始“反修”了，会上的这个传达报告是我做的。后来广西代表团去北京参加第三次文代会，我们的左边是上海团，我们的前面正好是主席团，有毛泽东、刘少奇、朱德、邓小平、彭真、董必武、陆定一等在场。广西代表、《广西日报》摄影记者赵黄岗抓住良机拍下了好几张现场照片，其中我和梁宁、陈烟桥、蓝秋云等代表都拍得很清楚，如果仔细看的话，还可以看到韦其麟、包玉堂等多位广西代表的影像。后来赵黄岗特地将照片冲印出来给我。这几幅珍贵图片曾在《广西文史》《三栖路上云和月》上发表。

在《广西日报》工作期间，我印象最深的，还有毛泽东主席来南宁以

1959年12月初，柳州市彩调团和宜山桂剧团在南宁演出

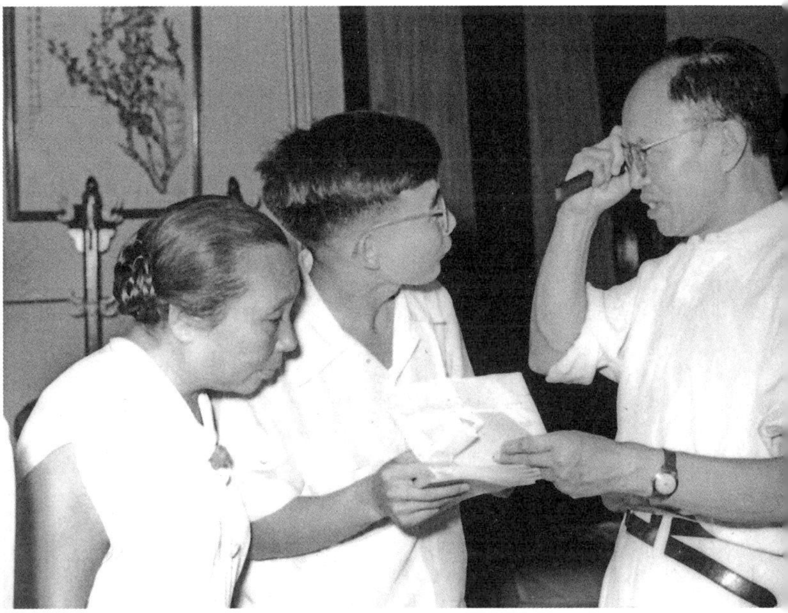

刘三姐演出团进中南海，出发前采访文化部代部长钱俊瑞（右一）。左一为作家冰心

及毛泽东主席关于办好《广西日报》的一封信。

1958年新年伊始，毛主席就飞临南宁，在这里他主持召开了有中央领导人和九省二市主要负责人参加的中央政治局扩大会议，即著名的南宁会议。其间，他两次冬泳邕江，还破例在人民公园接见5000多名干部群众，他对广西的经济建设，特别是关乎广西命脉的几项骨干工程给予了有力的支持，对办好《广西日报》和加强省报工作做出了深中肯綮的指示。我和饶韬当时有幸代表《广西日报》采访报道毛主席在南宁市人民公园接见各族群众及广西军区驻邕部队代表的情况，并参与了报社贯彻执行毛主席指示信的决策与实践过程。

毛主席是1958年1月6日到的南宁，下榻明园饭店。对他的到来，消息封锁得很紧，没料想，素不喜拘束的毛主席到南宁第二天便执意去游邕江，9日又外出散步，11日再次游邕江，有关消息便悄然传开了。广西日报社离明园饭店很近。我得知毛主席到南宁的正式讯息是1月12日凌晨，毛主席为办好《广西日报》给广西省委第一书记刘建勋、第二书记韦国清的信件传达到报社编委之后。当晚，省委秘书长、受第一书记委托领导《广西日报》工作的霍泛通知报社编委到刘建勋书记的办公室开会。那时报社总编辑空缺，编委们在副总编辑钟纪民的率领下来到刘书记办公室。刘建勋说毛主席到了南宁，在开会期间看了《广西日报》，感到不如其他一些省报办得好，特就办好《广西日报》给他和国清同志写了一封信。

这封信不长，但是在党的新闻史上有重要的地位。其重要性主要表现在几个方面：一是强调了党报的作用，不是讲一般的新闻工作的重要性，而是讲省报的重要性；二是明确讲省报起什么作用，提出一张省报要有"组织、鼓舞、激励、批判、推动"的作用，这五个作用就把党报的功能具体化了，就不是一般地讲宣传工具、舆论工具、舆论阵地；三是党报工作、省报工作的主要内容是什么，毛主席在信里面的排列是"版面、新闻、社论、理论、文艺"。他要求这五个方面都要认真想一想，要加以改进；四是办报的方法，毛主席提的是"钻进去，想了又想"，"比较又比较"；五是特别强调社论的作用，"精心写作社论是一项极重要任务"，提出第一书记要亲自动手，宣传部部长、秘书长、报社总编辑要一起参加社论的写作。所以这封信在党的新闻史上，在地方报纸的发展史上，都有十分重要的地位。

刘建勋传达了这封信的内容，说着说着，就坐到地毯上，摊开毛主席随信所附的《北京日报》《安徽日报》《新华日报》《大众日报》《河北日报》等几份办得比较好的党委机关报，边说边指点。刘建勋、韦国清亲切地鼓励报社编委，要乘主席亲自关怀的东风，迅速行动起来贯彻指示精神。两位领导提出，毛主席在看着我们，能不能尽快有些改进？

那几天，南宁正大张旗鼓地开展"除四害"运动，刘建勋和韦国清都在动员会上讲了话。我们谈到要把毛主席亲自倡导的这项群众性运动报道好。刘建勋点头同意，并特别交代不要只登他的讲话，韦国清的讲话也一定要报道好。第二天，编委们和有关编辑碰头后，决定从眼下可以较快见效的版面改进上着手，将有关"除四害"的报道集中起来放到第一版，加通栏大标题并配图片，力求醒目大方，改变以往常常出现的分散用力、重点不“重”的毛病。其他版面的内容和形式也相应地做了一些调整。“除四害”报道是文教部负责的，有关稿件由文教政法版的组版编辑杨一纯同志负责设计。他设计了几个方案，我和部里的同志反复比较、改进后，送到编委秋伟同志主管的总编室召集的编前例会上定夺。我和杨一纯等人都到工厂现场看着工人操作，遇到问题就地解决。当晚，霍泛亲自来到报社督阵，并下厂给大家鼓劲。报纸印出来，一早送到明园饭店。晚上便传来毛主席和一些与会同志表示赞许的声音。随着版面的改观，新闻、社论、理论、文艺方面的革新逐步提上了日程。

1958年11月24日，《新闻战线》正式刊出毛主席的这封信[1]，同时发表刘建勋的专文。第二天，《广西日报》全文加以刊载，总编辑钟林亲自撰写社论《给读者》，从进一步贯彻执行全党办报、全民办报的方针，在报道中心工作的同时还要注意报道多方面的工作和大力改进文风等三方面，阐发今后工作的着重点，希望党员同志和全区广大读者给予“更多的帮助，更多的批评和指示”。在自治区党委的领导下，《广西日报》深入贯彻毛主席指示，扎实开展“找道路”活动，质量上了一个台阶，按指示办报的成果和经验得到自治区党委的称许，并在1959年第二至五期《新闻战线》上刊载。

进入60年代，面对国家严重困难形势，钟林遵循上级指示精神，把握办报规律，进一步改革经济报道，并以“思想性、艺术性、学术性、知识性、趣味性、多样性、群众性”要求，大刀阔斧地办好每日出版的大篇幅副刊，开创了《广西日报》前所未有的黄金时代，社会反响良好，读者面迅速扩大。只可惜好景不长，“文化大革命”风暴一来，报纸的面貌就陡然改变了。

---

[1] 毛泽东的这封生动体现政治家办报要求、体现大战略家与办报行家卓识风范的书信，中央和地方一些同志闻讯，都想看到全文。有关同志请示毛主席是否可以公开发表，毛主席亲自审定，略作修订后同意刊发。于是，这封信刊登在了1958年11月24日出版的中华全国新闻工作者协会机关刊物《新闻战线》上。

毛主席给刘、韦二位的信传达10天后，1月22日下午3时，毛主席在南宁人民公园接见各族干部群众代表。此前一天，报社领导把可能要发表的关于这一重要活动的文字报道任务交给我和饶韬，照片拍摄任务交给了经验老到的赵黄岗。那时我作为编委，主管文教政法部和副刊部，饶韬是副刊副主编，我们交往密切，一向合作得很好。领命后我俩紧张地进行准备，但实际上也不知道如何着手准备，只能按照估摸到的可能会走的路线和可能出现的情况做一些设想，希望尽量减少临时发生的慌乱，争取把气氛、场面和过程中有意思的情节真实地采录下来，不致发生太大的遗漏。22日这天下午，群众陆续进场时，忽然下起毛毛细雨，许多人连帽子也没戴，情绪高涨而又井然有序地分列在三处聚集点上，静候毛主席的到来。毛主席担心久候的群众淋雨受冷，于是通知工作人员要提前进公园。他身穿银灰色大衣，健步走到雀跃欢呼的群众面前向大家挥手。因接见时间提前，刘少奇、周恩来反倒后来一步，毛泽东风趣地说："我们来欢迎你们唷！"顿时把欢乐的气氛推向高潮，也把南宁会议上的某种紧张气氛也缓和下来了。采访结束后，我的头发和身上的新呢子衣都湿了，饶韬也累得够呛，我们喘过气来便凑在一起，赶成一篇特写，算是完成了任务。后来，因为毛主席的活动统一由新华社报道，我们的稿件没有被采用。想不到的是，时隔多年之后，赵黄岗还能从旧底片中找出一张毛主席照片，里边有我的身影。照片放大，装入镜框，我如获至宝地把它珍藏起来。

之前也讲到过，《广西日报》在武汉南下途中，经过湖南到了长沙就搭好班底了，开始是史乃展，后来是刘毅生，再后来是廖经天。在廖经天之后是姚天纵，姚天纵来《广西日报》前是华南分局办公厅的副主任。他确实有才，看报纸的大样，发现某篇文章写得不好，就划掉，自己写一篇杂文代替，署名韦陀。他管工作的时候也有点个性，那个时候郝中士让姚天纵对他的副手提出个名单来，因为当时有三个人选，钟纪民、陈国光、黄耿，这几个人各有所长。姚天纵写了三个方案给他，一个方案是钟陈黄，第二方案是陈钟黄，第三个方案是黄钟陈，郝中士圈了第一个方案，即钟纪民、陈国光、黄耿。陈国光见闻广博，很会讲话，在全州做一个时事报告，引起轰动，有人调侃他的一个报告把钟纪民的名声也提高了：第二都那么能讲，第一就更不得了了。其实钟纪民是一位言语不多、底蕴丰厚的老报人。在这三人中最不爱讲话的要算黄耿。有一次他和几位同事散步，走了几条街还没有说一句话，讲出来引得人们哄堂大笑。后来黄耿是秘书长，秘书长以后才提副总编辑的，后来还做过总编辑，再后来担任了自治区党委顾问委员会常务委员、党史研究委员会办公室主任。

在姚天纵之后，广西省委要去选《广西日报》的总编辑，先是在广西选，曾经想要调平乐地委的宣传部部长吴赞之，吴赞之不肯来。后来选上百色地委的宣传部部长郑少东，他也不想来。

后来，韦国清到北京去跟中组部要人，中组部推荐了几位，韦国清看了档案后选了钟林。钟林原来是《人民日报》四川记者站的站长、工业部主编，贵州人，早年是做公安的，后来在《东北日报》，先当校对，做了一年多校对才当编辑、记者，之后调入《人民日报》。《人民日报》是人

老报人、文化人廖经天曾任《新湖南报》副总编辑，湖南新闻干部训练班主任，《广西日报》社长，后调任《人民日报》副总编辑，中苏友好协会副总干事，民政部有关部门负责人。他在1979年12月重返广西，和老同志、老部下合影于南宁南湖公园。第二排中：廖经天，右：钟纪民，左：秋伟；前排右一：赵淑琴，右二：周汉晖，右三：饶伯华；后排右一：饶华桐，右三：戴启予，左一：孟国汉

才库，是个藏龙卧虎的大基地，有很多优秀记者。

《广西日报》曾经吸收过很多新鲜的血液，有些也是比较优秀的，但是由于各种政治运动的冲击，知识分子政策得不到全面的贯彻，这些人才也就逐步流失了。比如张靖邦，浙江杭州人，十六七岁就参军，之后考上北京大学新闻系，毕业后在《广西日报》时事组当编辑，成为骨干，“文化大革命”后跟他爱人一起被下放到桂林，后来回老家浙江了，到浙江工人日报社做副总编辑。张靖邦夫妻都很热心于新闻事业，而且也具备新闻工作者的基本素质，但是广西没留住。一些“旧知识分子”，并不是思想不好或是反动的，他们只不过是曾生活在旧社会的环境里，但是思想、立场基本上还是进步的，是向着党和人民的，解放后有一段时间政策宽松，他们中的部分人士还能发挥些作用，政策一紧张这些人就不得志，终究还是在报社待不住。我再举两个人说明：一个叫李育才，玉林人，他是一个进步知识分子，解放前也办过报，当过老师，解放后，《广西日报》吸收他到时事组当主编，很多年轻人都是他带出来的，后来越来越不得志，被下放到玉林，在玉林中学当老师。

老知识分子除了李育才，还有个突出的例子，叫苏上华，国民党时期他在地下党办的《曙光报》工作过，在那里当过编辑，解放后他当广西日报社的总务科长，管基建这类工作，做得很好。《广西日报》在民主路那里的大楼，1954年完工，当时买地起房子，基建就是苏上华管的。广西日报社大楼是姚天纵在的时候盖的，是新中国成立后南宁最早的办公大楼之一，大楼模型曾经放在广西第一届工业展览会作为重点工程、产品来展出。前面提过，姚天纵在华南分局做过办公厅副主任，行政能力很强，刚开始来广西时也兼了省委办公厅的副主任，所以他很注意行政管理。苏上华受到姚天纵的重用，因为他办过《曙光报》，是有文化的，不是一般的行政干部。姚天纵就将苏上华放到总编室，负责协助值班编委看大样。看大样是从下午开始，持续到晚上，一般都是下午或者晚上八九点前先要解决好第二版和第三版，然后才处理一版、四版，所以晚上工作量大，时间也很急。有时会碰到一些突发事件，碰到一些临时来的重要稿件，比如社论或者是给省委审查的稿件，往往到晚上才退回来，白天定不了，只能晚上突击看。正是为了解决这个时间的矛盾，值班编委就安排二版、三版，就是省内新闻、工业农业财贸经济和文化教育、副刊这两个版先看，先排，上午就下稿子排好，下午就提早看，晚上八九点的时候先把这两个版搞好，留足时间和版面处理重要稿件。这样工作量就很大，值班编委忙不过来，所以叫苏上华帮忙看大样，特别是看二版、三版。苏上华责任心很强，看得快，对文字上的问题能帮助处理好，标题明显不妥当的也可以修改好。他看了以后再给编委看，编委认可了再签字发下去。苏上华的工作岗位很重要，他能胜任，人也好，经常面带微笑。后来因为他在地下党时有一些历史问题，被弄到党校学习，回不了编辑部了，“文化大革命”后就离开了《广西日报》。

《广西日报》在办报过程中，前十多年风风雨雨很多，人员流动大，变化也大。像这些比较老的知识分子，或者受过正规训练、科班出身的年轻知识分子，如果不能充分发挥这些人员的作用，光靠从县里调人是不能满足事业发展的需要的。

我在总编室也工作过一段时间，任总编室的副主任。当时的主任叫秋伟，后来成为副总编辑。他也是南下来的，到了广西后又下放到《右江农民报》当一把手，后调到《广西日报》，“文化大革命”初期被提为副总编辑，但是最后离开了《广西日报》。我在总编室管记者组，指挥各地记者站还有机动记者，管理通讯干事、通讯业务。当时有个内部的业务刊物叫《通讯往来》，教人怎么写稿，怎么在文字上提高，登一些新闻业务的基本知识，介绍优秀稿件的写作经验，介绍优秀通讯员。我负责审稿和对外联络工作。

那时周一到周六，甚至周日都安排有机关学习。曾经有几个单位来请我做时事报告。我到省委党校、医科大的饭堂、军区礼堂都做过时事报告。规模最大的一次是在南宁市灯光球场，就是现在的朝阳广场百货大楼旁边，市里面的重大活动经常在那里举办。有一次直属机关让我去做报告，因为在报社看报比较多，接触到的时事新闻材料比较多，像《参考消息》也看得比较多，所以我能把内幕、背景性的材料融合到报告里，介绍给读者，到现在反映都还比较好。

1963年夏，我应邀到南宁市工人文化宫做了一次关于阅读外国文学作品的报告。这件事我原本都记不起来了，想不到《广西文史》第一任责任编辑赵大冠还记得，在前不久的一次电话通话中说起几十年前他听我讲外国文学的事情。当时他还在南宁四中读书，他说那时候还不懂得《红与黑》，是听我的报告后才第一次知道这部伟大的世界名著。

在《广西日报》，我经历过从解放初期开始的历次运动，社会上发生的运动，报社都有这样那样的反映，它不可能脱离社会。“三反”“五反”开始，就有一些“极左”的东西，有一些不好的简单、粗暴的做法，实际上在解放初期的运动中就有。报社有个经理叫司徒裕，也是地下党员，有人说他贪污，他自己也承认，但没那么多，斗争会上有人上去打他，揪他的头发。在运动中，我自己难免也受这些“极左”东西的影响。因为我在编辑部，有些情况，行政部门的人不了解，哪些人怎么样，哪些人受批判，往往是我们编辑部讲述一些情况才有所发现，而且报纸的版面也涉及这些。张鑫的夫人罗云是南下工作团的团员，在刚解放的时候因为表现好，后来在荔浦被提拔为副县长。那时候年轻干部本来就很少，特别是女的副县长就更少了。“反右”的时候，县里面揭发她，那时她已经和张鑫调到南宁来了，但是荔浦县“整风”又揭发她，说她反党反社会主义，把她划成“右派”，要拉回去斗争。稿子是经过“反右”办公室从直属机关党委那边发过来的。那时被划为“右派”是否登在报纸上是要经过“反右”办公室审的，不是随便哪个记者写了就登的。晚上看大样的时候张鑫知道了，他过来找我，眼泪都流出来了，问我怎么办，再过两个钟头就要开印了。这个稿子前面都审过了，我要是把这个稿子拿下来，追究起来我就会被划成“右派”，我很为难。稿子撤不下来，第二天发表了，罗云被划了“右派”，要下放。那时候唯一的办法就是怀上小孩，因为孕妇不能下放，但最后她还是下放去了，改革开放后当然也平反了。

在各个运动里要完全站在一个理性的立场是很难的。我自己的水平也有限，有些东西分辨不出来，“右”的时候认为这样做也很好，到要纠正推行极“左”的时候觉得也有道理，总之就跟着党委的方向盘来转，报纸基本就是这样。“整风反右”的时候，开始广西没有划那么多“右派”，刘建勋来了后，中央又有精神，认为广西有些“右派”漏网了，首先省委里面集聚一个反党集团，包括省委常委、副省长陈再励。陈再励是从湖南调过来的，原来是中南局的组织部副部长，很耿直的。他是管政法战线的，政法战线对农村系统，对原来的农村工作部门那些极“左”的东西、浮夸的东西很有意见，“大跃进”饿死人，明明没那么多产量也报那么多，春天没有口粮了，还讲农民瞒产、私分了，哪个支部书记的后门菜园里又挖出多少粮食，实际上都是假话。这些浮夸的农村工作干部有一批得到了表彰，得到提拔，很有名的就是环江的“十三万斤”，说环江一个县下面有个地方亩产十三万斤粮食，小孩睡在上面打滚都不会掉下来。这“十三万斤”在《人民日报》刊登过，这个浮夸是很典型的，在全国很出名。因为瞒产、私分都要由政法部门处理，饿死人，政法部门要查，他们发现实际上根子在农村部门，跟基层干部和上级领导的浮夸有关。开党代会的时候，公安厅33名干部代表联名写大字报批判广西省委农村工作部，批判贺亦然。那时候贺亦然已经去柳州当地委第一书记了，环江“十三万斤”就是发生在那个地区。后面“反右”的时候就反转说公安厅这33人反党，这些人很多被划为“右派”了。

在这种情况下，《广西日报》也是雷厉风行，按照报社整风小组的口气、要求，我写了一篇文章，批判“周中仁反党集团”在《广西日报》执行的资产阶级文艺方针，标题很长，分成两行排一号字，在三版发了一个整版。我写的这篇文章是以我的名字发表的，但是文章内容也不完全是我个人的意见，也体现了“整风”时候的要求。那个时候缺乏很清醒的辨别能力，同时自己的思想意识也不纯，不完全是认识问题，也是为了保全自己，有些个人主义，不能坚持真理，不敢明辨是非。这篇文章在文艺界影响很大，广西从来没有在报纸上发过一个版的文章批判某个人，后来“文化大革命”就有了，比如批判陆地、批判《故人》。

讲到《故人》，在我编副刊的时候，对这部小说也起过一点推动作用。陆地这个小说在《广西文艺》发表的时候并没有太引起注意，后来《广西日报》请李翰编了一个连环画，在报纸上连载了几天，这个小说才引起大家的注意，看的人很多。之后《广西文艺》有一期刊物约我写了一篇评论文章，这篇文章叫《喜读〈故人〉》，后来收在《三栖路上云和月》里。这篇文章不是水平怎么高，而是在大是大非问题上风向上发生变化的时候，大方向把握得比较对。后来《故人》被批判为毒草，我这篇文章也被批判。但是最后还是站得住的，说明《故人》还是好的，我的评论文章也是站得住的。

那时候提倡演现代戏，因为毛主席批判文化部是“帝王将相部”“才子佳人部”“外国死人部”，不搞现代的、当代的东西，所以各个省市都闻风而动组织现代戏的排练，每个省要开一次现代戏会演，选好的送到中南到广东参加会演。现代戏会演的时候我是宣传方面的负责人，省文联、省文化局也成立党组，我是文联党组成员之一，书记由郭铭兼任。现代戏会演的时候宋郡创作的《红围裙》受到欢迎；周民震的《三朵小红花》是彩调，演了以后反响也比较好，但是有人有不同的意见。那个时候伍晋南是管文教的书记，这些事情都要他点头肯定，他们就要我和伍晋南同志说说这个戏，请他看一下，我就和伍书记说，这个《三朵小红花》各方面反映是比较好的，有一点不同意见，你能否先看一下。当天晚上我就陪他看了，看完后他说可以的，就这样定调了。所以会演完了后要我写一篇现代戏会演的述评。那时我要去北京开会，我是急急忙忙地赶写的，最后一部分还是在飞机上写完的，后来在《广西文艺》发表了。说起来那时候还办过一个《广西艺术》杂志，就办了一两期。《广西艺术》第一期我参与了主编，这一期有一篇张鑫执笔写的《论刘三姐》，这是比较全面的谈刘三姐的文章，有几万字。之后这个杂志好像就不见了。

中南局宣传部为了这次会演做准备，陶铸亲自抓，谁都不敢怠慢。各省的宣传文化部门抽一个熟悉、负责的人组成一个观摩组，到南宁、长沙、武汉、郑州，最后回到广州，巡回看各省准备得怎么样，有什么节目，表演有什么问题。我记得那时候是夏天，天气很热，到武汉看戏的时候，戏场里面舞台下面旁边放了一块块冰砖，用来降温，那些汉剧、湘剧、桂剧（尹曦、黄婉秋）、豫剧（常香玉）界里的头面人物都出席了。后来在广州，马师曾这些人也出席了。那时候为什么宣传部派不出人呢？因为他们都忙别的方面的工作，文艺处人也少，只有几个人，像梁宁、阮同、刘名涛、陆里，工作很忙。文化局的人也不多，所以他们很多事情都推到《广西日报》来做，像刘三姐会演，要我当宣传处的处长，要社文处的老处长何宣仪当副处长。实际上我也不好意思，因为何宣仪是位很好的老同志，工作也负责。

在《广西日报》工作的这十六个年头，是我在新闻出版战线上奋斗的一个阶段。我的那本书，《三栖路上云和月：为新闻出版的一生》，讲的就是我一生中做新闻和做出版的两个阶段。可以说这一段做新闻的经历，是我职业生涯的入门阶段，我一生的生活习惯、文化习惯都受其影响。这段经历对于我后来做出版也有着重要的意义：我由此养成了高度的政治敏锐性和职业敏感性，锻炼了整合信息和资源的能力，形成了较强的时间观念和效率意识，对于媒体宣传、对于市场有了较深刻的认识和把握，积累了排版、印制等方面工作的丰富经验。这些锻炼和收获，都是做出版的宝贵财富。

第四章 下半生投身出版

命运转圜，事业变轨。

下半生投身出版，

一个人的求索，

闯出外国文学出版的新天地。

在改革开放的春风里，

在不利的发展条件下摸爬，

“书荒”时代的牛刀小试，

坚定了对出版事业的最初信心。

*　本章内容根据2021年1月24日上午对刘硕良的视频采访（采访人：黄伟林、李逊、张俊显、谭彦、梁虹程；录音整理：李逊、唐迎欣），2021年1月25日上午对刘硕良的视频采访（采访人：黄伟林、李逊、梁虹程；录音整理：李逊、唐迎欣），2017年9月26日上午对刘硕良的现场采访（采访人：王云杉、陆立伟；采访地点：南宁，刘硕良家中；录音整理：王云杉、陆立伟、王伟彤、徐俐文；校对：贾雅楠、杨斯淇）和2018年11月23日对刘硕良的现场采访（采访人：黄伟林、李逊、农炎灿、孙丽燕等；摄像助理：郭烨泷、甘恒榕；录音整理：农炎灿、孙丽燕、徐鹏飞）整理；根据2021年7月19日对刘硕良的现场采访（采访人：李逊、梁虹程；采访地点：南宁，刘硕良家中；摄像助理：霍东升、黄重贸、庞纪兵；录音整理：李逊），8月16日对刘硕良的现场采访（采访人：李逊；采访地点：南宁，刘硕良家中；摄像助理：霍东升；录音整理：李逊）和10月2日对刘硕良的现场采访（采访人：李逊；采访地点：南宁，刘硕良家中；摄像助理：黄高峰；录音整理：李逊、黄琦）修订。

前面讲了我的春风得意，讲我做了那么多事情，从这里开始要说说我怎么走麦城了。

1963年、1964年开始搞“四清”运动，“反右”以后最大的一次社会主义教育运动。实际上是以教育之名，进行一场非常激烈的复杂的阶级斗争，打倒了一批人，也提升了一批人，是“文化大革命”的前奏。有很多事情在“四清”运动时做到登峰造极，比“反右”时候还要厉害，一些做法和思路又是为“文化大革命”做了铺垫。

在运动前，我在生活作风上犯了一个错误，在这次运动一开始我就坦白交代了，后来组织上也承认是我坦白的。办案人员并没有掌握相关的材料，就是让我反省，迟迟没有安排工作。后来才知道原来是在暗中收集材料进行策划，想把一个更加严重、更加能置我于死地的罪名强加于我。后来将我逮捕，由南宁市人民法院判我三年有期徒刑。如果按那个罪名罗列的事情应该远不止判三年刑，因此我分析，因为当时已经把我抓来了，不判也不行，所以只判了三年。三年刑满后，我在农场“就业”，其实就是继续劳动改造，前后在彭岭煤矿、邕宁四塘农场、柳城四塘农场、南宁茅桥的广西少年犯管教所和南宁女子监狱等几个单位劳动，种菜，干副业，做宣传，出大字报、墙报，协助干部管理少年犯，什么事情都做过，总之还是没有自由的。

直到1980年，自治区党委宣传部才安排我到广西出版局[1]，我才算是真

[1] 广西出版局，全称广西壮族自治区出版事业管理局，成立于1978年8月。广西出版局与广西人民出版社合署办公，局社合一，广西出版局的局长也是广西人民出版社社长。成立之初，对内将广西人民出版社定为局的一个编辑部，对外仍保留广西人民出版社的名称。1986年4月，广西出版局改为广西出版总社，广西人民出版社、漓江出版社以及后来成立的广西教育出版社、广西科学技术出版社、接力出版社、广西美术出版社为总社直属二层单位；1987年6月，广西出版总社增挂广西新闻出版局牌子，一套人马，两块牌子；1989年1月，广西新闻出版局增挂广西版权局牌子；2003年，广西出版总社与广西新闻出版局实行分设；2009年，广西出版总社及其下属单位整体转制为企业，组建广西出版传媒集团。本书提及事件时间跨度大，多处谈及有关机构，行文中多用当时的称谓，为便于读者阅读，特作以上说明。

正地重新开始工作。我从17岁参加工作到“四清”运动，在《广西日报》工作了16年，而之后我劳教改造的时间就有15个年头，差不多一半对一半，人生大好的青春都已经耗去了。1980年4月20日，我到广西出版局工作时已经将近48岁了。但是于我而言，根本没工夫去感叹人生，而是充满着终于可以专心工作的兴奋与激情，风风火火地投入工作了。

当时广西出版局和广西人民出版社是局社合一，我被分到广西人民出版社编辑部文艺编辑室当编辑，由此开始了我的出版生涯。在出版战线前前后后三十年，是我人生略具传奇色彩的下半场。

1

我想简化“四清”这段经历的叙述，也不去纠缠于那些冤案的内情。案子最后由高级法院平反，撤销原南宁市人民法院的判决，我的工龄从1949年参加工作时连续计算。这个结论摆在那里，很多事情大家都可以想象，也可以分析。另外，这些事情也涉及我的家人。老伴黄丽清不在了，我也不想去太多打扰她。黄丽清是广西岑溪人，出生在南渡镇古太村，1953年毕业于梧州卫生学校助产士班，毕业后曾经在广西民众卫生工作队、广西妇幼卫生工作队和桂平县（今桂平市）人民医院工作。1958年同我结婚，后调到南宁市红十字会医院工作。她一贯表现很好，先后被提拔为助产士长、护士长。“文革”时受到我的牵连，被下放到宁明山区，带着孩子跟贫农“三同”，历经磨难艰辛，好不容易把孩子拉扯大。我重新安排工作后，她也调回南宁市红十字会医院工作，后来又随我调入漓江出版社。从此，我们一家团圆，开始过着安稳的生活。她工作之余，一心扑在维护一个家庭平安所必须做的填补和调适上，使我能够全身心投入工作。黄丽清是一个好妻子、好母亲、好护士、好校对。她病重的时候我只是想到尽量多陪她一段时间，不让她一个人面对危难。想不到，她先走了后，我一个人是如此艰难困苦，觉得永远也填补不了空缺。所以说，既然老伴走了，就让她安息吧。而且我的这个事情如果由我讲太多，人家也未必完全相信。我认为有些事情还应该讲得更清楚一些，应该有进一步的处理，但是我不想去纠缠这些了。国家给了我离休待遇，承认了我的革命历史是一贯的，中间没有打断，这就行了。我也没有精力和热情去纠缠这些问题，包括当时的平反和改正。

到出版社后，我一心扑在工作上，浑身仿佛有使不完的气力，好像要把十多年耽搁的光阴弥补回来。对自己的历史问题，对于平反、改正的诉求表达，开始我写了一些申诉信，但是这些申诉信基本上都被《广西日报》有关的当事人压住了。他们的回复是“我们都查过了，没问题”，要我认罪服法、好好工作。这样，我每申诉一次就等于给自己重新批判一次，等于这道紧箍咒在我头上又念一次。后来我觉得没有意思，失掉了去申诉的信心和勇气。

我是1993年4月离开桂林到南宁，离开漓江出版社回到自治区新闻出版局工作。广西高级人民法院组织合议庭重新审查我的案子并依法撤销原判是在1997年。判决书下来后发到广西日报社和自治区新闻出版局，也给了我一份。那个时候，局长已换了几任了，好多问题还存在，但是影响我一辈子的最大问题解决了。我1980年到出版局工作的时候并不是一个“清白”的人，我在那样的情况下参与办漓江出版社，去开拓出版工作，可以想象有多么艰难。

那时我的思想状况比较好，虽在劳改场所待了15个年头，耗费那么长时间，心灵上承受了巨大的压力，但是也不是一无所获。这些经历对我的一生来讲，有一定的积极意义。

一是经过这次打击，接受了深刻、沉痛的教训，思想上有所转变。我感觉到自己原来思想改造上还做得很不够，虽然有些成绩，但思想觉悟、思想认识、思想水平，离党和国家的要求还有很大的距离，跟不上形势，掉了队。这不是一般的摔一跤，而是摔了一大跤，我在思想上受了很大的冲击，等于做了一场噩梦，开始醒来了。

二是在身体上还是有所收获。我进劳改场所的时候是1965年6月，32岁，出来时47岁，壮年的10多个年头，也是一生里比较美好的阶段，我在劳动中得到了锻炼。原来我有胃痛的毛病，还有十二指肠溃疡，劳改出来以后基本上都好了。

三是经过了学习，除了认识了自己的错误、反省自己以外，也学到了一些东西。那时劳改场所外面实际上也没有更多的东西可学，也就是“两报一刊”，再加上学马列毛选，主要还是学《毛主席语录》。这些资料在劳改场所基本都可以分享到，所以我对当时的国际国内的形势、社会的动向走向大体上还是了解的，没有掉队。那段时间我系统地看了《毛泽东选集》《毛主席语录》等书籍。《毛泽东选集》我以前也看过，在劳改队看得更用心，看得更细，一字一句反反复复地读了，有一些作品，包括第一卷的大部分作品几乎都可以背下来。我是反复地看，不单看观点，看毛泽东的思想方法、工作方法，而且也看他的伟大的战略眼光，英明决策的故事，这些是做新闻出版工作可以享用一生的财富。如果一个新闻出版工作者对毛泽东的著作没有基本的了解，那在思想政治上就是一大欠缺。毛泽东很推崇鲁迅的作品，我以前也零散地看过一些鲁迅的作品，但不够系统、不够认真。在劳改场所，我把我能够买到或是借到的鲁迅作品全都看了，看得非常仔细，深深体会到鲁迅的伟大，也从中学到了一些鲁迅的精神和艺术技巧。

在公安部门，在劳改场所，很多干部的文化水平并不低，这些人还是重视文化学习的。我记得在广西少年犯管教所期间，政治部专门组织少年犯来学习文化，除了思想教育以外就是学文化。因为他们都是未成年人，没有受到刑事处分的，管教期满后还是要走上社会工作的。管教少年犯，文化教育是一个很重要的内容。少年犯走上犯罪道路，有罪恶也有错误，有些人是两者都有，但不管怎么样，都和他们年轻、文化知识学习差有一定的关系。因此，政府从根本上着眼，重视他们的文化学习。我在管教所按照政府的要求，帮少年犯们出版墙报，发表他们自己的作品。管教所有专门的文化教员，其中有一位是广西师范学院（今广西师范大学）地理专业毕业的，他曾经托我在外面帮他买《竺可桢文集》。竺可桢曾任浙江大学的校长，是有名的气象学家、地理学家，中国地理学界的领军人物。我那个时候周末是可以外出的，这种行动自由在刑满三年后才有。我每个礼拜都上新华书店看有什么新书。那个时候书架上新书寥寥无几，基本上就是“毛选”和鲁迅的作品，还有“文化大革命”的有关文件，文化艺术作品很少，学术著作更少。《竺可桢文集》出版后大家都很关注，我帮那位文化教员买了第一卷。所以说，在劳改场所的十几年看起来很漫长，实际上从学习来讲，就接触到的事物的面来讲，跟在外面社会上的自由人也没有太大的区别，外面能看到的书籍在劳改场所也能看到。

外面的很多活动我们没有参加，但是那些没参加的活动恰恰都是我们想避免的。我们避开了“文化大革命”的冲击，人身的安全得到了保障。我记得在邕宁四塘农场的时候，有一天晚上，释放后还在农场继续接受劳动，还不能够安排工作、不能回家的这些人正在学习，突然就有一个“积极分子”说外面在批斗伍晋南、陆地等人，说我是伍晋南的手足，要把我从农场里揪出来批斗，与外面的运动呼应。当时有个姓梁的教导员，是大队的主要负责人，出来阻止。他说：“刘硕良的问题，我们又不了解，你让他到外面去处理、去解决，我们这边不要动。”这样就阻挡了他们对我的冲击。在那个很狂热的年代里，在劳改场所一旦批斗，不论三七二十一上去就是拳打脚踢，把你搞得周身肿痛流血，然后再给你讲几句批斗的话，那是一种很暴力的、过火的行为。政府对劳改队的管理，对劳改犯的管理政策是不允许这样做的，但是有些地方贯彻不力，政策把握得不严，内部暴力行动或多或少都存在。因为有这位教导员，我得以避免一场灾难。有的管教干部也明确地和我说，你的问题并不是判决书上讲的那样，你在生活作风上有错误，被别人抓到把柄，人家扩大、升级就把你弄到这里来了，如果不是这样的话你是不会进来的。我的问题可以看材料、看判决书纠正，但是他们没办法出面改正，他们内心对我还是表示同情的。这些经历看起来好像是消极的成分很多，但是实际上对我生活、工作实现一个根本的转变还是提供了比较好的条件和基础。

落实工作后，我对新的任务的开展，有一定的信心。

1980年4月20日，这天天气特别晴朗，我精神振奋地到位于河堤路14号的广西出版局报到。当时人事科有两个年轻的女同志，一个叫孙梅、一个叫李婷。可能她们也知道一些我原来的情况，当我把档案袋交给她们的时候，李婷瞪着眼睛定定地看了我一眼。就是这一眼，让我差不多要流出眼泪。因为自从到劳改部门后，十几年来，我没有和任何一位女同志对视过，我都害怕、都不敢去见女同志，生怕惹出什么麻烦来。

我到出版局工作，实际上是自治区党委宣传部安排的。宣传部当时的常务副部长是郑少东，就是当年曾经想要请来当《广西日报》总编辑的那个百色地委的宣传部部长。出版局一开始给我定的级别是行政十九级，而我在《广西日报》的级别是十四级，等于是降了几级。但是能重新定级到十九级也算不错了，因为当时很多大学生工作几年后也未必能达到二十级。局里的领导、编辑部的同事对我还是很友好的。当然也有人对我冷眼旁观，人事处劳动科就有个科长把我看成是“劳改释放分子”。

我在《广西日报》工作那么长时间，与很多人都比较熟悉。出版局编辑部的负责人，都是我以前打过交道的。王劲划“右派”之前是老处长，我在《广西日报》时就跟他认识。编辑部副主任阮同，是从中宣部调来的，中央戏剧学院文学系毕业，原来在自治区党委宣传部文艺处做科长。阮同的夫人叫赵令善，也是中央戏剧学院毕业的。阮同有一段时间在文化部办公厅工作，是钱俊瑞的秘书。当时各省的文化局，戏剧研究、戏剧改革都是重点工作，广西文化局缺乏戏剧方面的专门人才，郭铭就到北京，从文化部把阮同调到了广西文化局，让他来管戏剧工作。郭铭在大别山二野部队的时候负责地方文艺工作，后来担任过交通部政治部的宣传部部长。那时候很多部门都有政治部，政治部下面有组织部长、宣传部长，等等。郭铭的夫人叫蔡民，是文工团的团长，到广西后做广西歌舞团的团长。这对夫妇都很有个性，郭铭很热情，平易近人，谁有问题找他，他都会想办法解决。一般只有吃饭的时候能找他，找他的人很多，他吃饭的时候周围都围着一堆人和他讨论问题。郭铭乐此不疲，愿意帮这些人解决问题。我到出版局之前也找过郭铭，他说听说你要出来工作，要人安排，你等等吧，可别我这里要了以后，你又调到其他地方去。后来没多久，我就调到出版局了。

宣传部文艺处有两个科长：文学方面的科长阮同，艺术方面的科长是刘名涛。阮同是主角，因为他是科班出身，大学毕业，学戏剧文学的，文章也写得很好。我在《广西日报》时请他写过评论，写过杂文。1982年、1983年的时候处理"文革"遗留问题，要查阮同的事情，编辑部主任王劲再三问我，阮同写的那些文章怎样。我如实说他是根据当时的形势、气候写的，并没有个人的东西掺杂在里面，并不能够完全代表他个人的观点和立场。他们可能希望从我这里得到一些阮同曾经跟"文化大革命"走、立场观点有什么问题的材料。我讲不出什么，他也很失望。当时的广西出版局副局长、广西人民出版社副社长王东桼和下面的人通气，说刘硕良要分到你们那里，阮同他们都表示支持。当时文艺编辑室主任是陆里，副主任是陈肖人，后来刘名涛也提为副主任，任命书里加了个括号，写着"排名第二"。后来成立广西教育出版社，刘名涛做了广西教育出版社总编辑。

原先我在《广西日报》的时候，阮同、陆里、刘名涛等人都是副刊的作者，都了解我。陆里说过一句话，他说刘硕良这个人能干是能干的，但是是"通天"的哦。意思是说，我跟上面的领导关系都好。阮同就说没有什么问题，在我们这里"通天"能通到哪里去？意思是说我到文艺编辑室也就是当个编辑。所以说，我到文艺编辑室当编辑，也不是一纸公文下来就去了，还是有个过程的。

到出版局的时候我已年近五旬，可以说是下半生才投身出版。不过在进入出版界之前，上学啊、工作啊，我的一些人生经历已经和出版有某种缘分了。不管是在学校读书，还是后来在《广西日报》工作，这些经历都对我的出版工作有一定的帮助。我在省委机关报做新闻采编，从文教、政法、理论宣传领域到副刊部，在这一系列的历练中获得了一些积累，包括政治敏感力、职业精神和采写能力的养成，这些都是有利于做出版的。

2

我感觉自己像刚参加工作的年轻人一样兴奋，每天早上起来得很早，骑单车从五里亭到单位，先去打扫卫生，很有新鲜感。我一到文艺编辑室，陈肖人就说，我们现在这里各种分工都分好了，就外国文学没有人专门负责，你来负责外国文学怎么样？我不假思索地说可以啊。因为我自己也喜欢外国文学，我在广西日报社的时候看过不少外国的古典文学作品。广西日报社的资料室有个很大的优势，解放初期新出版的新文艺作品也好，重版解放前出版的古典作品也好，外国的一些作品也好，都藏有，藏书很丰富。那时一些外国的作品在国内还没有翻译出版，国外对这些作品也有不同意见，有的也受到批评，比如“垮掉派”的作品、意识流的作品，或者是“新小说”作品。中央有关部门有意识、有重点地组织翻译，作为内部印刷品发给作家参阅，发给有关单位的干部职工看。因为这些书封面都用了黄色，也没什么装帧设计，所以被称作“黄皮书”。这些“黄皮书”广西日报社都买了，像《在路上》，还有英国的、苏联的一些作品，我都看过。要我负责外国文学，我觉得还不是那么陌生，也是自己的爱好所在。就这样，我走上了外国文学编辑之路。

当时文艺编辑室就是陆里、陈肖人、刘名涛、廖文、王正宇、郑妙昌、廖玉桦这几个人。陆里负责民间文学，邓妙昌负责港台文学、古典文学，廖文主要负责长篇小说，王正宇负责音乐、美术、戏剧，廖玉桦还兼管一些行政事务性工作。李文杰是广西人民出版社的创始人之一，曾经到中国作协的文学讲习所（鲁迅文学院前身）学习过，划“右派”以后又下放到农村，后调到文艺编辑室一段时间。文艺编辑室专门有一个人负责外国文学，也反映出广西改革开放初期对外国文学出版的重视。接受这个任务，我也感到有相当的信心，因为以前在《广西日报》就负责文艺副刊，对外国文学有一定的认识和积累。

我们开始做外国文学时面对的是什么样的形势呢？在外国文学出版方面有两座大山：一座是人民文学出版社，后来它成立了一个副牌社，叫外国文学出版社；另外一座大山是上海译文出版社。在两座大山之外，其他一些地方出版社也开始做外国文学，行动比较快、比较早的是江苏、浙江、安徽、云南、湖南，出版的外国文学作品在社会上都有了一定的影响，效益也不错。漓江出版社在外国文学出版方面，算是后来者，比那些行动早的出版社晚了一年多。漓江出版社在两座大山的夹缝之间求生存，还面临着其他出版社的竞争，在不利的条件下，只能另辟蹊径开拓发展空间。

还有什么不利的条件呢？当时我们的翻译人才和资源很少，人脉资源也很少。桂林抗战文化城开创的优秀的出版传统，已经中断多年了。从解放以后，到进入改革开放新时期，广西的翻译、出版基本上是空白的。但是历史上广西文化有过繁荣的时期，那就是桂林抗战文化城时期，戏剧、新闻、出版都达到了一个高峰，翻译也非常景气。在抗战文化城期间，那些翻译家的思想和视野很开阔，很多现代主义的作品、20世纪西方文学的代表作，都是他们带头引进来的，包括纪德、海明威、肖洛霍夫的小说等。到1949年之后，广西的翻译、出版基本上就停顿了。很长一段时间以来，广西就是广西人民出版社一家出版社，主要租人民教育出版社的教材来印刷发行，自己出版的书仅限于政治性、政策性的一些小册子，文学出版基本上没有，外国文学的翻译出版就更谈不上了。

外国文学大量传入中国始自戊戌变法。中国在20世纪二三十年代也接受了很多外国文学的作品。获诺贝尔文学奖作家的作品虽然没有被集中出版过，但是一些有代表性的作品在三四十年代，在桂林抗战文化城的时候，也是出过一些的，比如《背德者》《窄门》等，加缪的作品也有所介绍。外侮当头，在民族灾难面前，首要的就是抗战，救民族于危亡之中，大家都团结起来，形成了广泛的抗日统一战线。在那种情况下，我们的文化实际上是开放的，桂林抗战文化城就是其中的一个缩影。

中华人民共和国成立初期，只有苏联对中国友好，我们外交政策是一面倒，倒向苏联，所以文学自然也是倾向于苏联。那时候要译介西方的作品是很难的，也不现实。所以20世纪50年代，那些反映斯大林路线方针或者带有“极左”色彩的单一类型文学就在中国广泛流行，比如说有《远离莫斯科的地方》《拖拉机站站长和总农艺师》等很多畅销书，还有《幸福的生活》等电影。实际上那时苏联的农民很困难，集体农庄濒临瓦解，很多农民吃不饱，但是有些作品粉饰太平，歌颂斯大林。当然，在那些主流意识形态的作品里面，也有一些好的作品，像《红莓花儿开》这个歌就非常好听，它已经超出那个时代，现在也是中国人很喜欢的俄罗斯歌曲。20世纪50年代，我们对待西方的现代文学存在一定的问题。因为西方国家在政治制度上跟我们是对立的，我们也就很难在那样一个年代全面、及时地了解反映西方现代生活的20世纪文学。

在党的十一届三中全会精神的感召之下，人们开始想要睁开眼睛看世界，看外国文学，看20世纪西方文学。要做好出版，要发展，还是要靠改革开放，尤其是开放，没有开放就没有改革。很多改革都是开放以后才改起来的，只有开放才会有很多参照物，然后促进改革观念的产生，促进改革方向的选择和确定。

中国出版的发展和提高是一个漫长的过程，一方面新时代要求出版、呼吁出版承担更多的任务，另一方面，出版是面向市场的，是直接面向读者、面向社会的。这两者之间如何平衡，如何处理？对于这个问题，出版社还有很多东西要去探索，没有现成的模式可以采用。我们要想办法，走出一条异军突起、快速发展的道路，不能跟在人民文学出版社、上海译文出版社后面做，因为我们没有相应的条件。我们也不能像一些新进入外国文学出版领域的同行那样做，因为也看不出他们有多么明确的章法、道路。我们必须有自己的定位和思考，走出一条属于自己的道路。

在广西人民出版社文艺编辑室阶段，漓江出版社的副牌还没有正式批下来之前，我们在“为读者、为文化、为社会”的目标指引下，出了几本外国文学作品，在一些方面做了尝试和探索。

我收到一部书稿叫《西方爱情诗选》，是武汉大学中文系的学生高子居和一位年轻老师莫家祥选编的。武汉大学中文系和图书馆的资料很丰富，他们就从30年代40年代所能看到的著名诗篇里面，主要还是1949年以后的，挑出爱情主题的这部分编了一本诗选。这本书名字起得也好，《西方爱情诗选》，不是一般的爱情诗。他们两个都是广西横县人，就把这个稿子投到广西人民出版社来。稿子分到我手上，我看了觉得可以用，就想办法进行修改补充，主要是看里面的选目合不合适。后来这本诗选是以漓江出版社的名义出版的，当时漓江出版社的副牌已经批下来了。

1980年还出版过一本书叫《海盗船长》。当时阮同到上海去学习，跟上海译文出版社的老翻译工作者有些接触，认识一些人，其中的张培均解放前就是专门搞翻译的，也办过出版社，解放后他在无锡上海铁道学院教外国文学。他翻译了英国作家笛福的《辛格顿船长》，觉得这个名字大家可能不太熟悉，就把书名改成了《海盗船长》。海盗船长有很多经历，很多故事反映资本主义初期，资产阶级的冒险精神。阮同把稿子带回来给我，我看了后觉得笛福是个有名的作家，《海盗船长》内容很丰富，可读性很强，就编发了这部作品。这部作品最先用的是广西人民出版社的书号，后来漓江出版社副牌批下来，这部作品在漓江出版社也出版过，还重印了几次。

那时候中国的改革开放刚开始，向西方学习，向世界进军，要赶上世界的潮流很需要有进取精神，《海盗船长》跟读者的心理和要求很吻合。《海盗船长》第一次在广西人民出版社出版时，全国范围内出版的长篇翻译小说还不多，加上书的名字比较吸引人，里面很多冒险、进取的故事，很受欢迎，第一次就印了21万多册。这个印数今天看起来是天文数字，但那时是“书荒”阶段，很多优秀小说，不管是中国的、外国的小说，一印就是几十万册，像当时廖文编的《蜂鸟》印数也很大。

中华人民共和国成立后的前17年，外国文学是被打压的，特别是西方现代的作品，20世纪的外国文学，都是受批判的多，被否定的多。当时主流舆论认为这些是资本主义腐朽时期的作品，跟18世纪、19世纪的外国古典文学作品是不同的。巴尔扎克、拜伦的作品，被认为是革命的、进步的、具有批判性的；20世纪西方的作品则被认为是反动、落后、腐朽的。很多外国的书，包括诗歌、小说，20世纪二三十年代就有人翻译过，出版过，但后来很长一段时间里被抹杀、否定、冷落，绝版了，市面上看不到了。外国文学的路子很窄，只有少数批判现实主义作品，像巴尔扎克、托尔斯泰、海涅的作品，还有马克思、恩格斯提到过的作家，这些作家的作品大行其道，其他的作品很少出版。

当时苏联文学、俄罗斯的文学很受重视，因为那时西方帝国主义包围我们、封锁我们，而苏联支持我们，对我们友好，它是第一个社会主义国家，所以我们提出要向苏联学习，要“一边倒”，这个在外交上、政治路线上是对的，不过处理文学作品的方式不应该简单地提到政治高度上来处理和批判。首先要能看到作品，如果某个作家的作品都不能翻译和出版，读者看不到作品，凭什么说他的作品是反动的、是坏的呢？这是种主观唯心主义，是贴标签、戴帽子，把社会生活中极“左”的东西搬到文化出版领域来。这种做法造成我们思路、视角的范围大大地狭隘化、单调化了，所以就造成“文化大革命”以后的“书荒”。要回到理性的时代就离不开书籍，要从书中吸取营养。以前有书也没时间看，因为每天晚上都要开会进行政治学习，没有空间和余力看书，也没书可看。联系当时的背景，大概就可以理解为何一本长篇翻译小说一印就可以印几十万册了。“书荒”跟缺医少药是类似的，改革开放之初，生活水平很低，缺穿少吃，饼干、牛奶、奶粉种类很少，物资很稀缺，精神食粮同样很匮乏，书店书市萧条，新书很少。像《海盗船长》这样的书，大受欢迎的原因也就在这里。

除了《海盗船长》，我还编过一些其他的不是很重要的苏联或者其他东欧国家的作品。那时候捷克斯洛伐克总统叫萨波托斯基，他很爱好文学，写过一本儿童文学作品叫《芭蓉卡》，也在广西人民出版社出版过。

对我来说，那一时期外国文学的出版还是在摸索、试探的阶段，是带有尝试性的。因为毕竟多年不动笔，不接触文艺了。前面提到的几部作品的编辑出版，是我转到出版单位后最初的尝试。等后来漓江出版社的副牌批下来，我才开始真正地做好外国文学出版的大文章。

第五章 副牌社创基业

品牌初创，大展手脚。

定方向，理思路，创特色，

一个人的求索，

打响了漓江品牌的第一枪。

找选题，编书稿，盯设计，下印厂，做宣传，重发行，

勇推“获诺贝尔文学奖作家丛书”等大工程，

塑造一代人的阅读空间，

开启了人生的另一段传奇。

* 本章内容根据2021年1月26日上午、27日上午对刘硕良的视频采访（采访人：黄伟林、李逊、梁虹程；录音整理：李逊、唐迎欣），2021年1月29日上午、30日上午对刘硕良的视频采访（采访人：李逊、梁虹程；录音整理：李逊、唐迎欣），2017年9月26日上午对刘硕良的现场采访（采访人：王云杉、陆立伟；采访地点：南宁，刘硕良家中；录音整理：王云杉、陆立伟、王伟彤、徐俐文；校对：贾雅楠、杨斯淇）和2018年11月23日、11月24日对刘硕良的现场采访（采访人：黄伟林、李逊、农炎灿、孙丽燕等；摄像助理：郭烨泷、甘恒榕；录音整理：农炎灿、孙丽燕、徐鹏飞）整理；根据2021年8月16日对刘硕良的现场采访（采访人：李逊；采访地点：南宁，刘硕良家中；摄像助理：霍东升；录音整理：李逊）和10月2日、3日对刘硕良的现场采访（采访人：李逊；采访地点：南宁，刘硕良家中；摄像助理：黄高峰；录音整理：李逊、黄琦）修订。

1980年11月27日，漓江出版社作为广西人民出版社的副牌诞生了，广西人民出版社文学艺术类图书开始以漓江出版社的名义出版。

当时，漓江出版社还没有单独的建制、编制，编辑、发行、印刷、财务等都在广西人民出版社的母体里面运转，依靠母体的机制、架构、保障来开展工作。社领导也是广西人民出版社的领导，没有专门派社长、总编辑。1985年5月27日，漓江出版社在桂林挂牌，才成为独立的实体。

这一类的副牌社当时在全国有几个，特别有影响的似乎不太多。人民文学出版社挂了副牌外国文学出版社，还办了《外国文学》刊物，也出过很多书，有些作品是很不错的，但这个牌子始终没有转为实体。2009年，人文社就将这个牌子改成天天出版社，成为派生出来的独立的实体，出版儿童文学作品。其他地方出版社的副牌社，像漓江出版社这样有这么大影响的似乎很少。

副牌社的这五年间，漓江就是创牌子、开基业。实际上，在搬到桂林建设之时，漓江出版社外国文学出版的思路已经明确了，也进行了多方位的开拓，形成了基本的格局，出版社的牌子已经在全国有影响了。

漓江出版社带头走出了广西，走向了全国。

1

当时批下来漓江出版社这个副牌后，我们就考虑谁来写这个招牌，想来想去觉得茅盾最好。因为茅盾在桂林时间很长，好几部作品都是在桂林发表的。他长期担任文化部、中国作协的领导职务，又是著名作家。茅盾的字很好看，刚劲、清秀。当时茅盾年纪已经很大了，活动也不多，我们抱着试一试的心情，看他答不答应，没想到很快他就写来了，这大概是茅盾生前最后一次题字。

我们拿到手书后马上制版挂牌，挂在南宁市河堤路14号。开始有些人不理解，为什么漓江出版社社址在南宁河堤路14号，难道漓江还可以流到南宁来？实际上漓江出版社最早是作为广西人民出版社的副牌社创办的，后来才搬到桂林。

河堤路14号在中山路的路尾，旁边是派出所，现在那里的房子都拆掉了。那时房子的位置左边一拐就是现在的政协、桃源路，直接上去就是河堤。当时是局社合一，广西人民出版社社长是由广西出版局的局长担任。当时还没有很明确地实行总编辑制。漓江出版社的牌子就挂在广西出版局、广西人民出版社的牌子边上，这几个牌子合在一起，既是出版管理机构又是实体。

为什么有了一个出版社，还要挂个漓江出版社副牌呢？这其实是有改革开放的大背景的。改革开放初期，政治上、经济上、农业上的改革往前走，出版、文化相对来说要慢一点，因为这是意识形态、是上层建筑，经济基础有变动，有改革的要求反映到文化上，才会有相应的变革和改革。出版系统的动作比较慢，出版的改革比农村要晚，始于1979年12月8日—9日在湖南长沙召开的全国出版工作座谈会。

1978年党的十一届三中全会召开，全会开始了系统地清理重大历史是非的拨乱反正，确定把全党工作重点转移到社会主义现代化建设上来，宣布中国要进入改革开放新时期。邓小平复出，思想路线改过来了，重新确立破除迷信、解放思想、实事求是的思想路线，各方面都在酝酿改革，或者已经开始各种各样的尝试，全国人民意气风发，一个新的革命高潮就要到来的气氛已经很浓了。改革开放首先是农业包产到户、包干到户，实行生产责任制，发挥个体的积极性。安徽的小岗村还有很多地方的农民单干、分田到户实行改革，实行生产责任制，这块田是谁种就由谁来安排。

农民种田一蔸禾苗铲多少根要由生产队、公社干部来决定，这不是天大的笑话嘛。实际上改革开放讲简单一点，就是回归常识，把反常规、违反人类生活发展基本常识的“极左”的荒谬的思想推翻打倒。我们说邓小平伟大，就是因为他说出了真理，他了解农民、了解中国的老百姓，老百姓的心声在他的思想理论中得到肯定。

党的十一届三中全会召开一年以后，1979年12月8日—9日，国家出版局的代局长陈翰伯，请各省（区、市）出版局负责人在长沙开座谈会，一个出版局有几个人参加。广西去的是李玉生和陈肖人。陈肖人是广西艺术学院戏剧文学专业毕业的，在广西文化局参加过文化工作队，后面在广西人民出版社当编辑，“文化大革命”后做了编辑部文艺编辑室的副主任。李玉生原来是广州军区《战士报》的总编辑，后来在一个师的政治部当主任，之后调到广西出版局当第一副局长，当时没有局长。第二副局长是王谭，河南大学外文专业毕业的，解放战争时期任一个独立团的副团长，后在广西省人民政府当交际处处长、外事处处长，做了一段时间，就到《广西日报》当副总编辑。刚刚提出“大跃进”、“总路线”、人民公社“三面红旗”的时候，王谭到中央党校学习，入学前做了一次例行的文化测试，他本可以按照大家谁都知道的答案来答就行了，想不到他发挥了一通，对“大跃进”、人民公社发表了一通议论，流露了不满情绪，所以他很快就被划成“右派”了。后来改正过来，他还半开玩笑地说“这是真正错划右派了”，“自己闯上去的”。1980年后的几年间，中央几次派工作组到广西来处理“文革”的遗留问题，在这个过程中，王谭回到广西日报社当“处遗”小组的组长，后面又调回出版局。第三副局长是王东焘，他曾经在中南团校、广西革大、《羊城晚报》等单位工作，在广西出版局主要分管编辑出版业务。第四副局长是刘彬，他是部队“支左”转到地方来的，原来在柳北做过县武装部的政委，“文化大革命”期间在广西中医学院负责“支左”，后来调到广西出版局。还有个副局长叫高万枝，是新华书店经理。广西出版局在这五位副局长之外，还有一位领导，是广西人民出版社的副总编辑，当时没有总编辑。曾霞初做了广西出版局、广西人民出版社的顾问。他长期在新华书店工作，新华书店的历史地位很高，新中国的人民出版社和新华印刷厂就是从新华书店总店分设的，从解放区到延安，新华书店都是出版的标志，是出版最早的基地。

陈翰伯主持的这个座谈会，是改革开放以后召开的第一次全国的出版工作会议。此前中宣部对地方出版工作有个规定，强调各地方的出版社要为当地服务，要通俗化，要直接给基层群众服务，面向全国的高端的理论性作品不是地方出版社的出版范围，也不是工作重点。全国各地方出版社之间的差别也不大，都是以出版地方教材为主，偶尔有一点为政治、农业生产服务的，关于互助合作和农业生产的一些基本的科学技术方面的作品出版。中小学教材由人民教育出版社统一编写和安排，各省就向人民教育出版社租纸型印刷，各省的出版、印刷、管理部门就有了基本的收入。各地出版部门有基本口粮、基本保障，按照统一号令生产传播，不需要做太多开拓性的工作。在长沙会议上，湖南、四川的代表就提出来，地方出版社是否可以突破地方化、群众化、通俗化这“三化”的限制，由“立足本省、面向本省”发展为“立足本省、面向全国”这样的出版方针并以此来组织生产和管理。大家普遍觉得地方出版发展得太慢了，1949年后十几年没太大的变化。现在形势发展了，农民可以自己种田、种小麦，养鸡养鹅，为什么出版部门不能自己编书呢？对教材有规定，但还有很多非教材的东西是可以面向市场的。

当时这样的呼声很大，陈翰伯在总结时，也没说可以改变，就是各地方可以试行，等于开了一个口子。他也讲到很多地方要求办出版社，对此他认为出版管理还不能一下子放得很开，各地有条件的可以报副牌社。这个会议就像出版界的“三中全会”一样，影响很大。各地都满腔热情，把自己的资源推向全国，由依靠本地的市场拓展到面向全国各地的市场，出版的生产力得到了空前的解放。

在长沙会议上，有两个重要人物：一个是湖南省出版局局长胡真，一个是四川省出版局副局长兼四川人民出版社社长、巴金的侄子李致。湖南和四川的出版社在改革开放后也是走在前面的。湖南出的钟叔河主编的“走向世界丛书”，四川人民出版社出的是“走向未来丛书”，影响都很大。这两个人代表出版界讲出了心里话，讲出了全国各地出版工作者的心愿，就是要改变地方出版社的出版局限于“三化”的框框，要突破地域的限制，立足本省，面向全国。

胡真做过湖南省委秘书长、湖南省文化局局长，是个老革命，从事文化工作多年。他当出版局局长，在改革开放后，做了一件大好事，就是抢先把《新湖南报》被错划成“右派”的一批知识分子，把一批新闻出版界的优秀人才调到了出版局。在平反冤假错案的风声开始传来的时候，胡真就马上下手，寻找当年《新湖南报》划的“右派”在哪里。当年《新湖南报》划了27个“右派”，震动全国的新闻界，因为《新湖南报》当年在李锐、朱九思的领导下，在全国崭露头角，很受新闻界，特别是各地方新闻工作者的推崇。划“右派”后，《新湖南报》的元气大伤，报纸的面貌大不如前。打倒“四人帮”后，这些“右派”纷纷想要回到省报来，一有风声，胡真就把这些人抢先调到出版局，包括后来担任湖南省出版局局长的李冰封。李冰封是个散文作家，原来是《新湖南报》的副刊负责人、编委。第二个是柏原，调回来做湖南科技出版社的社长，后来做过湖南省党委组织部的副部长。第三个是钟叔河，他那时候跟朱正在湖南长沙拉板车、做苦力。当初“新干班”成立的时候，钟叔河也报考了新干班，但还没经过考试，也没有入学，报纸上一登了名字，他就被调到《新湖南报》工作了。粉碎“四人帮”后，湖南出版局就把他调到岳麓书社当社长。朱正是有名的鲁迅研究专家，湖南省立一中毕业的，他在做鲁迅研究很困难的条件下，坚持独立进行研究，考证了很多鲁迅的过往出版物的注释。人民文学出版社把他调到北京去，在文化部下面设立了鲁迅研究室，让他在那儿工作。朱正后来调到湖南人民出版社做总编辑。湖南人民出版社译文编辑室的副主任唐荫荪，也是漓江出版社的重要译者，在《新湖南报》

划为“右派”后就被下放到农村去劳动改造，四五十岁才结婚。唐荫荪多才多艺，喜欢唱歌、唱京剧，既能翻译又能写，在英语翻译界特别是诗歌翻译和外国文学图书出版方面特别有贡献。这些人都云集湖南出版系统，等到《湖南日报》想起要去找这些人的时候，他们早都到湖南出版界工作了。

湖南出版虽然也因为种种原因受到一些挫折或出现一些低谷，但是很快就可以起来，这和湖南的文化基础有关，跟湖南出版界有一批优秀的骨干编辑有关。不管什么风浪，不管哪些事上出了一些波折，湖南出版都能够很快恢复。比如湖南人民出版社出版方面出了事，有一段时间被撤销了，牌子拆掉了，后面成立了湖南出版社，没有“人民”两个字了。很多领导，包括李冰封，都受到批评、处分。但是湖南出版界底蕴深厚，经过一个挫折、一个打击很快就会恢复，重要的原因是有一批很强干的编辑队伍，骨干编辑在里面起到了中流砥柱的作用，出版工作可以保持比较好的连续性。

以前有一段时间，比如湖北人要买书，我们是不能出版给他们的，只能印给广西。这种限制显然是机械和人为的，是行政意志来决定的，而不是根据市场规律、市场需要、价值法则来调节的。开完长沙会议回来，陈肖人他们做了传达，大家都欢欣鼓舞。文艺编辑室就提出，是不是我们能挂个副牌？除了广西人民出版社外，有个专门的文艺出版社，最好就是用“漓江”这个名字，因为桂林的名气大，全国文化界有很多著名人士在抗战期间都云集桂林。抗战时期桂林是文化中心，也是华南和延安、中央，海外和内地取得联系的一条地下通道，对改变全国抗日战争的形势、推动解放战争的发展都起到了很好的作用。如果我们办一个以文艺为主的出版社，以“漓江”为名，可能会受到全国的关注。说干就干，文艺编辑室第一副主任刘名涛起草了报告交上去，局里面很快就批下来了。我们又给自治区党委宣传部打报告，宣传部也同意。

漓江出版社这个副牌下来后，我主动用漓江出版社的名义来出版外国文学作品。我从尝试编辑出版《海盗船长》等作品的过程中看到外国文学的天地很广，如果有一个比较响亮的新牌子，用这个新牌子闯出新天地那是最好的。在外国文学出版方面，我们进行了一些尝试和探索，后来也证明了我们走的是一条方向正确的道路。

为什么热衷于用“漓江”这个品牌来出版呢？因为我觉得“新”是最重要的，没有污点，没有不好的印象，是一张白纸，没有负担，好写最新最美的文字，好画最新最美的画图。一个有人运作过的平台，总会留下点点滴滴的痕迹，可能是好的，也可能是不好的，到后面就只能容忍这个现实，接受这个历史事实了。成为历史就谁也不能改变，读者的印象已经有了，改变是很难的。一江清水向东流，漓江产生过多少美丽的故事，漓江社的这张白纸上都是清新、芳香、优美，用这样一个象征优美的牌子出书，我们自然不能辜负读者的期待，要让它在读者中间产生无尽的期待，让读者从漓江社的出版物中看到漓江的美丽、漓江的优美、漓江的历史、漓江的文化和漓江的永恒。

在副牌社阶段，漓江出版社基本上是我一个人做编辑。后来，有几位同志来参与到出版中。比如冯文铨，梧州人，北京大学英语系毕业，经王东焘介绍过来的，到文艺编辑室和我一起编外国文学作品。他基本功扎实，水平是不错的，也帮了我很大的忙，但是他后来要出国，心不定，不能集中精力在外国文学的编辑出版方面，大概是希望先在这里立脚，再找机会出国。这也无可厚非，人各有志，他想要出国有更多的发展，我也能够理解。

在出版界，有一个值得研究的问题：一个出版社是谁来负责运作，这个人的见识、水平或者是这个人的命运，都和出版社发生很密切的关系。当时也没有规定副牌社的相关工作由我来做，但实际上主要就是我在运作。这个里面有什么玄妙呢？我认为从漓江出版社的发展轨迹来看，这说明出版社应该是要充分发挥个体的力量。编辑活动从构思、策划到形成方案，再到组织、编辑出版，每一个环节都和一定条件下的个人力量密切相关，包括素质、智慧、知识、干劲甚至体能。假如漓江出版社一开始每个人都能编，也许就是另外一种面貌，也可能好，也可能很平庸。编辑、出版工作，在正确方针的指导下，更多时候是单兵作战，人多意见很难统一，个人的智慧也不一定能够充分地展开，有些事情是要有人去实施、实践，用实践的效果来证明对还是不对，而不是开个会表决，按多数人的意见办事就行。

当时漓江出版社的组织结构比较单纯，编辑就是我，编了稿子后编辑室有个副主任审稿，刘名涛签发，签了后就到编辑部。编辑部主任王劲，其实就相当于总编辑。那时副主任有三个，欧阳广管政治理论，阮同管文艺、美术，周刚管少儿。漓江出版社的分工和体制都很鲜明，管理流程简单，没有很多的牵扯，这是漓江出版社能在成立之初快速发展的一个重要原因。

实际上，出版是一种带有鲜明个性的脑力劳动，因此对于这部分生产力的领导，不需要有很繁琐的、层级很多的行政管理模式，多头领导、多部门干预，有时候效果并不见得好。管理者实际上不需要样样都管到，主要管理大的方向性的事情就好。管理者首先应该是一个开明者，不是把人家管得死死的来体现你的才能，而是要通过管理充分释放大家的聪明才智，充分释放各种生产力，共同完成一个历史使命。管得人家唯唯诺诺、毕恭毕敬，什么话都不敢讲，那是机械的领导，不是人性化的领导。领导高明就高明在这个地方。

从领导角度、领导环节来看，漓江出版社的诞生和发展也不是偶然的。前面我们讲了，漓江出版社当时在广西人民出版社母体的哺育下，在文艺编辑室发酵，由文艺编辑室组织编辑出版外国文学图书，带动其他部门的配合和支持。局一级、编辑部的领导对漓江出版社的诞生也起了很有力的推动作用，领导是开明的、开放的。

当时最大的形势是党的十一届三中全会开过后，新的思想路线确立了，也正是这样的翻天覆地的变化，开辟了中国发展的划时代的新纪元。广西的出版在全国来讲，应该还是不落后的。广西只有一个人民出版社，其他省也是这样。我们的出版资源也不比别人差，出版的队伍虽然比较弱小，但是在改革开放初期也迅速得到了壮大，吸收了原来被下放的一些知识分子，也从别的部门吸收了一些优秀分子进入。比如，原来是《广西日报》副刊杂文编辑的王慕冰，后来调到广西人民出版社政治编辑室。我离开报社之后，王慕冰就是副刊部的主要人物，我的工作一度由王慕冰接替。刘名涛原来是广西省委宣传部文艺处艺术科的副科长，从下面调回来之后就调到广西人民出版社。大学毕业生也吸收了一些。像我这样的，经过特殊变故的人，经过组织安排他们也接收了，广西出版的队伍逐步形成。当时，领导也希望能够团结开明的人物。开放就是开窗户，要开放、开窍，不要闭目塞听，开了门才能明，不开就谈不上明。过去中国社会的落后，简单来讲就是闭塞，不能跟着世界变化而变化，就落后了。

在领导结构方面，局一级、编辑部一级、编辑室一级到编辑这几个环节，关键是编辑部这个环节。因为选题的确定、队伍的组织、生产的安排都是由编辑部来首先决定的。阮同在编辑部副主任这个岗位上，起了很积极的作用。他虽然没有搞过外国文学，但是他是学戏剧文学出身的，而国外的文坛对戏剧非常重视，获诺贝尔文学奖的很多大作家同时也是戏剧家，甚至主要是从事戏剧的。阮同在领导漓江出版社开创时期工作的这段时间里，很能听取大家的意见，能够理解文艺界的变化和需要。有的稿件、有的选题碰到困难、障碍，他能够以开放的心态、开明的态度适当处理、适当调节。

澳大利亚的一部名著《荆棘鸟》，是当时的世界十大畅销书之一。书里面写一个世代家族的变化，中间有一些性描写，我看了这个稿子后，觉得这样比较露骨的性描写好像在中国的出版物里面很少看到，有点担心会不会引起一些问题，但又觉得也不能完全删掉，因为有些性描写是发展人物性格、故事情节发展所必须有的，如果去掉的话就接不上了，也就破坏了作品的整体性。我问阮同怎么办？他说再仔细看看吧。后来我就把太露骨的地方的某一两个字和句子做些文字技术的处理，然后把这些改动的地

《荆棘鸟》

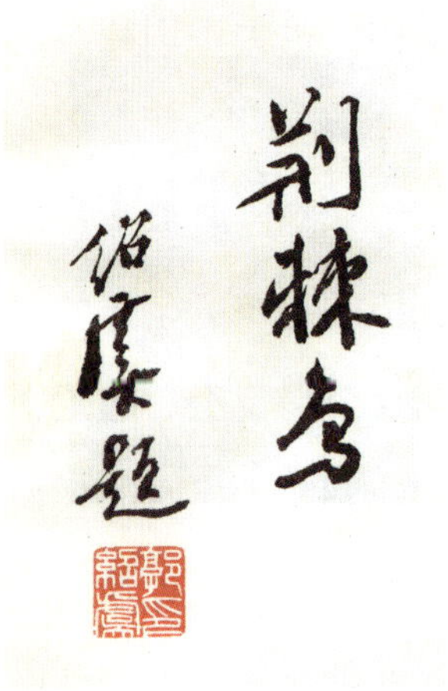

郭绍虞为《荆棘鸟》题签

《移民》

方折个角给阮同看。阮同拿去看了后说可以，外国人描写当然比较大胆一点，我们也可以开放一点看这些。在一个中国人的眼光和习惯里，什么叫“黄色”，什么叫小说发展所必要的，这个要具体分析，而且中国人的习惯，看得惯、看不惯，好不好奇也都会随着时间发展变化。我当时有意识地保留一点，不是直接删掉或者一笔抹掉，因为我觉得通过这些小说的发行、阅读、推广，读者的心态也会发生变化，少见多怪，多见就不怪，也就平常化了。

《移民》也有这个情况，我也基本上把一些性描写都保留了下来。书出来后，出版局一位老同志对书中的性描写提出疑问。我说，这也没什么吧，很一般的吧，哪里没有啊？只不过他写出来而已。他说这还不奇怪？那些人都抱在一起了。我说哪个家里的丈夫不抱妻子？在家庭里男男女女抱抱不是多得很？像我们的电影里不是也有搂搂抱抱的？这样一讲，他手一摊，说那倒也是。这本来就是生活里的真实，也就这么写写，一些人表示不能接受，有人这样反映并不是坏事，这让我们知道读者并不是“一边倒”的，有人反对，也有人不以为然。这是一种科学的观察和对待。

日本明星山口百惠的《苍茫的时刻》，我们也出版了。当时电视台正在放她参演的电视连续剧《血疑》，她的歌也风靡一时。这本书出来以后，社会上的反响很大，很多年轻人疯狂地追看这本书。一本小册子就几万字，篇幅比《白夜》（一部中篇加一部短篇的体量）还要薄，有很多图片，后面还有几首山口百惠唱过的歌，用简谱登出来。大家觉得很新鲜，一面看一面可以唱。突然有一天，自治区党委宣传部打电话给广西人民出版社，要求送几本给他们看。这下大院里面传言四起，很多人就很紧张，以为这本书出了大问题，要查封了，宣传部调去看。我说怕也没用，丑媳妇总要见婆婆，既然出来了，要看就送过去，样书本来也给了他们的，那就送吧。送了以后，大家都以一种紧张的心态等待。过了几天，宣传部打电话来了，说“没什么，可以出嘛”。王谭曾说中国人年纪大了还要继续革命、继续上班工作，山口百惠20岁就在家当主妇，这个不符合中国的国情。宣传部的人就说这也可以的，各个国家有各个国家的情况，她有条件退休是他们的事情，他们的事情我们又不一定学。宣传部的同志并不是像一些人想象中的那样保守，他们同样在社会当中，受到社会的影响，我们激动的、拥护的、喜欢的，他们也会激动、拥护、喜欢，要不然怎么能领导群众前进呢？从这个事情我体会到，改革开放后人民的心态发生了很大的变化，以前认为比较闭塞、保守的部门也在开放，也会有新的观念产生，新的创造在他们的领导下发展起来。

还有个例子。有一天我们突然收到北京转来的一封读者来信，信中对我们出版的《移民》发表意见。信是写给中央有关部门的，我们一收到也有点紧张。阮同交信给我，过几天问我怎么办。我说：“老阮，这是中央部门转来给我们的，没有批示，没有表态。如果有重大问题肯定就会讲，没有批示和表态，也没叫我们答复，我们去表态干什么？这个事就等于他们认可了读者的意见，转给下面，引起下面注意。我们还是可以保留我们的意见。”阮同同意这个态度。结果证明也没事，就这样了。所以说，脑子和神经太紧张也不行，归根到底还是要解放思想，如果说对事情有正确的理解，有科学的态度，比较理性地看待它，很复杂的事情也可以不复杂化，否则就会草木皆兵。

正是基于这样一种基本认识，“清除精神污染”的声音一度给文化界带来压力的时候，我们也能大致上保持着理性的态度。1983年11月，在厦门开全国屠格涅夫学术研讨会的时候，当时社会上“清除精神污染”的声浪已经骤起，一些好心的朋友给我们打招呼，“老刘，回去要小心，准备写检讨吧”。我说，我们先把自己的事情忙好，看看情况，别忙着写检讨，没错怎么检讨呢？抱着这种态度，我回到社里，也没有什么事。这段经历让我感悟到出版生产力的特点和规律，体会到出版这个专业门类的内在规律和发展要求。比如“获诺贝尔文学奖作家丛书”，那么大的丛书没有编委会，这在一般人看来是不可想象的。按一般的思维来说，组织这么大一套丛书要先组织编委会，论证要花多少时间、多少钱、预期效果怎样。当时我就和阮同商量，这套丛书不要成立编委会，因为一个作家出一本，可一个国家多少年才有一个获诺贝尔奖作家？这是一个国家的特有文化活动的成果，有很鲜明的个性，不是谁都可以去研究的。你是英国文学的翻译家，不一定对法国的作品有足够的权威，可以发表意见决定作品的生死。成立一个编委会，不可能把熟悉每个国家的文学的人都请一个。即便能这么请到人，那得请多少个编委呢？比如一个编委是研究法国早期作品的，但法国文学有那么多流派，研究这个流派的翻译家不一定懂另外流派的作品，编委的代表性、权威性就很难体现。组个理想的编委会的可操作性很小，必要性、可行性很小，相反很可能一不留神就变成一个没有效率的、重叠的、多余的、浪费的机构，最后大家都挂名，都不负责任。“获诺贝尔文学奖作家丛书”的出版跟出版某一个国家的作品不同。专注于某个国家文学的翻译家、研究专家，一些权威的学者、领军人物，可以牵头做这个国家的丛书，但那是另一回事。像“法国二十世纪文学丛书”，柳鸣九做主编，他也没组织有实权的编委会。柳鸣九是中国外国文学学会法国文学研究会的会长，研究会有很多研究人员、翻译家，起码有三五个自然形成的中心和集体，会长也不见得能够统领所有的法国文学翻译家，也不一定能够获得每个研究者的认同。如果这套书的决定人不是柳鸣九，也可能就是另外的面貌。一套书要有个性，一套书要取得成功，首先就要求主编要有鲜明的个性和才能。

漓江出版社的发展有一个良好的时机，从运作、编辑，到领导，都比较单纯，一竿子到底。如果人选得当，就可以产生很好的效果；如果人选不得当，或者这个人选没有相应的才能和基本素质，那也是他的修养问题，而不是这个体制不对，不见得集体去做就做得好。出版社对领导的要求主要是开明，对编辑的要求，则应该聚焦于视野、智慧和运作能力。

一开始，我就能有幸接触到漓江出版社，得到一个酝酿、设立出版社的机会和权力，得到这样的好平台，这是我一生的幸运，也许也是漓江之所幸？可由历史评说。如果不是我，而是另外一个人，可能可以避免因我而产生的失误和缺点，可能比我做的效果更好，但是也可能是另外一种情况。我们无法按可能性来评断，只能按实际结果来评断。

漓江出版社批下来时写得很清楚，“以出版中外文学艺术作品和旅游作品为主”，漓江出版社就是个文艺出版社。在漓江社，外国文学和中国文学并列，二者是同等地位的重要门类。当然，并不是不以中国为主，各个出版社情况不同，宗旨不同，出版构成自然互有差别。漓江出版社刚开始出书时，一年十几本书大都是外国文学，都是我编的，只有一本《小五义》不是外国文学，我也参与了编辑。我记得，我和廖文等几个编辑，到河池新华印刷厂看《小五义》的校样，当时很冷、风很大，我们没有厚衣服穿，又没条件烤火，就窝在床上捂着被子看校样。这本书给初期的漓江出版社带来了好的形象、好的效益，第一次印了50万册，后来还加印，总销量超过了100万册，对漓江出版社早期的资本积累起到了很好的作用，也给对古典文艺作品，特别是对章回小说、武侠小说有兴趣的读者提供了一部很有冲击力的作品。除了这本书，那一年漓江出版社出版的其他图书都是外国文学作品，像《白夜》《保尔和薇吉妮》《家族复仇》《强盗》《西方爱情诗选》等。

漓江出版社一开始就给人留了一个好的印象。那时候出书之前的流程是这样：先要有征订单，由新华书店发出；我们提供材料稿件，包括内容简介、书名、作者、译者、预估定价等内容。内容简介就是说明书，要非常讲究，非常精心地写，以引起书店订货员的注意。那个时候不是直接卖给读者，也不是直接向读者征订，而是面向书店。书店估计这本书有多少读者来买，再把这个印数报给广西新华书店，最后汇总交给出版社；出版社可以根据情况确定印数，然后下厂印刷，按订单分到各地方发行。如果征订单写得好，更重要的是书确实好，不是欺骗读者，下一次订货时人家就会对你有一个好的印象，继续订你的书。所以一开始就编出很好的东西，既新鲜又好看，而且价钱也合适，对一家出版社后面的发展就至关重要。我起草第一份征订单时，特别写了几句话给各地方的新华书店，向他们说明漓江出版社的宗旨，特别向他们致意，希望得到他们的支持和帮助。我希望这个单子上写的话能够让千千万万的新华书店的订货员——读者的桥梁看到，这体现出出版界的一个新的气象、一种新的意蕴、一种新的期待。这不是一张普通的订单，里面是充满了感情和诗意的，是一家新的出版社在向读者招手，是一个新的出版力量在萌动、在躁动。

2

漓江出版社的出版任务宗旨，在我们申报的文件里说得很清楚，是以中外文学艺术和旅游读物出版为主。那么从文学这个门类来说，要以外国文学作为漓江出版社的主要内容之一来抓。外国文学已经被提到和中国文学同等重要的地位来安排，作为出版社来说，对外国文学要有全面、科学、客观的了解。

漓江出版社出版的第一本外国文学作品是《白夜》，第二本是《保尔和薇吉妮》。为什么选《白夜》呢？是因为它篇幅不大，是个中篇，也是填补空白。这部作品很早以前就有人翻译过，但是后来没有再版，市面上没得卖了。这部作品还拍过电影，也很受欢迎。陀思妥耶夫斯基和托尔斯泰一样享誉世界，在中国家喻户晓，陀思妥耶夫斯基的很多作品以前都出过了。在西方，陀思妥耶夫斯基的书甚至摆在比托尔斯泰的还要显著的位置。他被公认为是俄罗斯文学从批判现实主义往现代主义的过渡，处在转折关头，其作品既有现实主义的传统，又有现代主义的萌芽。我们认为这样的一部中篇作品很适合在漓江出版社率先推出。广西师范学院（今广西师范大学）外语系的王庚年，毕业于哈尔滨外国语专科学校（今黑龙江大学俄语学院）。哈尔滨外语专科学校可以说是新中国俄语人才最早的摇篮，王庚年从那里毕业后，参加了工作，后来被划成“右派”，下放到广西师范学院（今广西师范大学）教书。《白夜》他早就翻译了，我们组稿时请他修订书稿给漓江出版社。

这两部小说的推出，可以看出我们选题的标准和考虑是多角度、多方面的。首先要考虑作家的地位、影响力和作品的代表性、冲击力，其次要考虑作品在市场上的吸引力怎么样，和同类产品比起来竞争力怎么样。作为漓江出版社率先推出的作品，定价不能太高，以便于大面积销售，引起别人的注意，一炮就打响。如果一开始出的一两本书很平淡，以后再想把读者的兴趣吸引过来就很难了。另外，这两部作品篇幅不长，《白夜》只有两三万字，篇幅还是短了些。我们和译者商量，再找陀思妥耶夫斯基中短篇小说里比较合适的作品放进来一起出版，最后就选择了他的短篇小说《别人的妻子，床下的丈夫》。这个短篇小说名字也非常好，容易引起别人的好奇。《白夜》这本书的插图质量高，我们找到了《白夜》的电影宣传画，还有一些外版图书插图，图文并茂，也吸引人。《保尔和薇吉妮》是不同于批判现实主义流派的浪漫主义作品，法国作家贝纳丹在这部作品中追求艺术美，是唯美主义作品，艺术很感人，风景和人的心灵都很美。作品发表以后轰动法国，以至于当时法国出生的小孩男孩就流行取名为保尔，女孩取名为薇吉妮。这本小说篇幅不长，有6万字，有一整套原版插图。翻译者是北京大学法语专业年轻的毕业生亚丁（原名李翰华），翻译工作得到他的老师、著名法国文学专家罗大冈及其夫人齐香，以及朱光潜的指点和帮助。这两本书是漓江出版社打头阵的作品，如果篇幅太长，怕读者一下反应不过来，吸收不了，看不了那么多。我们希望头一批作品都能够畅销。《白夜》第一次印了32.5万册，《保尔和薇吉妮》第一次印了19.3万册，这两本书都打响了。

后来出版的畅销书还有《家族复仇》。我们考虑到读者对文学作品的喜爱，小说还是第一位的，其他的体裁则比较次要。因为小说有故事、人物、情节，读者面比较宽。我们就首先集中力量选一些篇幅不太大的名家名作，尤其是那些在中国知名，但是当时还很难在市场找到的外国文学作品。像《白夜》以前就印过，但是没有再印了，新出版可以填补空白。《家族复仇》也是这样的一本书，符合这样的要求。《家族复仇》是巴尔扎克的一个中短篇集子。巴尔扎克除了现实主义风格，也写有带有浪漫主义风格的作品，中国过去翻译的时候对这方面比较少关注。《家族复仇》的译者是翻译家郑克鲁，他先是应了人民文学出版社的邀请去翻译，因为漓江出版社刚成立，出书比较快，选题决定得也快，他知道后就和我们联系，最后把《家族复仇》给了我们。《家族复仇》这本书的书名是其中一部作品的名字，全书将近20万字，有原版插图，也有我们请人画的插图，都很受欢迎。这本书第一次印刷印了10.5万册。这不仅是因为巴尔扎克的名气大，也因为翻译的文笔很生动优美。

当时这些书推出的时候是作为“外国文学名著丛书”的一种出版的。为什么要把它们组成一套丛书呢？是因为我们考虑到外国文学这个天地很广，名著也很多，我们要从中挑一部分可以形成我们自己特色的作品来出版，要有自己的设计和构思，包括选作家，有名气、有影响的，作品容易为中国读者所接受。在出版之前，我们研究了“外国文学名著丛书”的设计和构思，写了一两百字的出版说明，让读者知道我们是有选择的，不是随便乱出的。我们的目的是“两个服务”：一个是服务读者，以扩大读者的视野，提高读者的感受能力，丰富读者的精神生活为目标；一个是服务中国文学创作，为中国文学创作提供借鉴，以促进和推动中国文学创作为目标。鲜明地提出这两个目标，表明我们这些作品不只是希望被文学界看好，也希望引起一般读者的兴趣。当时这个构思和目标的确立，不仅是体现在这一套外国文学名著上，整个漓江出版社所有的出版物我们都是这样的考虑：一个是一般读者看了感受怎么样，书受不受到欢迎，另一个是对中国的文学艺术有没有帮助。这样就避免了外国文学作品为翻译而翻译的盲目性。实际上选题是出版社本质的东西，出版的本质就是选择。选得好，出版的书就好，就可以丰富我们的文化，进入到传统的文化宝库里来了，文化就有积累有发展；选得不好，就劳民伤财，浪费纸张，浪费读者的精力、时间和买书的钱。

外国文学名著出版宗旨的确定，实际上也意味着漓江出版社一亮相就把自己的出版方向、方针、基调定下来了。这样读者就知道这家出版社是新出版社，有新的构想和目标，有新鲜之风，像漓江的水那样。“漓江”这两个字是文学最好的象征，也是文化产品、出版物最应该具备的一种品格和灵魂。不开宗明义地宣示自己的主张和抱负，读者就无从了解，就不会跟着你来，你希望你出的书能让读者看得有兴趣、看得起劲，首先你自己就要办得起劲，要有抱负，有目标有追求有理想，要使你的书对广大读者有认识价值，对文学爱好者有借鉴价值。至于这个抱负、目标、追求和理想是否适当，是否合时宜，是否能够产生实际的效果，那就要看选择的水平，也要看时机，看命运。有些出版物，出版的初衷是好的，抱负也是好的，但是生不逢时，没有适当的机会，达不到预期的效果，或者一炮打不响，或者做一下以后就夭折了，这种情况也不少。所以成功不仅在于你有一个合适的正确的规划，也要看碰到怎样的时机。漓江出版社有幸一开始就得到读者的青睐，这是因为漓江出版社的定位符合读者的需要，也恰逢全国改革开放、万象更新的大气候。在更新过程中，哪怕有一些过火或有些过时的方面，读者也能够原谅，社会潮流自己会把它纠正过来。

塞林格的长篇小说《麦田里的守望者》的出版也很有典型性。《麦田里的守望者》是当代文学里面很受欢迎、很优秀的一部作品，这个名字大概有很多人知道。在20世纪60年代，人民文学出版社以“黄皮书”的形式内部出版过。我们推出的译本，是翻译家施咸荣翻译的。施咸荣是上海人，有段时间是人民文学出版社外国文学编辑室的实际负责人，很多西方重要的作品，包括《莎士比亚全集》，都是他组织翻译出版的。我最先是找中国社科院的郑克鲁、王逢振等人翻译作品，编“漓江译丛”，通过他们认识了施咸荣。施咸荣不仅编作品，自己也做翻译，帮人民文学出版社做了很多工作，出了很多好书。但是改革开放以后，调工资的时候，出版社认为他的工资已经很高了，就没有给他调整。他觉得很受委屈，就一定要走。他一走，人民文学出版社外国文学出版的顶梁柱就缺了，损失很大。后来《北京日报》原总编辑、人民文学出版社的新任副社长周游去拜访施咸荣，表示人民文学出版社还是给他提工资，但那时施咸荣已经答应了好朋友董乐山到中国社科院。

董乐山也是上海人，是有名的翻译家，《红星照耀中国》中文全译本的译者，中国社科院美国研究所的研究员。他和所长李慎之讲，把施咸荣调到美国研究所来做副所长。《红星照耀中国》的斯诺，是第一个报道红军、共产党情况的有名的美国记者，毛主席多次接待他。董乐山后来帮我们翻译过黑色幽默的经典代表作品《囚鸟》。

施咸荣发现我们出的作品品位和出版效率都很高，就很乐意和我们合作。他先给了我们一部短篇小说，叫《待宰的羔羊》，发表到“漓江译丛”上。我们知道他还有很多好作品，就希望他能把这些作品也给我们。施咸荣说我把《麦田里的守望者》给你们，能否按照你们的标准给我最高的稿费？当时外国文学作品翻译的稿费标准并不低，但实际发的稿费被压得很低，古典作品最难翻，最高也就是千字9元，那个时候著作稿最优秀的也就是千字10来块钱。最高的稿费是原创的、没有发表过的。《麦田里的守望者》已经作为“黄皮书”出版过了，当时稿费发放管理部门要核查的，给得太高要减下来。我就想了个办法，因为这个译稿本来有点修改，我找了出版社的一个家属抄稿，字写得很好，很干净，没有涂改，没有差错。我就把《麦田里的守望者》作为新稿发排，不是作为已经出版的重印。事实上，也确实有修改。这样就开了千字9块钱的稿费给施咸荣，出版了之后马上寄给他。施咸荣很感激，因为那时他爱人糖尿病很严重，正躺在床上养病，多少钱也不够花。后来他就把很多计划也转移到漓江出版社来。

《麦田里的守望者》出版后，发行量不像《白夜》那么大，第一次印刷4万多册。那时候图书销售情况也发生变化了，“书荒”严重的阶段慢慢过去了。但是在社会上、在文学界，《麦田里的守望者》影响很大。有个读者在《纽约客》杂志上面写文章说，当时年轻人一见面就问：“你有了么？”意思就是你有《麦田里的守望者》没有，没有就给你一本，他自己在书店买了六七本，回来分给朋友们。可见当时《麦田里的守望者》在社会上很流行，被认为是文学青年的标志之一，是看外国文学的时髦读者的标志。这本书之后，施咸荣把“外国通俗文库”一套书都转给我们。这套书是他去美国访问的时候，到处搜罗选择买回来的。从美国回到北京，在机场过海关的时候，别人回国都带电视机、音响等电器，施咸荣则带了一箱子原版书，海关看了惊讶不已。因为有那批书，他掌握了很多原版的美国现当代的优秀作品。那时候中国还没加入世界版权公约，版权约束不大。1992年加入世界版权公约后，中国出版界才开始买版权。

当然，漓江出版社也帮施咸荣做了些工作。他写了一些评论西方文学、西方文化的文章，结成

《西风杂草》

了个集子，我们给他出版了，叫《西风杂草》。这个集子让他在学术文化界展示了全面的形象，他不只是编辑、翻译家，也是评论家、研究家。可以这样说，漓江出版社的很多出版物都是在研究的基础上进行翻译和编辑出版的，而不是随便在市场上找到本原版书就拿来翻译。翻译家经过比较长时期的关注研究，对某个作家的作品的社会影响力和成书背景，在世界上的地位和影响都有整体的观察、研究，在这个基础上翻译这个作家的某部作品自然就心中有数，不是为翻译而翻译，而是有所为而为，这样一条路线从根本上保证了漓江出版社外国文学出版的品位和水准。

我们还组织出版了“域外诗丛”。诗歌的市场效应是比较差的，买的人不多，甚至有人说写诗的人比看诗的人还多。但是诗歌对一个国家和民族的文化发展来说，其地位至关重要。中国文学的代表作品第一部就是《诗经》，而在国外，日本也好，俄罗斯、美国也好，诗歌都是文学殿堂里至高无上的存在。要研究一个国家的文化，不看它的史诗，不看它的诗歌，就没抓住要点。因此，漓江出版社在创办之初就特别关注诗歌，出了几本诗集，后来就用了丛书名，写了出版说明，但最先出版的《西方爱情诗选》没有收入丛书。

我们出了《劳伦斯诗选》和波德莱尔的《巴黎的忧郁》等作品，还有美国的自白派女诗人的诗选。劳伦斯是个很优秀、很全面的作家，他的小说名声很大，他的诗也很好。《巴黎的忧郁》是亚丁翻译的，影响很大，重印多次。波德莱尔是现代主义的鼻祖，他的代表作一个是《巴黎的忧郁》，一个是《恶之花》，漓江出版社都出过。《恶之花》是后来出的；《巴黎的忧郁》在南宁办公的时候就出版了，后来迁到桂林后又多次重印。

“域外诗丛”主要包括《苏联女诗人抒情诗选》《丘特切夫抒情诗选》《马克思青年时期爱情诗选》《意象派诗选》《尼采诗选》《阿赫玛托娃诗选》《魏尔仑诗选》《美国自白派诗选》《外国哲理诗选》《俄罗斯情歌选》《外国现代女诗人诗选》等。这些诗歌选本有一个鲜明的特点，就是侧重于诗歌流派的展现。诗歌很多，浩如烟海。一般读者也看重诗歌，但买诗歌书籍的人不多，诗歌的销路一向不大，所以出版诗歌要有所选择，要特别注意诗歌的流派及其艺术特色独到的地方，还有就是曾经受到过批评、但是历史证明这些诗人影响很大，地位是不可动摇的，像阿赫玛托娃。阿赫玛托娃被认为是俄罗斯的诗神，在俄罗斯诗坛，普希金是俄罗斯诗歌的太阳，阿赫玛托娃和丘特切夫被合称为俄罗斯诗歌的月亮。丘特切夫和普希金的年代比较接近，阿赫玛托娃是现代诗人。这位女诗人在俄罗斯有很多故事，她长期以来被苏联的左派批评家们认为是反动的、色情的作家。当时苏共中央管意识形态的书记叫日丹诺夫，是斯大林的助手，甚至被认为是斯大林的“接班人”，他在批判苏联两个杂志时大骂阿赫玛托娃，说她是流氓，是反动作家、黄色作家。所以长期以来，中国只知道有普希金，不知道有丘特切夫；只知道有西蒙诺夫，不知道有阿赫玛托娃。《西方爱情诗选》就收有阿赫玛托娃这类诗人的诗，“域外诗丛”还专门有一本《阿赫玛托娃诗选》。

《阿赫玛托娃诗选》

叶赛宁很早就被翻译传入中国，但是很长一段时间里还没有出过专门的诗集来介绍他。我们出版的那本《叶赛宁诗选》很薄，由兰曼、付克、陈守成翻译。兰曼是延安的老俄语专家，老革命，老领导，做过第二炮兵文化部长，俄语作品兰曼翻译得是非常好的。付克是教育部高教司副司长，也是从延安时期就开始搞俄文研究的。陈守成是武汉大学的教授，新中国成立后留学回来的研究生。《叶赛宁诗选》很能够体现叶赛宁的风格，带点忧郁伤感的情绪，大诗人艾青为这本书写了前言。

“获诺贝尔文学奖作家丛书”是漓江出版社的大工程，也是中国外国文学出版的大工程。这套丛书不是我们最先想出来的，是在中国社科院外国文学研究所读过研究生的两个年轻人郑克鲁和金子信的设想。20世纪80年代初期，郑克鲁和金子信亲眼看到了中国的外国文学出版和翻译，从停滞封闭到丰收的一个革命性的变化。受这个潮流的影响，他们希望也能够参加到这个洪流中来，就做了一个计划，想主持一套“获诺贝尔文学奖作家丛书”，一个作家出一本，选一本最有代表性的，同时考虑中国市场的可能的反应，少点重复。他们看到漓江出版社身手不凡，一开始就成功推出了“外国文学名著丛书”“域外诗丛”等丛书和《巴黎的忧郁》《普希金创作评论集》《雨果创作评论集》《叶赛宁诗选》等作品，就和我们联系。

在这之前，郑克鲁和金子信还和其他出版社联系过。有的出版社看到计划太大不敢接；有的看到诺贝尔文学奖就认为那是资产阶级的东西，而且有些大作家没得过诺贝尔文学奖，认为“诺奖”是政治性的，是反共、反潮流的，不敢接，也担心这么大的计划开了头不知道接下去怎么收场。郑克鲁和金子信都是中国社科院的研究生。郑克鲁是广东人，家里面有亲戚在香港、澳门，他可以出国，但是他选择留在国内搞学术研究，在中国社科院外文所法国南欧文学研究室研究法国文学。金子信毕业后回到原单位上海文艺出版社当编辑，编过几种很有影响的外国文学图书、现代派作品选和侦探小说，销路很好。他编辑经验很丰富，对市场的把握和感觉很好，很敏锐。郑克鲁和金子信提出这个方案以后，上海译文出版社表示反对，认为这个选题侵犯了他们的专业分工。之后他们在其他的几个出版社都试探过，也不行。后来他们就写信和我联系。我当时一看大吃一惊：这个计划太好了！漓江出版社当时已经在几套丛书的销售上旗开得胜，正需要一个更大、更有分量的丛书做主打工程。我把信拿给编辑室的同志看，陈肖人、刘名涛、阮同，还有出版局副局长王东焘，都表示支持，我就邀请郑克鲁和金子信来南宁商量和研究。他们很快就来了，还带了稿子来。我记得他们来的那段时间天气很冷，我们很快就协商好了。

“获诺贝尔文学奖作家丛书”计划分十批出版，一批十种。选目上先易后难，分辑分批推开，把争议少的安排在前面出，有争议的每辑也间杂一些。后来出了几辑以后就不怎么分了，拿到什么就出什么。一开始适当搭配一下，有点变化，也吸引人。开始的时候，丛书封面比较多样，第一辑是一个模式，第二辑又是另一个模式，但是总体来说有联系又有统一，效果也很好。丛书的装帧设计者是上海文艺出版社的设计师何礼蔚。1983年开始出的第一批书，有法国的莫里亚克的长篇小说《爱的荒漠》，还加了个他的中篇，一共十万字。第二本是德国的保尔·海泽的《特雷庇姑娘》。第三本是泰戈尔的短篇小说集《饥饿的石头》。泰戈尔的诗很有名，但是他的诗很多人都翻译了，而且都是翻译大家翻译的，像戴望舒、郑振铎、冰心，要找人再翻译泰戈尔的诗不容易，所以我们就收了他的散文作品和短篇小说。他的短篇小说是用孟加拉文写的，很有特点，很清新，中国读者看过的不多。第四本是波兰作家莱蒙特的长篇小说《福地》。莱蒙特最有名的作品本来是《农民》，他获“诺奖”的授奖词提到的首先就是《农民》，但是巴尔扎克有部长篇小说也叫这个名字，而且当时已经出版了，时间也不久。考虑到《福地》也是莱蒙特很好、很重要的小说，我们就避开了《农民》出了《福地》。第五本是马丁·杜·加尔的《蒂博一家》，马丁·杜·加尔在世界上很有影响，他的这部作品是与《约翰·克利斯朵夫》齐名的长篇小说。

一开始就是这五本，此后还有《天边外》等相继问世，当时还没有统一的序，只有出版说明。我们强调出版“获诺贝尔文学奖作家丛书”有两个目的：一个是要给国人提供了解西方现代文学的载体，因为诺贝尔文学奖从1901年开始颁奖一直延续到现在，中间虽然有过停顿，但整体还是延续下来，20世纪的世界性文学奖项只有这个奖是连贯的，它产生的影响很大，促进了世界文学的发展；另外一个，诺贝尔文学奖实际是世界文学的大花园，是一条大河，获奖作家作品中，各种流派纷呈，艺术特色鲜明，我们要通过这套丛书的翻译出版，为中国文学创作提供参考、借鉴。我们没有写总序，但是每一部作品都有前言。不单“获诺贝尔文学奖作家丛书”是这样，我们的外国文学名著和其他作品，所有重要的作品都不是光秃秃的，都有出版说明，有译本的序言，或者原著的序言，对作品加以分析研究介绍，让读者通过序言或前言，对这个作品一些基本的情况有所了解。这一点是中宣部非常强调的，即翻译作品一定要有序，要对这个作品做点分析研究，介绍点情况。中国学术界对这个作品有哪些保留、有什么问题，都会在序言或前言讲。实际上这就体现了党对外国文化的方针：“以我为主、译为中用，古为今用”。序或前言中的介绍不是盲目性的，是有中国学者的立场、观点的。我们很强调写好序，有关资料要找全，要找个中国翻译家谈对这本书的看法。如果没有序或前言，书的价值就降低了。这个工作也是在考验译者对这个作家有没有研究和思考。我们要求翻译家不仅要对作品有研究，而且要对作者有系统的了解。在研究的基础上来翻译，视野就不同，对作品的理解就更成熟。每一本书，我们都尽可能加强它的代表性，扩充信息量，这有利于作者跟读者的沟通交流，让读者接受书中的内容，用知识和信息去影响读者。

“获诺贝尔文学奖作家丛书”第一批图书出版后影响很大。《爱的荒漠》第一次印了9万多册，《特雷庇姑娘》8.6万册，《饥饿的石头》8.4万册，《福地》印了5万多册。那个时候“书荒”已经慢慢缓解了，一开始能印那么多，大大出乎意料。《蒂博一家》四大本，由郑克鲁翻译，但我们一开始处理不当，拿了第一卷就出了。第一卷卖得很好，大家有很大的兴趣，印了8万多册。第二卷卖的量就减少了，第三卷又继续减少，到第四卷只有不到一万册了，很多人配不齐一套。上海译文出版社出的《蒂博一家》，几卷一起推出来就销售得比我们好。得到这个教训后，凡是有多卷本的品种，我们就一定要一次出完，比如苏联作家肖洛霍夫的《静静的顿河》，也是四大本，篇幅可能比《约翰·克利斯朵夫》更大，我们1983年开始组稿，后来1986年四卷一起推出，这个影响很大，第一次印刷就印了一万多套，经济效益也很好。1987年4月，在北京举行的春季图书交易会上，这套书被中国书刊协会评为优秀畅销书。“获诺贝尔文学奖作家丛书”里有两种书得过这个奖，另外一本是美国作家海明威的《老人与海》。这个奖是中国书刊协会颁的，很有权威性。

“获诺贝尔文学奖作家丛书”出版以后，一方面是大家趋之若鹜去看，因为诺贝尔文学奖长期被封闭在国人的视线之外，有很大的神秘性。有的人说它反动，有的说它带有政治目的，这些作家到底是怎么样，他的作品到底值不值得阅读？莫衷一是。除了极少数懂外文的同志可能知道这些作品到底怎么样，这样的一个大宝库长期被屏蔽在一般读者的视线之外，一般读者无从了解，没看过作品，无从发言。这套丛书的出版使读者对作品的好奇心得到了满足，读者很高兴，抢着买，都觉得漓江出版社做了极大的好事，是开天辟地的一功。但是学术界专家意见不统一，有的老先生还是用政治观点去评价作品，政治摆在第一，单从政治观点去评价，对这套书不以为然。

我记得1983年初冬的时候，我到厦门开外国文学讨论会，讨论屠格涅夫的作品，我带了新出的“获诺贝尔文学奖作家丛书”送给老专家。我到一位老专家的房间拜访他，他劈头第一句就是“你们出那么多外国文学书干吗？”好像出外国文学多是错误一样。实际上，当时很多地方出版社都跃跃欲试，也有些出版社已经开始出版外国文学作品，加入竞争中。有些老专家觉得不可靠，这些作品那么多人翻译，质量、方向、内容能否把握？忧心忡忡，好像天要塌下来，好像这些翻译作品该不该出，要不要出，该怎么出，都是他们几个人说了算；好像他们不点头，别人做了就冒天下之大不韪。中国读者该看什么，中国学术界该研究什么，似乎只是几个人说了算，别人没有发言权。这显然是和当时改革开放潮流不适应的。

我不跟他们争论，也不轻慢他们。他们在历史上做过很多好的事情，很有贡献，是响当当的革命家，是响当当的先驱者，但是如果还是停留在往常的阶段显然不合时宜。大河东流去，风向已经变了，还是抱着老一套来看，那是要跟不上时代的。我也没说什么，就缓缓退出房间了。

那时候也不只这位老专家一个人这样。浙江人民出版社出版了美国有名的小说《飘》。这部作品后来改编成电影《乱世佳人》，是经典的电影作品。中文版的《飘》最先是傅东华翻译的，文笔很优美，但有段时间市面上看不到了。浙江人民出版社文艺编辑室有个编辑叫郁飞，郁达夫的儿子，把《飘》的选题报了，出版之后很受欢迎。一位外国文学界的权威看到《飘》后，给胡乔木写了封信，说这些小说的倾向对中国读者的影响不好，对外国文学出版应该要控制把关，否则不知道把我们社会主义“飘”到哪里去了。

所以说，当时出版“获诺贝尔文学奖作家丛书”是有风险的，有些出版社不敢接，怕政治上名声不好，怕随时可能夭折，怕花那么多钱撒那么大的网不知怎么收场。好在我们当时没想那么多，只是觉得这个东西充满神秘感和新鲜感，为什么不出？我们有个简单的想法，诺贝尔文学奖既然是世界上第一个有那么大影响，而且贯穿了整个20世纪唯一的大奖，必定有其存在的缘由和资格。在中国评个文学奖有那么容易么？茅盾文学奖、鲁迅文学奖就没有争议了么？每个得奖的作家及其作品都与所获奖项完全相称吗？大家对此也有不同意见，议论纷纷。那为什么一个国际性大奖就随便给它扣个帽子，嗤之以鼻，一句话就打下去了？中国作家协会分管对外联络工作的书记处书记，外国文学研究所的副所长，俄语翻译家陈冰夷曾语重心长地和我说，刘硕良啊，你出什么不好，那么多作家作品可以出，为什么要出“诺贝尔”？那是资产阶级的啊。我就说，我并不是只出“诺贝尔奖”，我们也出了很多不是“诺奖”的作品，这些只是出版计划的一部分。这个奖项是资产阶级的，评了一些反动作家，这是事实。政治倾向性有些是不能认同的，但我们出他的作品不代表我们赞同他们的一切观点和立场。中国泱泱大国什么都不怕，为什么怕“诺贝尔”呢？他就说“那也可以”。因为我们出了很多非诺贝尔文学奖获奖者的作品，说明我们不以“诺贝尔”划线，也不要以非诺贝尔划线，“获诺贝尔奖”不是我们评价的唯一标准，但也不是说反诺贝尔奖就是好的，不能这样看。

我们遇到的一些老先生，或者是思想有一些保守，不太能理解诺贝尔文学奖的地位和影响的人，他们实际上还是不够了解这个奖项，人云亦云，有点先入为主。20世纪西方资本主义发展到帝国主义阶段，但我们有段时间对西方社会的模式不了解、有隔膜，也就影响了国人对20世纪以“诺贝尔文学奖”为代表的西方文学的深入了解。我们出版这套丛书的意义，不仅是介绍哪些书写得好、有技巧，可以学习借鉴，使艺术上丰富多彩，给我们文学创作提供很多养料，更重要的是让我们认识20世纪的西方社会、西方文化。当时我们对西方社会的了解，感性形象的东西是很有限的，我们主要是通过出版物来了解。文学的内容、文学的形式被充分用来反映社会生活、思想状态、意识形态。通过这套丛书读者可以得到关于西方世界的多方面的信息，这对于改革开放初期人们打开窗户看世界，睁开眼睛看世界，起到了积极的作用。

漓江出版社在副牌社阶段出版的“外国文学名著丛书”和“获诺贝尔文学奖作家丛书”开本一大一小，各有千秋。“域外诗丛”也是小开本的。除了这几套书，我们还出版过几个很有影响的系列作品，比如前面提过的“漓江译丛”。

“漓江译丛”实际上是一种综合性丛刊。当时我们接触外国文学翻译界后觉得译者很多，作品很多，读者的需求也很旺盛，但是我们感到为难，一些优秀的篇幅不大的作品，很难有机会单独出版，特别是诗歌、戏剧、文论、散文等，很难单篇拿来出版，但是这些作品又有价值和影响，我们就将它们适当组合起来出成一个系列，装帧风格相近，但每本书有每本书的书名，这样的形式很受欢迎。

“漓江译丛”出的第一本叫《猎枪》，收录有井上靖的同名小说。这篇小说本身不到3万字，写得很美。我们又把很多其他的作品比如长篇摘要、书选、书信、中篇小说、电影剧本、戏剧剧本、诗歌、论文、散文，五花八门什么都有，综合起来编了第一期的“漓江译丛”，有三四十万字，我们再挑选其中一篇题目好、写得好看、分量也比较重的作品做书名。《猎枪》印了3万多册，还重印过。我们以这样的形式还出版过《巴黎的秘密》《最后一个莫希干人》等书。《巴黎的秘密》是法国一部有名的小说畅销书的缩写本，10万字。字体排得偏小，一次发完了，很受欢迎，印了10万册。“漓江译丛”出版了11本。今天回想，这样综合地推介翻译作品还是很符合当时市场需求的。我甚至觉得现在都可以尝试，还可以出类似的翻译作品集，比较机动灵活，可以容纳很多作品。关键是要选得好，要有可持续性。

漓江出版社还出过一套“艺苑人物”丛书，主要与电影界名人有关。电影是主要的文化消费领域，也是社会生活里有很大影响力的艺术品种。我在广西日报社时就对电影产生兴趣，买过中国电影出版社出版的外国电影剧本。那时有个《电影艺术译丛》，翻译了很多国外的，主要是苏联的电影艺术理论文章。丛书的主编叫邵牧君，做过《世界电影》的主编，中国电影家协会书记处书记，负责对外联络，会几国文字，我最先和电影界打交道就是和他联系。“艺苑人物丛书”这套书得以延续下来，也得益于他的帮助。

这套丛书开始并没有很系统地想到要出一套，首先是接触了两本书：一本是日本明星山口百惠的自传《苍茫的时刻》，一本是意大利著名影星索菲娅·罗兰的传记《生活和爱情》。

《苍茫的时刻》这本书，我是从报纸上的广告上看到的。那时上海译文出版社出了一本综合性的文化译丛刊物《世界之窗》，我在那上面看到广告里面提到了山口百惠的自传《苍茫的时刻》，译者就是《世界之窗》的编辑安可。开始我不知道安可的身份，后来才知道他来头很大，是在第二次世界大战中，为在印度的中国远征军和美军做翻译的，不单中文好，英语好，日语也好。安可从日本拿到山口百惠的自传就翻译，我看了广告

1990年冬，刘硕良（右）与《苍茫的时刻》校订者，日语教育和文学研究专家周炎辉合影

和他联系，确定了出版意向。书稿来了以后，我们又加入了其他材料，包括歌曲、照片。为了慎重起见，我特别请日语专家周炎辉帮校对。周炎辉是北京大学日语专业毕业的，划“右派”后下放到农村，改革开放后由助教直接提升为教授，当时高校的日语教材都是他主编的，后来是湖南大学日语系系主任、图书馆馆长。因为常联系翻译事宜，我和周炎辉很熟。书稿还请了广西师范学院外语系教授孙日明看。孙日明是在朝鲜

《苍茫的时刻》

读的高中，在日本读的大学，日本东京大学毕业的。孙日明还给我们“外国文学名著丛书”翻译过一部长篇小说《暗夜行路》。《苍茫的时刻》这本小书，经过三位日语界权威之手，翁文希设计的封面，整体质量是很过硬的。

索菲娅·罗兰的自传《生活和爱情》，我是从《大众电影》上看到的。《大众电影》是那个时候中国最畅销、延续最久的文化杂志，起码流行了几十年。我在某期杂志的一条简讯里看到索菲娅·罗兰的自传《生活与爱情》很受欢迎，就写信给《大众电影》编辑部，希望编辑部转给简讯的作者，打听这本书的情况，表示我们漓江社想要翻译出版。那条简讯是邵牧君化名写的，他很快就回信，说“这本书现在有英文版，但我很忙，没有时间，要我翻译不行，我可以看看稿子或者是帮助下”。我就表示一定要请他帮忙，即使他不能翻译也要帮我们看看稿子或者是介绍人来翻译，最后由他定稿。邵牧君自己对这本自传也有兴趣，一看我们很热情，也觉得我们很认真，居然答应了，安排几个同事来翻译。那时候改革开放伊始，国门大开，书市繁荣，看书买书的人很多，可图书的品种不多，很多新东西看不到。那时年轻人都愿意参加翻译，很多译稿都是年轻人翻译出来的。我们请邵牧君写了个序，他还提供了图片。这本书总共印刷了20万余册。

这两本书正式出版后，我们才想到还是要起个系列的名字，说明这个领域可以有很多作品，不光是这一两个明星，比如还可以做费雯·丽、英格丽·褒曼等人的书。很多明星很有名，读者对明星有兴趣就去看电影，看了电影就想去看传记，书是有销路的。那时中国电影出版社也出版了山口百惠的自传，翻译的名字叫《苍茫时分》，第一版印10万册；我们叫《苍茫的时刻》，不单是传记，还有歌曲简谱、大量的照片，第一次印就印了20多万册。好多中学生对这类书痴迷得很，都给我们写了信来。这等于说，一两本书就开辟了一个新的天地。图书出版可以由点到线，由线到面，点、线、面的这样一种发展态势，是合乎事物发展自然规律的。

这个系列还出版过瑞典演员英格丽·褒曼的传记《我的故事》。她三次得奥斯卡奖，谈何容易？她个子很高，非常漂亮、优雅。《我的故事》的翻译者是《大公报》的记者曹锡珍。这本书第一次就印了16.5万册。

我们不仅选择女演员，男演员的书也出，比如劳伦斯·奥立维尔。他是莎士比亚戏剧界最有名气的男演员之一，我们出了他的自传《一个演员的自白》，是李小棠及其爱人陈晓明翻译的。李小棠是巴金的儿子。陈晓明在复旦大学读中文系的时候被认为是伤痕文学的创作者之一。前面提过的《荆棘鸟》，被认为是“澳大利亚的《飘》”，是当时的世界十大畅销书之一，我们出版的就是陈晓明的译本。当时我们有一个同事和陈晓明认识，通过这位同事，我们拿到了陈晓明发来的《荆棘鸟》的译稿，后来我们才知道陈晓明的爱人是李小棠。知道这层关系后，我们就想通过他们拿到巴金的作品。当时巴金老先生身体不太好，年纪也大了，不太好登门拜访，他的什么事情都由他的女儿李小林负责。老先生很谨慎，不愿意随便把作品给别人。之后我也考虑到自己做外国文学已经够忙了，中国文学再去开辟、去做大的事情也没有精力，后来也就没花太多的工夫去做这块的工作，只是要了李小棠和陈晓明翻译的劳伦斯·奥立维尔的自传《一个演员的自白》。这版自传的序言是请曹禺先生写的，因为他是研究莎士比亚戏剧出身的。

可以说，这些小书都不简单，一本电影明星自传，传主本身的名气大，内涵丰富、有品位，翻译者、支持者、写序者以及其他参与其中的人也都不是一般人。这样的书印出来后，读者不能不信服，不能不认真地看待它，这本书畅销的品质已经摆在那里了。从这里也可以看出来，我们做这些好像是茶余饭后的娱乐性的书，是以非常严肃的态度将其作为文化创作，作为很有研究价值的个例来翻译和出版的。

我们还出版了李小龙的自传。李小龙是最早在海外打响的华人明星之一，影响一直到今天。我们还出了埃及肚皮舞的女明星纳吉娃·福阿德的自传，还出了简·方达的书。出版社搬到桂林以后，出的“艺苑人物”

丛书最后两本是罗新璋主持编译的法国演员阿兰·德龙的传记《机遇加拼搏》和美国演员玛丽莲·梦露的传记《凄艳一生》。《机遇加拼搏》是罗新璋根据法文资料编写的，他的女儿罗嘉也帮他编译。这本书讲述了阿兰·德龙的成名经过了很多奋斗、刻苦和努力。《凄艳一生》则是罗新璋翻译的。罗新璋是上海闸北人，北京大学法语专业毕业的，是法国文学资深翻译家桂裕芳的学生；他本人也是翻译界的权威，曾经翻译法国的《红与黑》，他的译本被认为是国内《红与黑》翻译得最好的版本之一。台湾师范大学请罗新璋去台湾教翻译课，他从翻译的角度选择比较短小的古文介绍给研究生，让翻译专业的学生提升中国古典文化修养。他还从这个角度出发编了一个古文的选本，给我们出版。像他这样有名的翻译专家对阿兰·德龙、玛丽莲·梦露都很感兴趣，他觉得玛丽莲·梦露那种美是一种文化，是可望而不可即的，不是庸俗的，而是富有内涵的，值得研究。他编了一本厚厚的玛丽莲·梦露的有关资料，题目就是《凄艳一生》，那些材料都是他自己出钱在法国购买，托朋友帮带回来的。他把那些照片都给了我们。《凄艳一生》第一次就印了10万册。这也成为大专家研究通俗文艺的又一个范例。

除了前面提到的诗歌、小说、通俗文化类出版物，戏剧作品也是漓江出版社重视的项目。“获诺贝尔文学奖作家丛书”中就包括了很多作家的戏剧作品，比如尤金·奥尼尔的《天边外》，皮兰·德娄的《寻找自我》。我们很早就出过《普希金戏剧集》，这部作品并不是什么新鲜的作品，但它是俄罗斯文学的瑰宝。普希金之所以被称为俄罗斯文学之父，除了诗歌，他的戏剧、小说在俄罗斯的文坛都是有奠基意义的。我们还出版过叶君健翻译的希腊古典戏剧《阿伽门农王》。这个稿子是经过贺祥麟的介绍，叶君健寄给我们的，贺祥麟还作了序。我们在书出版以后航空寄了两本样书给叶君健，他高兴得很，说“想不到你们这么重视，航空寄给我”。他对书很满意。书是翁文希设计的，很典雅。后来叶君健在朋友面前多次提到漓江出版社出的书，特别提到他看过漓江出版社的《马尔罗研究》。马尔罗是法国的国务部长、文化部长，是戴高乐最亲密的助手，在法国政治、文化上的地位都很高。戴高乐访问中国是马尔罗来打前站的，毛主席接见了他。冯亦代在叶君健那里看到《马尔罗研究》，说漓江出版社能够出《马尔罗研究》这样的书，足见你们是懂文学的，有水平的。所以说，一开始亮相，第一印象一定要好，要先声夺人。

《阿伽门农王》

此外，漓江出版社在外国文学理论研究领域也出版了一系列的书。这一领域，漓江出版社在副牌社阶段就开始注意了。文学这个大门类，一个是创作，一个是理论研究。研究成果数量相对少一点，但是影响大，层次高，很多文学现象是经过理论研究后才被提升到理性认识的高度来理解的。漓江社挂副牌不到两年的时候，1981年5月20日，湖南省外国文学学会组织召开普希金的创作研讨会和雨果文学研究研讨会两个学术讨论会，请全国的研究者参加，我们也去了。湖南省外国文学学会当时有几个干将，都是北京师范大学外国文学教师进修班毕业的老师。新中国成立之初，外国文学的研究缺乏资料和人才，懂俄文又懂世界文学的研究人员不多，虽然英语、德语、法语这些语种积累了不少人才，但是这些人才的作用还没有充分发挥出来，外国文学研究队伍是比较薄弱的。北京师范大学办外国文学教师进修班就是为了解决当时高等学校外国文学教学师资缺乏的问题。那时差不多各个地方外国文学的研究人员都是北京师范大学这个班毕业的。湖南省外国文学学会会长易漱泉是学中文出身，当时是湖南师范学院（今湖南师范大学）外国文学教研室的主任，研究俄罗斯文学。副会长是湘潭大学的曹让庭、张铁夫和湖南师范学院的王远泽。那是我第一次离开广西到外省参加外国文学研讨活动，在那里我第一次接触到翻译界、外国文学研究界，感觉研究者们都有一个优点，热情积极，很有开拓精神，尽管有的人不是学外语出身的，掌握的资料有限，但理论研究水平还是比较高的，而且他们能团结和组织各方面力量来做研究工作。会议后，参会者把论文修改后寄给我，漓江出版社出版了这两个会议的论文集《雨果创作评论集》和《普希金创作评论集》。

《雨果创作评论集》请了冯至题词，《普希金创作评论集》请了曹靖华题词，这两位都是外国文学研究界的顶尖人物。冯至题词以后我们给他寄了稿费，25元。收到稿费单后，冯至就给我写信，说稿费已经退回给财务科，“区区六个字就报以25元”，“实不能接受”。25元在当时确实也不算低，但发稿费的人也是根据稿费标准按正常手续发的。留学德国的冯至是很有影响的学者，是诗人，也是歌德专家，做过北京大学西语系主任，后来成立中国社科院外国文学研究所，就调到那儿当所长。他抗战时期到过桂林，黄伟林在《广西现代文化史》文学部分还特别引用了冯至的散文。

这两部论文集都邀请了一些专家写文章，《普希金创作评论集》有戈宝权的文章，《雨果创作评论集》主打文章就是柳鸣九的《雨果和他的创作》。当时柳鸣九正在写《法国文学史》，他对雨果很有研究，翻译了《雨果论文学》，收在中国社科院组织主编的、由人民文学出版社出版的“外国文学评论丛书”。这两本论文集，可以说是改革开放后全国最早的外国文学的研究专题集，绝大部分论文都是新写的，充分展示了改革开放初期中国外国文学理论界的活跃气氛。开始讨论选题的时候我们也犹豫过，因为我们没有出过理论著作，有些同志很担心，怕销量少。但由于集子收的文章质量

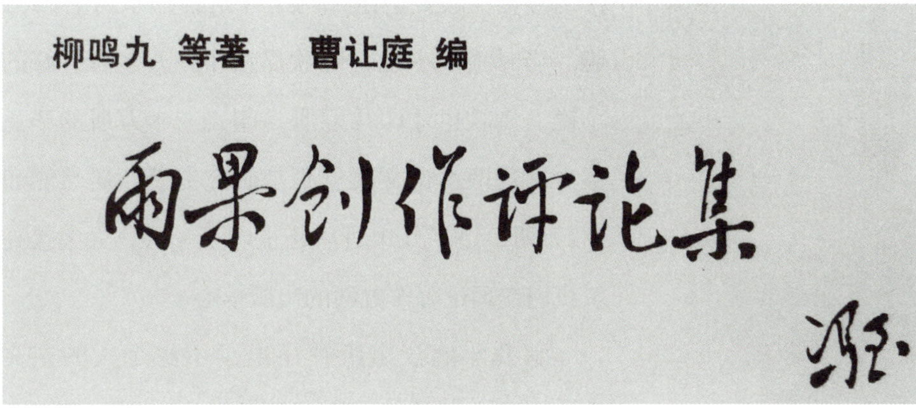

冯至为《雨果创作评论集》题签

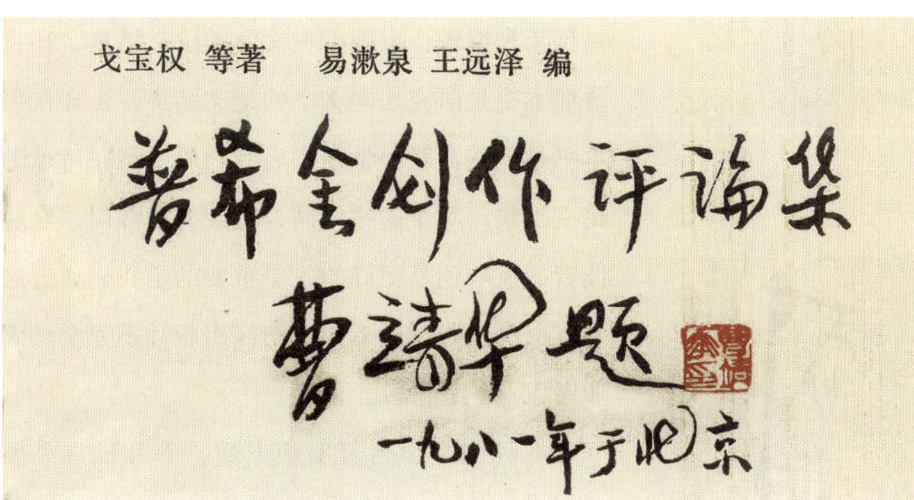

曹靖华为《普希金创作评论集》题签

比较整齐，还请了冯至、曹靖华题书名，宣传工作也做得比较好，结果两个评论集都印到了1.7万册。当时很多小说、诗歌都只印一万多册，好的小说、诗歌也才印几万册，印二三十万册的毕竟很少。这两本论文集也不是研究专著，居然能印近2万册，过了几个月后还重印了一次，大大提高了我们在理论著作方面的出版信心。

那几年漓江出版社还出了不少个人的论文集，不是专门就某一个问题的研究。比如郑克鲁的《法国文学论集》、施咸荣的《西风杂草》、王守仁的苏联诗歌评论集《诗魂》。对于这些作品，我们还是小心谨慎的，数量上、质量上严格要求和控制。这些书印量不大，只有几千册，但是影响很大，特别在外国文学界。施咸荣那本书是历年来编辑、出版英美文学的论文结集，郑克鲁那本书是研究法国文学的论文结集，王守仁那本书是他从苏联留学回来后专门研究苏联诗歌的论文汇集。对于这些作品，有关专业部门、专业读者的反响还是很好的，更重要的是我们通过这几本书的出版让读者知道漓江出版社不完全是商业考虑，不是利润至上。

《七个被绞死的人》

在外国文学名著出版方面，有几部作品要特别讲一下。一部是安德列耶夫的《七个被绞死的人》。安德列耶夫是十月革命前后一个很有名的作家，倡导象征主义，其作品在十月革命以后是受冷落的，甚至是受批评的。鲁迅看出了安德列耶夫的价值，曾经介绍过他，但是他的作品后来很少翻译成中文。改革开放以后，在漓江出版社创办的时候，我们有意地通过出版做一点拨乱反正的工作，提高出版物的档次和水平。我们有意识地出版那些在苏联时期，在俄罗斯文学里面有相当高的地位，但是在“左”的路线干扰下，在十月革命后受到冷落的俄罗斯作家的作品。《七个被绞死的人》是广西师范大学的张金长领衔，几位俄语教师合作翻译的，由王庚年来校对。这本书有徐迟的序、贺祥麟的序，收录的每部作品都有个题序，对作品做简单扼要的介绍。徐迟是写《哥德巴赫猜想》的大诗人，《诗刊》的主编。一个是《麦克白夫人》，作者是俄罗斯的大作家尼·谢·列斯科夫，俄罗斯很重要的现实主义作家，他的长篇小说《俄罗斯森林》很有名，我们本来想翻译，但篇幅太长，一下子弄不出来，后来别的出版社出版了。《麦克白夫人》的译者是湖南师范大学的李蟠教授，他在湖南的俄语界很有威信，水平比较高。我们请戈宝权题写了书名。

另外在英美文学方面，我们推出了秦似翻译的《人鼠之间》。斯坦贝克的《人鼠之间》是战后20世纪三大中篇小说名著之一。他还有《愤怒的葡萄》《天亮了》等很多有名的作品。《人鼠之间》篇幅不大，只有五六万字。译者秦似是语言学家王力的长子，广西散文家、杂文作家，他的杂文在全国是很有名的，而且抗战文化城时期已经有名了，他跟着夏衍编《野草》，后来他的杂文几乎和夏衍齐名。秦似的妹夫就是《广西日报》的张谷，妹妹叫王缉国，是《广西日报》的一个老编辑。《人鼠之间》是秦似二十来岁的时候翻译的，这是他第一部比较有分量的翻译作品，也很久没有出版了。后来我们拿来重印，请他看一遍，他改掉了一点数字，写了一个序。我又请广西大学英语系的教师帮看一看，他们觉得秦似的翻译是比较到位、准确的。书第一次印了6万册，反响很好。秦似很高兴，给我写信，说我很欣赏你不改我一个字。确实我看了以后也看不出有什么要修改的。秦似是一位自信心很强、水平比较高、作风比较严谨的作家，文字极少有什么差错，最不高兴别人改他的东西。在漓江出版社也好、《出版广角》也好，我们都会碰到一些写文章很好、很认真、很负责的作者，像朱正、钟叔河、刘杲、杨牧之、聂震宁，还有上海的杂文作家何满子等。他们的文章是不用改的，如果说看校样发现这个字不大对，有怀疑，十有八九是排错了。另外我们还请了有名的辞书专家黄建华为《阿道尔夫》写序。黄建华是广东外语外贸大学的首任校长，联合国教科文组织的定稿人。他的法文、中文都非常好。他为他的学生，梁宗岱的高徒广西民族大学外语系主任黄天源翻译的《阿道尔夫》写了序。《阿道尔夫》在庆祝改革开放40周年漓江出版社推出的“旅伴文库”之“锦囊旧书”分卷里面重印出版了，《七个被绞死的人》也重印出版了。这些既是一个流派的代表作，也是广西出版界的优秀人才的作品。漓江出版社在创办一开始就很注意广西的翻译家队伍的组织，给他们提供平台。“立足广西，面向全国”，广西有些优秀的作品、作家、翻译家应该得到漓江出版社的重视，这样我们出版社才更容易在本地生根发芽。

第六章 漓江现象

副牌做实，移师桂林，
招兵买马进入快车道。
各种体裁兼顾，出书创刊办会，
全面布局多点开花。
巩固和发展副牌社的基业，
打造“法国二十世纪文学丛书”等新王牌，
外国文学出版异军突起，
创造中国出版的“漓江现象”。

* 本章内容根据2021年1月26日、27日对刘硕良的视频采访（采访人：黄伟林、李逊、梁虹程；录音整理：李逊、唐迎欣），2021年1月30日对刘硕良的视频采访（采访人：李逊、梁虹程；录音整理：李逊、唐迎欣），2021年1月31日对刘硕良的视频采访（采访人：黄伟林、李逊、梁虹程；录音整理：李逊、唐迎欣），2017年9月26日对刘硕良的现场采访（采访人：王云杉、陆立伟；采访地点：南宁，刘硕良家中；录音整理：杨斯淇、贾雅楠、杜子壮；校对：杨斯淇、贾雅楠）和2018年11月23日、11月24日对刘硕良的现场采访（采访人：黄伟林、李逊、农炎灿、孙丽燕等；摄像助理：郭烨泷、甘恒榕；录音整理：农炎灿、孙丽燕、徐鹏飞）整理；根据2021年8月16日对刘硕良的现场采访（采访人：李逊；采访地点：南宁，刘硕良家中；摄像助理：霍东升；录音整理：李逊）、2021年10月3日对刘硕良的现场采访（采访人：李逊；采访地点：南宁，刘硕良家中；摄像助理：黄高峰；录音整理：李逊、黄琦）、2021年12月3日对刘硕良的现场采访（采访人：李逊、梁虹程；采访地点：南宁，刘硕良家中；摄像助理：张新琪、党航宇、陆建丰；录音整理：李逊）和2022年1月16日对刘硕良的现场采访（采访人：张俊显、李逊、梁虹程；采访地点：南宁，刘硕良家中；摄像助理：蒙科宇；录音整理：李逊）修订。

广西人民出版事业是从1952年广西人民出版社成立开始的。到20世纪80年代初期，漓江出版社带头走向了全国，带头在北京等全国的大中城市引起了关注，这就是出版改革的第一步：首先是突破地域的束缚，不局限于本地活动，把步子伸向区外。

出版改革的第二步，就是分出版社。经过一段时间的发展，各省的出版事业力量已经蓬勃地发展，人员、图书的品种、生产的能力都得到了提高，包括印刷、发行，就需要由一个单一的人民出版社，按照专业分工分成几个出版社，建立教育出版社、科技出版社、文艺出版社、美术出版社、少儿出版社等专业的出版社，一些大学也开始建立出版社。1986年，广西师范大学出版社成立，柳州、北海，还有广西大学等也都在准备、酝酿成立出版社。

在这样的背景下，漓江出版社从副牌社转为实体社的工作提上了议事日程。因为漓江出版社已经有独立的形态和实力，所以只要把建立班子，组织队伍，选择社址这些工作做好，出版社的实体就能成立起来了。

漓江出版社于1985年3月任命班子并开始准备搬到桂林建设，同年5月27日在桂林举行挂牌仪式。由此，漓江出版社成为实体社，开始进入快速发展时期。

可以说，漓江出版社由副牌社转实体社并产生广泛的影响，这在全国来说是非常独特的现象，可以说是“漓江现象”。

1

搬到桂林建设时，广西出版局拨给漓江出版社的流动资金是19.5万元。19.5万元是什么概念呢？1985年5月中旬，漓江出版社在桂林铁西小区买了两栋三房一厅的房子，一部分住人，一部分做办公室和仓库，一共40万元。19.5万元是财务核出来的。离开南宁的时候，漓江出版社打头的产品已经结算了的就结算了，还没有结算的有19.5万元，给漓江出版社作为流动资金。由此也可以看出，在南宁阶段，漓江出版社已经奠定了出版社初期的经济基础。

实际上，不仅仅是经济基础，漓江出版社在副牌社阶段已经基本上奠定了出版社的框架、格局和社会影响。我们主要出版外国小说，包括获诺贝尔文学奖作家系列、外国文学名著系列，既要做系列丛书，还要做单本的小说，这些在南宁邕江之畔就已经基本确定，局面基本上打开了。副牌社阶段对漓江社来说，不是小试牛刀，而是干了大事，已经作为广西出版行业的先锋，带头走出了广西，面向了全国，为之后成为实体社奠定了最好的基础。

漓江出版社是从广西人民出版社文艺编辑室、美术编辑室和其他几个相关的编辑室，以及财务、印刷部门中选拔人员的。班子最先是蒋振立、廖文和我三个人。蒋振立的专业是水彩、壁画方面的，活动能力很强，美术基本功好，文字也不错；廖文是北京大学中文系毕业的，分管中国文学；我分管外国文学和有关编辑出版业务方面的部门。那个时候准备成立译文编辑室、中国文学编辑室、《叠彩》编辑室。《叠彩》是一个大型文学期刊，由一个编辑室来编。后来旅游编辑室、书法编辑室也逐步成立，还设有办公室、财务科、印制科、读者服务部等部门。廖文的夫人叫屠鹤云，华东师范大学化学系毕业，爱好文学，文学修养不错。当时准备让她去负责《叠彩》编辑室，但是局里面考虑她刚进出版界，就先不挂主任，过一段时间再挂。廖

广西出版局主持工作的副局长、党组书记、书法家谢盛培（左一）为漓江出版社在桂林正式成为实体题词志喜

文经过考虑，决定不去桂林了，后来就换了陈肖人管中国文学。漓江出版社当时的领导排名就是蒋振立、刘硕良、陈肖人。

我们从柳州调了一个美术编辑邬永柳当办公室主任，到桂林来打前站，我们去桂林之前，邬永柳已经做了很多铺垫，做了很多前期的工作。这个年轻人思想也很开放，他看到市面上有关人体绘画的作品很少，读者又觉得很新鲜，很想看，就去深圳买了很多人体画册的原版书。那个时候没参加世界版权公约，也没有版权意识，拿回来就参照编了一套人体美术丛书，包括《世界人体绘画选》《美洲人体绘画选》《人体线描》《亚洲人体美术选》等，有十来本。后来广西人民出版社的美术编辑室和漓江出版社合作，到北京美术馆做人体美术展，影响比较大，邬永柳有开拓之功。邬永柳是漓江出版社到桂林建设的前期先行者，后面不当办公室主任了，到旅游编辑室做主任。

这个时候外国文学编辑室开始搭建，原来就是我一个人在做，在南宁工作的后期发现了一些人。一个是吴呵融，广西大学外语系毕业，下放到农村，适应不了那里的生活，后来调到广西交通学校当老师。她翻译了侦探小说女王阿加莎·克里斯蒂的一部侦探小说《偷宝石的猫》，漓江出版社到了桂林后不久出版了这部小说。我们发现她的文字不错，前面我讲过，1949年到桂林到《广西日报》报到，进大门就看到她和她妈妈在一起，那时候她才四五岁，想不到几十年后可以把她调到漓江出版社一起工作。当时交通厅不肯放，后来我找到自治区党委组织部的副部长董培华。董培华是华北大学毕业后分到广西，最先就在岑溪，后面当城关区副区长。莫寿全就是在城关区马路乡搞互助组。广西最先搞互助组的，一个是桂北蒋粹球，桂南就是莫寿全，成立农业合作社以后都是有名的标杆，劳动模范。我请董培华写过稿子，发表后反响不错，从那时候开始我们就成了朋友，几十年了，常有来往。后来划“右派”的时候，在桂平县县委农村工作部当部长，做检讨时一口流利的白话，人家不相信他是南下的，都以为是桂南哪个地方的人，实际上他是在工作中自己学会白话的。改革开放后，平反冤假错案，董培华就从桂平调到南宁，到自治区党委组织部当副部长。我就找到董培华说请你帮帮忙，后来他找部里面的老干局的潘局长，去做了些工作，就把吴呵融调到了漓江出版社，做译文编辑室的主任。后来把吴呵融的爱人也调到漓江出版社，一家人一起到了桂林。

当时成立编辑室是有想法的，我们主要是先调一两个骨干来，再培养起一些年轻人。在吴呵融之外，我们还调了北京大学德语系毕业的吴裕康，他当时在广西冶金研究所当翻译。他父亲是人民教育出版社做印刷的。1968年吴裕康下放到广西来，最初被分配到恭城县一所中学做英语老师。吴裕康调来时年纪和吴呵融差不多，三十多岁了。后来我们又想办法调宋安群进来，他是广西师范大学外语系俄语专业毕业的，毕业以后分到河池县文化馆，喜欢彩调、戏剧，写过瓦氏夫人的剧本，文学素养比较好，写东西有灵气，又快，有创作成果，我们就想把他调到漓江出版社来做编辑室副主任，主任是吴呵融。宋安群后来在漓江出版社做过译文编辑

1982年6月赴无锡开会途中经过武汉，与《丁香花开》译者吴村鸣、刘敦健、戴安康合影

李芒看《雪国·千鹤·古都》

1986年4月23日，翻译家董乐山（中）、傅惟慈（右一）在漓江版外国文学图书座谈会上

1986年4月23日，中国出版工作者协会主席王子野（左二）、北京三联书店总经理沈昌文（右一）、评论家白烨（右二）、翻译家杨武能（左一）等出席漓江版外国文学图书座谈会

1988年10月，全国中青年文学翻译经验交流会期间，与吴呵融（左）、莫雅平（中）合影

室主任、副总编辑、总编辑，在漓江出版社退休。

在漓江出版社的发展中，我们感觉到一定要尽量选些名牌大学的毕业生来当编辑。我们先找到了北京大学东语系主任刘安武，他再找英语系主任，英语系主任推荐了莫雅平。莫雅平是湖南绥宁人，当年湖南高考外语成绩第一名。本来他志不在英语，考的是法律系，被调到了英语系。后来他在漓江出版社自学考试学法律，现在当了律师。当时我见了他，看了他写的一些诗，我觉得这个人有灵气，而且基本功很扎实，就把他要到漓江出版社，作为第一个年轻的英语编辑。莫雅平到出版社很快翻译了《魔鬼辞典》《匹克威克外传》，后者在人民文学出版社出版，销量很好。

从外语语种来说，法语是第二大语种。中国和法国的关系源远流长，中国的外国文学界法语的人才和出版的书特别多。法语人才我们去上海选，去复旦大学选。我们找到了复旦大学外语系的老主任林秀清，她是中国比较文学界在法国取得博士学位的第一位女学者，终身未婚，但是把学生当作自己的子女爱护、关怀、照顾。我认识她，是请她翻译法国圣-埃克苏佩里的《小王子》。埃克苏佩里被认为是一个奇迹，他是名飞行员，又是一个很有特点的、带有现代派味道的作家。《小王子》像《格林童话》，被认为是现代童话、大人的童话。我们还请她翻译过“获诺贝尔文学奖作家丛书”里的克劳德·西蒙的《弗兰德公路》，一部“新小说”的代表作。那个作品很难翻译，有时候一连几百字没有一个标点。林秀清在法国研究过西蒙和“新小说”，西蒙得诺贝尔文学奖的消息传到中国来，外文所的研究莎士比亚的老专家卞之琳叫人打电话告诉我，西蒙得诺贝尔奖，林秀清是最好的翻译者，可以找她翻译。其实那时我已经和林秀清联系了。翻译了《弗兰德公路》以后，又请她翻译了小说《农事诗》，两个作品合到一起出版。林秀清推荐了金龙格，大别山革命老区金寨人，农家的孩子，很朴实，很节俭，很老实。他来漓江出版社没多久，就用节省的出差费买了一辆单车，那时在桂林有辆单车相当于现在有辆汽车，很方便。那时出差费有标准，如果没用那么多，回来以后这个钱就退给你，他就这样省下150多块钱买了辆单车。后来他被新闻出版署评为全国的优秀青年编辑。他自己翻译作品也不错，他翻译的法国文学作品得过两次傅雷翻译出版奖。傅雷翻译出版奖是以傅雷命名，奖励优秀青年译者的奖项，得一次都不容易了，他得了两次。但是后面漓江出版社没能留住他，他去了桂林旅游高等专科学校（今桂林旅游学院）当老师。

我们选的第三个人，是后来在南京找的。“长三角”地区高校很多，人才也很多。我们在南京大学找到了日语专业的毕业生汪正球，是宋安群去找的。汪正球翻译了很多文章，写过诗，个子不大，很机灵、精干，头脑很灵活。后来在漓江出版社组织出版了赛珍珠的文集、川端康成的文集，他自己也参与了翻译。

这样就来了三个年轻人。另外我们还特别吸纳了一个年轻人沈东子。1985年，我们还没搬到桂林的时候，他就注意到了漓江出版社。有一次广西在北海开外国文学年会，讨论青年译者石中元的翻译作品《凡尔纳传》。凡尔纳是有名的科幻小说作家，有位英国人写了他的传记，写得比

1988年，与俄语翻译家卢永福（中）、德语青年翻译家蔡鸿君（左）泛舟漓江

1988年，与法语文学翻译家罗国林（左二）、管筱明（右一）在桂林

较好，有位年轻人把它翻译了出来。沈东子自己作为外国文学爱好者，自费参加会议。他英语、语文都很好，就是数学差，高中毕业后没上大学，自学考试英语是广西第一名。他把他在网络上看到的西方现代诗人、小说家、编辑家的很多故事，写成一套漫笔性的文章，在广州、深圳的报纸上发表，编成一本书《西窗漫笔》，厚厚的几十万字。沈东子出身于文人家庭，很有气质，自尊心很强，没有任何人介绍，也没有大学文凭，完全是凭本事敲开了漓江出版社的大门。他在漓江出版社编了很多书，写了很多文章。黄伟林在《广西现代文化史》文学部分，讲桂林的作家时特别写到沈东子。这样的人我们破格吸收当编辑，可以看出我们编辑队伍的素质和水平。

漓江出版社到桂林后，第一件大事就是逐步建立编辑队伍，逐步成立了译文编辑室，一共有6个人，英语、德语、法语、日语、俄语五大语种都有编辑了，这样一个编辑阵容放到全国任何一家外国文学出版社都有得一比。这也保证了漓江出版社外国文学出版的继续发展和提高。

2

到桂林建社后，漓江出版社驶入了发展的快车道。在一切正常运转起来后，当务之急就是在南宁阶段的基础上充实发展外国文学图书出版，继续扩大原来出的几套丛书，加快"获诺贝尔文学奖作家丛书"的出书进度和力度。

"获诺贝尔文学奖作家丛书"虽然1983年在南宁就开始出了，但是一年出四五本还是显得慢，每年都有一个作家获得诺贝尔文学奖，原来有七八十个作家已经得过奖了，要到什么时候才能跟得上诺贝尔文学奖的颁奖进度？这套丛书，原来是通过郑克鲁、金子信两位给我们介绍、开头，但是开了头以后，他们的工作因为各种原因跟不上出版社的要求，稿子发得太慢。因为金子信本身是出版社的骨干编辑，有很重的编辑任务，有点力不从心；郑克鲁是翻译家，主要力量是自己做翻译、教学和研究，也没有精力对这个丛书付出太多劳动。我们下定决心要加快进度，把他们手上的组稿编辑工作收回到编辑部，我们自己组织稿件翻译和编辑，稿子也不再交给金子信他们去审阅，减少中间环节，提高出版效率。他们有什么好的建议，或者推荐好的译者，我们也吸收采纳。

这个事情也还是经过了一些周折。原来组稿的人不太愿意把后面的工作转给我们接手，不是很配合，有些稿件压在那里。像澳大利亚的怀特的《风暴眼》，是杭州大学外语教研室主任朱炯强教授主译的，质量是比较好的，汪静之的儿子、很有名的翻译家汪飞白，曾经把杭州两位有名的翻译家宋兆霖和朱炯强的译作做过比较，认为两位翻译家的翻译质量在原作的真实性和完整度方面上都各有特色。《风暴眼》的译者还有一位。这部作品翻译以后稿子很早就给到金子信了，译稿有六七十万字。金子信没时间看，就放在那里，问他要他就推脱，不想很爽快地转给我们，想自己编。如果直接由我们来主持编辑出版，这里面可能有利益的问题，但我们其实是把约定的费用照样付给他们了的。我们事先已做过一些沟通工作，也通过一些朋友说服金子信退出这个中间环节。我们和译者直接打交道，译者就把稿子拿来给我们，《风暴眼》最后也寄给我们了，还没有翻译完的译者直接跟我们联系，还没组织的我们自己安排组织。到桂林后，这些工作花了我们很大工夫，不然“获诺贝尔文学奖作家丛书”到后面也不能达到比较快的进度。20世纪末，我们已经把80%的获诺贝尔文学奖的作家作品出版了。这是一个很了不起的成就。因为我们开始的时候只出了少量的获奖作家作品，诺贝尔文学奖完整的面貌还没显示出来，很多很有影响的作品还没翻译介绍，出书方面、选题方面还做了一些调整，不再强调“不重复”，如果这部作品是他的主要得奖作品，颁奖词里面提得最多的、最强调的，不管别人是否出过，是否翻译过，都要体现在丛书里，要么用已有的译本，要不就找人重新翻译。这样使得丛书的代表性更强，效果更好。

以前出版“获诺贝尔文学奖作家丛书”，一辑一个封面，一辑里面有很多搭配，后来我们觉得这样也很麻烦，就统一更换封面。漓江出版社自在南宁挂牌起就很注意书的形式、书的装帧设计，我们请翁文希全盘负责这方面的工作。他是广西人民出版社的美术编辑室主任、装帧设计室主任，后来提为了副总编辑。1988年，他在去钦州出差的路上遇车祸去世了，很可惜。从《白夜》《保尔和薇吉妮》开始，全部都是翁文希设计的。他设计的封面都是明快、洋气、俗中见雅，一般的读者很喜欢。漓江出版社的装帧设计别具一格，在开本、色彩、构图、插图上都很有突破。1992年，“获诺贝尔文学奖作家丛书”统一装帧，加快出版时，请了上海著名装帧家陶雪华做了总的设计，陶雪华的作品重视读者口味，色彩选配带有海派风格，市场反响良好，调整设计后加了总序，使全书宗旨和框架更加清晰地呈现在读者面前。

从很多读者来信都看得出来，欢迎这套丛书的人不只是文学界的，还包括社会各界人士，包括解放军、武警部队。有一个地方的武警部队司令部一下买了20多套，出一本要一本。本来“获诺贝尔文学奖作家丛书”还是有一些差别的，有些作品艺术影响力、传播力更高，有些作品相对来说就弱一些，但是在它那个地区和国家，仍然是文学的高峰。因为我们丛书整体的吸引力，使得有些人们不太了解的作家的作品，就算比较冷门，也能保证有2000册以上的印数。这样使得丛书能够延续下来，这个就是整体效应。如果单个出其中某一本书，有一些书可能印几百本都困难。但是人家要整套买，很多人要买齐的，整体效应是非常明显的。

为了保证这套丛书得以高质量出版，我们在编辑工作上也做了不少努力，力争使每本书的质量同其名声、地位、影响比较接近。首先就是体例上很严谨，总的原则是把这套丛书每个品种都作为研究的参考。我们出作家作品不完全是得“诺奖”的某一部作品，诺贝尔文学奖本来也是颁给作家的，并不完全是看作家的某一部作品，当然特别好的、特别有影响的作品在颁奖词里有比较多的叙述、介绍。我们出的丛书，不一定只是授奖词里点了名的作品，有些没有点名的作品，我们认为比较有代表性的，也把它收进来了。

一个作家，请熟悉这个作家的有关专家负责选目、写前言、翻译，有的专家自己翻不了那么多，就请人合作，译者也由他提。他提出方案，我们认可了他就去组织翻译。他编好我们再来发稿，有关的前言、附录、授奖词、瑞典皇家学院的颁奖词、答词、小传、其他重要的文学回忆录以及访问谈话，都收进去作为相关资料，用这个体例来表现这个作家的地位和影响。

我们着眼的首先是作家代表性的作品，有的作家代表性作品不止一部，我们这个丛书也很难把所有代表性的作品都收进去，但是要研究这个作家，我们丛书选的作品也算是提供了最好的样品。所以这个选目很重要。在选题中，要考虑到作品是否是中国读者感兴趣的，也要考虑作品的出版情况，尽量减少重复。为了在市场上实现更好的销售，也避开过一些本来该收的作品。在我们丛书出版的中后期，我们已经意识到代表性是压倒一切的，大家公认的确实很典型、很有代表性的作品，不管出过还是没出过，好卖还是不好卖，都一定要收进来。比如说罗曼·罗兰代表作是四卷本的《约翰·克利斯朵夫》，已经出版过了，傅雷先生翻译过，翻得很好，在社会上影响也很大，大家都公认的，但是我们如果不收这部作品，收罗曼·罗兰其他的作品，人家就觉得我们这个丛书代表性不强，所以最后还是收了。但是《约翰·克利斯朵夫》一百多万字，要另外找人翻译，而且翻译要过得去，不说超过傅雷，起码差距不能太大，那也很不容易。所以我们还是收了傅雷先生的译本。这个译本的出版最终还得感谢傅敏先生的大力帮助。

改革开放以后的十多年间，每个省差不多都有一家文艺出版社，或多或少出过外国文学作品，但都没有怎么评过这方面的奖。1991年，全国首届外国文学图书评奖，我们就将“获诺贝尔文学奖作家丛书”送去参评，因为当时这套丛书大部分还没有出版，不能送整套丛书评奖，就挑选了其中三种参评：一种是福克纳的《我弥留之际》，是福克纳专家李文俊、陶洁等译的；一种是危地马拉作家阿斯图里亚斯的《玉米人》，是刘习良、笋季英翻译的；还有一本是法国莫里亚克的《爱的荒漠》，是北京大学资深法国语言文学专家桂裕芳翻译的。这三本书都是分量很重的。评委会主任、新闻出版署的副署长刘杲在评奖会结束后请评委吃饭的时候，说今天晚上要是中央电视台能够播一下就好了，有什么办法没有？我说试试吧。后来我就找到中央电视台的记者刘京生，给他讲有哪些作品得奖，把得奖作品的译者讲给他听。我说《爱的荒漠》译者是北京大学法语资深教授，《我弥留之际》主译者是《世界文学》主编，《玉米人》的主译者就是拉美文学专家、原国际广播电台台长，现广电部副部长。当天晚上《新闻联播》报道了评奖结果，还把《玉米人》的封面放满整个屏幕。这个影响太大了。一本作品，想在《新闻联播》播出有关的消息是很不容易的，而“获诺贝尔文学奖作家丛书”其中一本竟然登上了央视屏幕，封面还放了满屏，这样大家都知道这套丛书了。

这套丛书的出版对中国作家走向世界，对中国作家获诺贝尔文学奖，也是有积极的推动作用的。你想一下，你想要得诺贝尔奖，却连获诺贝尔文学奖作家的作品都不敢介绍、出版，人家怎么会给你奖呢？出版局谢盛培局长去北欧访问，带了我们这套书的出版信息向瑞典方面介绍。之后诺贝尔文学奖的评委马悦然教授在上海约见了我，他很关切地向我了解了这套书的出版情况。诺贝尔文学奖另一个评委埃斯普马克听说了漓江出版社的一些情况，带夫人到中国旅行时，居然想到桂林来，访问漓江出版社。这是个大好的消息，当时把我们吓了一跳。

1986年，我们出版社搬到桂林还没多久，当时改革开放时间不算太长，社会观念发生了很大变化，但也并不是一帆风顺，“精神污染”就是一件大事。有人认为我们出这么多外国文学作品是“精神污染”，“获诺贝尔文学奖作家丛书”里的很多作品也属于“精神污染”的范围，当然当时官方对这一点也并没有表态。埃斯普马克突然之间来到我们的门口，敢不敢会见？怎么接待？这些都成了问题。因为人不是我们主动邀请的，事先新闻出版局也不知道。我们不敢正式招待他，只是把他作为一个普通旅游者来接待，当然也还是很客气，很友好的。他不太了解我们这些内幕，也弄不太清楚。后来他和我们保持着良好的关系，他把他的《诺贝尔文学奖内幕》中文版版权授权给我们出版。这本书自然引起中国官方和很多读者的高度重视，对拉近中国文学界和诺贝尔文学奖评委会的距离无疑也是有好处的。

到2012年莫言得了诺贝尔文学奖，中国文学在世界上的威望大大提升了。尽管现在还有人非议，但是你不能否认诺贝尔文学奖。你看官方的态度，《党的十七大以来大事记》就有一条：“2012年10月11日，莫言获2012年诺贝尔文学奖。李长春致信中国作协表示祝贺。”中央政治局常委、分管宣传思想文化工作的李长春同志来电祝贺，而且这个事件列入大事记，意义是不一般的。

可以说，“获诺贝尔文学奖作家丛书”的出版，不管从哪个角度来说都是有意义的。至于这套丛书有一些不足，哪套书没有不足啊？哪个编辑的作品没有缺陷啊？你就是经典著作，过了一个历史阶段，也会发现一些问题，也会引起人们的研究，那有什么奇怪？历史是最好的评判者，时间是最好的鉴定人。

这套书因为语种和品种很多，翻译难度也很大，版本的取得也很费工夫，所以开始的时候还不是十分放心大胆去做，出版得比较慢，一年出四五本，出版社搬到桂林以后就加快了速度，1990年左右进度加快了。我们在上海印刷，在上海的全国最大的书刊印刷厂之一中华书局印，就地发行，统一印刷质量好，速度也比较快，就地给上海新华书店发行，在华东主要的市场很快就可以看到这套丛书的新出版的作品。浙江省新华书店专门发了文，要求各个部门重视，主动备货。1991年，在上海统一印刷了40多种。

我们还去申报国家“八五”重点图书规划，去参加全国的评奖，都取得了较好的成绩，这是很不容易的，这也体现了国家层面对这套书的肯定。如果说以前在报纸上发评论文章，也许还不足以完全代表国家的态度，那么全国性的颁奖、政府组织的奖项给了这套书，国家的五年重点出版项目目录有它，这些代表着官方的肯定。这套书的后劲很足，这些都起到了很好的作用。这算是我们强化出版物质量，加强宣传发行，扩大出版影响力的一个例子。

第二个例子，是“法国二十世纪文学丛书”的出版。外国文学名著出版热，是八九十年代中国外国文学出版方面的一个很引人注目的现象。古典文学一直都是外国文学出版的重点，“洋为中用、古为今用”，实际上很重要的内容就是对外国古典名著进行翻译和解读。在漓江出版社搬到

“法国二十世纪文学丛书”

桂林之前不久，大概是1985年4月16日，我在昆明参加“世界文学名著丛书[1]”座谈会，柳鸣九也参加了会议，还带了“法国二十世纪文学丛书”的一些计划。他发现会上主要还是谈外国古典名著，和他想象不一样，他作为专家应邀作报告，但没有讲他的计划。后来我碰到他在宾馆院子里散步，我就问你口袋里还有什么东西没拿出来？他就把他的法国文学设想说了出来，说要出一套与人民文学出版社和上海译文出版社可以相提并论的“世界文学名著丛书”。这两家出版社在古典名著方面出了很多书，时间跨度也很长。柳鸣九这样一说，我就很感兴趣，我们就接受了“法国二十世纪文学丛书”这个出版计划，等于说漓江出版社一搬到桂林就出了一套新书。

这个丛书由柳鸣九主编，丛书每本书的序言都是他写的。虽然也有编委会，但实际上编委都是挂名，选目的确定、译审的组织、译稿的编辑、前言的写作以及宣传，都是柳鸣九完成的，甚至丛书的设计、框架也是柳先生确定下来的。一个翻译家能把外国文学图书的出版抓那么细，每个环节负起责任，这是很难得的。当时翁文希已经去世了，我们请了云南画派的代表人物之一的刘绍荟做丛书总设计。刘绍荟到桂林后，本来要调到漓江出版社工作，因为这样那样的原因没来成，就去了桂林教育学院的美术教研室工作。除了“法国二十世纪文学丛书”的设计之外，“外国文学名著丛书”也是请他设计的，有些插图也是他画的。为什么说“法国二十世纪文学丛书”是大工程呢？这套书的开本小，一组7种，一共70种，漓江出版社出版了前35种。后面柳鸣九想加快进度，就把后35种给了安徽文艺出版社出版。整体上看，前35种图书里，有影响的名著更多些。漓江出版社出版的35种，有《栗树下的晚餐》《正义者》《长别离·广岛之恋》《悠悠此情》《东方奇观》《魔鬼与上帝》《嫉妒》《茫茫黑夜漫游》《王家大道》等作品。我们过去对法兰西的古典文学比较了解，但对法国20世纪

[1] “世界文学名著丛书”是由各省、区、市出版机构联合发起并出版的一套丛书，丛书的出版得到人民文学出版社、上海译文出版社以及孙绳武等专家的指导和支持。

文学没有系统地介绍，这套书填补了一个空缺。而且我们国家国别的文学丛书很少，以前苏联作品推过一些，美国文学也推过一些，但没有一套完整的书能够把一个国家一个时期的作品概括收集进来，“法国二十世纪文学丛书”在这方面是有开创性的。“法国二十世纪文学丛书”里，莫洛亚的小说《栗树下的晚餐》，是罗新璋翻译的，这个译本和沈志明翻译的塞利纳的《茫茫黑夜漫游》在第一次优秀外国文学图书奖评奖里面得了二等奖。

一个国家一个时期内能出版一整套有代表性的法国文学作品，有70本之多，每本都有前言，这样的成果和现象以前是没有的。美国、法国，或者是德国、日本的出版社，也有出版十几本的丛书，把20世纪法国文学选收一些代表作品，但是像“法国二十世纪文学丛书”如此宏大的规模有计划地介绍，统一高标准地装帧设计，这样高的质量和效果，还是没有先例的。有的丛书没有那么多品种，有的丛书影响没有那么大，有的丛书没有那么完整的体例，这套书可谓是柳鸣九一生的重要成果之一，也是外国文学出版最有影响和地位的典型案例。有这套书，漓江出版社就可以站起来了，更何况还有“获诺贝尔文学奖作家丛书”“外国文学名著丛书”“艺苑人物丛书”等等。中国电影出版社是专业的电影出版社，他们一时间都未必出版过这么多有影响的电影方面的人物传记。通俗的作品，很多出版社都有出版，像译林出版社都出过《东方快车谋杀案》《尼罗河上的惨案》等作品，但是像我们这样有一个大专家领衔主编，以文库形式有组织有计划地翻译出版的也是第一次。漓江出版社的开拓之功是大家有目共睹的。

我们的“外国通俗文库”译者都是翻译界、外国文学界有名气的专家学者。“外国通俗文库”打响的第一本是美国作家谢尔顿写的《假若明天来临》。这本书的两个译者，一个是盛宁，南京大学毕业，去美国专门研究文论，回来以后在社科院外文所工作，做过《外国文学评论》杂志副主编、主编，是有名的文论专家，他和王逢振编过《最新西方文论选》；另外一个译者是龚文库，北京大学国际政治系主任，北京国际政治学院成立后任院长，有名的美国文化研究专家。他们两个在美国访学的时候，发现这本书畅销，就分头一个人翻译一部分，但是用的是笔名。他们的文笔很高端很流利，开创了当时大专家翻译通俗小说的先例。因为很多出版社出的侦探小说、流行小说的译者大都是年轻的名不见经传的人凑起来赶时间翻译的，不一定可靠。《假若明天来临》第一次开印是10万册，后来印到二三十万册。

“外国通俗文库”的其他小说，还有《烈药》《夏威夷》《流浪儿迪克》《战争与爱情》等，一共出了十多本，施咸荣编了大部分，后来有些作品不是他编的。“外国通俗文库”最大的特点是专家主持编辑，不光是为了赚钱，还考虑到对通俗文化的发展有一点借鉴、推动作用，是专家做通俗文学研究工作的成果，译者的眼光不仅着眼于作品好不好看，读者喜不喜欢，还着眼于能否给通俗文学研究提供一些新的资料和借鉴，品位和价值自然和一般的通俗作品不一样。

“文库”里还专门有一本书，叫《美国通俗文化简史》，施咸荣组织翻译的，董乐山等很多人都参加了翻译。这是研究美国通俗文化的一部必读作品。现代通俗文化的发展，包括流行歌曲、电影、侦探小说还有其他方面的，甚至服装设计，都有所涉及，收录有一二十篇文章，把美国通俗文化方方面面的发展历史写成论文汇聚出版，受到好评。我们国家没见过这样的书，也没有研究，当时社会上方方面面的读者都在赶时髦，都在搞通俗文化，通俗文化也很流行，但是缺乏研究，缺乏对照，《美国通俗文化简史》为读者提供了参照物。

漓江出版社很多受好评、得大奖或者是销路很好的书，诗歌占有很大的比重。《尼采诗选》是上海有名的翻译家钱春绮翻译的。他本来是在德国学医，翻译过《海涅诗选》，翻译过里尔克等很多大诗人的作品。尼采是超人哲学的代表，是主观唯心主义的代表，他的诗没有翻译过，钱春绮翻译后想出版。上海有一批像钱春绮这样的职业翻译家，他们在20世纪三四十年代就开始在上海专门搞翻译，靠稿费生活。解放后，社会上对于这些翻译家还是比较尊重的，上海译文出版社每个月发给他们一笔可观的津贴，足够让他们生活得好，但要求他们翻译的作品要优先给上海译文出版社，该付的稿费照付。有好多有名的翻译家都是这样，钱春绮也是其中一个，还有《斯巴达克斯》的译者李俍民。这些翻译家的职业翻译，就保证了译文的质量，充分发挥了翻译界人才的作用。德语界还有一个翻译家杨武能，南京大学毕业后在社科院外国文学研究所读研究生，毕业后去四川工作，做了四川外语学院（今四川外国语大学）副院长，是研究歌德的，冯至的研究生。杨武能和漓江出版社有长期合作，“获诺贝尔文学奖作家丛书”中的《特雷庇姑娘》就是他翻译的。杨武能还组织翻译过《魔山》。他经过南宁回四川的时候来找我，问我敢不敢出《尼采诗选》，我说那有什么不能出的？尼采是有名的哲学家，他的哲学思想并不是一无是处，主观唯心主义者多得很，黑格尔也是主观唯心主义，现在研究马克思、恩格斯不看黑格尔行吗？《尼采诗选》一出版就印了9万册，在几次图书会上都是优秀畅销书。

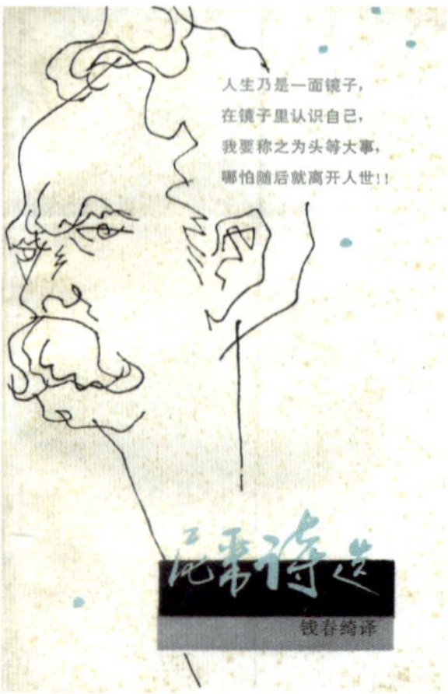

《尼采诗选》

“域外诗丛”有一本《意象派诗选》，就是艾略特研究专家裘小龙翻译的。裘小龙在中国社科院读研究生的时候，就在名师卞之琳、李文俊的指导下读过这本研究现代主义诗歌的西方名著，他把它翻译出来，并请李文俊作了序。这本书影响很大，第一次印刷就6.7万册。2008年，改革开放30周年，评选30年来300本优秀作品，其中外国文学里面一共评了27种，漓江出版社就占了

8种，《意象派诗选》是其中的一种，是唯一的诗歌类型的作品。全国那么多出版社，出版了那么多外国文学作品，漓江版的图书差不多占了近三分之一。这个评选对外国文学作品特别注重译本的选择，主要看哪家出版社出版的译文质量高，有些品种多家出版社都出版过，但专家和读者独独选中了漓江的译本，足以看出漓江出版社在外国文学出版方面的影响力。

在刊物方面，我们到了桂林之后，继“漓江译丛”之后，于1988年又创刊了面向青年译者和青年读者的《青年外国文学》杂志。青年译者很活跃，青年读者很多，但是没有刊物是专门面向他们的，漓江出版社出版的《青年外国文学》杂志就填补这个空白。杂志创刊的时候是双月刊，外国文学界的领军人物冯至、叶水夫、王佐良、杨武能、王逢振、贺祥麟和著名作家舒婷、陈建功、赵长天等都撰文祝贺，中国翻译家协会还专门发来贺电。漓江出版社和中国翻译家协会还联合举办了第二届全国中青年翻译经验交流会，有100多人参加，大多数的省会城市、重点的城市都有代表参加。在研讨会上，中国翻译家协会的代会长叶水夫，副秘书长林煌天，

与诗人北岛（左一）、舒婷（左二）、柯雷（左三）等合影

老翻译家傅惟慈、汤永宽等都到会讲话，工作会议开得很成功，很多代表发言做了交流。在地方能和全国性机构联手召开这样有规模的学术性会议是很不容易的，《青年外国文学》杂志质量很高，很多翻译家带头写稿，作者、译者大部分都是一流的名家，杂志出版后影响很大。遗憾的是，出版了两年后，正碰上全国刊物压缩整顿，觉得外国文学刊物太多，不好管理，《青年外国文学》杂志也被列入整顿之列，后来就停刊了。如果哪个出版社有魄力来做，现在再做也不迟，也还有市场。

在《青年外国文学》之外，漓江出版社还出版了两种持续推动中外文学交流的读物。一个是《国际诗坛》，以图书形式出版，32开，一共出了六辑。《国际诗坛》由“七月派”诗人彭燕郊主编。彭燕郊在改革开放后到湘潭大学教书，他诗写得好，对外国诗也特别有研究，特别有兴趣，组织了很多稿子，推荐了很多值得介绍的现代诗作品。《国际诗坛》在北京开研讨会时，北岛、王家新、公刘等很多人都很支持，都为《国际诗坛》鼓劲。当初出版《国际诗坛》我们还是犹豫过的，因为我们有“域外诗丛”，压力已经不小了。诗歌的发行量有限，虽然叫好，但是不一定叫座，经济压力大。但作者与读者的热情和积极性打消了我们的疑虑，一出就出版了七本，在全国都有很大影响。还有一个内部刊物是《文贝》（*Cowrie*），我手头上还有一本，现在可能

《文贝》

在广西、在漓江出版社的仓库也找不到第二本了。《文贝》（*Cowrie*）是英语版的中国比较文学刊物，主要介绍反映了当时中国比较文学学者的一些研究和代表性成果，也介绍了外国比较文学学者的作品。当时比较文学很时髦，研究的人不多，最有名的是季羡林、杨周翰、乐黛云、林秀清，他们也办有中国比较文学的刊物，这个刊物差一点也放到漓江出版社来出版。《文贝》（*Cowrie*）是个非正式刊物，由孙景尧主编，1986年在《人民日报》上也登了广告。那个时候的出版管理不像现在这么规范，学者专家写稿编辑、出版社接纳出版的出版物，没有刊号和书号，纯粹是学术上的交流，不涉及政治问题，没引起谁批评。外国人要拿外汇订这个刊物，当时外汇管理很严，外汇取得很费事，勉强出了3辑，到桂林以后还出过2期。孙景尧在最后一期出版后给我写了封信。这个也是中国学术界中外文学交流方面的有纪念意义的事情。

在辞书出版方面，漓江出版社有四种辞书影响最大。

一是《外国名作家大词典》，由钱锺书题字。我们是通过外文所研究莎士比亚的专家郑土生找到钱锺书，请他题字的。钱先生有个特点，年轻人找他他都很热情，非常谦虚，也乐意帮忙。郑土生也是《外国名作家大词典》的作者之一，有关希腊罗马的很多词条是他写的。《外国名作家大词典》的主编四个人：张英伦、吕同六、钱善行、胡湛珍。外文所的三个刊物《世界文学》《外国文学评论》《外国文学动态》基本覆盖了外国文学研究的几个主要的环节，吕同六积极推动创办了《外国文学评论》，很多优秀作品都是吕同六翻译的，业务主要是由张英伦、钱善行负责，组织协调事情主要由胡湛珍负责。吕同六做了大量工作，外文所大部分人都参加了，中国翻译家协会、高校、出版社的专家都参与了，一共有192名作者，囊括了全国外国文学方方面面的代表人物，印刷了6700册。《外国名作家大词典》出版后，被认为是最实用的一本外国文学词典，在中国外国文学图书评奖的时候第一次评了二等奖的第一名。新闻出版署的图书司长、评委会常务副主任杨牧之在会上说，这个评奖最大的遗憾就是《外国名作家大词典》没有得一等奖，无论哪个方面这本书都应该得一等奖。

第二个是《外国妇女文学词典》，由朱虹和文美惠主编。这两位是公认的外国文学女作家研究的佼佼者。朱虹是北京大学毕业的，外文所英美文学室主任。她说自己的英文比中文好，文章英语表达比中文好，翻译了很多中文的作品在美国出版。朱虹是国务院学位评定组的成员，广西师范大学要申报外国文学方面的硕士点、博士点，她到过广西师范大学，就到了漓江出版社来访问。朱虹是女性文学专家，和漓江出版社编过女性方面的“夏娃丛书”。《外国妇女文学词典》不仅是中国以前没有过，在国外也没有发现这样的英文版辞书。

第三种辞书是汪飞白编著的《诗海——世界诗歌史纲》，其实是诗歌史，分现代卷、传统卷，原文在左边，中文翻译在右边，印了2万册。版式是杭州中国美术学院的石建航设计的，他还画了一些精美的插图。汪飞白自告奋勇到广州的新华二厂排这本书，那个时候照排还没有更新换代，那些符号都是比较呆板的，工人都要学好久，汪飞白竟然学会了那套排字。他坐公共汽车到工厂和工人操作，排了一个月，后来到我们这里来报差旅费，没有一样是超标的，完全是老长工的姿态，完全看不出大学者的气派。汪飞白读过几个大学，毕业以后参军，在部队里当过团长，后来转业到杭州大学当教师，后来又去云南大学当客座教授。

还有一个《世界名诗鉴赏辞典》，也是汪飞白组织研究生分头写作、编写的。印制得很漂亮，一共印了两万多册。

这四部工具书辞书的出版，震动了中国的外国文学界。中国社科院在建国门内5号建了一个学术报告厅，建成后第一次使用就给漓江出版社拿来开四部辞书的发布会。中央书记处原书记、中央党史工作领导小组副组长邓力群，中宣部副部长、文化部代部长贺敬之，外文所的老领导冯至、叶水夫，新闻出版署和中央宣传部有关负责人等参加了会议，参会的还有王佐良、袁可嘉等名流，《新闻联播》《人民日报》《光明日报》《中国文化报》《外国文学评论》都有报道和评论。这四部辞书标志漓江出版社的外国文学出版到了新的阶段，漓江出版社不光是出版文学作品和文学评论，能够出版《外国名作家大词典》等文学工具书，出版《彩色插图世界文学史》等有文学史价值的图书。

《彩色插图世界文学史》是英国作家和瑞典作家联合编纂的，翻译由李文俊牵头的。这本书印得很漂亮，基本上能按照原书的版面排印，版式我画了一个月，一字不差地把书都画完了，工厂照排出来就行，印得很好，设计者陶雪华的装帧设计的风格很有美感，冲击力很强。这本书出版后李文俊非常高兴，写文章在上海发表，说是“平生一大快事”。

我们还出版了中国社科院外文所组织的“外国文学研究资料丛书”。这是中宣部定下来的由人民文学出版社牵头组织翻译的三大丛书之一，一共有上百种，漓江承担了7种。这套书有的品种印数还不错，像《泰戈尔传》，有的还是赔本的。漓江出版社为了取得外国文学研究的地位，还是尽量承担了部分书的出版。

《现代主义代表作100种、现代小说佳作99种提要》

我们还出版了柳鸣九主编的“法国现当代文学研究丛书”，像《马尔罗研究》《莫洛亚研究》《尤瑟纳尔研究》，也是资料性的。

此外，我们还出版了王逢振、盛宁主编的《最新西方文论选》以及李文俊等翻译的《现代主义代表作100种、现代小说佳作99种提要》、王逢振等主编的《诺贝尔文学奖辞典》等工具书、资料书。在学术界和读者中都有广泛的影响。

除了出版图书之外，漓江出版社举办过一些大型的会议或者活动，在全国的影响都很大。我是做新闻出身的，有十几年都在《广西日报》工作，对媒体的重要性，对怎么样依靠媒体，团结和联系媒体，对媒体发挥的作用比较重视，也能够找到一些门道。

1986年，第一届全国书展在北京举行，我和几个同事参加。在书展上，我们吸收了一些意见，了解到了一些信息和意向，也借这个机会跟北京的媒体好好沟通，建立联系。我们在书展期间开过一次大型的座谈会，地点就在社科院外文所的会议室，到会的有出版界、翻译界、新闻界的专家80余人。当时中国出版协会的主席、人民出版社的领导王子野也参加了会议。借这个机会，新华社就花了很多时间介绍漓江出版社，报道了很多，还发了俄文稿给俄罗斯媒体采用。《人民日报》《光明日报》《中国青年报》等大媒体都报道了。

在上海，漓江出版社也举办过几次重大的活动。一个是联合上海新华书店举办了一次“漓江书展”。上海是中国近现代出版业的中心，它为一个地方的出版社举办书展，还是头一次，所以引起很多人注意。当地的报纸，例如《解放日报》《文化报》《新闻报》《上海青年报》等都做了报道，新华社驻上海的记者赵兰英写了一篇报道在《广西日报》全文刊登。

一些专家，对漓江出版社也很有感情，对漓江出版社的书很关注，在一些主流媒体发表文章写漓江出版社的书。比如，老专家王佐良专门写一首诗赞《诗海》，北京大学教授周珏良专门给《外国名作家大词典》写了书评。

第七章 漓江之花为什么这样红

声名鹊起，鼎足而三。

有方向，有思路，有战略，

风雨兼程的漓江出版人，

走出差异化的独特道路。

解放思想、敢于创新，善于突破，

依靠全国的优秀著译者队伍，

由点到面，快速形成布局，

与外国文学出版的两大高峰并峙而立。

* 本章内容根据2021年1月26日、1月27日、1月31日对刘硕良的视频采访（采访人：黄伟林、李逊、梁虹程；录音整理：李逊、唐迎欣）和2017年9月26日对刘硕良的现场采访（采访人：王云杉、陆立伟；采访地点：南宁，刘硕良家中；录音整理：王云杉、陆立伟、王伟彤、徐俐文；校对：贾雅楠、杨斯淇）整理；根据2021年8月16日对刘硕良的现场采访（采访人：李逊；采访地点：南宁，刘硕良家中；摄像助理：霍东升；录音整理：李逊）和2021年10月3日对刘硕良的现场采访（采访人：李逊；采访地点：南宁，刘硕良家中；摄像助理：黄高峰；录音整理：李逊、黄琦）修订。

漓江出版社最初几年，还没有成为实体的时候，出书规模、框架、社会影响基本上已经形成了。一到桂林建设，有了专职的工作人员，各方面工作都铺开以后，漓江出版社发展得就更快。经过十来年的发展，已经形成了比较大的影响力。

漓江出版社的影响力主要体现在什么地方呢？一个是体现在几十次重大活动和会议的举办，不光是在桂林举办，也去北京、上海举办，都很成功，而且产生了直接的影响。一个表现就是漓江出版社的图书消息频繁出现在全国的大报上，广受好评。

1991年11月，在吉林举办的首届全国优秀外国文学图书奖，评选从1978年到1990年全国出版的外国文学图书，评出了96种优秀图书，漓江出版社有10种图书获奖。其中桂裕芳译的《爱的荒漠》，李文俊、陶洁等译的《我弥留之际》和刘习良、笋季英译的《玉米人》这三种图书都得了一等奖。全国有两三百家出版社，漓江出版社获奖总数在全国各文艺出版社中排第一位。

2008年，由中国出版集团主办，江西出版集团协办，中国图书商报社、中国对外翻译出版公司、江西教育出版社承办“改革开放30年最具影响力的300本书”评选活动，选出的300种书里面外国文学占27种，其中漓江出版社出版的外国文学作品占了8种，差不多三分之一。

漓江出版社在初创时期的不利形势下，不断开拓创新，做出了特色，创出了牌子，能够逐步地与外国文学出版的两大高峰相提并论，成为中国出版界的一个奇迹和独特现象。

1

1985年5月，我起草了漓江出版社的建设方案框架，计划是作为漓江出版社建设的纲领文件，还没有来得及正式讨论，就先打印出来给大家参考。在这个草拟的文件中，可以看到当时漓江出版社既有开拓精神，也有步子走得不稳的表现。漓江出版社当时在谢盛培局长的倡导下就提出了要实现企业化。这个目标和方向是对的，但那时用企业的标准来看，我们的管理还很不健全，经济上不能完全自立，还是有很大的差距。在漓江出版社的草创阶段就提出企业化，实际上一下子也办不到，这足以看出当时是有点急躁、有点冒进的。这个文件还谈到要实行民主选举，选社长，甚至漓江出版社也真的酝酿过选谁当社长，有可能竞选社长的人还出来拉选

1988年，中青年文学翻译经验交流会期间和上海出版界代表游漓江

票、搞串联。这些都是出版管理部门所不允许的。不过，这些事情很快就被制止和纠正了，没有进一步造成不好的影响。

漓江出版社是在广西人民出版社的母体里发展壮大的，在副牌社阶段，还不是独立实体运作的时候，主要是文艺编辑室在运作。我在编稿、策划选题、报选题、组织稿子编辑，当然也不是我一个人在编。我不过是在这样的机制下尽了自己的一份力量。贺祥麟先生曾讲过一个有点调侃式的故事，说我在广西人民出版社编漓江社的书的时候，不分日夜加班，晚上把床铺搬到办公室加班。实际上也不需要搬床来，我晚上加班就在一个院里也很方便。那时候确实是不分日夜赶工，因为那么多书要出版，漓江出版社刚打开一个局面，要让它第一步就走好，能够继续下去，我是全力以赴。教材科的同志看到以后也说，那么多编辑、那么多办公室，就是刘硕良坐得稳，连工间播放广播操都没有时间参加。一部书稿几万字、几十万字，你要看原稿、看校样，要一个字一个字地看，是偷不得懒的。如果做编辑的没有一点“坐功”，不能沉得下心来，很多任务是完不成的，是干不出很多事情来的。为了专心看稿，我把在劳改场所时为了解闷而养成的烟瘾也戒掉了。我是把戒烟看作考验自己意志的一件事情来做的，我想我半辈子过去了，能不能在后半生干点事，就看自己有没有坚强的意志，而能不能戒掉烟，就是考验我意志力的一个关键、一次机会。说戒就戒，我决心一下，马上就把没有抽完的烟全部扔掉，从此几十年来，再也没有碰过烟，说是抽烟可以提高效率，我恰恰是为了提高效率而戒烟，因为有烟瘾就会分散精力，往往没写完几行字或者看完几行稿就想抽烟了，把烟戒了以后，工作精力更加集中，更加专一。

漓江出版社的成本核算、装帧设计、通信联络、征订发行等工作早期都是由广西人民出版社的其他部门运作。出版社的编务包括日常的发稿、校对、发稿费、宣传这些工作，负责部门现在叫总编室，过去没有叫得那么大，叫编务室。漓江出版社的编务工作长期由廖玉桦负责，后来他也做了副社长。他也喜欢文艺，喜欢写点小说，书法也不错。他把很多精力集中在编辑部的日常编务环节工作的协调、联络沟通以及对外宣传上。

广西人民出版社各个部门的工作都是很紧凑的。由于改革开放的春风，整个河堤路14号院子都有欣欣向荣的气氛，每一个细小的环节，负责的工作人员都是很认真的。比如说，收发室有个女同志小陈，每天所有的报纸和信件来几次就送几次，一个人抱一捆，要爬几层楼跑几十个房间去送，有时候急件还要送到邮局去，她都能完成得很好。我与财务部门、编务室的工作人员，发稿费、发稿、印刷的联系得都比较多。那时我继承了在《广西日报》时的习惯，就是下印厂，因为我们编稿，编出来的这张报纸、刊物或者书是什么面貌，一定要经过一个印制部门的努力加工得以体现，然后才能送到读者面前。印制部门的努力关乎编辑的意图和设想效果能否很好地实现。

做好出版工作，首先得有好的想法、好的眼光，要能抓住好的选题好的作品，还要设计好，形式要新颖、美观。但是光是做好这些工作，还远远不够，还得做好印制、发行、营销等工作。总而言之，出版是个系统工作，涉及方方面面。除了内容和设计，漓江出版社还比较重视印制、发行、营销几个方面的工作。这些既是漓江出版社的特点，也是其之所以成功的不可忽略的方面。

第一个，重视印制工作，要确保出版物的质量过硬。广义的出版，包括编辑和发行。狭义的出版，就是指印制部门，包括排字、校对、改样、上机印刷、装订等。经过生产的发展，印制部门越来越先进、简单和快速，其重要性也就越来越鲜明。所谓现代出版，除了整个出版物的概念以外，实际上就是印制这个中间环节的现代化，一个从事新闻出版的人不能不关心印制。八九十年代的书，印刷质量还是有限的，有些粗糙，纸张也不太好，设计也不是很讲究，但是漓江出版社的图书整体质量还是相对好一点的。

在广西日报社，我是最经常下厂，和工厂保持密切联系的一个编辑。很多编辑不会画版，在编委里面，我是第一个自己能画版的人，画版的人

漓江出版社外国文学出版工作得到文学翻译界的认可和支持。图为陪同孙绳武（右二）与绿原（左三）、包文棣（左四）、白烨（左二）、阮同（左一）等游漓江

1988年10月，在全国中青年文学翻译经验交流会结束的晚宴上，与漓江同事合影。前排左起：赵涛、唐慧群、刘小凤、刘珍。后排左一：吕天放，右一：朱寿兴

请假，就是我顶替来做这个工作。到出版社以后，我还保持这样的传统。有时稿件改动了，我总是从印厂的角度出发考虑，好不好改，尽量减少他们的麻烦。那时候还是照排初始的阶段，都是手工调整，如果这个页面或者这一行、这一段删掉几个字，往往就少了一行或者一页，整个版都要移动，不像现在都是用电脑，改动几个字很容易。工厂最烦改稿，工厂的师傅不怕编辑改，最怕每次都改，每次都改得很麻烦。

我看校样的时候，查出了问题，尽量在一校的时候就集中解决，哪怕第一次改得多一点，也比每校次都改好很多。工厂师傅对我都是很欢迎的。广西人民出版社有一个老编辑，是一位女同志，她的校样总是改得太多，工厂很有意见，把她叫到工厂来当面和她提，讲了很多不客气的话。这个编辑有一定年纪，是有资历的老编辑了，她觉得很难受，讲着讲着就哭了起来。后来工人师傅就像哄小孩一样，说得了得了，不要哭了，这个我们来帮你解决。稿子编辑不能随便处理，要尽量方便工厂。

重视印制工作不光是为了出好书，对整个出版生产力的发展也是一股重要的推动力量。漓江社大举开拓外国文学，在印力壮大、材料供应、物资储运、图书销售等方面都为广西出版事业的发展尽了一份力量。仅以印制来说，有了漓江出版社以后，广西民族印刷厂的优良装备和技术力量得到了充分的发挥，同时带动了一些中小印刷企业的发展。南宁之外，漓江的书还北延到长沙加工，东扩到佛山、广州、深圳印制，像四部文学工具书就是在广东印刷的。

第二个，重视发行工作，更好地实现图书的市场价值。你的书编得再好，印得再好，如果发行不行，你的目的还达不到，事倍功半。出版系统专门有个书店系统，以前是新华书店包揽，一家独大，是先有新华书店后有出版社，所以书店在出版界的地位特殊，不能把书店的工作人员、包括店员当成一般的服务人员一般对待，他们是文化产品、精神食粮的传播者。我对新华书店的工作人员有种特别的崇敬。

漓江出版社之所以能够很快地崛起，新华书店是立了很大的功劳的。

每本书都有个征订目录，是新华书店编的，他们有个同志专门做这个工作，而且水平较高。最后一任负责目录编订的工作人员叫黎松峭，他的字写得很好，文笔也不错，是武汉大学图书发行专业毕业的。武汉大学的图书发行专业是全国第一个图书发行专业硕士点，第一个培养图书专业学历的高校，后来也有博士点了，因此说，武汉大学是培养科班出身的发行工作者的高等学府。新华书店征订目录发下去，有时候下去开会，开巡回展出，或者把各个地方库存的书调出来、集中起来，转发到需要的新华书店去，做很多调剂工作。因为市场变化很快、差异也很大，很多事情难以有科学的预见。

我是广西出版系统、编辑部门里面第一个经常跑书店的人。我把书店工作人员当作第一个读者、第一个客户，尽量使我编辑的作品能够为他们所欣赏。如果他们有不理解的地方，我会和他们沟通交流。有时我还去看他们的订单，各个地方报过来，比如说玉林多少本，荔浦多少本，外省某个省会要多少本……从中你可以看到我们这本书的目标市场达到预期没有，是哪些地方的人感兴趣，是哪些地方在关注，哪些书在哪些地方是很不受欢迎的，这个就是个“晴雨表”。在这个过程中，可以看到全国各个地方的变化，比如说大连、青岛这些地方发行量都比较可观，北京，华东、东北、东南一些地方读者是最多的。《世界中篇名作选》第一册，南京市新华书店中山东路门市部一次要3000册。一个门市部就要3000册，有些省都要不了3000册，少的连1000册也不到。南京的中山门是一个很热闹、很繁华的地方，是南京新华书店最繁华、最兴旺的一个市场点。解放后，新华书店的位置都是非常好的：南宁的新华书店地点是陈漫远书记亲自定下来的，在新民路、民生路最繁华、最兴旺、人流最密集的地方；桂林市新华书店就是在阳桥头，一边是邮政局，旁边就是两个湖，湖那边就是漓江，这边是中山路，一直通到火车站。各城市的新华书店大抵也是如此。有些特别的地方，比如新疆的新兴城市石河子，人口虽然只有几十万人，但是读书的人很多，石河子的新华书店要书也要得多。因为克拉玛依油田在它的旁边，还有个八一钢铁厂，很多从内地到新疆工作的人都要看外面的书，新疆要的书往往比宁夏、青海多得多。

漓江出版社的读者主要集中在哪些地方？北京、上海是最主要的城市，可能占了差不多半壁江山。漓江出版社一开始就想怎么在北京打响，而不是想到首先在广西打响。在广西打响是顺理成章的事，关键的考验是你能不能进北京、上海这样的大城市。如果这些地方没有你的书，或者你的书很少，何谈"面向全国"？我记得刚到出版社的时候，我们请河池、百色、巴马、东兰这些山区的书店代表，或者有关人员向我们介绍农村需要什么书，希望我们出什么样的书，也就是征求读者的意见。这种意见征求会越听越气，我们的书都薄得几乎写不了字了，他们还要求内容还要更精简一点，成本再低一点，价格再便宜点，要让农民几个鸡蛋就可以买一本书。这种意见当然要听，但也要分析，不是越简单越好，越便宜越好。因此我曾经针锋相对地提出来，我们更应该多看看北京、上海的读者希望我们出什么，要适应先进生产力发展的要求。为读者服务，做调查研究，也看怎么调查，为了什么去调查。改革开放讲一千说一万，就是解放生产力，过去的生产力被束缚了，现在解放了，要让它发挥更大的作用。出版就是要适应先进生产力的要求，更好地适应先进群众，追求发展进步的革命群众、活跃分子的要求。

我跟发行部门和新华书店始终保持着密切的联系。有些书我们打了校样出来，先送一份给他们看，听取他们的意见。他们有丰富的经验和职业的敏感和训练，往往看得很准，对市场把握得很好。拿《西方爱情诗选》这本书来讲，他们也认为书挺好，但是最先报来的印数只有几万册，后来我把校样送给他们的主管何庆养，他一看6.7万册的订数，大笔一挥改到了10万册。因为我和他讲，同样是爱情诗选，我们这个不是泛泛的外国爱情诗选，而是西方的爱情诗选，我们这个《西方爱情诗选》是很开放的，包括很多过去中国不敢介绍的，介绍了遭到批判的，有名的诗人的作品，艺术性很强，比如说俄罗斯的阿赫马托娃，英国的湖畔派的诗人华兹华斯等，这些诗在中国很少被介绍。还有法国的大诗人阿波里奈尔和作家雨果的诗，雨果的小说介绍得多，但雨果的诗介绍得并不多。我举这些例子一说，何庆养觉得有道理，一下把订数由6.7万册加到10万册。后来新华书店在四川师范大学饭堂摆摊卖漓江出版社的书，学生排队买《西方爱情诗选》，把桌子都挤坏了。有很多读者直接写信给我，提到怎么样迫切需要《西方爱情诗选》，有的年轻人来信里提到，我和谁从小青梅竹马，感情很好，后来上大学就看不起我了、不理我了，我要拿一本《西方爱情诗选》给她，打动她，找回我们的爱情。这本书印了五六次，这几年还在重印，也没有做修改，先后卖了六十多万册。2020年11月，翻译家兼诗人、《世界文学》主编高兴还在纪念漓江出版社成立四十周年的文章中，十分生动地描绘了当年对《西方爱情诗选》的痴迷。

当时新华书店有一个业务科叫本版科，专门管本版书，我们和科长张月华、副科长申稚媛关系都很好，他们有什么意见都及时和我们讲，甚至他们个人的事情我能帮的也帮。当时申稚媛的小孩在上海同济大学建筑工程学院毕业以后，找不到发挥才能的机会，大家都知道同济的建筑是很有名的，是有德国背景的一个工程大学，恰好我老伴的老同事的先生就是清华大学建筑系毕业的，是广西建工局的局长，我们请他帮忙，结果她的儿子就进了建设工程局。又比如说，漓江出版社有一本美术画册，跟日本合作出版，要几个人去校对，我去日本之前，经过上海，上海新华书店业务科有个管文艺图书的业务员说他的儿子想去日本留学，跟日本的有关系的人已经联系上了，到现在又没有消息了，看能不能帮联系一下。后来他把日本联系人的电话给我，我到日本以后，找到在日本留学的《雪国·千鹤·古都》的译者，请她跟那个人联系沟通了。原来是他们没有及时沟通，有一段时间没有联系了，沟通了之后留学的事情很快就办好了。对我来讲这也不是什么难办的事，也不是什么走后门，但对她来说就是关系极大的一件事。有一次我出差回到桂林，知道上海新华书店的人到桂林来参观旅游，住在漓江饭店，我就马上直接去了漓江饭店，在路上看到柚子什么的新鲜的好东西，买一大堆送去看他们。这看起来是很小节的事情，但是还是很有作用的，他们就觉得漓江出版社对他们很好，觉得跟漓江出版社合作是一件很温暖的事情。“获诺贝尔文学奖作家丛书”最先在桂林、南宁印，后来拿到上海去印，由上海新华书店往全国发，这个就方便多了。长三角地区需求量很大，直接去上海发货，书到得也快。浙江省的新华书店专门为“获诺贝尔文学奖作家丛书”的发行下发文件，要各个地方都重视。所以说，编辑跟发行是一个紧密而不可分的整体。

我编的那本《彩色插图世界文学史》是拿了原版来制版，但是要把外文变成中文，基本上能够文图对得上，又要保留原来的风貌，要一个字一个字算，每个页的版面都要画出来，搞了一多月才把版式搞好。这本书做得很漂亮，是陶雪华设计的。这本书很贵，是不轻易送人的。我从桂林带了一本书到南宁开会，会后我想这本书送给谁呢？起码有十个八个人应该送或者值得送，但是我想来想去，也没有给出版社的人，也没有给美术家，最后我给了广西新华书店的业务员小周，可见在我的心目中新华书店业务员的地位有多高多重。

1987年4月23日，新华书店成立50周年，漓江出版社在《人民日报》登了一个通栏广告，大的标题就是《祝贺新华书店成立50周年 漓江出版社奉献一批新书》。一个地方出版社，单独在《人民日报》刊登通栏广告对新华书店表示庆祝，在新华书店历史上是没有的，全国的新华书店由此对漓江出版社留下了特别好的印象。此前一年，1986年4月22日，漓江出版社还在《人民日报》第8版刊登了通栏新书广告，引起了众多书店和发行界人士的关注。

因为改革开放后，发行的渠道由单一变成了多元，有了很多民间的渠道，私人书店渐渐崛起了。有些新华书店的同志感到有些失落，感觉自己饭碗被抢掉了，有一种消极情绪。我们这个广告一出来，就表明了漓江出版社的态度。1986年4月，我们就召开了全国40多个重要城市新华书店的业务座谈会，一个出版社单独召开全国性的新华书店业务会，这是第一次。

以前有过是很多出版社一起开，或者是新华书店开，请出版社参加，而这个会是我们出版社出资在桂林开的，当时北京、上海、重庆、南京等省店，包括贵阳、昆明、大连、青岛、哈尔滨、鞍山等地的新华书店代表，都到桂林开座谈会。开这个座谈会目的就是表明我们还是依靠主渠道，同时又要拓展民间渠道。漓江出版社也办了自己的发行部、读者服务部，而且在桂林设立了漓江出版社的门市店，千方百计把发行渠道拓宽，使得我们的产品能够实现市场价值。

第三个，重视图书的营销，让图书有更广泛的社会影响。漓江出版社注重用多种手段多种方式做好营销宣传工作，扩大品牌影响力。市场营销是贯穿出版的全过程的。从开始策划到出版，再到出版以后推销，乃至每一个环节，都要有营销的理念，就是面向市场。做好宣传，是漓江出版社一直都重视的工作。报纸也好，刊物也好，都是我们合作的平台和对象，漓江出版社的产品从一开始组织酝酿的时候，就考虑到怎样能够通过有效的宣传使得自己的产品为更多的读者所了解。这里面媒体的作用特别重要，因为我是办报出身，当然很重视报纸的宣传。我们特别注意北京的中央媒体，上海、南京、杭州、广州这些大城市的日报和晚报，甚至中央电视台和各地方的电台，我们也是很关注的。

做好宣传工作，主要是要给新闻机关、新闻机构提供便利条件，提供通稿，通稿要简明扼要，把最重要的东西写到前面。根据不同的报社、不同的要求、不同的读者对象，提供不同的书。我们不要每个报纸都要千篇一律地报道我们，或者都要有很多篇幅来做我们的书刊宣传，他们认为哪一点可取就可以写哪一点，登个标题、书的封面我们也一样很高兴。出版社都有样书，我们专门有一本联络地图，从北京到各个地方，记者的电话，通讯录都打印出来，哪个编辑都可以用，都可以联络。往往我们的书出来以后，拿到样书后想到的第一件事就是给哪个报社寄。这个是很需要耐心的，不能急，书要包得好好的，因为有很多是精装本，要把书的角保护好，打包、写地址我都自己做，当然有的同事也帮点忙。我认为这些是我们编辑工作必不可少的部分，不是额外的事情。

80年代初期，那时依靠新华书店开征订会。只有一个征订目录、一个介绍，就看这个决定订多少图书，这就叫“隔山买牛”。一个书店的营业员，很多人有中学文化程度就不错了，可能也没看过多少书，也没有经过很严格、很系统的训练，看看征订目录什么的就报征订数字了，盲目性也是很难避免的。但是这些业务员在实践中还是有很多经验和体会的，很多时候他们的眼光也八九不离十。对于出版社，对于编辑来讲，以前可以不管市场的情况，但是在改革开放以后，特别是90年代以后，就不得不重视这一块，编辑都要参与到营销中间去，一本书策划选题的时候，就考虑到这本书的对象是谁，怎么发到目标读者手里，读者会不会喜欢等问题。

1986年4月北京办全国第一届书市期间，《人民日报》记者和我们联系，说他们已经看到漓江出版社的书的反响了，要到我们住的地方采访。除了报道以外，《人民日报》的记者还帮我们向其他媒体介绍。《人民日报》是我们很重要的依靠阵地。我一直想编一本漓江出版社评论集，很多评论的作者都是全国有名的作家、翻译家、文化人或者媒体工作者，他们的评论、他们的声音都反映了时代的潮流，很有史料价值。《人民日报》副刊部的副主任缪俊杰、编辑卢祖品、记者高宁，都帮我们写过报道和文章。《诗海》在北京发行的时候，高宁除了写报道外，还请《人民日报》有名的画家苗地给《诗海》的作者画了一幅速写。一段时间，《人民日报》登我们出版社的内容很集中、很多，缪俊杰说我们要适当分散一些安排，报社有的同志觉得漓江出版社的东西登得太多了。因为我们的书有品质和影响在，而且我们的宣传联络工作做得很及时、很到家。

漓江出版社在中央电视台也露过镜头——在首届全国优秀外国文学图书奖评奖的时候，漓江出版社就上过一次央视。央视对这次评奖有一个很短的报道，就是把那个《玉米人》的封面在镜头上全部放大出来。为什么呢？《玉米人》得到优秀外国文学图书一等奖，这本书是魔幻现实主义的经典，比马尔克斯出现得还要早。这本书的译者刘习良，就是广电部的副部长、国际广播电台的台长，这次报道影响极大。

从漓江出版社的发展来看，我的体会是，对于一个选题、一个大项目，主持的人的学术水平、背景等很重要，协调项目的责任编辑也很重要。作为一个编辑，首先自己要有担当，不能有人说能干就干，不能干就不干，那是“墙头草”，是做不成事情的。领导权在领导手上，并不意味着编辑就没有责任了，如果成功了那当然好，但如果出现了问题，作为责任编辑，首先要承担责任，要不为什么叫责任编辑？所以说，项目负责人的担子很重，你要对译者负责，要对出版社负责，要对读者负责，对社会负责。

我觉得从事外国文学出版，必须要熟悉三本地图，要对世界文学的大格局了然于心，要对外部世界有所了解。一个是世界历史地图，一个是世界文学史地图，一个是外国文学翻译出版地图。

为什么要把世界地图熟悉呢？因为文学只是文化的一部分，也是世

1986年4月23日，漓江版外国文学图书座谈会，翻译家、外国文学研究专家吕同六（左），文艺理论家、外国文学研究专家柳鸣九（右）出席并发言

界的一部分，历史是文化的积累，是一个国家和民族整体的集中体现。我觉得从事文科或者是编辑出版工作，历史知识是必不可少的，是基础的，历史不好的人在文科领域很难有很大的发展，甚至入不了门。我很看重编辑的历史修养和素质，看重所掌握的知识面，很多年轻的毕业生来求职，如果是学历史的，或者是跟历史相关的，我会另眼相看，如果是学新闻的来，除了看重他的专长以外，还要看他的文史知识是否广博，看的书是不是很多。在漓江出版社做外国文学出版，我能够比较快上手，这跟我从小注意学习历史，注意看外国的著作有很大的关系。

二是要熟悉世界文学史的地图。一本是世界文学地图，要懂得文学有一些什么流派，有什么重要的、标志性的作品，有什么有影响力的作家，对这个地图要有大概的印象。比如讲到冰岛，冰岛有什么文学家？讲到北欧，北欧有什么文学家？有哪几部经典的作品？法国古典的、现代的小说、诗歌、剧本、散文还有它的理论有哪些？就像有地图一样要有基本的概念。你可以不了解某个作品，某个流派，但是大概的情况你要了解，要有宏观的把握。如果你了解了，有了大的概念以后，你说到某个作品，某个作家的时候你可以再去查书。有这个地图你就像有个门一样，去什么地方能找，去哪里查，就会有个谱。

我读书的时候，在《广西日报》工作的时候看过外国文学史，看过很多中外的文学名著，获得了一些世界文学的入门知识和信息，选择出版对象的时候才不会过于茫然。世界文学史就像一张地图一样，文学史在脑子里形成概念，大体知道一些，碰到作家作品知道有个线索去进一步了解。

还有一个就是要熟悉翻译家和出版社的地图。外国的作品有哪些有名的作家？外国文学出版过什么作品？在中国有哪些人翻译过？哪些翻译家是有名的？哪些书是出版社出版过的？哪些书是热门哪些书是冷门？这些基本情况都要有所了解。其实“获诺贝尔文学奖作家丛书”里面，好些在桂林文化城时期就出版过，解放初期倒向苏联，西方的东西就完全隔绝了，只有少数西方的古典作品在中国有介绍，西方的现代文学，都被认为是反动的。做出版，要了解这些出版领域的历史情况，知道什么时候一些工作断了，要判断什么时候还能恢复起来。漓江出版社上手的时候为什么选《白夜》与《保尔和薇吉妮》？当然是填空补缺，你要想填空补缺，你就先要熟悉文学地图、出版地图，知道还有哪些空缺。

出版要有计划、有系统地前进，包括各种流派、各种风格，体现世界的多样性，不管是生态也好，言论情况也好，很重要的特征是多样性，不是一个声音、一个观点、一个流派、一个口味，这样才符合社会发展的规律，这才是客观世界的真实面貌。多样化是艺术性里很重要的内容，文学作品一定要有多样化的艺术性，不能光看内容和政治倾向。世界之所以辉煌灿烂、长盛不衰，就是因为它不单一、不单调。国际上对自然环境研究很注意生物圈的丰富多彩，文化、精神产品也是一样的，它不能够单调单一。漓江出版社早期一开始就注意这点，不管是内容也好，风格也好，地区也好，作家翻译家也好，题材、体裁也好，都是不拘一格，多种多样。

过去我们国家有一些失误，当然有很多原因，但是至少有一条，就是忽视多样性和不尊重多样性。单一、单向思维，单向政策，单向路线，很多事情就做不好。做外国文学，我就一直强调，我们要有多样性，世界文学本身就是多样的，我们一定不能沿着一条路子，一种思路，用一种框框去套所有的东西。

作为外国文学出版来说，我们要抓经典、抓艺术性。因为文学是艺术，经典不光体现在内容上，还体现在形式上，体现在我们的艺术价值、形式价值是怎么样的。不是说什么样的东西都拿出来出版，首先要看它经典不经典，有一定的经典地位没有，有一定的经典价值没有。真正找到经典性，市场价值也就得到了基本的保障。市场价值蕴含在经典价值之中，市场并不是不可捉摸的、远离历史文化的怪物。市场看似只看重小说，但是并不是只有小说才受欢迎，只有小说才值得出版。比如说诗歌，除了《西方爱情诗选》《意象派诗选》《巴黎的忧郁》《阿赫玛托娃诗选》《马克思爱情诗选》《叶赛宁诗选》《劳伦斯诗选》等，我们还出版了舒

1987年，拜访萧乾先生

1987年，拜访屠岸先生

婷等女诗人的选集等选本，各种流派的诗选，一共有几十本，都各具特色的。在外国，诗歌、剧本价值比小说高，其实中国也是啊，小说什么时候才有啊？《诗经》多少年了？唐诗宋词多大的影响啊？现在大家不愿意读诗歌，出版社不愿意出诗歌，因为赔钱，那是他们眼光局限，其实是没有碰到好的诗。漓江出版社出过普希金的戏剧选，发行得也很好。“获诺贝尔文学奖作家丛书”里，诗歌、戏剧都有，像奥尼尔的《天边外》、艾略特《四个四重奏》都是很好的选本。一家出版社不出诗歌不出戏剧，就显现不出你的风采来。

要把对经典性、艺术性的追求作为一个不动摇的、永恒的目标。最保险而又有效的选择就是从名著里面挖掘题材，甚至你设计这个封面，设计的元素、主题都要体现原著的题材内容。《白夜》的封面就是从原著里面找的题材。我们对美编提出要求，如果没有好的创意，你就去找经典，原来那些外版的、有关的封面去找来看，去名画里面找。比如山口百惠的自传封面就是在日本的名画里面选的，读者比较喜欢。原版的封面或者是经典的名画，都是经过时间和市场检验的，是保险的，也是有效的。

2

1980年漓江出版社从挂牌开始，从南宁到桂林一路风雨兼程，披荆斩棘，做了很多开创性的工作。因为是初办，既缺乏经验，也有先天的缺陷，工作上也有过失误和挫折，我们对困难还是估计不足，出版社自身变化不断，在各种冲击下，要办好出版社又要出好书，经济上又能自给，谈何容易？有些书印数大就有点冲昏头脑，表现在两个缺陷和失误：一个就是摊子铺得太急，也大了一些，包括我们自己积累和筹款的，有些是可以不出那么多的，第一版印数不错，觉得后续力量很大，过于乐观了：第二次印刷印数大了，就把前面的利润冲掉了，造成了图书的积压，增加了资金周转的困难。有时候在管理上头脑不够清醒，图书品种的选择和内容质量上的把关做得不够，就会被胜利冲昏头脑。

漓江出版社也犯过严重的错误，单纯追求经济效益，偏离方向，《花花世界》这一外国垃圾作品，漓江出版社出版的这本书，被新闻出版署查禁，罚款15万元，出版社进行整顿，帮助进一步明确方向，改进工作。

1990年7月中旬，新闻出版署在桂林召开外国文学出版工作会议，全国有外国文学出版的文艺出版社，北京的人民文学出版社，上海的上海译文出版社，南京的译林出版社，包括有关中直出版社和高校的出版社都参加了会议。会议由时任新闻出版署图书司司长杨牧之主持，新闻出版署副署长刘杲在会上讲话。在会上，我代表漓江出版社做了题为《把外国文学出版作为一项严肃的事业来抓——漓江社外国文学出版十年回顾》的汇报发言。会议结束后，刘杲专门到漓江出版社视察，开座谈会。中宣部出版处的处长张小影也陪同来漓江出版社。这次视察，既肯定了漓江社的成绩也指出了漓江社的问题，明确了漓江出版社未来发展的方向，对漓江出版社的发展有重要意义。

为了加强漓江出版社的领导，也为了加强专业出版的布局分工，漓江出版社的班子人员发生了重大的变化：原来的法定代表人蒋振立调回南宁，改为彭匈任社长。出版社排第二位的领导还是我。原来我是副总编辑，又加了个衔头，副社长兼副总编辑。副总编辑增加了聂震宁、宋安群，李侃做副社长。

当时的这个专业分工调整与分社布局也有关。广西那时已经成立了教育社、科技社，漓江社算是文艺出版社，就是美术和少儿方面还没有成立专业出版社。这个时候，新闻出版署同意在广西人民出版社和漓江出版社美术编辑室的基础上成立广西美术出版社，社址设在南宁。漓江出版社美术编辑室主任甘武炎当广西美术出版社的社长，广西人民出版社美术编辑室主任唐石生任总编辑，副社长是蒋振立，广西人民出版社的副社长张

1986年4月23日，诗人北岛（中）在漓江出版社外国文学图书座谈会上，右一为中国社科院美国研究所专家梅绍武

达平任支部书记。这样一来，漓江出版社美术艺术类的编辑，能够去南宁的人员都去南宁了，美术编辑的任务就大大减轻了。当然，漓江出版社也还有相关的需要，还留下少量美术编辑，一个是装帧设计，一个是技术编辑。美术出版社专业社成立了，漓江出版社虽然也还有美术、书法方面的出版任务，但是比重减轻了，出版的结构更加鲜明了，出版的重点也更加明确了，对于漓江出版社的进一步发展也创造了更有利的条件。

漓江出版社的领导班子调整之后，发展的步伐就更加稳健了。漓江出版社多年来好的发展势头和成绩也为大家所肯定。漓江出版社的影响还是很广泛的。比如说，“获诺贝尔文学奖作家丛书”在文学界影响很大，莫言对《我弥留之际》就很欣赏，他的很多小说就受福克纳的影响。当时有一个读者来信，讲了他认为三套影响最大的丛书：一套是“外国文学名著丛书”，一套是“走向世界丛书”，还有一套就是“获诺贝尔文学奖作家丛书”。他认为“获诺贝尔文学奖作家丛书”是影响最大的。由此可以看到“获诺贝尔文学奖作家丛书”的影响之大，其实这套书不单是文化界有影响，在整个社会里面都有影响。“获诺贝尔文学奖作家丛书”让人们知道20世纪的人类社会精神生活、精神世界是什么样的。像以前我们在一些作品中看到的人性没有那么复杂，都是比较简单的，比较单一。但是在福克纳等很多获诺贝尔文学奖的作家作品里面，比如说西蒙“新小说”里面的，那不仅是一个技巧上的突破，而且是对人类世界，对人性的理解、挖掘的重要突破。它的文学意义自不待言，它的社会学意义、人类学研究意义也是很大的。这套书对社会思想文化有着启蒙作用，振聋发聩的作用。当然，这套书也遭到一些人的质疑。在质疑声中怎样做好出版工作，我们也制定了一些要求，就是要科学地看待作家作品，然后将政治正确落实到具体实践之中。我们采取清醒、坚定、谨慎的态度，认真把工作做好、稳步前进。

在1991年举办的第一届全国优秀外国文学图书评奖会上，漓江出版社成了大赢家，共有10本图书得奖。在获奖总数和一等奖数量上，漓江出版社在全国各地的文艺出版社中，是名列前茅的。实际上，在外国文学出版领域，也逐步形成了北京的人民文学出版社、上海的上海译文出版社和广西的漓江出版社三足鼎立的局面。在漓江出版社初创的时候，我们认识到全国的外国文学出版实际上是人民文学出版社和上海译文出版社两锋对峙，其他出版社是在双峰的夹缝中求生存求发展。漓江出版社在这样不利的形势下，能够不断开拓不断创新，走出了自己的路子，甚至能够逐步与这两大高峰相媲美，这可以说是漓江出版社发展水平的一个高峰。

回过头来看漓江出版社的发展，它为什么能够很快取得这么好的效果？为什么能够节节取胜，创造出版的奇迹呢？

我觉得，第一个，就是要有方向，有思路，有战略。

漓江出版社能从广西闯到全国去，就是因为一开始就同中求异，自出机杼，敢于创新，敢于突破。只是求同，就没有差异，就没有自己的新的面貌了。自己找出自己的“机杼”，不人云亦云，不赶时髦，不去扎堆，不跟在人家的后面走。早期漓江出版社的书号印在书的最后一页，像《白夜》的书号是“10256.1”，“10”是文学这个类别，“256”是说漓江出版社在全国是第256家出版社，后面的那个“1”，是表示使用该书号的是出版社出版的第1本书。当时全国有500多家出版社，“256”说明漓江出版社诞生的时间不是很早也不是很晚。1981年3月，《白夜》作为漓江出版社第一本书出版了。紧随其后出版的是《保尔和薇吉妮》，法国贝纳丹的浪漫主义作品。《白夜》发行32.5万册，《保尔和薇吉妮》发行19.7万册。这么高的发行量很惊人，在现在是不可想象的。一个刚刚挂牌的小出版社能够出这样两本书，发行量达二三十万册，这个成绩是很好的。

漓江出版社的第一炮是靠外国文学打响的。它为什么能够打响呢？首要的就是有一种活泼、思想解放、破除迷信的风格和精神，敢于创新，敢于突破。我还记得作家白桦在《人民日报》发表他在第四次文代会上的发言稿《没有突破就没有文学》，认为文学本身的使命和天职就是突破原来的格局，这样才是创作。我们出书也是，特别是一个新出版社，首先就是能够突破，出版一些以前书架上看不到的新面孔，包括新的作家、翻译家的作品。以前国内介绍的外国作家作品，往往都是现实主义的，浪漫主义的作品翻译得少。过去我们认为浪漫主义是比较消极的，实际上浪漫主义分为积极浪漫主义和消极浪漫主义，浪漫主义的艺术感染力很强，它追求艺术价值和艺术影响。

《白夜》是陀思妥耶夫斯基很有名的作品，艺术性很强，而且还拍过电影。20世纪五六十年代，苏联的电影不多，我们最常看的，比如说《幸福生活》《铁流》，是反映战争年代的作品，而《白夜》是写人的一种感情，心灵的颤抖，人们看了以后觉得别开生面，很喜欢。选择这个作品，不仅是着眼其内容和社会性，也是看重它的艺术价值。这个作品以前也有人翻译过，但是很多年不再版了。陀思妥耶夫斯基在中国的一些评论家眼中，有一点病态和消极，他那些长篇小说比较难懂。我们在选材上突破重现实主义，轻浪漫主义，打破重内容轻形式，只看社会价值不看艺术价值、文化价值的偏颇。

法国浪漫主义作家贝纳丹的《保尔和薇吉妮》，译者是北京大学毕业的年轻人亚丁。作品译出来之后，我们请法国文学专家罗大冈写序，罗大冈的夫人帮忙校订，美学家朱光潜题字。翻译和后期的编校印制质量也很高，篇幅不大，价格不高，插图、装帧设计很典雅，很有艺术性。这两本书一亮相不会那么老气横秋、呆板、沉滞，而是让人感觉到一种新意。漓江在人们心中，是一个秀美、唯美的地方，以它命名的出版社应该不是一个老气横秋、保守落后的出版社，应该有点清新、灵秀的感觉。作家、题材、开本、插图都能够吸引人，让人耳目一新。我们比较注重中小篇幅而且艺术上很有特色的作品，特别是没有出过的或者是很久以前出版现在很难看到的作品，可以填补空白，满足大家的需要。

刘硕良和刘绍荟

1986年4月23日，文艺理论家、外国文学研究专家柳鸣九（左）出席漓江版外国文学图书座谈会

你再比如说，更早之前出版的《西方爱情诗选》，也体现了我们的出版原则。当时，外国的诗歌选本已经出了不少，但是这些书质量很高的不多，销售超过1万本就不错了，我们出的《西方爱情诗选》第一次征订就报了10万册的印数。《西方爱情诗选》首印是在1981年7月，1982年3月第二次印了21.3万册，到1987年的3月已经印了6次，达到了50多万册。为什么漓江出版社的爱情诗歌的书能够卖这么好？原因就是我们的选本好。这个诗选除了一般人知道的普希金、歌德、拜伦、雪莱等有名的诗人，还选了一些大家以前很难看到甚至被禁的优秀诗人和作家，比如像俄罗斯的诗人阿赫马托娃。又如英国诗人，除了拜伦、雪莱，我们选了济慈、布莱克，还有湖畔派诗人华兹华斯、柯勒律治。选本视角很开阔，不拘泥于一个国家一个流派。而且，书中的空白地方，还写了一些有关的故事，充分利用空间，丰富内容。这个例子说明什么？道路是取决于思路。你有什么样的思路，就走什么样的道路；开什么路子出来，就会有什么样的过程和结果。

第二个，就是要寻找最具亮色的突破点，快速形成独特的出版布局。出版要取得很好的效果，要像打仗一样，要选择一个突破口，一个最关键、最有亮色、最有影响力、最有辐射力的突破口，把火力集中在那里，打开局面。突破之后，能够强化布局，点、线、面能够连贯起来，很快形成一个气候，有一点两点连起来就成为一个系列，几个系列组合起来就构成一个层面，计划性、系统性比较强，而不是漫无目的地孤立地东打一枪西打一枪。漓江出版社选择了什么呢？最大的突破点就是“获诺贝尔文学奖作家丛书”，出版以后石破天惊，红遍四方，不但是学生、文学青年看，其他行业的，搞财贸的、工业的、商业的，都有很多人买。对于文学界来讲，它打开了一个新天地。

除了“获诺贝尔文学奖作家丛书”以外，漓江出版社出版的单本的外国文学效果也很好，像《洛丽塔》《在路上》《暗沟》《荆棘鸟》《移民》《挪威的森林》《彩色插图世界文学史》影响都很大。漓江出版社还组织编纂了《外国名作家大词典》《外国妇女文学词典》《诗海》《世界

1993年4月，与张秋林（右）商谈版权贸易事宜

名诗鉴赏辞典》《诺贝尔文学奖辞典》等辞书，都产生了较好的影响。

时机的恰当把握是一门学问，需要智慧、敏感和运气。时机的把握要有一定的敏感，跟经验和运气有密切关联。快慢之间，失之毫厘，谬以千里。20世纪80年代是一个变化轰轰烈烈、机会频繁出现的年代，给出版人提供了种种诱惑、冲动，天地宽阔，万马齐奔，但也瞬息万变，稍纵即逝。过去长期压抑在心中的东西都像火山一样迸发出来，很多新的东西，很多不敢想的事情都可以做出来。现在的书越做越漂亮，纸张越来越好，价格也越来越高，但现在出版的一些书的思想含量不见得比得上80年代出版的。在意气风发、人才辈出的80年代，对出版人来说，效率是第一位的。能不能做出事情来，效率是决定性的因素，正所谓兵贵神速。但另一方面，真正有价值的东西，也要有坚定的信心。一些文化现象很红火，也可能很快会比较冷清；一些东西看似过时了，也可能后面又复苏。在拨乱反正的时候，一些人都认为马列主义不那么“香”了，但实质上马克思、恩格斯的思想还是很好的东西，《马克思爱情诗选》社会影响也不错，后来还获了奖。南京师范大学的专家黄树南在“文化大革命”时就翻译了《钢铁是怎样炼成的》，这个作品人民文学出版社出过了，他想要推陈出新。他认为像这样一本名著只有一个版本是不够的，他这个版本还有存在的价值。那时苏联已经解体了，那《钢铁是怎样炼成的》还能不能出版呢？我就告诉他，可以去修订翻译。毕竟它影响了中国几代人，不论在什么制度下面，它都有着它的永恒的价值，能一直鼓舞着人们。1993年，他翻译完的时候我已经离开了漓江出版社，后来莫雅平找我，问有什么好的稿子。我就将黄树南翻译的《钢铁是怎样炼成的》拿给他，说这个肯定可以。后来这本书印了101万册，由这本书带出来的“影响三代中国人”系列丛书，包括《牛虻》《卓娅和舒拉的故事》《青年禁卫军》《绞刑架下的报告》等，风靡各地。所以，有些有价值的东西可能现在看起来它冷了，但过一段时间它还是会红起来，因为它有永恒的价值在里面，一旦遇到适当的时间、适当的机会，一发酵就马上散发出魅力。漓江出版社出畅销书，首先看的就是它的价值它的经典性。

第三个，就是要做好装帧设计，内容与形式要统一，要有特点，有吸引力。漓江出版社早期图书的装帧设计主要是翁文希做的。他出生于广西有名的美术世家，几个兄弟都是搞美术的，他没有专门进过美术专业院校学习，但是自学很刻苦很努力，钻研精神、开拓精神也很强。漓江出版社出版的第一套外国文学图书“外国文学名著丛书”，还有“漓江译丛”“艺苑人物丛书”“域外诗丛”“世界中篇名作选”等陆续推出的重点产品，都是由翁文希设计的。翁文希的设计有一个鲜明的特点，就是有美感和新鲜感。美是所有美术编辑追求的目标，但是怎么做到雅俗共赏，既有经典性又有大众性，就需要美术编辑做很多工作使经典性和大众性能适当融合、结合起来。一个简单的办法，就是要注意吸收中外传统的优秀美术作品、美的形象作为设计元素，吸收其有益的养分。像《保尔和薇吉妮》这本书就取得了这个法国作品的原版插图，翁文希选了其中一幅来做封面，然后加以组装。他的设计首先是要求有美的效果、有经典的元素，每次开始设计之前，或者设计完了以后，他会征求我的意见，表明他的意图，我也全力支持他。他说他有时担心形象太突兀太大了，会招来人家的批评和注意。我说不要紧，你首先以名画做基础，或者吸收名画有丰富美感的东西，融合、体现出来，这个形象、图画或者元素，在学术价值上是鲜明的，是站得住脚的，至于你加以改造、加以取舍，那不要紧。翁文希基本上就按照这个原则，从外国的名画、名著里面去吸取设计的灵感和基本素材。外国文学的作品，首先要洋气，要有外国的气息。翁文希也很注意多方面收集外国的名画、插图，不管是跟这本书有多大的关系，他都注意收集和积累。

当时《世界文学》的主编叫高莽，又名乌兰汗，是解放区培养出来、新中国培养的优秀的外语人才，学俄文的，哈尔滨俄语专科学校毕业，就留在那里教书。后来成立中国社科院外国文学研究所，办《译文》杂志、《世界文学》杂志，叫他去。因为他是老资格，他的诗歌翻译、美术创作都很好的。他画过很多人物速写，漓江出版社出的苏联女诗人的抒情诗选就是他提供的诗人的头像插图；中国社会科学出版社出版的《外国名作家传》，那些名作家的头像都是他画的。他手上有丰富的材料，也有这方面的经验和积累。翁文希和他保持密切的联系，很虚心地向他学习，希望他能帮助提供材料。高莽也给翁文希寄了很多材料。“漓江译丛”每一期封面要一幅画，封二封三也要画，文内的一些插图，翁文希除了自己寻找外就靠高莽提供。

“漓江译丛”的风格也就是这样的风格，我要求翁文希把封面上的画拿给普通的人看，看了说喜欢才行，不是光看美术界看了说好不好。因为我们的读者里面，美术界只是很少的一部分人，更多的是一般的读者，各行各业的读者，虽然他们不一定是专门的搞美术和文学的，但是他们喜欢看，看得上眼，才能说明达到了雅与俗的统一。这个“俗”，不是画个裸体来做封面，而是从世界名画、古典作品、名著里面挑选一般读者喜欢看又比较能接受的。首先是形象、第二是色彩，不要色彩很暗淡的，也不要形象很丑陋的，你可以讲得出一千条理由说它美，但是一般读者一看就觉得不美，不能引起人的喜爱、共鸣的形象都不要。漓江出版社出版的书，翁文希设计不了那么多，我们也请别的美术编辑参加设计，但风格、宗旨、要求是统一的。

漓江出版社的书一开始出来，除了内容和书名以外，首先就是形象能抓住人，第一眼直观的感觉就是好看、新鲜、不呆板，是大家既喜闻乐见又并不是常见的。太常见，自然容易接受，但不能引起读者很大的反响。大众能够接受，也是要经过一个过程，这个过程要体现惊喜和喜欢，又要吃惊，而不是看烂了、看腻了，引起审美疲劳，而是要有新的东西、有点震撼，书的名字、内容、表现形式、色彩都是这样。漓江出版社的封面没有很暗淡的，没有那些尽管美术家认为很有创造性，但一般读者可能会不喜欢的封面。当然也不是每本书都能完全体现这个要求，但大体上是按照这个目标去要求、去努力的。

漓江出版社早期的装帧设计基本上就是翁文希独立操作，不是很多美术编辑来讨论的。你一榔头我一棒槌大家来弄，结果往往不理想。封面设计都是翁文希精心设计的，书名都是翁文希自己写的美术字，不是工厂的铅字，比铅字更富有变化。新华书店广西分店有个美术编辑叫刘业宁也是行家，出过一本美术字帖，很畅销。有时翁文希写不过来，我们就请刘业宁写美术字。这就保证了这些书名的字体都是独有的，不是通用的那些铅字。从字体到设计到封面到里面的插图，整体的设计、版式、要求，翁文希都提出自己的意见。他不单是管自己的美术设计这一部分，他也十分关心与设计相关的环节，特别是工厂的制版、印刷、纸张、材料。他也给我写过很长的信，对于出版社、对于漓江，从内容到形式，从编辑到印刷、制版、纸张的材料供给都提出了很系统的意见。他做过广西人民出版社的装帧室主任，后来被提为副总编辑。翁文希的成就不仅在广西有目共睹，在全国也反响很好，多次中南的、全国的装帧设计评比，他都有获奖。不过很可惜的是，1988年他在一次出差时去世了，才40多岁，大家都非常痛心，这是广西出版界一个重大的损失。后来美术出版社出版了一本纪念他的书，里面收录了他的作品。漓江社的装帧风格是由翁文希奠定的，后来我们请别人做，表现形式可能有所不同，但风格是延续下来了的。

第四个，是要尊重和依靠优秀译著者，形成最强的最稳定的生产力和核心竞争力。建立以中国社科院外国文学研究所和一流高校为基地的翻译家队伍也是漓江出版社成功的一个经验。任何出版社要想出版一系列高质量的外国文学作品，都应该有自己的基地，有自己的翻译家队伍。好的思路、好的计划、好的战略，归根结底还是要落实到人上面。漓江出版社从一开始就注意译著者的选择和组合。漓江出版社的译著者队伍，规模大、范围广、质量高、力量强，而且队伍很整齐，可以覆盖很多国家、语种、体裁和研究领域，十八般武艺门门都有人。“获诺贝尔文学奖作家丛书”的译著者150人以上，《外国名作家大词典》作者数量192人，《外国妇女文学词典》作者有72人，“法国二十世纪文学丛书”译者数量也超过50

人，从这几个数字就可以看到漓江出版社译著队伍是雄壮的。整体上看，漓江出版社译著者队伍门类是完整的、语种是完整的、分布是比较广泛的，北京、上海、南京、杭州、重庆、武汉、成都、广州、大连、青岛等地都有我们的译著者，英语、法语、德语、俄语、西班牙语等，覆盖了比较大的语种，相对比较小的语种，漓江出版社也有译著者队伍，包括北欧的。因为“获诺贝尔文学奖作家丛书”也好，其他的也好，很多都是北欧的作者。

为什么要以中国社科院外文所为基地呢？因为这个群体是中国最高的、最全的、最完整的、最充实的外国文学研究机构。它是从中国科学院的文学所分出来的，包括冯至、罗大冈、季羡林、杨绛、袁可嘉、卞之琳等一大批学者翻译家都在外文所。它的编辑室机构完整，人才充实，亚洲、西欧、东欧、北欧、南欧、中欧、拉美、非洲这些地区都有覆盖和关注，而且有《世界文学》《外国文学评论》《外国文学动态》等刊物，还编辑了一些丛刊、丛书、重点书。那些专家最大的优点是，他们不是专门

拜访季羡林先生（右）。《家庭中的泰戈尔》，[印度]黛维夫人著，季羡林译

从事翻译的，他们是搞研究的人，是在研究的基础上翻译。他们看书、选书更加精准，对作者的观点与风格的把握更加准确。他们有完整齐备的资料库，来得快，外版书多，有很有利的条件。

尼日利亚的一个剧作家索因卡，写小说和诗歌，在他获得诺贝尔文学奖的时候，我想不到找谁翻译好。后来有人说找邵殿生，他是专门研究索因卡的，索因卡所有的重要作品他都看过，并且他那里有原版书。后来发现邵殿生的先生陈新和我很熟，他是外文所的老专家，就联系上了。有些专家之间互相了解，可以给我们提供很多线索。

机遇和基地都很重要，都是发现选题，取得资源，打开突破口的重要因素。全国高校那么多，时间有限，我们要去每个地方跑吗？一个编辑室只有一个两个人，也跑不了那么多。所以基地就方便得多。外文所在社科院有一层楼，我有时候去走一天都走不完，不是和这个谈，就是和那个谈。当然不光是外文所，还有像北京大学、复旦大学、南京大学等一流的高校，也是人才辈出、资源丰富的，也是重要的基地。通过这些基地，联系就可以扩大到一些其他地区。我们也在外交部门、外事机构里面找人，丹麦的语种我们就请外交部的两个处长：一个是甄建国，学丹麦文的，外交部西欧司的副司长；还有一个是中联部的杨元恪，《世界中篇名作选》里翻译过南斯拉夫文、塞尔维亚语的中篇小说《娜嘉》。还有个译者是对外文化联络委员会、中联部的，外文所冯植生的夫人张春风，冯植生是广西百色人，是我们《外国名作家大词典》翻译家里面少有的广西人。张春风是联络缅甸等方面的专家。冯植生在武汉大学读书的时候，被选送到匈牙利学匈牙利文，回来以后到社科院做翻译和研究。这些人都是宝贝疙瘩，那个时候被选派去留学，不仅政治要好，学业基础也要好，以后才能有成就，才能真正发挥作用。我们的外事机构，外语教学部门很多都是从小到大慢慢扩大的，这些都是慢慢出来的人。只有这样的部门才能找到这样的人才。《外国名作家大词典》为什么难得呢？因为那些词条都是专家写的，比如说安徒生的词条，是叶君健写的，4000字，他毫无疑问是研究安徒生的专家，他把毕生研究成果浓缩进去。《外国名作家大词典》，应该是名作家传记的大辞典，把名作家的一生、特点、代表作，思想发展情况都做了介绍，影响和地位都做了比较，而每一个作家都尽可能找那个语种比较熟悉的专家来写。本书的作者，实际上是一个齐整的译著者队伍，语种、专业、地理分布都比较齐全。后来有一本丹麦文的长篇小说，是请对外文委学丹麦文的林桦翻译的，那部小说也翻译得很好。有的作家看起来他是某个国家的人，但他写作使用的语言不一定是那个国家的主要语种。比如《迷惘》是一个英国作家的作品，但作者是保加利亚裔，是德语作家，在英国得奖。所以我们翻译者选了学德语的钱文彩。我们没有一个完整的统计数字，但是根据几本大书可以看得出，漓江的译者队伍的规模超200人。通过这些基地，就可以组建一个基本的人才队伍。

要面向全国，带动本土，在全国范围中寻找人才，在先进的地方找人

与广西新华书店老友张耀华（后排右一）、申稚媛（前排左一）、 杨子明（前排右一）在漓江，前排左二：漓江社编务室主任廖玉桦，后排左一出版科负责人梁冰。

才，同时也不能丢掉本土的译者，本土的译者也要团结带动。如果漓江出版社不出版“获诺贝尔文学奖作家丛书”，那么参与相关工作的广西翻译家很可能就没有机会冒出来。这套书在全国打响了，他们也更加有兴趣参加，也给他们提供了更加好的平台和机会让他们脱颖而出。一般来讲，翻译人才基本上都集中在北京、上海、南京、武汉、广州、杭州这些地方，这是地域结构。在专业结构上，有些人长于翻译诗歌，有些人长于翻译剧本和小说，有的人长于翻译理论。还有一个因素就是语种，英语、法语、日语、西班牙语这些大语种，都要有人翻译。“获诺贝尔文学奖作家丛书”就强调一点：丛书所收的语种很多，而且很多是小语种，国内通晓这些语种的人才很少，很难找，诺贝尔文学奖的权威性和吸引力恰恰是，尽量找到原语种的人翻译，减少转移。像外文所北欧文学研究室主任石琴娥就是学瑞典文的，她先生斯文和女婿陈文荣，也是瑞典文专家，先生还做过驻冰岛大使，一家人都为漓江社译过书。此外，还有一些译者来自军事部门和军队院校。外文局和所属的人民画报社也有大量小语种的专家，如李之义、李笠等都是我们的重要译者。

译者的构成五花八门，比如说“艺苑人物丛书”里的高仓健，他的资料是宝山钢铁厂的一个职员肖亦艾翻译的。肖亦艾是一个办公室的工作人员，在厂里学了日语，因为宝钢有很多日本的专家，那里的很多员工都是从日本来指导工作的。她接触很多日本人，学会了日语，找了很多高仓健的报纸报道等材料，编成了这本书。译者有专业部门的，也有不是专业部门的，但是都有专门的学术基础。译者在年龄构成方面也是多样化的，有老翻译家，更多的是中青年翻译家。老翻译家好处是有经验，但是也有不足的地方：老翻译家有些没出过国，对外国的情况不一定都了解，而且时代发生变化，他了解古代的或者前几十年的情况，20世纪的生活不一定都了解；再一个，很多老翻译家上年纪了，而翻译是很艰苦的劳动，特别是大部头的东西，有些要奋斗几年才能翻译出来，身体不好也坚持不了。我们尊重、依靠老翻译家，但也不能总靠他们。中年翻译呢，50年代、60年代刚解放初期学了外语但用不上，有些受到批判，受了很多苦痛、折磨，现在正好发挥他们的专长，有用武之地了，像力冈也是划“右派”之前没有能够很好地发挥，划“右派”后更是历经苦难，改革开放后才得到平反、改正，到安徽师大任教。他本名王桂荣，力冈是他的笔名，他翻译了《查密莉亚》等很多名著，他的语言风格和偏好，翻译大部头《静静的顿河》也是很合适的。经过仔细的斟酌比较，我们拿出很大魄力请他翻译。他苦干三年，按期交稿，四大本，150多万字，一次推出，震撼力很大。新华社除了发中文稿外，还发了俄文稿，发到莫斯科，翻译家对他的评价很高。

好的翻译是在研究的基础上的翻译，不是拿来几本书就开始翻译了。你一定要有长时间的关注，有专门的研究，熟悉作家的作品、风格、流派、地位、影响等情况，对这个作家有尽可能多的了解和把握，在翻译作品的时候才能心中有数，有困难也容易解决。从漓江出版社的情况来说，一个系列的翻译，或者单品种的出版，成功最大的依靠是什么呢？就是译者。很多时候，选题就来自译者，他持续关注、经常研究，就会有线索有信息，甚至有些时候版权的联络，很多的宣传工作，都要依靠这个译者来做。漓江出版社的译者排出名单来，基本上都是全国很有名的、很有成就的专家，每个人背后都有一大堆故事，都是不简单的。译者就是外国文学出版的生命线，实际上就是这回事，出版社对译者要充分尊重。

怎么能够组织起译者队伍是一个关键的问题。上海译文出版社原总编辑叶麟鎏讲过：“我就不知道刘硕良有什么办法，把北京那么多的翻译家，五花八门，各自为政，各有门派的翻译家都能够组织起来为漓江服务。”实际上，这里面的奥妙在哪呢？他说这个现象是有，比如研究德语的就有几个中心，社科院一拨人、北大一拨人、北外一拨人，除了北京以外还有南京、上海又有几拨人，上海还有像钱春绮这些单干的，广州有一批，武汉大学、四川外语学院也有一批。我们能够取得翻译家的信任，把他们都组织起来，根本的原因还是我们的作品和我们打造的平台好。翻译家和其他的人才一样，都想做事情、做学问，他和你打交道，你那里的项目、选题对他的路，他的才干能充分发挥，他就能跟着你走。归根到底，我们还是靠项目、靠书、靠文化、靠事业吸引人，其他的人际关系的手段都是很有限的。我们没有那么多钱请那么多的专家来桂林吃饭、旅游，而且我们很忙，根本顾不上这些繁文缛节。把书出好，项目好、选题好，他们感觉可以参加，手上的材料有出路，可以给我们用，被我们看重，他们才愿意和我们建立关系，否则那些关系都是不可靠的。

对一个译者来讲，最关心的是自己手上的资源能否变成产品、能否造福社会读者，能否通过这样的努力把自己的资源转化为收入，译著者的利益要保障，译者最关心的核心点在这里。我们要集中精力在这方面做工作，总之出版社要把书出好才是最重要的。

和译者的关系还会碰到一个问题。有时是有好的选题要找优秀的人翻译，有时是有了好的译者，才有好的作品出来。比如，外文所的钱满素，她是上海外语学院毕业，从美国哈佛留学回来的女博士，对美国的文

1986年4月23日，漓江版外国文学图书座谈会在中国社科院外文所举行，时任广西新闻出版局副局长谢盛培（右）出席并致辞

化很有研究，博士论文的研究方向是美国文化，文笔比较清顺，很有感染力。我多次找她翻译，她都很忙。我总记得这个人，有什么机会和项目总想着先给她，让她来完成，目的是能够把她拉进来。后来河北教育出版社的“世界文豪书系”要出黎巴嫩作家纪伯伦，纪伯伦的散文和她的文笔、笔调容易吻合，等于是几年后我才碰到有个机会找她翻译。看到人找事情给他做，而不是有事情去找人来做，往往可以把他的长处和喜欢的好东西“拿”出来。外文所的女专家黄梅，她也是女博士，黄克诚的女儿，湖南人。她在外文所里面研究英国文学，我也千方百计地找她，“获诺贝尔文学奖作家丛书”的《高尔斯华绥》，我就请她组织人翻译，她自己也翻译点。我想各种办法把黄梅拉上，其实我还有个新的想法，就是我想要黄克诚的回忆录，但一直没有适当的机会：有些已经出过了，新的东西也不会随便拿出来，我就千方百计地请她帮我翻译东西。这是一个很大的世界，面对这个世界眼花缭乱，万紫千红，同译者打交道要有一股热情，要有一股诚意，这个“诚”字很重要。

总的来看，漓江出版社能够取得不错的成绩，最重要的就是赶上了时代的大气候，赶上了有很多有利因素，漓江社的人也就是尽了自己的一份力量，做了一些事情。我原来还想，漓江出版社还要在中国文学出版方面加把劲，可是我精力有限，心有余而力不足。后来我觉得，其实，一个出版社能把某一个方面的出版做好就不错了。

1992年9月，我已经60岁了，到了退休的年龄。漓江出版社人事部门按一般的工作计划提前打了报告到局里。当时的局长梁定伟原来也是一位新闻工作者，曾经做过玉林《大众报》的编辑室主任。他看到漓江出版社的报告，他也知道我的问题很多还没解决，认为不应该那么快让我退休，就把漓江出版社的报告压下来了。后来孙权科当局长，1993年4月，把我从漓江出版社调到自治区新闻出版局，暂时在图书出版处挂名。当时局里想由总社出面直接办杂志，想让我抓此事，但是还没有具体的工作可安排。之后，我就开始办《出版广角》杂志，开启了另一段职业生涯。

第八章 外国文学出版的老骑士

名著译介，经典常新。

“漓江美景中杀出来的老骑士”，

与多地出版社合作，

着力外国文学古典名著的翻译出版。

联手河北教育社打造“世界文豪书系”，

构想宏大、规模空前、影响深远，

推动出版社名声大振，

形成外国文学出版的又一重大工程。

* 本章内容根据2021年2月3日上午对刘硕良的视频采访（采访人：李逊、梁虹程；录音整理：李逊、唐迎欣）和2017年9月27日上午对刘硕良的现场采访（采访人：王云杉、陆立伟；采访地点：南宁，刘硕良家中；录音整理：吴怡豪、徐小珍、王燕；校对：王燕）整理，部分内容由张俊显根据刘硕良的《三栖路上云和月——为新闻出版的一生》（漓江出版社2012年版）有关内容编写；本章内容根据2021年10月1日对刘硕良的现场采访（采访人：李逊；采访地点：南宁，刘硕良家中；摄像助理：黄高峰、胡昊直、王逸晨；录音整理：李逊）、2021年10月6日对刘硕良的现场采访（采访人：李逊；采访地点：南宁，刘硕良家中；摄像助理：黄高峰、黄琦；录音整理：李逊）和2021年11月11日对刘硕良的现场采访（采访人：李逊；采访地点：南宁，刘硕良家中；摄像助理：霍东升、田家健、周超；录音整理：李逊）修订。

我在漓江出版社工作的后期，大概是最后的一两年时间，我不再直接管外国文学出版的具体事务了，而是把主要的精力放在了外国文学名著的重译工作上。

在西方文学经典中占比重更大的，是经过时间淘洗的古典名著，而当时国内对西方古典文学名著的翻译出版还远远不够。漓江出版社陆陆续续出版了一些，但还不成体系。我当时就有一个想法，挑选一些经典的也有市场竞争力的作品，集中出版一批，形成一定的规模和影响力。

我开始约一些翻译家翻译《巴黎圣母院》《悲惨世界》《红与黑》《十日谈》《堂吉诃德》《复活》等作品。稿子陆续来了以后，我就找接手管译文出版的相关负责人商量，但他们担心重复太多，怕背包袱，下不了决心出版。正当他们犹豫不定的时候，湖南文艺出版社联系了我。他们听说我已经组织了一批稿子，希望我给他们一些好的名著译本。考虑到这些译稿不及时出版，后面就会很被动，我就前后给了他们近10部外国古典名著译本，包括《巴黎圣母院》《复活》《安娜·卡列尼娜》《呼啸山庄》等。

这个消息被其他出版社知道后，浙江文艺出版社等出版社也先后找到我，表示想要出版一些这方面的作品。在这期间，我做的最突出的事情，是组织了“世界文豪书系”。在我一生的外国文学出版工作中，和河北教育出版社合作，策划组织“世界文豪书系”，是我继漓江出版社“获诺贝尔文学奖作家丛书”之后的又一个重大工程。

1

在20世纪八九十年代的外国古典文学名著出版热潮中，漓江出版社和其他很多出版社一样，出版了一批外国古典文学作品。同时，漓江出版社对西方的现代文学经典也特别注意，这可以说是漓江出版社的特点。漓江出版社的外国文学出版显示出的经典性、现代性的特点，“获诺贝尔文学奖作家丛书”“漓江译丛”“法国二十世纪文学丛书”等很多作品都可以充分体现出来。

我们也注意到，在外国文学领域，现代经典、现代名著只是其中的一部分，甚至是相对小的部分，更多的还是古典的名著，时间跨度长、经过时间的淘洗进入名著行列的作品至少有上千种之多。这些名著的开发、翻译、出版、研究，在中国来说，从近代以来，其实已经有严复等人做了不少先驱性的工作，但还有大量处女地没有开发。漓江出版社成立后一开始出版的，像《白夜》，像后来的《海鸟与天路》《爱玛》《家族复仇》，都是古典名著。漓江出版社开始注意寻找一些很久没有重版过，而市场上又希望看到的经典作品，但这些出版比较零碎。我当时有个想法，就是趁这个机会把漓江出版社的古典名著出版再做一点整理，根据市场情况挑选一批最有保存价值且市场上最有竞争力的作品，出版一些可以长青不老、长盛不衰的品种。

做这些工作还有一个大的背景，1992年随着中国加入《伯尔尼公约》和《世界版权公约》，对于出版缔约国版权保护期内的作品，需要取得权利人的授权，不能再随便买本书回来就可以翻译出版。在20世纪90年代初期，我在漓江出版社的时候就面临这样一个关口、一个难题。出版社当何去何从？我觉得需要两方面的努力：一方面是积累资金，逐步购买新的版权；另一方面，要把进入公共领域的版权充分利用起来，充分发挥其作用。一些过了版权保护期的名著可以好好组织翻译；已经翻译过的，有市场和文化价值的还可以重译。漓江出版社是比较清醒的，是较早意识到名著重译问题的一家出版社。我们有庞大的翻译家队伍，译者也很关心他们翻译作品的出路和他们开拓新的翻译事业的前景。在90年代初期，在我离开漓江出版社前一两年时间里，我就在着手组织名著的重译。

那时候，我的头衔又加了一个副社长，原来是副总编辑，分工也做了调整，新的副总编辑接替我直接管外国文学的出版。外国文学方面具体的组稿审稿工作我不管了，就有时间考虑一些不是当前马上要做，但长远有很大影响的问题。《巴黎圣母院》《悲惨世界》等经典作品就是在这段时间组织重译的。《巴黎圣母院》是请南京大学陈宗保翻译的，《简·爱》是请黄健人翻译的，《呼啸山庄》是请沈东子翻译的。我还分别请石家庄女翻译家冯加和北京师范大学的女翻译家杜逢蓁翻译了屠格涅夫的《贵族之家》和《罗亭》。在考虑约稿的时候，我就逐步产生一个想法，是不是可以形成一个“世界十大名著”之类的概念，类似中国古典文学的“四大名著”的概念？稿子陆续来了以后，我把这些信息给了漓江出版社的有关编辑，看看是否能推出一些外国文学古典名著。但当时有关编辑不能很爽快地肯定，怕销路不好，怕市场效益显示不出来。

湖南文艺出版社找到我，表示他们听说我已经组织了一批稿子，就希望我给他们提供一些好的名著译本。我想了下，觉得这些名著译本虽然质量好，但是别的出版社也在出或者正在组织出，如果不抓紧，不抢在前面就会很被动，到时候这些稿子怎么办？后来我到长沙去，湖南文艺出版社的编辑找我，希望我把这批名著都给他们，我看他们有决心，出书的效率还是很高的，编辑水平也比较高，我就把《安娜·卡列尼娜》《呼啸山庄》等七八本作品给了他们。其中有陀思妥耶夫斯基的代表作《罪与罚》，译者是北京大学教授臧仲伦。

这样一来，浙江文艺出版社等一些出版社也知道了这个消息，知道我组织的稿子都是名家翻译的，是很有分量的，就和我联系。浙江文艺出版社的副总编沈念驹，还有他们的编辑室主任刘微亮找到我，指定要罗新璋

在杭州和王亚民等同仁叙谈

翻译的《红与黑》和董燕生翻译的《堂吉诃德》，希望我无论如何也要把这两个译本给他们。后来我答应了。结果这两本书帮浙江文艺出版社赚了大钱。

《红与黑》当时很多人已经在抢着翻译了，有的质量不怎么样，但有的还是比最初的译本有所改进。罗新璋翻译《红与黑》很多年了，也做了很多年相关研究，他的翻译是有基础的，实力和准备是比较好的。《红与黑》有好几个译本，但罗新璋的译本在大陆发行得比较好，还卖到了台湾地区。

人民文学出版社很早就出了杨绛的《堂吉诃德》译本，七八十万字，那么大的篇幅要翻新译本不容易。杨绛的译本无疑是优秀的，也被很多人认为是很难超越的。我们请人重新翻译《堂吉诃德》，有些出版界的同志对此不以为然，甚至有人在报纸上写文章质疑；但也有很多西班牙语翻译界的人表示支持，认为《堂吉诃德》的中译本并不是不能再改进的。因为一个译本有一个时代的背景在里面，时代发展变化了，它的语言也会变化，读者的口味也会变化，对这部作品的理解和感觉也会随着时代变化，对作品的解读也就会发生变化。我到北京大学找赵振江，他的夫人段若川也是研究西班牙、拉美文学的。北京太大了，那时的交通还不是那么方便，出租车也很贵，我到北京大学去，往往有机会就在一个人家里住一个晚上，可以节省很多时间。我在赵振江家里过夜，谈到要翻译《堂吉诃德》的问题，段若川就说最好是找北京外国语大学教西班牙语的老师董燕生，大学西班牙语的教材就是他主编的，他既认真又严谨。说到这里我就说能不能去找他啊。赵振江马上就带我去找董燕生，就跟他谈，问能不能请他翻译。董燕生开始还有点踌躇，后来还是答应了。书的翻译有难度，但是很值得做，他觉得市面上只有杨绛的译本，而杨绛的译本还有可以改进的余地。后来翻译出来，品质还是很高的。

董燕生的这个译本在浙江文艺出版社出版，第一次印刷了四万册，很了不起。这个译本在鲁迅文学奖评奖的时候，还得了优秀翻译作品的奖项。

后来，我应接力出版社社长李元君和总编辑王玲的约请，更多地从广大青少年读者和一般读者的阅读兴趣、需要和实践出发，帮他们编了“世界小说名著系列”。人类社会发展到现在，几千年的文明，各国历代积累下来不少名著，恐怕得有成百上千种。读名著也得有选择，也要有侧重，分个轻重缓急。尤其是市场上打着“名著”旗号的书越来越多，鱼龙混杂，有不少书也未必能够算得上“名著”；有些打着“选粹”“拔萃”口号出的书，也未必都是一流的作品。对于一般的读者而言，要想很好地去分辨去鉴别，还是有难度的。单是文学名著，特别是小说作品，就有不少的经典，而小说名著以其独特的体裁优势和艺术魅力而拥有广大的读者群体。给接力出版社编这套“世界小说名著系列”还是很有意义的一项工作。

这套书有几个特色：第一个是注重选品，注重选择那些经过历史考验和时间的淘洗，在文学史上已经有定论的经典作品，可以说是优中选优；

第二个，要有一定的丰富性，注重尽量涵盖不同的体裁、题材、主题、风格，同时选目要宁缺毋滥，尽量选择那些最有代表性的作品；第三个，注重作品的正能量，选择的作品必须要有较多的文化内蕴和较积极的思想意义，可以让读者奋发向上，增长前进的勇气、智慧和力量；第四个，所选的作品艺术特色要鲜明，要有很强的艺术魅力，要好看耐读；第五个，在符合前面这几个条件的情况下，优先考虑市面上较少见的那些作品。

“世界小说名著系列”第一批推出了10种小说，包括《荒野的呼唤》《真正的人》等作品，涵盖了冒险小说、侦探小说、科幻小说、英雄小说、少年小说、动物小说等类型，选的都是一些脍炙人口的经典作品。因为这套书的定位是年轻的读者，特别是青少年读者，所选作品的主人公多为青少年和儿童，篇幅一般都不大。这10部作品都是新译的，还配有插图，是很有吸引力的。

在这套书之后，我还给接力出版社编选了“世界童话经典插图珍藏本”系列。接力出版社主要是服务小读者的，给亿万少年儿童提供优质的精神食粮，童话可以说是所有文学创作里面最通俗最普及也最有影响力的一个分支。童话篇幅往往都不长，但是短小精悍，内容丰富；既充满幻想，云诡波谲，又与现实保持着联系，给人以真善美的启迪。经典童话作品不仅为孩子们喜爱，也深受广大成年读者的欢迎。编这套书的时候有个大背景，教育界对于素质教育的倡导和实践已经成为一个大趋势，这套课外读物，正好也可以说是素质教育的一个好的辅助。以往的教育，更注重知识的学习，我们的教育，不管是学校教育还是家庭教育，对孩子的管束都过于严格，孩子的自由想象、自由创造方面重视得还不够，童话的阅读恰恰可以在这方面起到一些作用。

这套书一共有9种作品，我们在作品编选上下了很大功夫，力求精当，并且有一定的新鲜感。除了《格林童话》《安徒生童话》这两部在中国流传甚广的经典作品，我们还收录了一些当时的中国大众还并不是太熟悉的优秀作品。比如说，收录了有先天口吃、一生未婚的路易斯·卡罗尔的

《爱丽丝梦游仙境》和《镜中奇遇》，这两部是他的代表作。还有几十年前巴金先生就翻译过的爱尔兰唯美主义大师王尔德的《快乐王子集》。此外，还有俄罗斯文学之父普希金的童话诗，17世纪启蒙主义先驱夏尔·贝洛的“鹅妈妈的故事”选粹，20世纪重要作家马赛尔·埃梅的童话代表作《捉迷藏》，飞行员出身的传奇式英雄作家圣-埃克絮佩里的不朽经典《小王子》。还有一些作品，因为版权问题等各种困难，没能收录进来。但是整体上来看，所选篇目已经基本体现了世界必读童话的精华作品了。

这套书制作精良。一个是译者队伍阵容强大。虽然是给年轻读者看的书，但是我们都是请大牌专家翻译的，比如说著名法国文学专家林秀清、俄罗斯文学专家王守仁、捷克文学专家刘星灿、德语文学专家潘子立，以及当时比较年轻一点的郑湘泉、黄健人、于晓丹、金龙格等优秀专家。一个是出版社高度重视，配备了精干力量来出版，从李元君社长、王玲总编辑到责任编辑黄征、李仕强，再到美编、印制人员，都是尽其所能让这套书出得漂亮。

我帮接力出版社策划的这两套书，反响很不错，而且有很多书还不断重印。当然，名著出版热潮中的这一段经历，我做的真正大手笔的事情，还是策划组织“世界文豪书系”。

2

漓江出版社要办北京公司的时候，问我是不是有什么好的名著还可以拿？我就帮他们做了“十大名著”的策划，包括《浮士德》《十日谈》《哈姆雷特》等，选出了“世界十大名著”，我还请柳鸣九写了个序。这一套东西搞好，目的是希望能够做出一个有特色的项目，取得政府的专项资助，40万元。因为在“名著热”退烧的过程中，这么大规模的出版是需要很大投资的，还是有压力的。后来补贴也拿到了，但是经办的年轻同志不想承担稿费支出。译者的稿费没保障，我当然不同意。后来这个事情就没有做成，项目补贴也取消了。这是漓江出版社失去的一个好机会。外国文学名著出版热，漓江出版社曾经参与过，考虑过，但没有拿到很多最好的本子，时机抓得不够紧、不够快，没有形成一个像当年的“获诺贝尔文学奖作家丛书”那样大的局面。当然，也有出版社抓住了机会，这就是我要说的河北教育出版社。

河北教育出版社，听名字就知道不是文艺出版社，它主要是做教材教辅的。河北教育出版社怎么想到要搞外国文学名著呢，这又不是它的任务？就是因为他们社长王亚民有想法。王亚民是河北平山人，河北师范大学毕业的，不善言辞，讲话也语不惊人，但他有很好的文化根底和红色文化的底蕴，敢作敢当，很有独特的见解。我认识他大概是1994年4月，当时在杭州开国际版权交流会，新闻出版署、国家版权局组织召开的，主要是展示各省出版社可以对外合作的图书版本，或者已经引进的版权成果样

初访石家庄，与河北教育出版社同仁相聚，左一：王亚民，右二：王鸿雁

品。开幕这一天，我来到河北展台，一为看花山文艺出版社的好书，二为访老友娄熙元。见面之后，我们聊了一会儿，他就把我带到隔壁的河北教育出版社展台，介绍给社长兼总编辑王亚民。他知道王亚民想出外国文学作品，就隆重推介了我，说我“有一张很大的网”，可以做成大事。我们简单聊了一下，这算是认识了。

没想到，王亚民是真的想做外国文学出版，他当天晚上就找我聊。他看上去不过三十多岁，可大学哲学系毕业后已经在河北人民出版社做过文史室主任和副社长，在中央党校学习了一年，经过几重考核、筛选，1992年底来到河北教育出版社主持工作。王亚民质朴无华，甚至有点腼腆，但却精明、实在、很有主见。我就问他，你想出外国文学，想怎么做？他说，我要做就做名著，出版全集和文集。他这个抱负一下震慑了我，我对他肃然起敬，刮目相看。你想啊，一个教育出版社，收入是稳定的，靠教材教辅吃饭，是块保水田，旱涝无忧，坐在那里不费很大工夫日子都可以过得很好，怎么想到去做外国作家的全集、文集？谁都知道这个要投入很大，还不一定赚钱，我其实还不敢相信他的这个宏大抱负。后面他就说想出什么什么作品，我觉得他不是乱讲的，不是乱开炮，是真有想法。他说，我们是个大国家，我们地方出版社，虽然位置不高，但积累了一点资本，也可以请得到国际的优秀专家，我们也可以做这些大工程。要做就做点大的，零散的本子我们不想出了，要出就出世界大作家的全集或文集，真正积累有长远价值的好东西。

听了他的话，我稍稍愣了一下。想不到这位出道不久、主政伊始的老总竟有如此非凡的抱负。我们这么一个泱泱大国，经过多少人四十余年的辛勤耕耘至今才出版了莎士比亚、巴尔扎克、高尔基等屈指可数的几套外国大作家的全集或文集。全国几十家文艺出版社不是不想在这方面有所作为，只是由于资金等问题，力不从心。教育出版社就不同了，年利润以百万、千万计，王力、叶圣陶、朱自清、朱光潜的全集都是他们推出的，而有志于在外国文学方面大展宏图的，那个时候，我似乎只遇到河北教育出版社一家。我几乎不敢相信眼前这突如其来的好机遇，按捺不住心头的高兴，试探着说，你要出外国名作家全集或文集，那可是天大的好事，是读书界、文学界、翻译界的福祉。该译介的对象倒有的是，译者也不太难找，从事外国文学研究的专家教授，谁不想多译些纯文学，谁不梦寐以求在出版世界文豪全集或文集中贡献自己的力量呢？问题是勤勉笔耕译出来谁肯出版呢？那可是要下很大的决心，不怕出版亏损，敢于拿出一大笔钱的啊。想不到王亚民早已成竹在胸，很干脆地表示，可以拿出相当的资金投进去，确保这个计划顺利推进。

王亚民的决心深深感染了我，引起我的共鸣。在我看来，在财力允许的条件下，把资金投去出版有长远价值的图书，即使仅仅从经济上来说，也是合算的，有效益的。这同投资去买地皮，经营房地产具有某些类似的经济意义。打个不尽恰当的比方，有一些靠教科书盈利的出版社有点像以石油致富的中东国家，早就在把大量的石油美元投资到各个方面，使它不断增值，以备日后资源枯竭时取得持续稳定的收入。懂得深谋远虑的教育出版社也不能不未雨绸缪，因为靠教科书盈利的优势，随着经济文化的发展和某些体制的改变，未必能永远保持。为长远计，把积累的大量资金用去发展多种经营，是一条出路，而组织出版有长远效益的图书，应该说是履行自身职责的更加重要的方面。世界文豪的代表作，是经过长时期考验而流传下来的人类文化精华，具有永恒的魅力。这从西方国家重印次数最多、被认为最具影响力的经典作品中，文学名著所占的比重最大，可以得到验证；从市场经济较早发展起来的台湾地区，仍不断有出版同行来大陆购买名著译本的版权，可以得到验证；从我们国家近些年尽管图书市场受到这样那样的冲击，而总的说来，特别是在管理、引导得力的情况下，文学名著始终有较好的销售势头，也可以得到验证。所以，只要译本质量较高，经得起检验和比较，加上发行工作到家，出版文学名著、文豪全集或文集对提高全民族文化素质的社会效益自不待言，在经济上也定能逐步收回投资，进而不断取得应有的回报。

王亚民的想法也大抵如此，我们算是一拍即合，当即便决定要联手出版“世界文豪书系”。离开展馆，我已心无旁骛，连夜起草方案。在离开杭州的前几个小时，我们就把方案基本定下来了，计划在三四年内陆续推出屠格涅夫、莎士比亚、歌德、雨果、泰戈尔、川端康成六套全集、文集的新译本。以后在联系中，又陆续增加了雪莱、普希金、莱蒙托夫、海涅、卡夫卡、乔伊斯、莫泊桑、波德莱尔、纪伯伦等作家，共同构成包括15套、150余卷、5000多万字的“世界文豪书系”。

“世界文豪书系”和“名著重译”不完全是一个概念，“世界文豪书系”不仅是组织重译的问题。“世界文豪书系”里面有些作品是需要重译，也有很多作品是没有翻译过的，需要重新估量、评价、审视、观察世界文豪的作品，把这些作品比较完整地翻译出来，介绍给中国读者。推出“世界文豪书系”无异于平地筑起一座座高楼大厦，这是一个意义深远而又艰巨复杂的工程。之前的一些世界文学名著出版，还是零散的，像《高尔基全集》，出了几十年，也没有出全，那时差不多20本了；托尔斯泰的作品上海出了很多，《安娜·卡列尼娜》的周扬的译本也没有出版，托尔斯泰的全集更是没有出过，他的很多作品没有翻译过来；过去编过普希金文集，做了不算厚的精装本，普希金的作品出得也不是太多，后面湖北出了十卷本文集。所以说，能大规模出版世界文豪的全集或文集，是非常必要和有意义的事情。

有了雄心壮志和充沛财力，还得有胜任的主编和强大的译者队伍。“世界文豪书系”是河北教育出版社出的，王亚民肯定是主角，我主要是策划。他要是没有计划，没有决心，我不会提出来。要不是我熟悉情况，没有很多译著者队伍做依托也不可能开展。关键还是怎么找人的问题，像雨果的书，找不到柳鸣九，找别的人就不一定有那么合适。一个个选题的落实，而且能否保证质量，经得起时间的考验，要看组织人和译著者的关系怎么样。所幸改革开放十余年来，我国的外国文学出版事业空前繁荣，各个语种的一大批优秀人才脱颖而出。我躬逢其盛，喜获良缘，在漓江出版社主编“获诺贝尔文学奖作家丛书”和组织多套多语种外国文学作品的出版过程中，先后结识了集中在中国社科院外国文学研究所和北京大学等著名学府中的一大批老中青译者，和他们建立了密切的联系。我敬佩他们为文学事业忠诚投入、一丝不苟的高尚精神，也比较熟悉他们的经历、特长、个性。一旦有出版计划，便能较快地找到可靠的译者。事实上，把上述诸文豪作品列入出版计划，不光取决于他们的地位和影响，同时也考虑到他们作品的翻译状况和译者队伍状况，这样兼顾到必要与可行两个方面就能减少盲目性，达到预期的效果。

说干就干，王亚民表示马上就和我签合同，决定出版一个规模宏大的“世界文豪书系”，请我做总策划。见他这么雷厉风行，我会后就去了河北教育出版社，然后去北京张罗这件事。到了北京，我首先去了西北角，到北京大学，然后又到宣武门，去新华社找了张英伦他们。在北京跑了两三天，我就把译者对象找到了。接着马上又去武汉，听说武汉在开莎士比亚研究会。上海译文版的《十日谈》的译者方平，是散文家、诗人、翻译家，又是老编审，他专门研究莎士比亚的，是国际莎学会的中国理事。我在武汉见到了方平，他正在考虑要出个诗体版的莎士比亚全集。有些译本真的很好，有人尝试过，但是还没有人把所有诗体都翻译出来，方平先生兴致很大，马上组织人翻译。离开武汉到成都还见到了杨武能，商量做歌德文集的翻译，我和他一起主编。我们把德语界的家底全部查了一个遍，把北京、上海、武汉、成都、广州等地的一批翻译家都组织起来，翻译歌德文集。从北京到武汉到成都转了一圈以后，落实了十多套大作家的文集、全集的翻译工作。

河北教育出版社自己也组织了一批作品，加入“世界文豪书系”。这套书得到中宣部和新闻出版署的支持和指导，在河北石家庄召开前期编委会，请各主编参加，中宣部、新闻出版署有关负责人都到会了。

在外国古典作家中，莎士比亚无疑是一座永放光芒的金山。我国研究莎士比亚的历史不短，但很长时间以来的翻译出版工作成果并不多，当时比较有影响的只有40年代主要由朱生豪译出的散文体全集。方平先生以诗体翻译了多部莎剧，他做梦都希望把莎剧译完。河北教育版《新莎士比亚全集》就请方先生主编。他以古稀之年日夜奋战，并四处物色人才，延请了内地和香港几位专家和莎学博士参加翻译工作，矢志在译文和研究两方面出新，力求诗体译本有相当质量和鲜明的特色，而且融汇了国内外最新研究成果，进行了大量的注释和系统的评介，保证了很高的品质。

莎士比亚之后的世界文化巨人首先就要数到歌德了。我协助著名的新一代歌德学者杨武能主编《歌德文集》，邀集了北京、上海、南京、成都、武汉、广州的歌德专家和冯至的高足一起参与进来，比较全面收入了歌德的抒情诗、叙事诗、戏剧、小说、散文、文论等方面的代表作和一批珍贵书信。《浮士德》是新译本，《意大利游记》是第一次译出，《歌德谈话录》恢复了选译本略去的几近一半的文字，《书信选》包罗的内容也相当丰富。

德语文学除《歌德文集》之外，还有《海涅全集》《卡夫卡全集》。《海涅全集》由中国社科院外文所研究员、文艺理论室主任章国锋和另一位德语文学专家、人民文学出版社编审胡其鼎联袂主编，汇集这位浪漫主义大师的诗文、书信等八卷、300万字。《卡夫卡全集》由中国社科院外文所研究员、中北欧室主任叶廷芳主编，不仅译出这位现代主义大师的全部小说，还搜罗了他的大量精彩的随笔、日记、书信，共300余万字。

世界现代文学另一巨匠、意识流小说的伟大开拓者乔伊斯的作品翻译难度很大。但王逢振、刘象愚等一批研究有素的专家执译的《乔伊斯全集》，不仅包括他的《尤利西斯》等小说名著，还翻译了他的其他重要作品和一系列论文、信札，为国人多方位认识乔伊斯打开可贵的窗口。这个项目后来没有实现，不知怎样转到了上海译文出版社，直到2021年年中，我收到样书，才知道是上海译文出版社出版并赠送的，书出得很漂亮。

法国文学群星灿烂，分量够出全集、文集的作家何止三位。我从多方面权衡，又挑选了雨果、莫泊桑、波德莱尔。近二十卷、上千万字的《雨果文集》，由有“柳雨果”之称的柳鸣九主编。他很早就翻译了《雨果论文学》，写过多篇雨果专论，他的文章思辨之雄健、气魄之浩大都有雨果遗风。以他透彻了解雨果的深厚基础，以他主编过《法国文学史》、“法国二十世纪文学丛书”等众多重点图书的丰富经验，以他长期担任中国法国文学研究会会长的有利地位，团结了翻译界的同仁，贡献出一套高水准的《雨果文集》。

《莫泊桑小说全集》的主编是北京大学博士生导师桂裕芳教授，她桃李满天下，也是一呼百应。

《波德莱尔文集》的译者是从读研究生起就精研波德莱尔的中国社科院外文所研究员、比较文学室主任郭宏安。

俄罗斯文学之父普希金的作品，我国几代学者先后翻译过，但至今没有一部全集。河北教育版《普希金全集》十卷，集诗歌、小说、戏剧、文论、书信、历史著作等于一炉，由一批优秀的博士、硕士和经验较丰富的老译家合作，刘文飞主编。

《莱蒙托夫全集》的主编是北京大学教授顾蕴璞，诗文五卷。

亚洲国家的作家，其影响及于各大洲、获得东西方普遍称誉的，南有泰戈尔，东有川端康成，西有纪伯伦。由印地语、孟加拉语文学专家刘安武、倪培耕、白开元主编的《泰戈尔全集》，比多年前我国出版的第一套泰翁作品集的篇幅多几倍。他的诗歌、小说、戏剧基本上收齐了，散文、文论、书信有许多是第一次译介到中国来，而且绝大多数作品直接译自孟加拉文和印地文原著。

以《雪国·千鹤·古都》的优美译文传颂一时的女翻译家高慧勤，并不满足于译几部川端佳作，而一直盼望着能出一套像样的川端文集。记得之前我在她家谈起这个夙愿时，她抚摸着川端夫人手赠的一长排崭新的日文版川端全集，不胜感慨、怜惜。当时我安慰她不要着急，以后总有机会的。真是苍天不负苦心人，多年壮志终有成。河北教育出版社的宏大计划一出来我就赶紧用长途电话告诉远在东京的高慧勤，她欢喜得立即向川端康成先生联系版权。很快就确定了一套包括长篇《东京人》《身为女人》在内，超过300万字的《川端康成文集》可以呈献给中国的读者。

《纪伯伦全集》五卷，分别译自阿拉伯文和英文原著，由多年从事阿拉伯文学研究的关稱和擅长译散文、哈佛归来的女博士钱满素主编。

《雪莱全集》的计划确定得晚一些，但进展不慢。出身老清华的主编江枫，是中国社科院近代史研究所研究员，以译雪莱蜚声四海。著名翻译家杨宪益夫妇和王佐良、袁可嘉、冯亦代、董乐山、屠岸、杨德豫、汪飞白等分译诗歌、散文、书信，合唱又一出“群英会”。

19世纪俄罗斯文学是世界文学的一个高峰，是东西方共同瞩目的一份珍贵遗产。人们公认屠格涅夫、托尔斯泰和陀思妥耶夫斯基是这一时期的“三巨头”，也是整个俄罗斯文学的杰出代表。河北教育出版社这批文豪书系，在俄罗斯方面先列入《屠格涅夫全集》，是从作家的特色出发来选择的。屠格涅夫既承继了俄罗斯文学的优秀传统，又因长期在国外学习和生活，对西欧社会和文学有较多的了解，他在赞美西欧作家作品的同时，保持着自己独立评判的态度。他是第一个使俄罗斯文学走向国际文坛并获得承认的俄罗斯作家。他的创作道路对处于改革开放中的中国文学特别有启示意义。他的作品抒情色彩浓郁，艺术感染力强，篇幅也不大，读起来回味无穷又不觉得吃力，正适合快节奏时代的人们寻求高品位艺术享受的需要。

《屠格涅夫全集》收入的作品比较完备。凡属屠格涅夫发表过的长、中、短篇小说，剧作，诗和散文诗，全部译出，无一遗漏。苏联十二卷本的文论、文学回忆录和书信部分，也都译了过来。书信卷共收书信297封，比国内已有的译本篇幅大增。第一卷是《猎人笔记》，第二、三、四卷是六部长篇（每卷两部），第五、六、七、八卷是中短篇小说，第九卷是戏剧，第十卷是诗和散文诗，第十一卷是文论和回忆录，第十二卷是书信。各部分的作品依发表年代顺次编排。

多年的经验证明，翻译外国作品不能为翻译而翻译，而应当有其一定

与世界文豪书系编委游览苍岩山，前排右起：张小影、刘硕良、王亚民、宋兆霖、钱满素；后排右二起：江枫、高慧勤

的旨意、取舍和评价。最成功的译介是在研究基础上进行翻译，把翻译和研究结合起来。只有研究透了，翻译才能得其精髓，也才有可能写出高水平的序言来供读者参考。参加这套书翻译的都是俄语界从事翻译、教学和编辑工作多年，出版过多种译著的专家。他们为求译文准确传达原作面貌并有自己的特色，付出了艰辛的劳动。

一篇出色的序言会使译本增辉，而没有序言或者只有敷衍塞责的序言，总让人觉得是个不小的欠缺。我选择译者时就考虑到译序，选择的译者主要是我国研究外国文学的大本营中国社科院外国文学研究所的研究人员，以及高等院校中对所译作家有较多研究的专业人员。所有译本都有序文，对好的序言不惜篇幅，不限字数。既然我们花大气力出一套“世界文豪书系”，就不仅要作品译得比较好、比较全，而且必须有一定的学术色彩和研究价值，必须有高质量译序和必要的题解、注释与年表、索引。

《屠格涅夫全集》除了介绍河北教育出版社组织“世界文豪书系”的缘起和有关情况外，还特约了叶水夫、陈燊、朱宪生分别作了总序：中国翻译工作者协会会长、俄罗斯文学研究会会长叶水夫，从总体角度评介了屠格涅夫，特别着重回顾了屠格涅夫作品在中国的影响和传播历史，提出了进一步研究屠格涅夫的新任务。中国社科院外国文学研究所研究员、著名屠格涅夫专家陈燊，凭借独到的眼光和丰富的资料，全面分析了屠格涅夫的个性、思想和艺术，回答和澄清了人们认识上的一些迷惑和误解。新时期崛起的年轻一代俄罗斯文学研究者朱宪生教授，抓住屠格涅夫遨游于诗与散文之间这一突出特点，在广阔的背景和多方位的参照下，深入地评论了作家的艺术技巧与艺术风格，提出了不少新见解。三篇总序各有所重，相互补充，从中多少也能看到我国屠格涅夫译介工作和从事这一工作的几代人，前赴后继，接力探求的一些轨迹和印记。

为了进一步研究屠格涅夫的创作，全集在作者每一大类作品如随笔、长篇小说、中短篇小说、戏剧、诗歌、散文诗、文论、文学回忆录、书信之前，还有分序。此外，各卷每篇均有简要的题解和必要的注释文字；戏剧卷中附有沙金写于莫斯科的介绍《村居一月》演出情况的资料；书信卷后附河北教育版“世界文豪书系”中的《屠格涅夫全集》有索引，凡书信中提到的人和作品，一看这份索引就可以很快查到原信。这些工作做起来挺麻烦，但给研究者提供了方便。总之，整部全集试图反映20世纪90年代我国研究屠格涅夫的新水平，至于在多大程度上达到了这个目标就待由历史来检验了。

《屠格涅夫全集》酝酿出版过程中得到新闻出版署图书司和中宣部出版局有关负责同志以及河北省新闻出版局领导的关怀和支持，得到河北教育出版社通体一致的合作和协力，得到朱宪生提供的珍贵图片，我的老朋友周汉晖、张辛、王慕冰、叶宗翰等同志也帮助做了不少有益的工作。

“世界文豪书系”陆续推出后，河北教育出版社名声大振，海内外的出版社刮目相看。人民文学出版社有强大的编译团队，推出了莎士比亚、高尔基、巴尔扎克等作家全集，成为我国外国文学出版的重要工程，但是与社会发展需求相比，还有许多工作可做。国家图书奖首次评奖，《屠格涅夫文集》得到国家图书奖的提名奖，提名奖只不过比正奖级别低一点点。《屠格涅夫文集》《歌德文集》《雨果文集》等都得到了国家图书奖提名奖。可以说，这一书系的出版对中国出版事业作出了历史性贡献，在海内外影响很大。

也有人说河北教育社出这套书投资大，有的作品有亏损，造成国有资产流失。为什么出版文集这样有利于千秋万代的好事是国有资产流失呢？那出版一些一般的作品甚至是很差的作品，就不是国有资产流失了？

俞晓群出了很多好书，是有名的出版人，后来他在上海《文化读书周报》写了篇文章，提出出版界也要有堂吉诃德的精神。这篇文章其中有一句还专门点到我，说我是“漓江美景中杀出来的老骑士”。堂吉诃德虽然是个失败、悲剧性的人物，但是他伟大的理想在支持他，所以他总是追求理想，失败了也不怕，出版界像王亚民、像河北教育出版社并不在文艺的圈子里，但为文艺复兴做了很大的工作，这不是很好的理想主义精神吗？

俞晓群还在另外的文章中提到，“世界文豪书系”一直让他敬佩有加，当时海外出版人都惊叹“中国出版赶上来了！”当时还在辽宁教育出版社工作的他，找到河北教育社社长王亚民先生，提出拿辽宁教育出版社的书换河北教育出版社的书，王亚民点了辽宁教育社的《吕叔湘全集》《傅雷全集》等书，俞晓群则主要点了他们的“世界文豪书系”，用一辆旅行车，从石家庄把书拉回东北。

大家对“世界文豪书系”也都很肯定，王亚民后来说，教育出版社做这个也并不越界，教育教什么？凝聚教育新品，文学的精品传播就是根本的任务嘛。后来河北成立出版集团，王亚民做了集团的副总经理。一个出版界的名人借名著来诞生，本来别的出版社有机会和财力可以攀到高峰，但是有人有机会没办法做，有的人没机会，王亚民和河北教育出版社是有机会又能抓住机会又能做，就取得了历史性的突破和成功。

可以说，这个“名著热”的高峰就是河北教育出版社。其他的出版社都有成绩，都抢到一些好作品，像浙江文艺出版社、译林出版社、湖南文艺出版社，也包括漓江出版社，也抢到一部分，但大面积的丰收是河北教育出版社。5000多万字的规模，这是中国出版很少见的大手笔，“世界文豪书系”震动很大、影响很大。改革开放以后，不少出版社都有钱，但是是河北教育出版社做了这样的惊天动地的大事，这很了不起。

这个书系有三四套书都得了国家图书奖提名奖，可见出版主管部门和社会上的专家学者是多么重视这套书系。现在河北教育出版社的后续开发工作没有跟上，但是“世界文豪书系”已经流传到社会上去了，很多人要研究这些大作家，都要参考这个书系。河北教育出版社为“世界文豪书系”做了很多尝试和努力，但空白还有很多，还值得我们去关注、去努力。

第九章 出版的广角

广角博览，行业前瞻。
探索创办《出版广角》，
打造中国出版“第二刊”，
“与中国出版同步，为中国出版服务”。
宽视野、新资讯，权威声音；
做评选，办论坛，媒介引领。
打造行业的权威平台，
塑造出版的另一种影响力。

★　本章内容根据2021年2月4日对刘硕良的视频采访（采访人：黄伟林、李逊、梁虹程；录音整理：李逊）、2021年2月5日对刘硕良的视频采访（采访人：李逊、梁虹程；录音整理：李逊）和2017年9月27日上午对刘硕良的现场采访（采访人：王云杉、陆立伟；采访地点：南宁，刘硕良家中；录音整理：吴怡豪、徐小珍、王燕；校对：王燕）整理，部分内容由张俊显根据刘硕良的《三栖路上云和月——为新闻出版的一生》（漓江出版社2012年版）有关内容编写；本章内容根据2021年10月1日对刘硕良的现场采访（采访人：李逊；采访地点：南宁，刘硕良家中；摄像助理：黄高峰、胡昊直、王逸晨；录音整理：李逊）修订。

从1980年进入漓江出版社工作，到1993年离开出版社，我在出版社岗位上工作了13年。这13年的出版生涯是我人生中很重要的一个阶段。

1992年9月，我已经60岁了，该退休了，漓江出版社把我的退休报告打上去，广西新闻出版局局长考虑到我的历史问题等特殊情况，压着报告没有批准，没有给我办理退休手续，想让我再干一段时间，发挥余热。

1993年3月到4月间，李元君听说我要离开漓江出版社，就聘请我去接力出版社当总编辑。协议都起草好了，广西新闻出版局局长孙权科知道了，表示不同意，把我调回了局里，暂时安排在图书处，主编《出版知识读本》，为全区出版知识竞赛命题，并筹划总社出书事宜。

后来考虑到总社没有书号，出版图书操作起来不顺畅，就调整了思路，改办《出版广角》。我于是就从图书出版走上了办杂志的道路。

1

当时，各省份基本都有地方的出版类刊物，有的是内部刊物，有的是公开出版的，内部出版的一般就叫作某某省新闻出版通讯。广西新闻出版局成立之后就出版有内刊。我调回广西新闻出版局的时候，新闻出版局和总社两块牌子一套机构，出版总社想出书，新闻出版局想出刊，让我谋划。

那时要举行一次全区的新闻出版知识竞赛，需要有个讲义式的出版知识读本，就让我来主编。我组织了一些同志写稿，用问答的方式，叙述中国出版的基本历史、基本方针、基本状况和出版方面的基本常识，书名叫《出版知识读本》。读本出了后，各出版单位组织学习。后来组织的广西出版知识竞赛，题目也是我拟的。颁奖的时候，开了一次文艺晚会，影响很大，反响很好。这是我从桂林调回南宁后做的一个事情。

我做的第二个比较重要的事情，是参与局里的专家委员会的工作。局里组织了广西新闻出版局专家委员会，请了社内外的优秀专家组成新闻出版局的智库，作为新闻出版局研究选题和工作管理的参考。各出版社的年度选题会，往常就是各出版社汇报，各出版社的领导和社内外的专家对选题发表意见。成立了这个专家委员会后，这些专家都参加年度选题讨论会，会议的内容就扩大了，不仅讨论具体的选题计划，而且就出版社过去一年的思路、成绩和未来发展值得研究的问题都有所讨论。专家委员会的成员有陈肖人、李人凡，还有我；社会上的专家，有广西大学的校长陈光旨，广西教育学院院长王世堪，广西民族学院（今广西民族大学）的副院长力辅彬，广西社科院哲学所的所长曾德盛等。在会上，我、陈肖人、李人凡发言比较多，他们讲我们是研讨会上的“三剑客”。每年的这个研讨会，对广西各出版社的发展和提升起了积极的推动作用。

我还参与筹备广西第一次书展，担任总策划之一。这个书展是广西出版成就展，是广西第一次举行，不是一般的书展。

当然，我参与的最重要的事情，就是刊物出版的策划筹备工作。总社想出版图书，最大的问题就是书号问题：只有出版社才有书号，出版总社是生产管理机构，代管很多行政事务，但是总社没有书号，没有出版权。总社可以帮助推动出版社出书，但是这些图书还是下面某个出版社出的，出版总社直接出书有些名不正言不顺。如果要出书，就是总社投资，用下面出版社的书号，但这些书名义上又是这个出版社的，这个出版社实际上也没有什么收益。这样操作起来就很别扭，所以放弃了这个思路，就觉得还是办杂志更好。

我们原来有个内刊，大家觉得可以保留，但是还应该办一个公开发行的刊物，要面向全国来办。出版本来就没有省界、地域、地方的界线，何必要被一个地名框住？广西的出版界，就是七八家出版社，加上几个音像出版社，加上新华书店，再加上印刷厂和出版方面的技术学校，对一个专业刊物的需求就摆在那里了。而且行业内还有简报、通报等内部资料，要办一个面向广西的公开发行的出版杂志显得没有必要，也没有生存空间。全国其他的省份，也都办了类似的公开发行的或是内部出版的刊物，有的省办的时间还很长，质量也不差，广西再办一个刊物给谁看呢？从全国看，行业内已经有《中国出版》《新闻出版报》《中国图书商报》《中华读书报》《中国图书评论》《编辑之友》等报刊，也都很有影响力了，广西再办一个新刊，怎样才能争取读者，怎样才能闯出自己的一条路？面对这样的现实情况，我们就对这个刊物进行了分析，认为只有精准定位好办刊的方向和特色，才可能产生它存在的价值，才可能有比较好的生存空间。

我们想到了一个名字，《出版广角》，意思是做出版要有广大的视野，要打破地域的局限，面向全国、走向世界。我们提出的口号前半句是“与中国出版同步”，不是说我们要走到前面，要带领，而是要跟得上；后半句话是“为中国出版服务”，不是光为广西出版服务或某个地域服务。不是要引领中国出版，而是要为中国出版服务，要把位置摆正。这就确立了刊物的定位，立足当地，面向全国，走向世界，要有全国和世界的视野，所以叫“广角”。生于斯长于斯，肯定立足当地，关键是怎么走向全国和世界，所有的功夫和本领最核心的，就是看你怎么走向世界。漓江出版社之所以第一个走出广西，很快走向全国和世界，是因为它一开始就面向全国考虑选题和宣传，不是局限于广西这一隅。要办一个新刊物，首先就要解决这个问题。如果不面向全国，不从全国的视野考虑问题，就和原来的内刊没有根本的差别了。这是一个方针，要确定下来。

我们的目标是争取中国出版第二刊。为什么不是第一刊呢？我们也知道，《中国出版》杂志是新闻出版署的机关刊，它是中央有关部门的出版刊物，按照它的位置和任务，它理应是中国出版第一刊。在办刊的策略上，《出版广角》要发挥《中国出版》起不到的某些作用。在我们看来，《出版广角》一定不能办成地方刊物，虽然是地方办的刊物，但必须面向全国，也依靠全国，依靠出版主管部门和全国出版界的优秀机构、优秀的出版人，这样刊物的质量才能有保证。讲“面向全国”很容易，你面向它，它接不接受才是关键的问题。你必须要有全国的眼光，全国的角度，要有引起全国关注的内容，引起全国思考的内容，引起全国重视的信息，要有全国性的水平，要有足够的权威性，刊物才能赢得全国的读者。

《出版广角》要依靠信息的传播来取得读者的拥护和认同。出版刊物本身就应该是信息量很大，要有很多出版消息汇总到这里，可以给出版人做参考研究，帮助出版人扩大视野，沟通信息，丰富知识。刊物就是这样，实际上也就是把很多信息还原，提供给读者思考，这才是真正的尊重读者，而不是说自己哗啦啦讲一大篇，又要人家接受你的，那不可能的。这就是办刊物、搞媒体的基本态度。《出版广角》刊登的文章不是工作总结、经验介绍，不是那些很枯燥的东西，而是很活泼很生动的，有人有事，比较鲜活。

刊物应该成为领导的助手和工具，要让它成为出版管理部门可以看得着、用得上、靠得上的工具，才能够增加刊物的分量，获得应有的发言权。要把刊物办成一个好的阵地、好的平台，给上级部门、给领导和出版管理研究机构提供好的服务，让他们把刊物当成他们的平台和工具，很多信息就可以汇聚到刊物，很多话就可以在《出版广角》上发表。我们毫不避讳《出版广角》的半官方性质，中国的出版是意识形态工作，是宣传思想文化工作的一部分，它的属性就要求它贯彻党的路线方针。不去履行自己应该履行的职责，就是放弃了社会责任，就是放弃了自己可以成为权威平台的一部分的机会。

除了党和国家方针政策的报道外，也有领导人在《出版广角》发表文章，开设专栏。例如刘杲同志，很多事情他都看得很远，讲得很到位，干脆明确。我们请他写文章，开了个专栏“刘杲随想录”，一期选一篇。出了一两年刘杲就打退堂鼓了，停掉了这个专栏，但他有文章还给我们发表。我们还请国家版权局的专职副局长沈仁干写文章。他是湖南长沙人，知识产权专家。从传统出版转到现代出版，一个突出的标志就是要有版权概念，要有版权管理，要以这个为枢纽来推动出版工作的发展，也通过这个工作推动经济社会和文化的发展。知识产权管理是国家的大政方针，后来就成立了国家知识产权局，开始只是有管理机构，大量工作是由版权局来做，但是版权局涵盖不了知识产权的所有工作，商业、工业，以及社会上方方面面都涉及知识产权，不只是版权的管理。我们请沈仁干开一个专栏“沈仁干说法”，请他每期写一篇文章谈版权管理，谈知识产权，让大家大开眼界，大有益于知识产权知识的普及。国家版权局有关负责人辛广伟是研究台湾出版的专家，写了系列作品《台湾出版史话》，我们请他写了个专栏，在《出版广角》上连载。我们还请聂震宁写“断想”，结合实际谈出版原则性的、带有理论性的问题，但又不是枯燥的讲道理，都是实际中发生的问题，帮助大家开拓思路。

在学术文化方面，我们也开了一些专栏，像钟叔河写的“学其短”，文章就是历史上文献里很有意思和价值的短文章，几百字，钟叔河做点翻译和注释工作。因为新闻出版就是要短要精练，不能长篇大论太多，特别是新闻更要这样。胡乔木在延安写过一篇文章《短些，再短些》，这个是学新闻必读的经典文章。短不是个简单的形式问题，还是个思路、作风的问题。钟叔河的这个系列登了后，别的刊物也登，后来又汇成几个集子，出了一套书。还有新闻出版署图书司副司长于青，她很爱好写作。《中华读书报》最初是新闻出版署和《光明日报》合办的，一开始就有官方的背景，在《中华读书报》创刊的时候她是新闻出版署派驻的总编辑。读书读什么书，该读什么书不光是爱好问题，也是指导方向的问题，于是我们请她开了一个谈长篇小说的专栏，每一期谈两部长篇小说。

《出版广角》还有一个栏目是高端访谈，局长访谈录，访问各地的

与刘杲合影

《出版广角》编辑部成员合影

新闻出版局局长，谈的问题很多都是很有分量的。比如辽宁省新闻出版局局长任慧英，河南省新闻出版局局长陈满之，湖北省新闻出版局局长邱久钦、上海市新闻出版局局长孙颙、江苏省新闻出版局局长石启忠、广西壮族自治区新闻出版局局长阳建国。当时广西准备办出版成就展，特地派人去华东各省学习参观，我负责这个工作，回来后和陈南南一起写了个《走马看华东》，介绍华东几个省改革发展最新的消息。江苏的出版，甚至江苏省的全局工作，最突出的特点就是稳健，江苏省新闻出版局局长的访谈录能抓住江苏出版的特色，把江苏的风格、强项介绍出来。

《出版广角》还关注个案，报道全国最好的出版社、最优秀的出版人、最活跃的出版家的动向和经验。这个专栏都是大块文章，请陈昕采写。陈昕喜欢写大文章，中国加入WTO后，中国出版面临的形势、困难、影响、对策等等，他写过两三篇大文章，都在《出版广角》发表。这些文章和他其他的文字汇成一个集子，叫《WTO与中国出版》，在广西师范大学出版社出版，他请我写了前言。这几篇文章，他都是春节找时间写，写好以后给《出版广角》。陈昕是中国出版经济学的权威，他是把出版当作经济研究的，这样的人不多。他原来在上海人民出版社当编辑，后来当副总编辑，后来在远东出版社当社长，也负责过香港三联书店。他有全球的视野，写了文章以后由我们发表，这些文章提高了刊物的权威性，吸引了大家的注意，扩大了刊物影响。新闻出版署的老署长宋木文，退休后在全国人大教育科学文化卫生委员会做领导，也写一些文章。上个世纪末他写了篇大文章，就问他的秘书文章给哪个刊物好？秘书说还是给《出版广角》吧。《出版广角》敢于拿出篇幅发表有分量的长文章，是得到大家的认可的。很多出版社的优秀人物、先锋人物和优秀的出版社，也是我们报道的重点，用专栏文章访问，或者是请他们写文章在这里发表。一般的报道无法引起注意，只有抓到好的典型，用这种个案展现出版改革发展的深度进展，这样的文字才能引起大家的注意。像中国青年出版社社长胡守文，作家出版社总编辑张胜友，上海科技出版社社长吴智仁，生活·读书·新知三联书店总经理沈昌文、董秀玉，安徽教育出版社社长黄书元、辽宁教育出版社社长俞晓群，河北教育出版社社长王亚民等，很多优秀出版社的社长、领导都在这《出版广角》发表文章。《出版广角》还关注好的书店经理、优秀的编辑。每次评全国优秀中青年编辑，我们都请主持这个工作的中宣部出版局局长伍杰写一篇这一届优秀青年编辑的介绍，把主要的事迹提炼出来。

《出版广角》还做过很多活动。我们很注重刊内刊外矛盾的统一问题。上面说的专栏和一些做法很多都是门内的，门外的，就是出版界外的广大的读者怎么照顾的问题。如果是学术性、理论性的文章，一般读者不感兴趣，读者不看出版内部的东西，读者希望直接看到文化信息、文化知识。《出版广角》在这方面也想了很多办法，怎样调和、缓和圈内圈外的差异和矛盾，也要突出有好的图书的介绍，比如刚才提到的“学其短”。也有一些短文章和杂文，比如上海的杂文作家何满子的一些作品，短而且精彩，给读者提供很多知识。

新中国成立50周年的时候，《出版广角》组织评选了“感动共和国的50本书”。我们随刊发放了一些问卷，在北京大学、南京大学、浙江大学、广西大学等几十所高校也发放了选票，让大家来投票。实际上，参加投票的人各行各业的都有，还有些小孩子，也有出版界的专业人士，全国20多个省的人都有参加。这选票一收上来，我们发现一些读者还在我们的候选的书之外，推荐了一些自己认为应该入选的书，加起来有两三百种，最后选出了50种书，包括马克思、恩格斯和列宁的经典著作，毛泽东、邓小平等党和国家领导人的重要著作，还有历史、文化、文学、科学、少儿等方面的著作，特别是文学方面的书，包括小说、散文、随笔、戏剧、日记等题材，很丰富，入选的数目占了很大一部分，外国文学作品都有10来种。

尽管有些同志对这50本书有些看法，但是绝大多数的书选得还是可以的。对评选出来的图书，每篇都有很好的书评。《共产党宣言》的书评作

在上海举行的社刊工程研讨会。前排左起：中国轻工业出版社社长赵济清、上海市出版工作者协会主席江曾培、上海科学技术出版社社长吴智仁、青年出版社社长胡守文、上海市新闻出版局副局长楼荣敏、《出版广角》月刊主编刘硕良

者是梁衡，他原来做过新闻出版署副署长，有名的散文家。我们把《出版广角》编辑部组织读者评选“感动共和国的50本书”的情况和书评编成一本书，请江苏教育出版社出版。后面长沙办全国书市的时候，这本书在会上宣传推广。湖南电视台的记者采访的时候，国家新闻出版署副署长杨牧之拿了这本书介绍给读者。副署长亲自宣传出版社的某本书是不容易的，没有影响力怎么行？

在世纪之交，我们在北京、合肥、上海、南京、成都、长沙、桂林、南宁等地组织了8个论坛，回顾过去几十年的出版改革进程，展望新世纪的出版发展。一个是1998年5月在桂林办的广西出版改革与发展理论研讨会，第二个是1998年6月和广西教育出版社在南宁办的教育出版战略研讨会，第三个是和广西师范大学出版社在桂林办的高校出版发展战略研讨会，第四个是1999年11月分别和河北教育出版社、安徽教育出版社在北京、合肥办的21世纪出版论坛，第五个是2000年3月和江苏教育出版社在南京办的21世纪出版论坛，第六个是2000年7月和中国编辑学会青年编辑专业委员会在成都办的2000年出版发展论坛，第七个是和上海科技出版社办的社刊工程研讨会，第八个是和中发协非国有书业工作委员会、广西师范大学出版社、北京大学出版社、河北教育出版社在长沙办的非国有书店发展研讨会。论坛主题包括21世纪出版的展望、中青年出版人的培养发展、包括刊物期刊的发展等等，有一般性的话题，也有专门性的话题。全国出版界的风云人物大部分都参加了。我们在上海开以社刊工程为重点的研讨会，社办刊物基本都来了。在北京的论坛，是河北教育出版社承办，费用开支都由他们负担，不是在河北省，在北京的活动让他们去付钱，可不容易，有几家刊物能有本事做到这一点？如果他们对《出版广角》没有真心、没有热爱，是做不到这样的。在安徽合肥开会，有些出版局的局长、出版社的社长都来参加。这八大论坛的举办动静很大，也产生了广泛的影响和效力。《出版广角》一个地方出版的刊物在中心城市召集八个专门性的论坛，很多专家和业界人物都愿意来参加，也说明《出版广角》是深入出版界，深入人心，得到读者的认可的。

《出版广角》还举办了一次评选评奖，评“广角接力佳作奖”。活动由接力出版社赞助，举行了两届。有的领导也写有文章，虽然评了奖，但是他们不肯领奖。刘杲说自己的文章千万不能参加，但我可以去做评委。一等奖1万元稿费，接力出版社提供经费。如果他们认为《出版广角》没有影响，不可能愿意挂这个名的。

《出版广角》还向出版界人士以及出版界之外的有关领导专家进行赠刊，将赠刊记录登载在杂志上，更多的读者就注意到《出版广角》。有一年，广西的领导班子换届，中组部副部长王瑞峰到广西时，就赞扬《出版广角》办得不错。组织部门的领导注意到我们行业性的刊物，我们觉得很有意思。还有一次，有一些新闻出版界的人士坐车去桂林，在车上遇到自治区党委常委、组织部部长徐爱俐，她就说《出版广角》办得不错。组织部的人都讲办得好，似乎比别的专业部门说办得好更让我们高兴。我们用各种办法扩大杂志的信息量，增加权威性、时代性、可读性，把《出版广角》办成像国外发行量大、专业性权威的报纸一样，通过自己的权威性吸纳广告，在经济上能站住脚，《出版广角》也由双月刊发展到月刊，由单色印刷到彩色印刷，广告量不断增加，实现了办刊直接费用自给。

《出版广角》是1999年起开始改为月刊。在世纪之交，信息业传媒业与出版业越来越趋近，有点交融发展的趋势，作为一个出版行业的刊物，改为月刊，加大信息量，加快出版节奏，也是时代发展下的一种必然。一份真正要与中国出版同步的刊物，一月一期也是最起码的一个节奏。通过改月刊，《出版广角》更加紧扣着中国出版的时代脉搏，更多地关注一些出版物，更及时地关注一些新的动向和信息，对于中国出版改革发展中的一些焦点、难点问题也有更多的关注，包括理念上的研究和实践层面的探讨。当然，《出版广角》一开始就是很重视读者的，很注意刊物的可读性，改月刊后，就更加重视刊物的清新活泼，包括内容和设计风格，都要让人爱看。

自1995年起办刊的4年间，双月刊的《出版广角》共出版了24期，发表文章千余篇，约500万字。1999年，《出版广角》编辑部从这千余篇文章中选了近300篇有代表性的文章，编了三卷本的一套书，叫《同步的足音》，2000年，广西人民出版社社长区向明提出要出版这套书，出版社明知这套书不一定卖座，坚持要出版。这套书分为ABC三卷，A卷包括《前沿》《大视角》《局长专访》《刘杲随感录》《聂震宁断想》《出版论坛》《时评

1999年5月，《出版广角》编辑部和广西师大出版社联合召开高校出版发展战略研讨会。中国版协副主席伍杰（中）、广西新闻出版局副局长夏永翔（右二）、广西师大副校长刘建斌（左二）出席开幕式并讲话。右一：广西师大出版社社长肖启明

杂感》《战略研讨》《大事纪实》等栏目内容，B卷包括《书人声影》《人间情怀》《译事品评》《期刊专刊》等栏目内容，C卷包括《编辑学》《编辑杂谈》《编注例话》《编辑个案》《装帧探幽》《沈仁干说法》《版权管理与贸易》《台湾出版史话》《岁月回眸》及其他等栏目内容，基本上较好地展现了《出版广角》几年来的精华。

1999年，我们在当年《出版广角》第10期做了一个“新中国出版50年特辑”。这个特辑是我们请阿正、李频两位年轻出版理论家策划，分为六大部分推出，包括推动出版前进的50件大事、产生影响的100位人物、创造辉煌的50家出版社、难以忘怀的100种书、深入人心的100家期刊、反映整体推进的100个个例。此外，还组织了一篇几万字的大事记和几篇透视文章，这样点面结合，通过几个角度几条线索，把新中国50年的出版进行了一种回顾和梳理。当然，这种总结不是官方的评价，而带有较多的民间色彩，当然这种色彩并不脱离主流和大方向。这个特刊推出后，引起了很大的轰动。

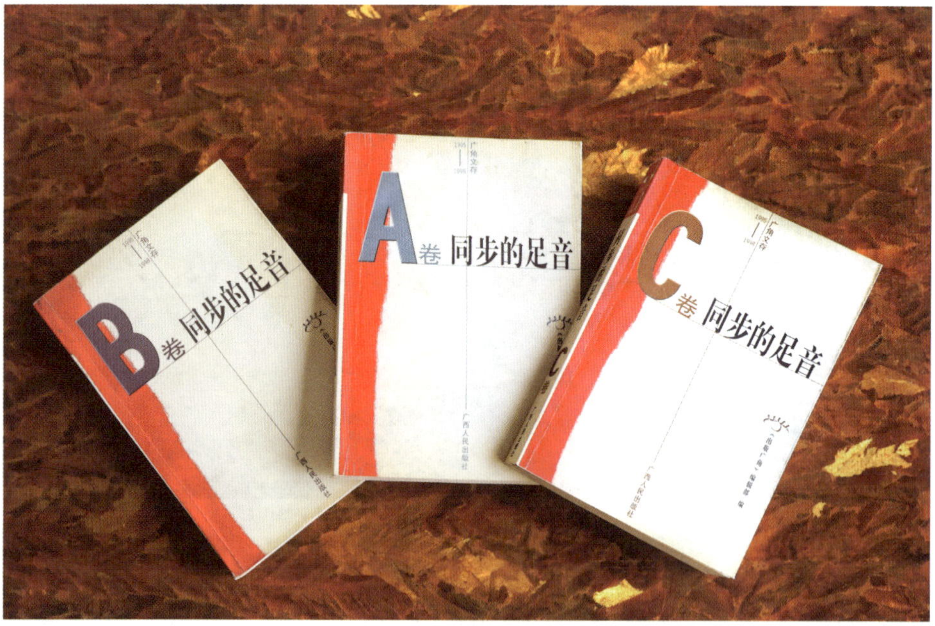

《同步的足音》三卷

这一期特辑出来之后，也有领导有些不同意见，觉得凭什么由《出版广角》来组织这么大规模的评选。我把这个情况告诉刘杲同志，他说得很好，也没哪个规定《出版广角》不能做评选啊？看到这么一个特辑，很多出版人欢欣鼓舞，也觉得这样的地方性刊物敢于出来梳理全国几十年出版的行业人物、单位等等，是很了不起，很有开创性的。后来，我们评选出来的很多优秀编辑，在那个评比之后很快被提拔重用了。这也说明这个评选没有看错人，没有滥竽充数的现象，《出版广角》发挥了组织激励的作用。实际上办刊物也和毛主席在《广西日报》指示的那样，一张报纸对当时充分发挥组织宣传激励鼓舞的作用，刊物也是这样，也可以起到很好的组织推动作用。

1995年《出版广角》创刊，到我离开的2000年，这几年间，我认为这个刊物还是比较有生气和力量的。《出版广角》思路就是前面说的那几条："与中国出版同步，为中国出版服务"；争取做中国出版的第二刊；依靠领导和各地方先进分子，包括出版社社长、总编、营销人员等等；凡是读者喜欢的圈里圈外都可以登，把面扩大。实际上，办《出版广角》的原则思路和办出版社一样，漓江出版社可以从地方走向全国，《出版广角》为什么不能呢？有这个眼光和野心就可以做到。

各地的领导，从北京到各地方都很支持我们。2000年新闻出版署换署长了，石宗源当署长，《中国出版》《新闻出版报》都没介绍他，《出版广角》想抢先介绍他，我们找了新闻出版署办公厅主任阎晓宏，把采访意图报告了他。阎晓宏说署长的日程都排满了，专门安排很难，你明早早点来，趁着他一到办公室就采访他，他会提前来的，第一个议程是见刘杲，也不会一坐下来刘杲就到了，肯定有间隙，你就抓住这个时间间隙。我就按照他的意思，早早就和俞凡一起去，把《出版广角》杂志给他看，请他说几句话。简历早就准备好了，出来的时候记者拍了个照片，登了一版的篇幅，登了他对《出版广角》的期望和关心。这个就是提供信息，信息里面有大家希望知道的东西，不光限于方针、经验，像这些资源本身就可以

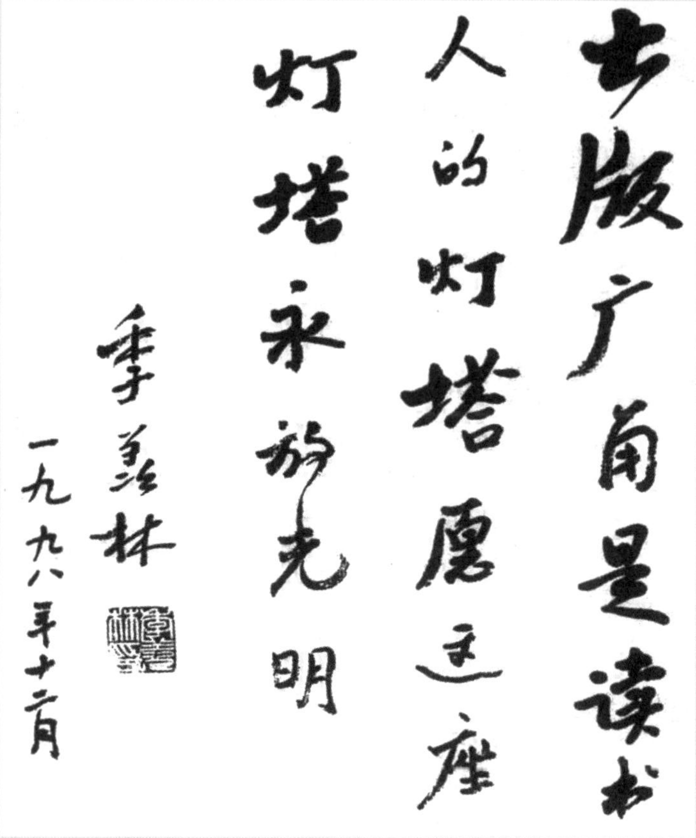

季羡林为《出版广角》题字

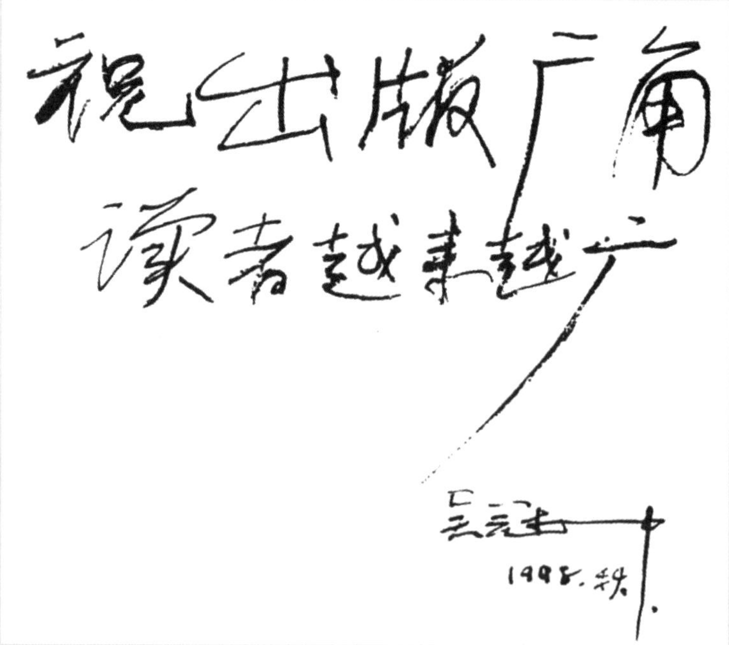

吴冠中为《出版广角》题字

“感动共和国”的50本书展销现场

《感动共和国的五十本书》

第十届全国书市特设了“感动共和国的50本书”展销馆，集中展销由《出版广角》月刊今年为迎接国庆50周年而组织读者评出的“感动共和国的50本书”。各有关出版社积极供货，湖南省新华书店领导亲自部署，认真做好了各项组织工作。

9月24日书市开幕时举行的专馆开馆仪式由湖南省店党委书记黄鹤楼主持。新闻出版署副署长杨牧之热情致辞，他盛赞《出版广角》组织了一次很好的活动，又和湖南省店安排了专馆展销，很有意义。他以自己阅读这50本书的深切体会，号召广大读者多读好书，提升境界、增强修养、推动社会进步。

人民文学出版社社长聂震宁（右下，上图左）兴奋地说，这次50本书评选，人文社有15种入选。我们很受鼓舞，同时深感责任重大，今后要更加努力地出好书，出受读者欢迎的书。

展销期间，中央电视台、中国教育电视台、湖南日报和湖南省市电视台纷纷作了采访报道。

左上：湖南卫视记者（左）采访《出版广角》主编刘硕良

右上，下图：广西新闻出版局副局长蓝怀廷（左二）、夏永翔（左三）和局图书管理处处长伍先华（右二）、广西人民出版社总编辑彭石生（右三）等在展馆合影变成信息，就可以产生价值。

随着刊物的发展，办刊队伍壮大，便获得能大展身手、日益广阔的平台。俞凡、吴超扎根京城；周化铁到南宁师大教授广告营销学；周蓓从河北教育出版社调去《中国编辑》，在那里读研攻博，取得北师大博士学位，应聘到郑州大学教书；张东被提拔到广西新闻出版局期刊管理处做副处长，赴英国学习后任广西美术出版社副社长；韦丽华先后在云南教育出版社和广西美术出版社做版权贸易，打出一方天地；那些从广西大学、新疆大学、武汉大学、南京师范大学慕名前来实习的年轻人也从这里迈出了自己的远大前程。

2

《出版广角》是我离开漓江出版社后创办刊物的一个尝试。虽然以前也办过《青年外国文学》，还出过“漓江译丛”这一类的杂志书，但是做一个学术性比较强、专业性比较强的刊物，我也还是缺乏经验，就是摸索着往前走。

做这个刊物的过程中，我和漓江出版社还保持着联系，漓江出版社还委托我继续主编“获诺贝尔文学奖作家丛书”，并出版了我提供的著名红色经典的选题《钢铁是怎样炼成的》。《钢铁是怎样炼成的》是影响几代人的红色作品，打倒“四人帮”以后，在纠正极“左”路线的年月里，很少有人想到出这类的红色经典，这一类作品很久都没有印了，似乎文学作品就不用讲政治了。有一次我去南京开会，碰到南京师范大学的黄树南教授，他曾在“文化大革命”期间，应人民文学出版社的邀请，从俄文翻译过新版的《钢铁是怎样炼成的》。《钢铁是怎样炼成的》新的版本比起原来的作品要多几万字，虽然不是十分重要，但毕竟是作者的一个版本。很长一段时间里，社会上流行的是早先出版了的广播事业局局长梅益翻译的版本，梅益的译本已经深入人心，黄树南的译本有一部分读者不认可，但我们觉得也可以百花齐放，可以允许有第二个本子存在，毕竟这个译本有很多原来译本没有的东西。我请黄树南在新译本的基础上，做一点校订、修改给我。当时我还没想到给哪个出版社，但是我想，这些书总还是有人看的。我们当时出《西方爱情诗选》，就有意识把德国放前面，马克思的作品放在前面。后面我们出过赖耀先译的《马克思青年时期爱情诗选》，这本书2020年还再版了。马克思不仅革命理论伟大，而且他的人格、他的爱情也很感动人。这本诗选也受到欢迎。我们也出过《马克思与流浪儿》，是民主德国一个作家写的，出版这本书的时候民主德国还没垮台。《马克思与流浪儿》是北京大学西语系德语专业的周祖生、王燕生翻译的，也很受欢迎。我觉得《钢铁是怎样炼成的》名声更大，影响更广泛，有长久传播历史的名著，总会有人看的，现在不流行不等于以后就不流行。读书的浪潮也与服装和其他的文化样式一样，往往也有一种波浪式的发展，有时古典的沉寂了，流行现代派的东西，但是过一段时间人们又会回过头来，古典又重新流行，就像“五四”时期的歌曲、发型、服装，改革开放后也曾经流行一样的，不能一本通书看到老，把问题看死。

书稿翻译好后，黄树南总担心没有出版社能出。我把书稿带回桂林，后来又带到南宁《出版广角》编辑部的办公室。大概是1994年5月底，莫雅平到南宁来找我，说漓江出版社在讨论选题计划，问我有好的选题线索没有。我觉得《钢铁是怎样炼成的》是时候推出了。1989年苏东剧变之后，社会上有个思潮，红色的东西重新又引起人们的注意，过去一段时间忽略了这个方面，评价也有些偏颇，这也引起了人们的反思，我觉得这本书这个时候推出应该有市场。莫雅平就把这本稿子带回桂林出版，张谦是责任编辑。这本书前后印了101万册，漓江出版社还在此基础上进一步策划和组织，张谦他们把这本书引出一个系列，还出了《暴风雨里诞生的》《卓娅和舒拉的故事》《牛虻》《绞刑架下的报告》等。这些作品在20世纪50年代的时候曾风靡一时，看过的年轻人很受感动。经过社会大动荡以后，这些作品被淹没了，不被人注意了，后来慢慢重新进入人们的视野，人们也对其也有了新的认识和解读。《钢铁是怎样炼成的》是我在《出版广角》期间帮漓江出版社推荐的，也算是帮他们开了一个系列的头。

在《出版广角》创办期间发生的一件大事也应该提到。从桂林调回南宁后，困扰了我30年的历史问题又涌上心头，于是我向广西高级人民法院和广西人民检察院再次提出申诉，请求司法部门直接调阅我的原始案卷，我相信公检法部门一定能从事实出发，秉公办理，审查原始证据是否出错。1997年，广西高级人民法院组织合议庭对我的案子重新进行审查，最后依法撤销了原判。自治区党委纪委据此确认我的工龄从1949年9月我参加工作时算起，延续到2000年离休。

2019年，有一次我和韦建辉去看老领导、《广西日报》原社长、区党委秘书长、党校校长刘毅生同志。当时刘毅生已经100多岁了，他说，你的问题乔晓光说已经解决了。说明自治区党委的老领导对我的问题还是很关心的。老同事们也是这样。

1980年组织给我安排了工作，虽然我的问题没得到解决，但先给我解决了工作问题，而且我在漓江出版社也做出了抢眼的成绩。我的事迹，《广西日报》也不断有报道，是有名的记者李宁采写的。李宁是我还在报社的时候就调进来的，他写了一篇一两千字的报道介绍漓江出版社，放到《广西日报》第四版的头条，里面就讲到我的工作成绩和表现。《广西日报》的同事们也都知道，我到出版系统之后并没有消极，并没有沉沦下去，也没有因为我的问题没得到解决就自暴自弃，而是奋发有为，开辟了一个新天地。

我到漓江出版社后，不由自主地把精力投入到工作里去，尽量不去想那些事，就觉得我先去干工作，其他的到最后再说吧。因为想也得不到解决，反而让我很难过。有一个老同志李汗，1956年我们一起去北京开全国青年文学创作会议，他是《广西文艺》编辑部副主任。《广西文艺》编辑部那时没有主任，实际上《广西文艺》就是他在负责。后来他也被划成“右派”了，改革开放后被纠正，后来在苍梧工作，后又从梧州回到广东，调到花城出版社当小说编辑室主任，之后还担任广东省新闻出版局期刊处的处长、广东省期刊协会的会长。那时，广东的出版，期刊、报纸比图书更活跃，更有成就。李汗在花城出版社那时给我写过信，说他想看我编辑的外国文学的丛书。我就把相关的图书寄给他。他觉得这些书让人耳目一新，编得像模像样，很有章法，不像是个新手做的。他在信中特别提醒我：“因为你在《广西日报》做过文艺部主任、副刊部主任，你对文艺很熟悉，对外国文学也很了解，这些书也很好，但是你不要忘记，你的问题没解决。你不能埋头工作，用工作转移你的注意力，转移你的痛苦。要想办法直面你的问题，不要回避，要去申诉和解决。要去找政府，不要光靠找熟人。”这封信对我触动很大，我也知道不能因为在漓江出版社做得还不错就自我安慰，因为历史问题不解决会影响养老，后面的一切都会受到影响。

实际上，我刑满以后留在劳改场所继续劳动，被认为已经“就业”了，但那个“就业”的概念跟一般的“就业”完全是两回事，其实就是继续劳动改造，当时有些地方还说是“劳改释放犯”“劳改释放分子”，虽然劳改释放了，但还加个“分子”，还是被认为是打入另类的那一类人。有一次我上街，在西关路河滨菜市那里碰到过李汗。他一把抓住我，问我怎么样。他对我非常亲热，就像老朋友一样，像我没发生过什么事情一样，真的把我当朋友。我非常感动，直流眼泪。

到出版社工作前，我在街上还碰到过一位画家。他听到我的情况以后，也深表同情，主动去向自治区党委宣传部的领导郑少东、陆地反映情况。郑少东说，周民震也帮我同宣传部副部长兼文化局局长贺亦然反映，他们也在帮我讲话，打算重新安排工作。我还在百货大楼碰到过刘三姐会演跟我一起管宣传的同事何宣仪。那时候文化局让我当刘三姐会演宣传处处长，何宣仪是文化局社会文化处处长。这次相见，何宣仪从楼上走下来几步，对我微笑。但我没脸见人，不好说什么，就走到一边了。

世间事有很多巧合，偶然之间也有必然，因为有了这些朋友的激励、帮助，所以我就坚持要继续申诉。

2001年我返聘一年后，自治区新闻出版局夏永翔副局长说："你离休了以后，可以在广西版协工作，可以当驻会副主席。"那个时候我已经选为版协副主席了，我说版协驻会副主席的工作不多，还有别的同志要去版协。夏永翔说多一两个人没有问题，一个人做一部分工作也可以。我说这点工作就不要大家都来挤了，我会有地方去的。我感谢了他的好意，就没有去广西版协。正是这个时候，2001年6月中下旬，云南教育出版社社长何学惠打来电话，请我去昆明帮她办《人与自然》杂志。由此我又开启了另一段别样的出版生涯。

第十章 人与自然

办刊换频，另辟天地。

远赴昆明，创办《人与自然》，

依靠专家、服务大众，

促进人与自然关系和谐发展。

策划《我的野生动物朋友》等畅销书，

打造“人与自然文库”，

为云南教育出版社增光添彩，

为读者架起一座通往自然的桥梁。

★　本章内容根据2021年2月5日、2月7日对刘硕良的视频采访（采访人：李逊、梁虹程；录音整理：李逊、唐迎欣）和2017年9月27日上午对刘硕良的现场采访（采访人：王云杉、陆立伟；采访地点：南宁，刘硕良家中；录音整理：吴怡豪、徐小珍、王燕；校对：王燕）整理，部分内容由张俊显根据刘硕良的《三栖路上云和月——为新闻出版的一生》（漓江出版社2012年版）有关内容编写；本章内容根据2021年10月1日对刘硕良的现场采访（采访人：李逊；采访地点：南宁，刘硕良家中；摄像助理：黄高峰、胡昊直、王逸晨；录音整理：李逊）修订。

办《出版广角》时我已属“超期服役”，每到年初，都有人关心我是否还继续去上班。到2000年7月，广西新闻出版局机构调整的时候，我办了离休，但也是离而不休，局领导还要我在以《出版广角》为基础新建的广西出版杂志社担任总编辑，同时兼任《出版广角》的主编。

到了2001年6月，云南教育出版社想办《人与自然》杂志，何学惠社长知道我离休了，就想请我去昆明办《人与自然》。何学惠一个电话，把我吸引到了昆明。

很多老朋友感到很惊讶，他们知道我办漓江出版社和《出版广角》很成功，但“人与自然”是另外的主题，另外一个天地，很多东西是理科的，担心我去蹚浑水，可能成功，也可能滑铁卢，都替我捏一把汗。但我却是胸有成竹的。在《人与自然》杂志，我又开始了新的一段出版旅程。

《人与自然》杂志和它带出的以《我的野生动物朋友》为标志的“人与自然文库”为云南教育出版社添了彩，也在事关人类命运的大事面前出版界将何以处之的问题上做了一番尝试和探寻。我不敢说有多大的成功和收获，至少不引为遗憾的是参与了众多环保志士在英勇参与的一个伟大的过程。

1

何学惠是云南师范大学数学系毕业的，在云南人民出版社当过副社长、机关党委书记，后来调到云南教育出版社当社长。这个人很正派，很有魄力，很精明，工作也很有热情，能够抓住主要矛盾来解决问题。原来在《出版广角》的时候，我和《出版广角》的副主编、陆地的儿子陈南南一起在昆明采访过她，写过一篇人物报道《高人何学惠》发表在《出版广角》。何学惠对我有了解，加上云南教育出版社是《出版广角》的理事单位，我们工作上有联系，也算是熟识。

为什么会办《人与自然》这个刊物呢？1999年，昆明举办世界园艺博览会。世园会是个很大的活动，对人们对自然的观念和态度的改变有很大的推动作用。世园会办有一个内部刊物《人与自然》，交流办世园会的经验，刊发有关人与自然的小文章或者动态信息。当时，“人与自然”这个话题随着世界潮流的激荡开始引起人们的注意了。特别是就在我到昆明的前一天，2001年7月1日，江泽民同志在庆祝建党八十周年大会上的讲话中强调指出，“要促进人和自然的协调与和谐，使人们在优美的生态环境中工作和生活。坚持实施可持续发展战略，正确处理经济发展同人口、资源、环境的关系，改善生态环境和美化生活环境，改善公共设施和社会福利设施。努力开创生产发展、生活富裕和生态良好的文明发展道路。”江泽民同志把生态良好与生产发展、生活富裕并提，作为开创文明发展道路的三大标志和三大内容，引起了大家的注意。

在这样的大背景下，《人与自然》这份内部刊物得到了大家的关注和喜爱。世园会办完后，云南园艺博览局考虑把内刊变成公开的刊物，云南新闻出版局有关领导对此也表示支持。但是谁来办？这需要人来操作。何学惠就想到我，她知道我在《出版广角》退下来了，就马上打电话给我。

我被“人与自然”这四个字打动了。这个牌子很好，刊名涵盖的东西也多，它的视野，它的广阔度，非常具有吸引力。我离开《出版广角》是2001年6月23日，同年7月2日我就到了昆明，开始筹办《人与自然》。很多老朋友都有些不解，也很担心，觉得我这么一把年纪了，虽然之前做出版很成功，但是“人与自然”是另外的主题，另外一个天地，能否做好充满不确定性。家人和亲朋好友都希望我休息，要做也选择做点轻松的事情，

茜尔维带着蒂皮与中国智者、著名哲学家、国家图书馆馆长任继愈先生合影

不要去重新开辟战场了。我倒也不觉得有太大的压力，再说我一直都是马不停蹄的，就像一台高速运转的机器，你按下停止键，惯性也会推着我继续往前走。而且，我感觉云南就适合做“人与自然”这篇大文章，“人与自然”这一领域我也并不太陌生：“人与自然”，“人”是了解的，“自然”不了解，但我们从初中开始，从高小开始就学地理，我们学的中国地理和世界地理，不都是自然的内容吗？我很喜欢地理，我看过很多地理书，地图也看得很熟，世界大河大山、自然保护区、野生动物等等，我以前也看过不少相关的书和资料。《人与自然》不是侧重于理论研究，而是要解决观念问题，把人们对自然的态度端正过来，人与自然的矛盾就会迎刃而解。抓住这个牛鼻子，刊物大的轨道和方针政策就不会有什么偏离。

我一到昆明，就想着怎么快速地先把第一期、第二期《人与自然》组织起来。首先要抓紧召集人马，当时杂志还没有编辑，有关申报的手续也没去办。我和国家新闻出版署很熟，关系也很好，我就一方面办报批手续，一方面找资源。因为要批一个刊物，新闻出版管理部门要看主编是谁，编辑团队组建得怎么样——编辑要有专业的训练和培养，要有职称。公开招聘的启事就登在《云南日报》上，由我亲自面试，亲自出题，选了六七个比较合适的编辑。有一个编辑叫邱滨，湖南人，是中南大学毕业的，在《云南日报》工作。我还记得，面试的时候，他从很远的地方走到我住的招待所来见我。我觉得这个人有朝气、有活力，我就让他当编辑部副主任。后面他被《南风窗》的老总看上了，调到那边当社长助理，后面当了副社长，前两年回到昆明，现在是云南新闻网、《云南日报》电子版的副总编辑，后来又当了云南报业集团有限公司办公室主任兼《春城晚报》责任有限公司董事长。我也很重视美术编辑，关注杂志的设计和版面。有几个美术专业毕业的大学生来应考，我选择了一个叫邹滢的，云南艺术学院毕业，家里都是搞艺术的，有一点艺术的基因，工作也很努力。刚开始的时候，每天下班时她男朋友都坐在旁边等她，我就很不高兴：如果说有个人在旁边等着你下班，你还能安心做完最后一部分工作吗？我就跟她男朋友说，你要支持她工作，不要在这里等。她要把注意力集中在工作上，做完就可以下班。我们这行没有很严格的八小时工作。后来讲起来，邹滢也很高兴，觉得这个地方是个干事情的地方，不是一个自由散漫做到哪里算哪里的场合。她刚大学毕业，版面设计也不怎么会操作，就拿着别人的看，慢慢钻研，做出几个设计方案让我来挑，慢慢摸出路子。有个文字编辑叫吕敏，也是很认真工作的。还有个文字编辑叫靳恩平，做编辑部的副主任。有一些工作，他们开始看得不是很准，主要是我自己做，做出样子给他们看，他们慢慢地跟上来。这个队伍就慢慢拉起来了。

组织队伍这是第一步，第二步就考虑办刊方针。当时全国也有几个环保方面的刊物，但不是很景气。梁启超的孙子梁从诫领导了一个人与自然协会——“人与自然之友”，有很多环保志愿者在他的旗下做环保工作。他有个刊物也叫《人与自然》，是个内刊，不是公开发行的，开始有点影响，但是影响还是比较有限。我当时确定云南教育出版社的《人与自然》

杂志，环保是骨干内容，但也不仅仅是环保，刊物要办得很美，要让人意识到要热爱自然，保护自然，最终目的把人的观念调整过来。《人与自然》发刊词写道：人与自然是一篇大文章，是一项包罗广泛、继往开来的系统工程，近些年来从各个角度切入这一领域的媒体正在增多。我们希望紧密围绕促进和推动人与自然关系和谐发展这一中心主题，在大众层面、在认识层面、在生活层面上多做一点工作。

在我看来，人与自然，关键在“与”，因而要在“与”字上做文章，正确地体现人与自然的关系。这个关系应该是以人为主导的，但在自然面前人要放下架子，要热爱自然、学习自然、敬畏自然、保护自然，不要动不动就要改变自然，不要强调人类主导一切。如果人为所欲为，人与自然的关系就肯定搞不好，就会颠倒。人与自然应该是平等的，自然界的一切生物，包括动物植物，包括人，彼此都在大自然的环境里生存发展，应该互相尊重，应该有新的伦理道德观念。如果你不敬畏自然，就会受到自然的惩罚，历史上特别是现实生活中有很多的教训，人与自然的关系不好，就是因为人没有摆正自己的位置，对自然不是抱着学习研究、敬畏珍视的态度，动不动就改造它，不能顺应自然。

《人与自然》就是要在精神观念上施加影响，使得人们对自然的观念发生革命性的变化。因此，刊物就要在各方面展现自然的伟大、优美、永恒、不可抗拒、不可随意改变，以期将人们对自然的态度端正过来。《人与自然》不是在技术层面，而是在精神层面对人们的观念的改变起到了潜移默化的作用。

第二个，这样一个刊物要表现大自然的美丽博大，这样的题材方向，主题就丰富了，也就生动活泼了，也就优美了。这个也是我在和读者、编辑谈话，在创刊词里面都扼要地表达了的观点。

在工作措施上，我们决定按照这个思路组织稿件，确定《人与自然》应该是图片为主，文字是小部分；应该是全彩色印刷，很精美，要不然怎么展示大自然的美丽？不能让人家潜移默化，人与自然的观念改变如何着手呢？

我的工作目标是两个月出刊。我是7月初到昆明，8月下旬要把刊物印出来，9月5日要在昆明举办的全国书市上亮相。两个月时间，要招兵买马，要办手续，要组稿，也不是容易的事情。好在云南教育出版社各方面都给予很大的支持，编辑部主要是集中精力把稿件处理好，先编出一期刊物来。我们也不想试办，因为试办就等于浪费了资源，好东西都放在试刊，真正创刊水平就显得弱了。

首先要从我自己的资源入手。我办刊、办出版也有一段时间了，我就找我接触到的读者和翻译家，请他们从世界范围内选择题材和资料。我有一个朋友叫唐锡阳，长沙清华中学毕业的，他在《大自然》做过多年主编，后来出来搞“环球绿色行”，是中央电视台的嘉宾，有名的环保人士。他在漓江出版社出版了《环球绿色行》，是他和他爱人在国外看到的各地的环保个例编成的一本书。当时的国务委员、工程院院士宋健曾经给他写信，对他的环保活动表示支持。唐锡阳经常到云南来，那次他从西双版纳回来，在昆明休息，我就请他留下来，帮我写篇稿子。还有三峡工程的科学顾问潘家铮，我原来在《出版广角》的时候就请他写过稿子，经过光明日报社科技部主任金涛联系，他很快就寄过来了稿子，放在了《人与自然》的头条。海外的那些稿子来得更加顺当，我原来做外国文学出版时认识很多翻译界、版权界的朋友，就请他们在全世界范围内找材料、找题材。像《我的野生动物朋友》《寻找濒危野生动物》等选题，就是几个电话就找到线索，然后再把版权谈下来。对我们出版人来说，人力资源比资金更重要。此外，我还约了昆明当地的专家学者写了一些稿件。这样，很快就组织好了稿件，第一期《人与自然》得以顺利地如期出版。

刊物稿件编辑过程中首先碰到的问题是版面设计。我们找云南人民出版社的美编来帮我们设计。那位美编平时要上班，没办法投入更多精力，只能周六周日加班。最后设计的那天，在一个街上的小院子里，我们从早上开始一直搞到第二天天亮，才基本上把第一期《人与自然》的版面设计

云南教育出版社社长何学惠（左三）同《人与自然》杂志编辑研究工作，左起：吕敏、邱滨，右一：靳恩平

《人与自然》杂志封面

出来。我坐在旁边看，他设计出了样子，不合适再调整和修改，做了一天一夜。第二天上班，何学惠看见我没来，派人来家里找，家里也说我不在家，她慌了，怕出事。版面设计好后，封面设计我找了陶雪华。我觉得陶雪华的设计讲究色彩，很漂亮。《人与自然》要抢眼，首先颜色要显眼，要有品位，雅俗要相对统一。做好后，拿到深圳去印刷。两个月时间，高效率完成了艰巨的任务，怎么建立发行的网点等工作也基本上迈出了步子。第一期出来以后，刊物第二期、第三期也就陆续出来了。

当时我给《人与自然》作了明确的定位，从一开始就确立了要以开放的、世界性的眼光办刊的宗旨。我们清醒地看到，人与自然领域里国外的作者在理念、投入与技术上所拥有的优势，办刊伊始就着手建立获取海外资源的通道，明确要求海外稿件占刊物的比重要不低于四分之一甚至三分之一；也明确了书刊联动的思路，要利用办刊的有利条件，深度开发资源，把“人与自然”的主题做得更加深入、更有影响力。后来推出的图书《我的野生动物朋友》就是这一思路的很好的例子，也证明了我们思路的正确性。

在读者的定位上，我们也比较宽泛，并没有狭窄地锁定目标群体，把它局限在某一类人身上。我想《人与自然》，凡有一定文化积累的读者都可以成为它的服务对象，那些对人与自然关系的较先觉醒者、关切者，不管是青少年、大中学生，还是知识分子、企业家，或是党政机关、事业单位的工作人员，都应该是我们欢迎的，都是我们愿意服务的。朝着这个目标，《人与自然》将尝试走一条依靠专家、服务大众的路子，逐步建立起一支高水平的作者、摄影者队伍，在内容和形式上力求做到涉猎广泛、联系生活，以图为主，图文并茂，把杂志做成既有专业水准，又深得大众喜爱的刊物。

《人与自然》创刊以来，我主要负责的几年间，一直都是紧扣着“人与自然”这个大主题，将着力点放在增进人们对大自然的美丽、丰富、神秘的认识上，放在激励人们树立热爱自然、学习自然、保护自然、享受自然的理念上。人们对大自然的第一印象来自直观和目击，所以《人与自然》对图片的要求是第一位的，选题首先要考虑图片。我们对有冲击力和故事性、趣味性的上佳图片，尤其是能够组成系列的图片有着一种渴求，同时也希望文字能够很精彩，有吸引力，有更多的内涵，可以和图片相得益彰。这样的刊物，不仅好看，可读性强，还能够让读者油然而生对大自然的向往和珍惜之情，并在阅读的过程中有所思、有所悟、有所得，甚至有所行动，对大自然更多一份敬畏、珍惜和热爱。

在这样的办刊定位和思路下，《人与自然》很好地达到了我们的预期，刊物一出来就受到了欢迎，订数不断地攀升。2003年9月中旬，在北京国际图书博览会上，《人与自然》杂志和“人与自然文库”隆重亮相，在云南教育出版社的展位上，小蒂皮和多种动物的大幅招贴画格外引人注意，前来参观、洽谈版权、联系业务、购买书刊的人络绎不绝。南京来的一位叫朱亚妮的读者在开展的第一天上午就来到了我们的展位，兴奋地告诉我们：我们家客厅的书架上就放着《人与自然》，亲友们来玩时都喜欢翻看。客人们到我们家，最好的招待就是喝福建的茶，看云南的《人与自然》。那感觉，真是妙不可言。

2003年9月5日下午，在第10届北京国际图书博览会开幕前夕，我们还在北京举办了《人与自然》杂志和同名文库的座谈会。座谈会是由我来主持的，整整开了4个小时。宋木文、伍杰、陈为江、聂震宁、张泽青等几十名领导专家发言。《光明日报》《工人日报》《中国环境报》《科学时报》《中华读书报》等20余家媒体代表出席会议并做了报道，《中华读书报》还开辟了专版刊登座谈会发言内容。会上，很多领导专家都表达了对《人与自然》的喜爱和肯定，对它的人文价值、科普价值、审美价值做了高度的评价，认为它遵循大众期刊“内容为王，创造梦境”的发展规律。中国版协名誉主席、原新闻出版署原署长宋木文在会上发言说：刘硕良同志在漓江出版社出版“获诺贝尔文学奖作家丛书”，难度很大，结果做得很成功；后来办《出版广角》，办出了全国一流水平，许多出版人包括我都乐意给它稿件；近两年又在云南闯出了新天地。《人与自然》杂志可以说站住了脚跟，有了相当的作者群和读者群。我见到何学惠社长常常会谈起这份刊物，还想到一副对联“何学惠慧眼识人才，刘硕良老将创新业”，横批是“马到成功”。

2

2001年9月，深圳的翻译家胡小跃从法国《蛮荒大地》取材，以《“我是你们的朋友”》为题，给《人与自然》编译了小蒂皮在非洲的丛林里，与野生动物为友的一组精彩图片，说明文字中提到这些图片出自小蒂皮回到巴黎后写的一本书《我的非洲之书》。这组稿件在《人与自然》第2期刊出后，令人耳目一新，大家都纷纷叫好。这个叫小蒂皮的法国小女孩，她的父母是有名的自然摄影师，经常拍摄野外的图片。小蒂皮出生后跟着他们到非洲去，在纳米比亚，8岁就开始和野生动物在一起玩耍、做朋友，后来她在父亲的合作和帮助下，用她的口气写了一本《我的非洲之书》。这篇编译的稿子共4页，以图片为主，登在2001年10月（第2期）的《人与自然》杂志上，一下子就引起了广大读者和版权代理公司的注意，大家觉得很好。

在我的前同事、时任广西万达版权代理公司总经理吴呵融的提示和支持下，我马上意识到《我的非洲之书》是一本值得引进的好书，便按照杂志上提示的网址，与小蒂皮父母和版权经纪人取得了联系，很快就得到了法文版原书和日译本样书，以及其他一些宣传资料。图书材料最早寄到南宁，首先给了接力出版社的李元君看。李元君看了也很有兴趣，觉得图片很好，内容很好，形式也很好，就是担心叫好不叫座。后来他们就把这个材料寄到昆明，我一看，我说这绝对是很好的，几百年也碰不到这样的题材。其实看到样书之前，我们基本上就决定要引进它了。很简单的道理，一个小孩从小就和野生动物“滚”在一起，有几个这样的个例呢？这本书在韩国、日本、德国已经受欢迎了，中国就不要“人与自然”了？我马上和何学惠说去买，马上去要过来。

发现了畅销的题材或者对象，能不能拿到手里，能不能做出畅销书来，至关紧要的是决断。几乎所有用心的出版人都会注意到这样的现象：多少畅销书选题在一些人面前悄悄流过去了，而来到另一些人跟前则立地成金，大放光芒。当时，对于《我的野生动物朋友》这个选题，大家都是眼前一亮，云南教育出版社领导也很重视，各部门形成合力快速推进。但是也有人由于不熟悉市场，或者从来没有做过畅销书，心里觉得不踏实，认为2万册的起印数太高，还是印三五千册保险一点。可如果这样，等于是把这本畅销书拱手让人，因为对方不会同意低于2万册的起印数。我把情况再次做了分析，向何学惠社长拍了胸脯：这本书保证能给云南教育出版社创纪录，不但首印图书能销完，2002年至少要销8万册。后来的情况不仅证明了我的预判正确，而且大大超出了我们的预期。

为了打造好这本书，我们也采取了一系列的技术处理和运作。首先就是中译本的书名和开本的确定。原版书名“我的非洲之书”，太平了，几经斟酌，我们决定根据图书最吸引人的内容特色将书名改为“我的野生动物朋友”，这样就显得更鲜明、更有吸引力。开本用大24开，铜版纸彩印，更好地适应图文书的定位和图片印制的需要。后面的工作就是撰写征订文字，做营销工作。我们根据这本书的市场定位、根据书的内涵来寻找合适的媒体，确立指向：面要广、层次要多，覆盖专业媒体、大众媒体，既要有电视台、电台，又要有报纸、杂志，各种体裁的宣传都要上，此起彼伏，形成一种持久的良好的氛围。

营销宣传中，如何确定这本书的定位也是一个关键的问题。它的作者是个孩子，写的内容都是孩子的角度、孩子的故事，预期读者更多的也是少年儿童，似乎可以定位为少儿书。但它不完全是少儿书，从其内容、价值和辐射的范围来看，这本书已经超出了少儿读物的范围，作者的理念、图书传导的精神，对家长、教师以及专家学者都有独特的吸引力和启发性。可以说它是科普书、图画书，但也不完全是。它当然有科普的作用，有大量的图片，文字的比重很小，更多的是图片的视觉冲击力，但是其中的比重不高的文字却与图片浑然一体，相得益彰，并不是一本普通的画册所能达到的。可以说，它的定位和归类有点难以简单为之，这也说明了它兼具多重潜质。我觉得，《我的野生动物朋友》这本书，就是在人与自然矛盾日益突出，关注人与自然和谐发展日益成为时代主题的大环境下，顺应时代发展和社会进步而诞生的一部大众精品图书，通过小蒂皮这样一个个例，体现出一种时代精神，理念前卫，内容鲜活，形式经典，具有广泛的示范意义和亲和力。

《我的野生动物朋友》的版式由我亲自画，所有的小标题、目录也都是我亲自拟的，我把小蒂皮那些生动的话命名为“蒂皮物语”，把那些话都提出来做成标题。前面也提过，《我的野生动物朋友》以图片为主，但是它的文字画龙点睛，非常精彩，和图片相辅相成。一本书，既要有好的图片，也要有好的文字，读图时代并不意味着文字不重要了。因为有些东西要有图片说明，有些精神主题非文字不可，哪怕一句话一个标题，一个照片说明，都要很精心地设计。我们的版本出版后，印得也很好，法国人认为比他们的本子出得好，更好看，更漂亮。

2002年6月，这个书就出来了。我们想到这是个大题材、大问题、大系列的一个点，我们要开辟出一片新的天地，我就想出个“人与自然文库”。我们这个编辑部，一是编杂志，一是编文库，刊物带动书，说不定将来书比刊物更有前途。这本书到2003年，平装本发行到17万册，精装本发行2万册，同时我们还做了个幼儿版，发行了4万册。一个版本发行，同时全方位推进，把版权卖到台湾，在香港、澳门都发行，各个地方的宣传报道很多。而从这本书开始，我们实际上也开启了一个有影响力和广阔空间的图书系列。

2004年，我们特别把蒂皮的母亲请来，带着她从昆明经过成都，到北京、上海、南京、深圳转了一圈，让蒂皮和这些媒体、环保界人士以及小朋友们见面，云南电视台做了专门的节目。中央电视台三次主动找到我们要给蒂皮做节目，我们没有花一分钱。第一次是上《半边天》节目，主持人是李潘；第二次是上《视点》节目，刘芳菲主持的；第三次是上《少儿读书时间》节目，张泽群主持的。在上海、深圳、成都等地的活动也都上了电视，可以说是全国轰动。

在北京做活动的时候，我们住在朝阳门这边的和敬府宾馆。当时梁从诫正在西欧访问，听说蒂皮到了北京，他要赶回来看蒂皮，就提前回国。中午的时候，他跟夫人骑了辆破旧的自行车从家里赶到和敬府宾馆，送了一本画册给蒂皮，同她拍了照，就像对自己的小孙女一样。蒂皮在路上和我们说，她想见中国的高人、大学者，小孩虽然小，但是口气很大。我们想，最高的哲学家孔子不在了，那就要找现在还在的哲学家，我们就想到了任继愈先生，国家图书馆的馆长。任继愈为了接见她们，放弃了礼拜六的休息时间，和她们母女谈话。

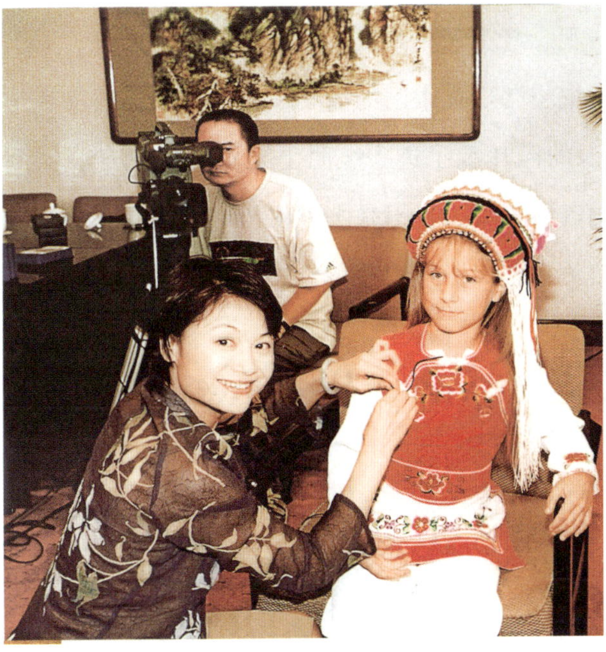

蒂皮在北京三进中央电视台，分别接受李潘、刘芳菲、张泽群主持的《半边天》《视点》和少儿读书节目的采访。图为拍摄前李潘给蒂皮着装

全国政协委员、著名环保人士梁从诫和夫人会见小蒂皮和她母亲茜尔维

在昆明的时候，云南省委常委、宣传部部长晏友琼接见了小蒂皮，云南新闻出版局局长贺全礼作陪，多高的规格啊！海水不可斗量的一个人物，虽然是小孩，但谈话涉及的东西是大话题，是成人的话题，在她的面前成年人都感到不好意思，观念赶不上小蒂皮。出版界的人写文章，对小蒂皮评价也很高。后来我们把小蒂皮在中国的活动编成一本书《蒂皮在中国》，把她的经历和在中国的照片编了进去，附上了资料的光盘。实际上，这本书不是一部简单的资料汇集，也不是一种促销产物。我觉得蒂皮之书和蒂皮现象在人与自然关系方面，可能在很长的时间内都不会过时，都不会失去其存在的价值和意义。

在全国书市的时候，杨牧之亲自向来宾介绍蒂皮这本书。小蒂皮差不多得了那一两年所有图书、儿童图书类的奖项，还获得了2002年的冰心儿童图书奖、2002年度全国引进十佳图书等奖项。台湾也很快出了精装本并多次重版，在香港、澳门也很受欢迎。2005年中国国家图书馆评的文津奖，《我的野生动物朋友》排第一位；香港的商务印书馆组织的2001—

蒂皮为读者签名

2002“隽永恒久书香十二家”，《我的野生动物朋友》也排在第一位，可以说是当时两岸三地公认的好书。从2002年5月至9月，据编辑部收集到的北京、河南、江苏、上海、湖南、广东、四川、云南和陕西等9个省市的信息统计，共发表有关报道、书评和图文选辑近200篇，图片250多幅；播出电视专题节目4个，广电报道4次。

当时有出版界的刊物约我写文章，我写了一篇《可遇亦可求——从〈我的野生动物朋友〉看畅销书》。我认为从《我的野生动物朋友》和多年来各种优秀畅销书的成功案例来看，畅销书不是“天外来客”，不是无法捉摸、全凭运气去碰的东西，它的追寻、发现和获得，尽管有时存在着某种偶然性，但总的来说，还是有迹可循、有路径可求的。我的一个观点就是，所谓畅销书，无非是把畅销潜质释放出来让大家接受。可惜这样一本大好书，云南教育出版社没有经营好，法国人坚决把版权收回去，后来给了接力出版社。蒂皮也慢慢长大了，高峰可能会慢慢过去，没那么热了。但作为一个典型的个例，会一直有其历史价值。

在我的领头下，“人与自然文库”出了十几本书。《寻找濒危野生动物》有上下两本，记录几位法国兽医到赤道附近的热带雨林和拉美等地去寻找濒危的野生动物的事情，也非常好。《熊的真相》是在加拿大拍的，讲述了棕熊的真实面貌和生活习性。还有《马达加斯加的狐猴》，讲在马达加斯加跟大陆分离之前过去的狐猴，一直在那边繁衍生长，很有现实意义。还有《鳄鱼的世界》，写澳大利亚的一家人怎么养鳄鱼，也很好。“人与自然文库”主要还是引进的图书，这些图书基本上都采用同一个模式，即经过译者和作者渠道发现选题，找到途径，并完成引进出版工作。

实际上，这些图书的引进出版并不是简单地翻译过来，照印出来就完了。有不少作品，编辑都花了很多的心血，甚至要改写压缩文字，重新组织和整合图片进行设计，因为版权引进的图书就像是专门部门引进的国外技术或成套设备一样，要做好消化工作，在协议允许的范围内，将洋货本土化，变成自己的东西，使之能够更好地融入中国的文化和市场，更好地为中国的社会进步和发展服务。比如说，《神奇的海豚——奥利娜》，原书的图片很少，而文字翻译过来有十四五万字，显然不符合文库的体例要求，我们请版权代理公司从以色列的图片摄影师那里买来100幅图片，同时将原书译文压缩到7万字左右，编出了一个新的版本，使这个故事有了更好的表现。《树顶世界》也做了类似的增图减文工作。要想做好引进图书，编辑首先要自己摸准吃透，弄清楚图书的特点、特色和潜质，以便在编辑和营销过程中突出它与中国读者契合的东西，使它们充分地发出光和热来。

当时我的想法是希望能够办成一个刊物，出好一个文库，再做一个活动中心，可以开会、讲座、研究，这样做出一个“人与自然”的大系列。可惜要做的事情太多，这些想法没有很好地实现。

2004年三四月份，我得了中国第八届韬奋出版奖。韬奋出版奖是中国出版界个人成就的最高奖，每一届都评10个人，后来增加到20人。领奖期间我见到了很多出版界的朋友，包括中宣部出版局局长张小影。有一些人就跟我说，到北京来吧。张小影知道我经常到北京来，现在也离休了，

《神奇的海豚奥利娜》

就说到北京来吧，你现在身体还好，干到75岁再回去。我当时是72岁，在朋友们的鼓励下，我就来到了北京，注册了北京硕良文化发展有限责任公司。原来也跟一些同志商量公司的名称，白烨说就用你的名字做公司名字最好，因为你在出版界已经受到大家的关注。我就听了这个建议，在北京左家庄那里注册成立了公司。

没多久，在桂林开全国书市的时候，碰到长江文艺出版社的社长周百义，那时候长江出版集团已经成立，长江文艺出版社是集团下面的子公司。长江文艺出版社在北京有一个“金黎”组合，就是金丽红和黎波，他们搭档在北京成立了一个公司，帮长江文艺出版社做畅销书，已经很有名气和影响了。他想让硕良文化公司做长江文艺出版社的外国文学编辑部，请我当主任，帮他组织外国文学的稿子。他给了20万的流动资金，让我们启动，按照出版的利润分成。这个20万资金分批分期交完，赚了钱利润分红，赔了他们兜底。这样《人与自然》事情还没了结我就到了北京。

到了北京，实际上《人与自然》的事情一时也放不了手。作为云南省和上海市的合作项目之一，经有关部门批准，云南教育出版社和上海文艺出版社在2004年底就合办《人与自然》杂志签署了协议。2005年3月，杂志编辑部从昆明迁到了上海，7月进入上海文艺出版总社所属的专业团队统一运作，从2005年第9期开始，也就是《人与自然》创刊四周年的时候，《人与自然》就在两社合作的框架下正式运作了。那时主要由路燕负责编务，我到北京后，何学惠一定要我继续管，继续帮组稿、看稿和把关，我就还兼做着《人与自然》的主编。我也去过上海的编辑部一两次，对接一些工作。后来慢慢地，到了2007年我回到南宁后，无力顾及《人与自然》的工作，就不兼那边的工作了，但是还挂名了一阵子主编。

在《人与自然》的发刊词里，我曾经写道："人与自然，关键在'与'，我们的刊物能多少起到'与'字的作用，为读者架起一座通往自然的桥梁吗？这既有待于读者诸君的检验，也更有赖于读者诸君的参与、督促与帮助。"回过头来，看我参与《人与自然》出版的几年，包括出版相关图书的一些工作，应该可以说，这些工作对于推动社会上人与自然和谐发展的意识还是起到了明显的积极作用的，要为读者架起通往自然的桥梁，不能说我们架起的桥梁有多么宽阔、多么坚固，但也总算是架起了一座桥，一座通往未来的希望之桥。

第十一章 北漂

赴京创业，长河孤旅，
年逾古稀做“北漂”。
圆梦社科人文出版，
外国文学出版开新局，
继续倾注无限的真诚和热爱。
策划“背影丛书”等精品力作，
“窗边碎语”话出版，
让读者看到更多的可能。

* 本章内容根据2021年2月5日、2月7日对刘硕良的视频采访（采访人：李逊、梁虹程；录音整理：李逊）2017年9月27日下午对刘硕良的现场采访（采访人：王云杉、陆立伟；采访地点：南宁，刘硕良家中；录音整理：陆立伟）整理；根据2021年2月7日对刘硕良的视频采访（采访人：李逊、梁虹程；录音整理：李逊）和10月2日对刘硕良的现场采访（采访人：李逊；采访地点：南宁，刘硕良家中；摄像助理：黄高峰、胡昊直、王逸晨；录音整理：李逊）修订。

北京的出版资源丰富，著译人才密集，市场交流活跃，每年不知有多少人来到这里观云测风，寻宝觅金。漓江出版社、《出版广角》、《人与自然》在很大程度上都是靠着北京起家的。我还未离休的时候，就有朋友建议我率性搬到北京去，在那里接触更广阔的天地。2004年春节过后，我就真的到了北京，做起了“北漂”。

我在北京注册了一家小公司——北京硕良文化发展有限责任公司。其实这个公司也不完全是市场化运营的，而是依托一些出版社，依托国有经济，为出版社服务，和出版社合作。

我们和广西出版总社、长江文艺出版社等出版社积极展开合作。公司曾多次尝试和广西几家出版社合作，没有太多结果。加盟长江文艺出版社，我是以社长顾问的名义组建了外国文学编辑室开展有关工作的，然而一开始却并没有做外国文学方面的书。

实际上，我与长江文艺出版社的合作业务从社科人文肇始，这是我进入出版界前就置身其中，到漓江出版社后始终关注却无暇顾及的领域。由此，我也开启了一段特别的出版生涯。

1

我和长江文艺出版社的合作最初约定是做外国文学，后来接触到具体选题的时候，我发现长江文艺出版社自己的编辑部也组织了外国文学方面的选题，他们没有把所有的外国文学出版任务都交给我们，也没明确各自的范围和重点，我觉得不好下手去操作。另外，既然是外国文学编辑室，就应该统筹规划，商量好哪些由我们做，哪些由编辑部做，他们也没做到这一点。所以外国文学编辑工作，实际上一开始就碰到了问题。

当时有一些出版人，一些对出版感兴趣的人，以不同的方式介入出版工作，民间的出版力量很活跃。有一位著名的书评人，叫丁东，在《出版广角》开辟过《书人书事》专栏，写一些和作者、读者有关的话题，随笔性的专栏。我们在北京见面谈起来，他说手上有山西省委党校赵诚的一些书稿，其中一部就是《长河孤旅》，是黄万里的传记，问我感不感兴趣。当时这部书稿还不叫《长河孤旅》，《长河孤旅》是后面我取的书名，原书名叫什么我不记得了。黄万里是有名的水利专家，是中国民主建国会的创始人黄炎培的儿子。黄炎培在30年代搞职业教育很出名，他的中华职业教育社以后又发展为中国民主建国会，跟中国共产党有长期的合作和交往，毛泽东在重庆、北京多次接见他。新中国成立后他是政务院副总理兼轻工业部部长。他的儿子黄万里是清华大学毕业的，搞水利的，诗也写得很好。在三门峡建水电站，黄万里对苏联专家的方案有不同看法，认为黄河上游有大量泥沙跟着黄河流下来，如果不能解决泥沙的问题，过不了多久，泥沙淤塞，后果不堪设想。黄万里的意见不仅没有被采纳，还遭受了政治上的打击，后来被划成了“右派”。黄万里这个传记之前找过几个出版社，他们都不敢出，因为稿子涉及很多领导人，黄万里本人也是很重要的人物，出版社怕麻烦。我看了以后，觉得这书稿很好，就给它改了一个书名叫“长河孤旅”，还有一个副标题，叫“黄万里九十年人生沧桑”。之所以叫“长河孤旅”，意思就是在三门峡水利工程问题上面，长期争论中间，黄万里是很孤立的，要和不同的观点做斗争。出自书香名门的黄万里长时期受打压而矢志不移，坚持真理，勇抗虚妄，拥有中国知识分子正直善良、宁折不弯的优良传统，对真理倾注着无限的真诚和热爱，他几十年的沧桑岁月让人读来不禁潸然泪下。“大漠孤烟直，长河落日圆”，苍凉壮美的中华大地所凝聚的中华民族的伟大气概，在一介学人黄万里身上得到了生动的体现。

《长河孤旅》出版以后，我们在北京开座谈会，很多水利专家、学者，像中组部原副部长李锐也参加了。李锐原来是毛泽东的秘书，在三门峡建坝问题上他有自己的意见，也和别人争论过，毛泽东听取过他的意见。李锐和黄万里是在80年代后期，论证三峡工程的过程中认识的，黄万里找过李锐两次。李锐在《长河孤旅》座谈会上表示，黄万里的一生，是他个人的悲剧，也是中国的悲剧。黄万里就是中国水利界的马寅初、陈寅恪。李锐对黄万里这部传记很肯定，说出版这部传记是做了一件大好事。出席会议的有很多环保界名人，还有一些专家学者、作家，黄炎培次子黄竞武的儿子、全国工商联主席黄孟复也到会发了言。很多媒体都报道了图书出版的消息，《中华读书报》也在显著位置发了报道。硕良文化公司就因为黄万里的传记一炮打响了。

《长河孤旅》这本书的出版，受到一些关注，我们也看到了书的价值，觉得这一类的书还有一些值得出版。我们都知道朱自清有名的散文《背影》，在现实生活里，在历史生活里面，有很多人正面都可以留下很多印记，但“背影”更长，里面有更多值得发掘的有价值的史料和文化，黄万里的传记里面就可以看到黄万里的“背影”。因此，我们就给这个传记加了丛书名“背影丛书”。当时其实就这一部传记，但我们觉得还有空间做成一个系列，就像当初的《我的野生动物朋友》一样，虽然只有蒂皮的一本，但是我们想到还可以再组织，可以做成文库。黄万里这类人物的传记，不是从正面地写，而是从“背影”来描述他、反映他，像这样的历史人物、这样的题材还可以挖掘其他的。

实际上，“背影丛书”组稿却不容易。中国社会发展很复杂，1949年后发生翻天覆地的变化，这里面有很多故事，可以探讨的有很多。但是写作对象首先要够有分量，背影要长。同时还要有很多史料，有很多有价值的内容可以挖掘才值得去写，只是一个简单的背影说明不了全部，背影的背后要有很多丰富的历史内涵才值得出版。符合入传条件的人物不难找，有的人物已经有人写传记了，而且写得还不错。没有人写的或者有人写了但仍可再写的对象也能找得出来，但合适又能投入时间的写作者很难找到。在选择上，我们坚持宁缺毋滥的原则，实际上，最后到2007年我离开北京回南宁，几年下来，这个“背影丛书”也只推出了4本传记。

《长河孤旅》

“背影丛书”的第二本是《一代报人王芸生》，写《大公报》的社长、总编、创办人王芸生。我国新闻界里面，除了共产党领导的党报系统的人物以外，在党外人士里面的第一个人物就是王芸生。《大公报》在天津创刊，影响很大，后面全国很多地方有分社，很多大事做了报道，包括日本投降，《大公报》记者朱启平亲自登上美国最大的密苏里战舰现场报道，报道的题目就是《落日》，既是指太阳落下，也代表日本帝国主义落幕了，非常好。《大公报》是世界上和中国的很多大事的“见证人”。这个《大公报》解放后就停掉了，改成《进步日报》，后来又恢复了，在香港又用《大公报》的名义继续出版。当时在20世纪跟21世纪之交，国外很多研究新闻史的人注意到《大公报》的历史，想要在重庆开会，希望大陆能够出版王芸生的传记。王芸生去世前，把他儿子王芝琛叫到身边，要整理他的有关历史材料。稿子写好后，王芝琛找了好多出版社，有些一开始答应出，后面又不肯出了，因为它涉及的话题有一定敏感性。在特殊的历史时期，王芸生也不免讲过一些对共产党不满的话，

《一代报人王芸生》

传记如果涉及这些事情就很难处理。当时王芸生已经去世很多年了，王芝琛身患癌症，急于找出版社出版，丁东就说找硕良文化公司，他们出得快，也做得好。

其实我和王芝琛之前是有过交往的。我在编《出版广角》的时候，每期都要发一些多角度展现出版经脉的文化类的稿件，不知道怎么就引起了王芝琛的注意，他就把写《大公报》和王芸生的文章寄了过来。我觉得他的文章写得挺好的，还和他通过电话。丁东和王芝琛说了以后，王芝琛就找到我，把书稿给我。我把书稿拿来细读，对可能敏感的地方一一推敲，对可能出现的异议进行预估分析，进行一些研判，该处理的就去处理。丁东写了一个序言，说明这个书的出版过程中的一些故事。这本书出来后反响很好，国外也有关注，港澳台地区也很注意。华语文学传媒大奖把2004年的传记文学奖就颁给了《一代报人王芸生》，在北京颁奖，很多文化界的人士出席，我在会上发了言。

“背影丛书”的第三本书就是《不该遗忘的胡先骕》。胡先骕是中国植物学的先驱人物，留学美国回来，古文写得很好，是国民党中央研究院的院士，做过中正大学的校长。解放后，很多人都认为毫无疑义要评他为中科院院士，但是因为学派对立，有些人就反对。这个事情汇报到毛泽东那里，毛泽东说：胡先骕还是要给，这是中国植物学界的“老祖宗”，中央研究院的院士不那么容易评到的，他声望那么大，不评讲不过去。胡先骕骨头很硬，不同意的事情就不同意，得罪了很多人。胡先骕的侄子胡宗刚在胡先骕创办的庐山植物园工作，他四处奔走，费了好大的工夫才找到一些几乎被湮灭的资料，写了一本胡先骕的生平传记。有一天胡宗刚特意从江西来北京，把稿子拿给我们看。胡先骕名气那么大，但是不是搞植物的人也不怎么注意到他，传记里面涉及很多和国民党中央高层之间的关系，以及美国的科学界、国外的植物学家、生物界很多历史事件。年轻的编辑李黎明认真细致地把书稿进行了提炼润色，把书稿变得亮点更加突出，文气更加通畅。我也在“五一”假期里仔细做了一遍从内容到版式的

《光旦之华》

编辑整合工作。最后书稿打磨好、编校好，顺利出版了。《不该遗忘的胡先骕》这个传记在自然科学界影响很大。

“背影丛书”的第四本书是《光旦之华》，写潘光旦的。潘光旦是很有名的社会学家，和费孝通等人是齐名的，也是中国社会学界的领军人物。徐志摩把胡适称为“胡圣”，把潘光旦称为“潘仙”。费孝通和潘光旦是邻居，费孝通把潘光旦视为活字典，凡是不知道的事情，都跑过去问潘光旦，一问便知道了。一个湖南的年轻人叫王燕妮，在深圳工作，她收集了很多材料，还访问过潘光旦的女儿，写了一本书。王燕妮打电话给我，希望能够见到我。这本书将潘光旦一生最出彩、最闪亮光华的材料都收了进去，所以叫《光旦之华》。这本书出版后影响也很好。

“背影丛书”是硕良文化公司的第一批书，虽然只出了这四种，但是选择的人物分量都够重，是一般读者都不太知道的人物，是很有价值、值得挖掘和研究的，书里面有很多有关的史料和图片，很珍贵，书出版后都很有影响。

硕良文化公司接下来推出的是中国社科人文方面的书，包括《我的1976》等。《我的1976》是写1976年“四人帮”垮台，开始拨乱反正，很多人物经历过的事情，包括莫言。我对莫言也不太了解，没时间看那么多书，我看莫言的第一篇文章就是收在书里的这篇。他的文章是在一个杂志上发表，我收集起来的。湖南有一对夫妇，妻子叫陈敬，丈夫叫彭子敬，是《体坛周报》的总编，陈敬是湖南出版社政治编辑室的资深编辑，她组织了很多好稿，我们请她组织经历过1976年大变革的一些有名人物或者典型的人物、事件，一个人写一篇文章，整理成一本书。这本书也很受欢迎。

还有杭州一位有名的人物傅国涌，写了一本《1949：中国知识分子的私人记录》，里面写了张元济、竺可桢、胡适、沈从文等名人在1949年——一个历史大分水岭时期，他们的经历，思想上的彷徨、苦闷、变化，都有很多历史资料支撑的，多是从他们的历史档案提炼出来写成的文章。这本书前后印了3万册，影响也很大。

人物传记、历史研究方面的还有于光远的《“新民主主义社会论”的历史命运——读史笔记》，柳鸣九的《“翰林院”内外》等。中国社科院被认为是当今的翰林院，《“翰林院”内外》写中国社科院的钱锺书、卞之琳等名人的故事，这些也是以前没有出版过的。

革命回忆录、红色故事也有几本书很好。一本是《红色记忆》，作者是新华社的女记者沈容。沈容的丈夫是李普，是新华社北京分社的社长，后面是新华社的副社长，新华社二野总分社的社长。沈容这个人名字可能大家不太熟悉，但是她和丈夫一样能干，一样经历过很多重大的事件，因为她是女同志，活动少点，可能有些人不太了解。实际上她的文笔非常好。书里面写了他们怎么来到二野，以及直到战争胜利，他们经历过的新闻故事，比如，他们最初从延安来到刘邓大军这里，他们是准备去上海郊区地下党和三野的，邓小平见了他们问他们想要去哪里，邓小平就拿个苹果给他，说这个苹果是华东的，吃了就相当于去了华东，他们就留在了二野。里面有很多小故事，很好看。人物传记还出过《红牌坊》，写“邢燕子”这类的人物，上山下乡知识分子做过的反潮流的事情，随着时代变化，这些人也沉默下去了，甚至有些悲剧色彩，但是他们这些人还是有些事值得同情和理解的，这本传记专门写这类人，很别致。

社科人文方面的书，还有一套“中国飞天大传”，尖端科学的大纪实，二炮总装备部的作家梁东元写的，出了几本：一个是《原子弹调查》，讲原子弹的研制的历史；《额济纳笔记》，写沙漠的生态故事；《中国飞天大传》，讲航天的新纪元；《倾听大师们的声音》，记录科学名家的许多真知灼见。这四本书，后面由湖北人民出版社出版。

我和长江文艺出版社合作，是经过湖北新闻出版局批准的，他们专门下了文，可以说是社会人士和官方的合作。但是一开始的时候没有特别做外国文学，而在中国历史文化方面出了很多书，我们就因势利导，碰到什么书出什么书，在这个过程中抓紧开拓外国文学出版，出了几套书。

一套是2004年获得了诺贝尔文学奖的奥地利女作家耶利内克的作品。她最有名的作品叫《钢琴教师》，得奖前北京十月文艺出版社就已经着手翻译出版了。“十一”过后，得知耶利内克获奖后，长江文艺出版社的社长周百义打电话给我，问我有没有办法把耶利内克的版权买到。后面我们了解到，原来在德语国家，有一个南京大学毕业后分配到中国社科院外文所《世界文学》编辑部的蔡鸿君，后来下海经商做文化贸易，在德国法兰克福成立了一家做德语文学版权代理的公司。我以前在漓江出版社的时候和他认识，打过交道。蔡鸿君帮我了解到耶利内克还有几部长篇小说，但最好的作品是十月文艺出版社已经获得授权的《钢琴教师》，现在几个出版社都抢着要耶利内克的版权。考虑到这个情况，为了出奇制胜，可以以规模、阵势和多样性取胜，我就提出来我们出个耶利内克的文集，一下子就吸引了代理人。因为零散地出单本作品，肯定不如出文集效果大。代理人就同意和我们谈版权，后来将她的长篇小说《情欲》《贪婪》给了我们，我们还要了她的散文作品集《啊，荒野》以及不怎么被人看好的剧本《阿尔匹斯山》等作品。

拿不到《钢琴教师》，我还是有点不甘心，就跟上海的一个德语文学专家钱定平联系。钱定平是北京大学毕业的，到过奥地利，原来是学理科，后面搞文科，德文、中文都很好，父亲钱剑夫是有名的学者。得知耶利内克获得诺贝尔文学奖，钱定平很快就和奥地利的友人联系，拿到了宝贵的第一手资料。我就想到，《钢琴教师》是不好去抢版权了，但是可以把钱定平拿到的资料用起来，写一本解读耶利内克的评述性作品，书名可以取个巧，叫《“钢琴教师”耶利内克》，既与实际情况对得上，又可以蹭得上热度，在市场上收到好的效应。钱定平也觉得这个主意好，就夜以继日地工作，连译带写，花了两个月的时间，写出了一本耶利内克的小传，把作家和主要代表作一起介绍，大概十万字的篇幅。书的前面收了耶利内克获诺贝尔文学奖的评语和颁奖词以及耶利内克的获奖讲话《旁观者清》，还有奥地利萨尔茨堡大学教授缪勒和施密特博士专门写的一篇序言《永远透发着普遍性和根本性的韵味》。这本小传，成了《耶利内克文集》的亮点，实际上也算是开创了译介诺贝尔文学的一种新样式。

耶利内克文集一共5种作品，在2005年1月份的北京图书订货会上，长江文艺出版社就推出了这套文集。从联系版权、策划选题到编辑出版，只用了几个月的时间，长江文艺出版社如此高效地出版耶利内克文集，弄出这么大的动静，让大家都振奋不已。通过出版文集，我们基本上把耶利内克的好的作品都抓在手上了，影响也很大。在一片叫好声中，有些同志不免有些怀疑，认为我们这是在抢时间、赶任务，质量可能不会怎么好。但是我们的译者都是很有实力的人物，来自北京、上海、武汉、重庆的专业机构，并不是草台班子，质疑的人最后也挑不出什么毛病。我们也和大家解释，一个翻译家，如果你拿到手上一年两年都不翻译，第三年才翻译出来，费了很多时间质量就一定好么？马上动手抓紧做，不耽搁，一年就翻出来了，质量就不行了吗？不能简单看时间多少，要看翻译家是否投入，要看翻译质量如何、效果如何。在外国文学方面，我帮长江文艺打响了第一炮，出的这套文集最终也不错，没有赔本，版税也挣回来了。而且做这套书，也启发我思考，能不能回到对诺贝尔文学奖作品的出版的提前布局上来，做好外国文学的出版。

第二套是《欧茨文集》。欧茨是美国有名的女作家，多次获得诺贝尔文学奖的提名。我们为什么想做这个选题呢？我和周百义他们商量，我们出版外国文学的当代作品，最好是找那些影响大，得诺贝尔文学奖呼声也比较高的作家。虽然诺贝尔文学奖是以神秘性著称的，每年诺贝尔文学奖的公布就是揭秘的大事，但是我们长江文艺出版社也可以押宝，万一选中了就得到了大好的商机，就算是没有获诺奖，这个作家本身有价值有地位，出版了也应该不吃亏的。我当时就和出版社提出，我们先赌欧茨能得奖，万一不得诺奖，她是美国有名的女作家，她的作品也是受欢迎的。很有名的外国文学编辑王理行也抱有同样的想法，顺着这一思路，我们就在当代美国作家中寻找对象，首先挑选了女作家乔伊斯·卡罗尔·欧茨和犹太作家菲利普·罗思。有“女福克纳”之称的欧茨兼具学者和作家双重身份，很早就显露出不凡的写作才能。到2006年就已经出版了各种作品100余部，光是长篇小说就有近50部。欧茨获得了不少大奖，多次获得诺贝尔文学奖提名，中国读者也比较熟悉她。我们就挑了她的长篇小说和评论集，出了5本，由王理行主编，包括长篇小说《妈妈走了》《大瀑布》《狐火——一个少女帮的自白》、中短篇小说集《鬼魂出没——怪诞故事集》和评论集《直言不讳》。后面欧茨虽然没有得诺贝尔文学奖，但是她的小说卖得还是不错的，大家还是很关注的。实际上，欧茨出自作家视角的评论也很精彩，无论是对老作家表示敬意的，还是对当代作家进行分析的，抑或是重读某些作品的，都很少看见大段的理论术语或是枯燥的批评术语，欧茨的评论主要是建立在她对作家作品的认识和感悟上，客观直率，文学性很强，就像是一篇篇散文一样，给人以美的享受。

第三套文集叫《普里什文文集》。普利什文是俄罗斯的生态作家，和我们倡导的“人与自然”的主题是吻合的。如果说《耶利内克文集》和《欧茨文集》更多关注的是社会现实和人，那么《普里什文文集》主要着眼的就是人与自然环境的关系了。普里什文成名比较早，后面有很多环保作家写“人与自然”的主题，普里什文比他们早个几十年、上百年。从昆明到北京之后，我满脑子想的都是人与自然的事情，特别是从长江文艺出版社的使命和任务来说，我觉得首先应该做的就是生态文学。看见《瓦尔登湖》很畅销，我和吴超想到的就是出一套《梭罗文集》，但是因为版权问题，很长时间都没有办法启动。改革开放后，选书的目光大都从俄罗斯转向了欧美国家，欧美国家特别是美国有关自然的作品出版了不少，像《寂静的春天》这样的经典作品基本上都出版过了。我之前操作重译《钢铁是怎样炼成的》的案例，特别是还取得了上百万销量的成绩，让我在生态文学作品的出版上，坚定了俄罗斯文学还是有宝可挖的想法。考虑到普里什文绝大部分作品还没有被译介，我就邀请中国社科院俄罗斯文学专家刘文飞来主编选译一套《普里什文文集》。刘文飞是中国俄罗斯文学研究会会长，是新一代俄苏文学研究人员中的佼佼者，不单是俄文很好，英语水平也很高，视野思路都很开阔，文学的感觉也很敏锐。他还是一名环保主义者，很熟悉也很钟爱普里什文。我之前请刘文飞主编过"世界文豪书系"的《普希金文集》，合作非常愉快，他的工作效率高，质量也高。《普里什文文集》吸收了我国几十年来译介普里什文的成果，并力争将普里什文的文风和精粹更加贴近原貌地呈现出来。刘文飞还给《普里什文文集》写了序言，写得很好。《普里什文文集》出版后，也很受欢迎。

除了这三套文集外，我们还策划过一些别的选题。我们想着搞一个世界文学名著100部。这个选题是很好，操作起来可行性也很大，问题是我们硕良文化公司没有长江文艺出版社的授权，他们自己也在组稿，这样多头行动，没有办法很好地统筹，很多稿子质量很一般，甚至被认为是抄袭别人的作品，整体的效果就不是很好了。杨武能就曾经揭露过，其中有一部作品就抄袭他的翻译作品，用了个假名字出版了。我们组织的外国文学稿子和长江文艺出版社自己组织的稿子混杂在一起，我们就讲不清楚，读者也搞不清楚。我们报的计划出版社不反对，但他们自己组织的那些我们认为不是很正道的作品他们还是继续出版。后来我们决定先出一本《堂吉诃德》再说，因为《堂吉诃德》诞生四百周年，塞万提斯家乡要搞一个活动，他们拿了一笔钱准备出版《堂吉诃德》的新译本，通过西班牙大使馆，找到我国的西班牙语专家联系上了我们，知道我们帮长江文艺出版社出版了很多名作名篇。我把给浙江文艺出版社组织的译本要过来，重新校订、包装，请西班牙大使馆帮我们联系到塞万提斯家乡的政府的负责人，请他帮我们写序言，印了个豪华的封面，经费稿费由他们提供。这本书出版后效果也很好。只可惜就出了这一本，其他选题很难做下去。

2

当时，我们还和长江文艺出版社合作组织过其他的选题。比如《母亲杨沫》这部小说，写的是《青春之歌》的作者杨沫。《青春之歌》是20世纪60年代风靡全国的作品，很受青年读者喜欢，改编的电影也很受欢迎。老鬼是杨沫的儿子，在这本书里再现了杨沫的一生，也很有时代色彩，语言情节都安排得很好。我们拿到这部作品，在长江文艺出版社出版了。合作中，这个作品的策划署了我们的名字，老鬼认为这个选题不是我们策划的。实际上，这个作品是我们组织的稿件，要署策划也是可以的，其实不一定要从选题到之后全部参与才是策划，出版社的策划是比较泛的概念。老鬼很不满意，当然也有一些其他问题，我就不多说了。在和作者相处交往过程中，作为编辑自然要严格要求自己，注意工作方式和实际效果。他的这部小说出版后在社会上有那么大的影响，长江文艺出版社的作用也是应当肯定的。

我曾和周百义说过，有金丽红、黎波组合策划的畅销书作支撑，加上长江文艺出版社的实力与影响力做基础，如果能坚持一年出一两套规模适中而又不乏精彩的外国名作家文集，积累个五年十年，就会有一个相当可观的成果。懂文学又懂出版的周百义自然明白这个道理，只是那时他作为集团的总编辑已不再兼任出版社的社长，这个思路和规划后来也就由于种种现实问题难以落实了。

整体上来看，我们策划的书没有金丽红、黎波他们策划的书发行量那么大，因为我们的选题内容、对象不是完全一样。我们主要是做文化方面的精品，侧重于社科人文、比较小众的图书，不是面向大众的畅销书。另外，我们编辑部主要是做选题、策划、组稿，付印前的工作，发行营销工作我们都没有介入。为什么没有介入呢？因为我们觉得这不是我们的长处，我们缺乏这方面的经验，财力也不强大，如果是把生产环节都包起来，万一不赚钱，后果就不堪设想，而且还有员工工资要给，万一出现故障怎么办？我始终比较谨慎，将发行销售给长江文艺出版社专业地去做。所以有些书销售不太理想，这个责任到底在哪，是营销方面还是编辑部本身选题不好？这个很难界定得很清楚。

总之，我们只能说我们自己做的工作并没百分之百做好，也有不尽如人意的地方。也有某些事不是我们的原因，但最终没有办好，造成了经济损失，也影响到我们的效益，回想起来，我们还是实力不足，加之有些保守，与出版社的合作只限于组稿供稿的范围，不敢贸然进入发行环节，失去了发展的机会。

在北京的时候，出过的好书，还有一些。我们合作的出版社也逐步扩大到湖北人民出版社、湖北教育出版社等出版机构。那段时间，我们跟北京十月文艺出版社，跟江西二十一世纪出版社、广西科技出版社、广西人民出版社都有一些或大或小的合作。

罗新璋受聘在台湾师范大学教翻译课的时候，深深感觉到学翻译的人要加强中文修养，认为翻译外国文学的人一定要读点古文。但是我们的古典文学读本往往太大太杂，他就自己编了一本《古文大略》，意思是挑些比较短小、文学创作特点鲜明的作品，值得欣赏借鉴的作品，编一本书。这本书没有翻译古文，就是有点注解和说明。书在长江文艺出版社出版，后来华东师大出版社又拿去出版，说明它还是有质量的。

我们也编过科学家写的美文这方面的书，湖北教育出版社2006年出版的，书名叫作《著名科学家美文》。这本书主要是选了诺贝尔、霍金、竺可桢、杨振宁等30多位著名科学家写的文章，展示科学大师的光环背后有许多鲜为人知的故事和珍贵的思想宝藏。这些文章涵盖作者所处的各个学科领域，天文地理无所不包。

在北京、昆明期间我还写过一些东西，抓紧时间总结漓江出版社、《出版广角》和《人与自然》的工作经验体会。我写了一组专栏文章在《中国图书商报》连载，专栏名叫“窗边碎语”。我就提出个意思，我们做外国文学或做哪个领域的编辑，实际上就是做个开窗户的工作，把读者的视野拓宽，让读者看到更多的好的东西，看到窗外的世界是多么丰富多彩和美丽。那时正是“非典”流行时期，预防“非典”最好的方式就是开窗空气流通，这是保持个人卫生健康的基本举措之一。我觉得精神上也是这样，要营养丰富、要有免疫力，一定要多看点东西，看得越多知识越丰富，免疫力就越强。《我的野生动物朋友》一书畅销后，云南的媒体采访我，问我从营构漓江出版社外国文学图书品牌到创办《出版广角》，再到来云南教育出版社主编《人与自然》杂志和同名文库，是怎样一种信念和力量贯穿着、支撑着20余年的出版生涯啊？我就告诉他们说，我只不过是想把窗口开得更大一点，让读者看到一些他们希望知道也应该知道的东西

在长江出版集团公司讲课

罢了。

在这组文章中，我还谈到“获诺贝尔文学奖作家丛书”的话题。之所以出版这套丛书，是因为诺贝尔文学奖确实是20世纪历史最长、影响最大的国际文学奖，尽管它存在着局限，甚至有时还带着明显的偏见，但不能否定它整体的作用，它对世界文学所起到的积累、传播和促进、推动作用是无法否认的。改革开放初期，浙江人民出版社出版过两卷本的诺贝尔文学奖获得者短篇小说选，算是国内第一部标举诺贝尔文学奖旗帜的文学作品集，而以大型丛书形式对诺贝尔文学奖获奖作家作品进行系统性的有深度的译介的，当是从漓江出版社开始的。以至于现在人们一说起“诺贝尔（文学奖）”就会想到“漓江（出版社）”，一说到“漓江（出版社）”就会想到“诺贝尔（文学奖）”。但是，我也不主张唯诺贝尔文学奖马首是瞻，我们也没有必要有诺贝尔文学奖情结。文学不同于科学，文学作品往往因为评价者的尺度、标准等不同而会造成读解发生歧义，要想像评价科学那样直接凭借公认的可以检测的标准来评价文学是办不到的，也是不合适的。文学奖评定是很困难的，仁者见仁，智者见智。我们国家的一些作家一度对诺贝尔文学奖过度期盼，抱有过高的热情，其实是大可不必的。创作本身就是一个有其自身规律的、不应受到外界干扰和诱惑的事情，为投合某一个奖项而进行的创造能成大器者实属罕见。只有这么客观、平静地看待类似诺贝尔文学奖这类的奖项，作家们才能心平气和、泰然处之，既不会将其捧到天上，也不至于视若洪水猛兽。

总结漓江出版社成功的经验方面的文章，其中有一篇叫《尊重和了解是第一位的》。在文章中，我就讲到，一百多年来，我们对外国事物的态度容易很偏执：要么崇拜得五体投地，什么都是外国的好，月亮都是外国的圆；要么就是一概排斥，看什么都是毒草猛兽，蜷缩在我们自己的小圈子里。这两种看似对立的极端态度其实是同一个病根：对外部世界有很深的隔膜，不了解。睁眼看世界，不仅是经济领域、科学技术领域和物质生产部门的事情，同时也是文化领域、文学领域和精神生产部门的事情。我想说的是，对于外国的东西，先要去了解，不要直接去认定，扣帽子，作为一个文学现象必定有它内在的因素在里面起作用，我们要尊重它、了解它，没有了解就没有发言权。那时媒体动不动就讲，出版要引导读者。我认为首先要尊重读者，完全摆着教师引导的态度，读者不会认可的。我们要尊重读者，服务读者，提供信息、资料给他们参考、研究，希望得到读者的理解。如果读者自己认识上有什么偏颇，他自己也会纠正，用不着你来教训，这是媒体和出版者应有的态度。

我还到广西、湖北、河北、山西、江西、云南六个省区讲课，和出版界、期刊界的同仁交流，也谈到一些，总结了一些在漓江出版社、《出版广角》、《人与自然》的经验体会。这些讲课难免有重复，但是都是一些过来人的话、经验之谈，还是比较切合实际的。

2005年秋，我在河北省新闻出版局组织的出版社编辑室主任培训班上，就讲了一课，题目叫《思路才是根本——从当下编辑室主任的角色谈起》。在这次讲课中，我就提出来，做出版一个是一定要有全局性、世界性的眼光。从全局、从整个社会来思考，才能站得更高，看得更远，才能选取合适的角度、做出恰切的评估，才能避免一叶障目、不见泰山，或者是小事大做、大事小做。第二个，是要勇于突破，开拓新边疆。中国出版业历史悠久，但是现当代出版长期落后，而且边疆很小，地图很小，这种局面在改革开放后有所改变，但是到达的境界还是有限的。简单的重复是我们的大病。我们要努力开拓新边疆，要有进取的、稳健的新边疆政策。当然，开拓不是蛮干，突破不是冒进。事业有目标，有阶段，不可能毕其功于一役。革命如此，出版亦然。做好出版，还有两点也很重要：一是建立起走向良性发展的生态，二是打造好与时俱进的人才队伍。

北京有个老年刊物《老人天地》，是光明日报社办的。这个刊2006年第2期把我选做封面人物，把我在《人与自然》编辑部和同事们在一起研究选题、看稿的照片做封面。《老人天地》的编辑程淖尔写了一篇介绍文章，只有几百字，题目叫《出版家刘硕良先生的大手笔》。文章说我的

“大手笔”是随着改革开放春天开始落墨的。在南宁、桂林两地做出版，特别是“获诺贝尔文学奖作家丛书”和《出版广角》，取得了较大的成绩。年近70时，又从南宁到昆明，后又从昆明到北京，做了很多有益的工作，特别是《人与自然》杂志和《我的野生动物朋友》是个大手笔。文章里说我是用人生诠释着“博学之、审问之、慎思之、明辨之、笃行之”的智者力量。

第十二章 文化的根脉

南归故土，文化寻根。

开门办刊再发力，

重塑《广西文史》，策划大型丛书，

投身广西文化发展建设的一线。

组织编纂广西文化史，

回望广西文化高峰，

为职业生涯画上圆满的句号，

以满含深情的书写“叶落归根”。

★ 本章内容根据2021年2月8日对刘硕良的视频采访（采访人：李逊、梁虹程；录音整理：李逊）、2021年2月22日对刘硕良的视频采访（采访人：黄伟林、李逊、梁虹程；录音整理：李逊）和2017年9月27日下午对刘硕良的现场采访（采访人：王云杉、陆立伟；采访地点：南宁，刘硕良家中；录音整理：陆立伟）整理；根据2021年10月2日对刘硕良的现场采访（采访人：李逊；采访地点：南宁，刘硕良家中；摄像助理：黄高峰、胡昊直、王逸晨；录音整理：李逊）和2021年11月14日对刘硕良的现场采访（采访人：李逊；采访地点：南宁，刘硕良家中；摄像助理：霍东升、田家健、周超；录音整理：李逊）修订。

我是2007年初从北京回南宁过春节，过完年后就不去北京了。在北京的公司过了一段时间后就注销了。我的北漂生涯算是画上了一个句号。

我回到广西后不久，大概是2007年的夏天吧，广西文史研究馆的馆长文军和副馆长朱嘉新到我家里找我，听说我不再去北京了，就表示希望我能帮文史馆把《广西文史》这个刊物重新办好。我没有多加考虑，又跨入了另一片新的空间，开始了办刊物的一段历程。

在垂暮之年，能为广西文史事业有所贡献，成了我最后的心愿。

1

广西文史研究馆是新中国成立初期，在毛主席、周总理亲自关怀和指导下成立的。文史馆的主要任务有三条：一个是建言资政，第二个是文史研究，第三个是统战联谊。馆员是终身荣誉职务，是在统战部的关心关怀指导下，由政府聘请的。中央文史馆馆员由总理来颁发聘书，地方的文史馆馆员由省长、自治区主席颁发聘书。我是1995年被聘为广西文史研究馆馆员的。

广西文史研究馆于1953年9月成立，“文化大革命”期间，文史研究馆被撤销，1980年又恢复该馆建制。广西是新桂系的“老巢”，国民党的统治历史很长，封建的思想盘根错节，关系复杂，有着丰富的文史资源。广西又是壮族自治区，政府的建设、民族区域自治等都有很多新鲜的内容。广西是三大侨乡之一，东南亚地区有很多广西人，广西可以做的统战联络工作是很多的。所以新中国成立后，党和政府很重视这方面的工作。建馆初期，文史馆馆长是由文化局局长兼任的。1960年初，自治区副主席莫乃群兼任馆长。当时聘的馆员数量也较多，成立当年就聘了32名馆员。到1965年，几乎每年都有新的馆员加入，馆员人数累计达到90余人。到了“文化大革命”期间，馆务活动长期被迫中断，文史馆的第一任副馆长刘介被打死，还有很多馆员受到冲击。到1980年着手复馆时，在世馆员只有10人左右了。复馆之后每年都补充新馆员，但是直到2009年，在世的馆员数量也只有42人，比1965年还少了16人。可以说，广西文史馆就是这样一支老龄化的队伍，在半个多世纪的风风雨雨中，努力为国家、为社会做出力所能及的贡献。

《广西文史》这份刊物原来就有，反响也不错，但出得不固定，一年出一两本，有时厚一点，有时薄一点，外观和版式也不太统一。广西文史馆业务处的处长，还有《广西文史》的一个专职编辑也都为这个刊物操心。他们早就找过我，但那时我在昆明，后来又去了北京，他们联络不上我。听说我从北京回来后，文军馆长他们就到我家里，希望我能帮他们把《广西文史》提高一个层次。一开始的意思是想让我做执行主编，后来我和他们说，如果要我做，我就是主编，不是执行主编。刊物我也办过，图书也编过，把《广西文史》这份内部资料性的刊物办好虽然有难度，但并不是很难办。如果我

《〈广西文史〉选》

只是个执行主编，那我的主张和做法就很难完全贯彻。他们听我这么说，就让我做主编，全权负责。这样我就接受了这个任务。文军馆长也向文史馆馆员、机关干部做了介绍，之后开了会，我就开始着手主编《广西文史》了。

我主编的《广西文史》每个季度出版1期，从2007年下半年第3期开始，一直到2016年春天，出版了大约35期近700万字。我接手《广西文史》以后，首先从形式入手，把外观形式确定下来，把刊期定下来，按季度定期出版。其次是把篇幅也基本定下来，开始定到96页，后面增到128页，篇幅固定。第三个，是把基本的栏目固定下来，从提高栏目的质量入手；栏目不要太乱，也不要太多，基本的栏目有十几个就可以了。第四个，是把格式、版式统一起来，把版式设计、封面封底的内容安排固定下来，封面统一设计，并且大体上延续下来。我想刊物要办好，首先办刊的人要起劲，如果办刊的人不起劲，读者怎么会有很大的兴趣来看呢？编辑要有高度的热情、认真负责，不要应付，不要迁就、退让。

在办刊的路线上，我认为主要是依靠馆员。馆内外的文史专家都要调动起来。首先，文史馆的馆员是主要的依靠，刊物是为他们服务的，是他们的平台和园地，调动馆员的积极性为刊物写稿，他研究什么对什么有兴趣就写什么，也不用要求别人脱离自己的岗位，脱离自己的生活、历史业务、学术研究范围，没有相关的东西，那也是不现实的。第二条，是开门办馆。因为文史馆的馆员太少，如果光靠狭窄的馆员圈子写稿，内容会太单调和单薄，支撑不了读者的需求。所以开始的时候，我聘了一些特约撰稿人。这其中，有些人可能成为馆员，将来就可以吸收他，不成为馆员也没关系，也可以为《广西文史》杂志写稿。慢慢地，刊物就上了轨道，文章就多起来了，丰富起来了，像样子了。

在这个基础上，我们就考虑到广西文史馆还有一些材料、书、资料是可以出版的。后来广西参事室也成立了，就提出来要出一套丛书。参事室是20世纪50年代就有的，“文化大革命”时冲散了，一直没恢复，21世纪

2008年5月，与广西文史馆同道赴山西采风，并探访广西壮族自治区党委原候补书记兼秘书长霍泛

以后就慢慢恢复了广西参事室的建制，参事室的主任也是文史馆的馆长。出一套参事馆员的书，这一想法最初是由冼祖元提出来的。冼祖元是自治区政府办公厅调来做参事室主任、文史馆馆长的。他想给参事馆员提供一个园地，出一套书，计划5年，一年出5本，一共出25本。这套丛书首先要把《广西文史》的文章收集到里面，因为《广西文史》是内刊，正式出版就可以公开发行，容易被社会上的读者保存。这套丛书由文史馆提供经费，广西师范大学出版社出版，公开发行，从2010年开始到2016年一共出了23本，大概一年出版四本，这个计划也算是基本上完成了。这套丛书，除了《广西文史》的文章外，还有个人的专著，像《广西开发史》；有一些个人的专题，像卢斯飞的《幽默与人生》、韦其麟的《纪念与回忆》；还有一些学者写的文集，像黄伟林的《八桂人文与旅游文化》、沈东子的《西窗剪影》、江东的《名门之后说名人》。我们通过团结广西文史馆的作者，带出一套丛书来，这是一件大事。

另外一件大事，就是完成了《中国地域文化通览·广西卷》的编纂工作，之后我们又按中央文史研究馆的希望和要求出了《通览》广西卷的简编本，再之后，我们又出了《通览》广西卷的续编，延伸到现代。《中国地域文化通览》这套丛书是由中央文史研究馆和国务院参事室组织编纂的，内容从古代到辛亥革命，近代只是一小部分。我们把《中国地域文化通览·广西卷》的续编本也编出来了，叫《广西现代文化史》，四大本，构成了“广西文化史”，从古代到近代、到现代、到当代，成为文化史完整的链条，这是广西文史研究上一个引人注意的丰硕的成果，等于是出版了广西第一部古代文化通史和现代文化史。在文史研究上面，这是一个极有开拓性的壮举，不仅在广西有开拓之功，在全国范围来说，有从古到今贯穿的文化史的省份也不多。这个事情受到中央文史研究馆和自治区领导的表扬，文化界、学术界也给予了好评，认为是广西文化事业的一大盛举。广西文史馆成立以来也做过一些事情，但做这样大的工程还是第

与中央文史馆馆员陈祖武（右）、程大利（中）游览伊岭岩

一次。

国务院参事室、中央文史研究馆这两个部门是一个党组，领导班子是一套班子，人马是分开的，后勤服务是互相沟通的。2008年中央文史馆开始布置这件事情，大概是8月份的时候，中央文史馆在浙江开了个座谈会，具体布置了《中国地域文化通览》的编纂工作，每个省都要出一卷，共34卷。这套书由中央文史馆统一规划组织实施，成立了编纂办公室，还出有简报。中央馆馆长、国务院参事室主任是总主编，还设有副主编、编委，编委基本上都是中央文史馆的馆员和社科院历史研究所等部门的专家。编委也有分工，一个编委联系几个地方的编纂工作，广西卷是著名美术家程大利联系的，他当时是中央的美术出版总社的社长，还有副主编中国社科院历史所所长、编纂办副主任陈祖武，中央文史馆副馆长、编纂办常务副主任陈鹤良负责和我们联系。

广西是怎么组织这部书的呢？最先是2008年12月下旬，广西文史馆邀请几个《广西文史》的主要编者、作者等几个馆员到桂林开会，把中央文史馆的要求传达给了大家，也把广西文史馆接到中央的通知后，准备的编委、主编名单公布给大家。通知里面还要求在2009年5月1日前，各省要把提纲报给中央文史馆，他们要开会一批批审查、讨论、批准。过了年很快就要报提纲了，谁来写这个提纲呢？在会上就讨论由谁来报提纲。名单上主编有钟文典，有我，副主编还有三个人。广西文史馆事先也没有和我们打招呼，没有讨论怎么分工合作。既没和我谈，也没和钟文典谈，大家觉得很突然。要写提纲，当然是推举钟老，可是钟文典说他在忙10卷本的《广西通史》，顾不上这个“通览”的广西卷，就把写提纲的责任推到我身上。这个时候，会上有一位广西社科院的专家说如果提纲都写不了，还当什么主编呢？其实我不是说提纲写不了，这个事情是钟文典领头，我当然要尊重他，请他来写。有的馆员说，这个事情好办得很，广西没多少东西要写，一个人写几万字凑起来就可以了。也有的同志提出来，是不是交给高校里面搞历史研究的领头，找一些研究生合作，这样很快也可以搞完。这些意见都是不切实际的，这个事情也没有想象中大家都坐下来分那么简单，我就没作声。会议最后无疾而终，谁也不敢出头来做这个事情，有的人想做也不一定有这个能力。

当天晚上，广西文史馆馆长柳盛权叫文史馆文史处处长凌佩钊找我，说无论如何让我负责。我就说谁负责现在都还是很不明确，好像见者有份一样，很难操作，别的同志做我就不牵头。凌处长说，柳馆长说你就是一把手。我就问副主编、编委怎么调整？他说怎么调整由你，你就是对文史馆负责就行了。在这样的情况下，我接受了这个任务。

首先要解决一个班子问题，因为马上要着手搞提纲。我的意见是班子要调整，这个工作不能靠人海战术，不在于人多，而是要有执行力强的班子，光靠广西文史馆的人是编不好“通览”的，因为文史馆的专家学者太少，“通览”肯定涉及方方面面。一定要开门编书，邀请社会的专家学者一起来操作，要统一挑副主编、编委、作者。我的这些想法，广西文史馆也同意了。后来除了馆员外，特别邀请了社科院文史所的研究员顾绍柏、蒋廷瑜。顾绍柏是湖北人，武汉大学毕业的。蒋廷瑜是1964年于北京大学历史系毕业的，博物馆文物专家，考古专家。他的夫人彭书琳也是搞考古的，两个人经常在一起活动，我就请他夫妇一起参加。还请了南宁师范大学的杨东甫教授，一个年轻时就受秦似看重的学者，做事非常认真负责，热情很高，都能够按时按质量完成。我开玩笑说杨东甫就是一头牛，是能够忍辱负重、能够干活的好手，有资料，有能力，能说也能写。钟文典先生极力推荐南宁师范大学的何平老师，他是钟文典的研究生。此外，还有广西民族大学搞民间文学和艺术的一位教授——广西民族艺术文化中心主任廖明君，他现在是广西民族大学民族艺术研究中心主任，二级教授；广西社科院情报研究所所长廖子良，武汉大学图书馆专业毕业，后在北京大学图书馆进修，是个图书馆的专家，他掌握很多资料，曾经主编过《岭南文化大百科丛书》。先后找了11个作者，组成编纂班子，副主编就是卢斯飞、廖子良。组委会主任、编委会主任是自治区党委常委、自治区副主席李康。这个事情很快落实下来。后来有些同志没当上副主编，没被请来参加写作，还有些不高兴。我们觉得人力安排配置上不方便，有个别同志本来也可以写，但我们没有请。

班子定下来后，我就忙着找书看。我对广西的历史文化虽然在“文化大革命”前有一些接触，广西的湘桂铁路以东，半个广西我基本上都走遍了，也了解一些，但是毕竟不系统，还有很多新的成果不了解。我就先到几个出版社去找书，广西的历史文化研究已经有了系统的成果。我到广西人民出版社、广西师范大学出版社、广西民族出版社、漓江出版社找了一两百本书。其中有代表性的，一个是《广西大百科全书》，2008年已经出版。这个书的资料一直到2005年，这是第一次广西集大成的一部书，尽管有些内容粗糙些，但基本的东西是很好的，很难得的。还有三卷本的《广西通史》，钟文典主编的，虽然只写到1949年前，好像也是到辛亥革命，但是基本的东西已经梳理过了。另外还有《新桂系史》《岭南大百科》《壮族通史》等书。我觉得我们这个地域文化通览要在很好吸收借鉴已经有的研究成果的基础上来进行整理，争取把已有的成果反映上来，不要也不可能从头摸索，如果能够在这个基础上把脉络整理得比较清晰，有所突破就不错了。找到一批图书资料后，我就先浏览，走马观花地看，大致有个印象，了解一下广西已经出版的历史研究成果已经达到了什么程度，共同结论和认识怎么样，把这些弄清楚，在提纲里面把这些反映出来。

“通览”实际上有“集成”的意义在里面。我觉得“通览”首先要“通”，要疏通下来，贯穿得下来，要有一个总的线索。“集成”，不是把所有成果汇集起来，不是简单的资料集成，而是要把已有成果融会起来，体现在一部著作里面，应该有自己的主线。在拟定提纲时，我就想力求体现这一点。首先对广西历史文化要有总体把握和研究，对广西要有综合的认识，在掌握大量材料的基础上要做细致的概括、提炼、整理工作。否则的话，广西的通史有十卷本，大百科也有十三本那么厚，地域文化通览不可能把这些成果内容都搬上来，肯定是要加以提炼概括。我们不是另起炉灶、从头做起，而是要利用人家的成果、体现人家的成果，当然也不能是抄袭别人或是简单摘编一下就行了，还应该有自己的认识和把握，特别是绪论部分。中央文史馆非常强调绪论，要求一定是主编亲自写作，而且篇幅要达到2万字以上，要先报提纲给他们，写完要给他们看，他们认可了才往下面写。因为主编的意图、全书的意图都会体现在绪论里。

我看了很多书，每个史料、每个句子我都做了比较和考究。比如说，一开头怎么简要描述广西的历史？广西的形状是怎样的？我拿了《广西大百科全书》里的各种交通图、山脉图、地形图反复看，想来想去，最后这样表述："打开中国地图，广西宛如一块浑朴厚重的大宝石镶嵌在祖国南疆。"要开宗明义讲清楚广西是怎么来的，八桂怎么来的，最初的出处是什么，然后讲广西独特的自然面貌。讲自然风貌，不只是简单讲广西有什么风景。我提出一个观点，喀斯特地貌是很好的风景，桂林的山拔地而起，千奇百怪，地理风貌好看，但不一定好用，因为不藏水容易干旱，有大雨来，洪水来得快，地理优越但也不是百利而无一害。第二部分，主要讲广西的社会历史多元民族文化的形成，广西的人文历史的发展。第三部分讲广西文化的特点，民族性、地域性、交融性的文化。在各章节里概述广西历史文化的发展，每一章的题目都精心推敲。史前时期的历史文化，第一章就没有简单地罗列，而用了一句话"古人类活动重要的地区"，通过考古发现说明广西是古人类活动的中心地区之一，广西并不是后来人家说的都是很落后的概念。第二章秦汉时期，在大一统推动下阔步向前。这里面包括很多历史事件。第三章是三国两晋南北朝时期，标题是"混乱中别具一番景色"，那时候中国内地很乱，很多民族各自为政，广西相对比较安定，梧州是文化中心。金学、博物学等都有著作发表，把那个时期广西有什么开拓和发展讲出来。第四章是隋唐时期，第一个文化高峰时期的到来。隋唐是一个高峰，宋朝、元朝也是高峰，到清朝是前所未有的全面发展，清中后期广西的文化、文学成就已经赶上全国的水平，临桂词派、岭西五大家，在全国有旗手的作用。每个时期，都要把脉络梳理清楚，要把标志性的事件、人物、活动、地点，提炼成一句话做标题，每一章前面有个小引，概述几句话，这几句话不超过200字，不能很抽象，要具体点。每一节的题目也要研究，打出来连在一起看，看看是否平衡、协调，前后是否连贯。这个书首先大的框架上基本上要无懈可击，史料准确性怎么样要再校对查阅，再去做细致的工作。提纲要有对历史研究的高度提炼，提炼是从史料提炼，从事实发展中和史料查询中提炼出来，得先有概念，再填材料。

我们的提纲比较具体，民族特色鲜明，按照这个提纲去操作比较容易写。讨论提纲的时候，我们几个主编和馆长都一起去北京。大家围坐在一起，一个省一个省讨论。在讨论广西卷提纲的时候，大家都觉得可行，好操作。写出来绪论单独报给他们看，他们说写得好，还介绍给辽宁、贵州、甘肃看。书的初稿出来后，广西开了专家讨论会，我们请自治区民委民族理论政策研究室主任覃彩銮参加研讨会。他以前并不认识我，他在会上说，他以为写这个绪论的是个很年轻的人，想不到是个白发苍苍的70多

国务院参事室党组成员、副主任陈鹤良（右二），中央文史研究馆馆长袁行霈（左二）与广西参事室主任、文史馆馆长柳盛权（左一），文史馆馆员、《中国地域文化通览·广西卷》主编刘硕良（右一）摄于北京

岁的老者。覃彩銮觉得绪论充满了激情，很有感情，很有对广西的热爱，对壮民族的热爱。我确实是充满感情去写的。写到侬智高这部分，我觉得应该帮他翻案，应该给他正确的评价，他是悲剧英雄，他的很多家人都牺牲了，是在朝廷昏聩、情报不通、走投无路的情况下才反抗朝廷、自谋独立的。覃彩銮觉得这个绪论对侬智高的描写很有感情，不是很冷漠地叙述事实。绪论里引用历史学家的著作，我也注意尽量面宽一些，我用了钱穆、黎东方、李骥等台湾和海外学者的观点，都是超一流的历史学家。我找到李骥的博士论文，说明潇贺古道的历史作用，说明桂东北与湖南交界的地方的发展是走在前面的，很有说服力。《通览》用的材料很多，都是前人的成果，但是有自己的研究成果在里面，有一定的叙述价值在里面。

我当初搞这个提纲也没想到要怎么走到全国的前面、有所突破，没有想那么多。我就是希望广西这卷不要拖后腿，达到中等水平就可以了，没想到还走到前面。我为什么会有这样的想法？第一，我们资源有限，我们是贫矿区，相对河南、山东、山西等，广西没那么多文化历史资源。第二，我们没那么多研究专家和研究成果，我们现在的历史文化发达程度也远远不如华东、华北那些文化大省、强省，广西是比较落后的。我们就是踏踏实实做工作，争取赶上中央文史馆的要求，能达到中等水平，不要掉队。但是我们做得很认真很细致，实际上我们走到了各省前面。提纲通过后，广西的进度始终在前面，我们的稿子是最早一批交给中华书局的。中华书局一审就通过了，也提出了一二十条具体的意见。整体框架他们认为是可以的，那么整个书稿基本上就算认可了。陈鹤良副主任说，广西卷交给中华书局得到肯定后，我们心头的石头就落地了。各个省搞了那么久，最后效果如何不知道，广西卷得到肯定了心里就踏实了，就有底了。

中央文史馆的试点在安徽，安徽的经济、文化、历史、现实都比我们广西好得多，安徽多少人才啊，胡适、陈独秀等等，但是最后中央文史馆把我们广西文史馆的馆长、主编邀请到黄山和安徽馆对接，汇报交流情况，实际上是让我们向安徽介绍经验。开完会后，陈鹤良握着柳盛权馆长的手说，广西主编选得好，选对了人，所以做得顺。在这个之前，中央文史馆曾通知广东、海南编纂办到南宁开会，三个省互相做交流。广东把上篇历史通览和下篇民族、自然、文物等等的具体叙述各安排一个主编。实际上，还是上要通下要透：上面要顺得下来、脉络要清晰；下要透，每个专题要讲透，如果通透能做得到就成功了。后来广东卷主编司徒尚智，有名的历史地理学家，他竖起拇指说还是你们“桂系”厉害。书出来后，在北京开汇报会，指定几个省发言，上海、福建，还有个是广西。

通过《中国地域文化通览·广西卷》的编纂，我们取得了很好的成果和效益。第一个成果，是我们进一步做了梳理，第一次出了一本广西古代文化通史。《广西日报》第一版刊登了相关报道。第二个成果，是提振了广西文史馆的士气。以前去中央文史馆开会，广西都走在后面，现在我们走到了前面，让我们作典型发言。第三个成果，为广西文史馆培养了人才。《中国地域文化通览·广西卷》出来后，原来不是馆员的写作者很快都成了馆员，我们把蒋廷瑜、顾绍柏、何平等专家都吸收进来了，后来做《中国地域文化通览·广西卷》的续编和《广西现代文化史》时他们也都参加了。可以说，通过编纂这部《通览》，带动了地方文史馆工作的发展。有些大省，比如江苏，包给南京大学一个机构去弄，后来不行又收回来了。还有些省是多头领导，不是没有人才，而是人才太多，没有组织好强有力的核心班子，工作进度就很慢。

《中国地域文化通览》出来后，中央文史馆希望这套书能够普及到广大读者，提出编写一个简编本，便于普通读者阅读。我们做简编本的时候费了很大的功夫。李康副主席亲自抓，她要求要做个高质量的普及工程，把简编本编得权威、全面、可读，不仅是有图片，看得轻松，而且要看得出东西来，能够让大家对广西文化的认识提高一步，为进一步了解广西古代文化打下一个基础。《通览》的广西卷一共50多万字，有100多幅图，前面还有一些彩图。如果按比例压缩的话，50多万字压成30多万字，每部分压缩一点，每部分篇幅太少，都不能讲得很清楚。所以我们对简编本做了体例上、内容上的调整。《中国地域文化通览·广西卷》分上、下编，上编是发展过程，下编是分门别类的叙述，我们做简编本就把上编省掉，把绪论充实一点，绪论由3万多字扩充到4万字，把一部分内容在绪论里讲清楚，一些要点讲出来就行了，下编除了保留原来的一部分内容，在文字上加以压缩、修订以外，我们增加了语言、文化带等内容，还有一些附录的材料也有所增加。这样使得简编本保留了正本的精华、元气，同时又比较紧凑，比较简明。

《中国地域文化通览·广西卷》里没有语言这一部分，因为中央文史馆考虑语言的范围超过文化，涉及很多东西，不好讲清楚，很费事，既不好读也不好看。但我们认为，在广西，多民族语言是很重要的文化，可以说是超文化现象，应该有一章。于是我们就请广西大学的林忆教授撰写。她写过这方面的专著，《广西大百科全书》的语言部分也是她负责的。她事情很多，一下这样的事，一下要出国，迟迟不能完成。等不到她，我只好和她说，如果下礼拜二不能给我们稿子，我们就不要这章了。话讲到这个程度，她一个礼拜就搞出来了。所以主编要保证进度，不能因为某个人耽误大家，一定要操作得很好，选人的时候要看他是否有兴趣、热情和时间，更重要的是他是否有这方面的基础，除了这些条件，还要考虑这个人好不好合作。有些作者很拖拉，没有合作条件，学问再大也不能请他。

为了吸引读者的兴趣，我们还设置了一些花絮性的内容，找了一二十条文化史的花絮，加一个小框放在里面。比如说容县的牛卖到淮北去耕田，一个小小的框框，有故事在里面，200字，使得书比较活泼，增加了一点阅读的兴趣。版面也比较活跃，附录的材料也有所增加。我们希望这个通俗本可信、可读、可欣赏、可再读、可查、可深度阅读。通俗作品并不意味着就是很浅、很浮泛、水平比较一般，通俗作品也可以有高质量、有学术含量和学术水准。毛泽东《在延安文艺座谈会上的讲话》：“我们的提高，是在普及基础上的提高；我们的普及，是在提高指导下的普及。”我们的简编本希望在正编的指导下，能够把普及工作做得更有分量、更充实、更有独特的功能。

简编本是一个通俗的东西，可以摆在案头上给人家反复地看，还可以给人家查找资料。比如文物这一块，广西的文物有那么多，一级文物数量也不少，我们请广西博物馆的老馆长、文物专家、历史学家蒋廷瑜挑最好的一级文物和一些有特别意义的文物来介绍。他一共挑了70多种文物。广西的文物千千万，你看不得那么多，看下蒋先生列出来的70多种，你看了知道它们的等级、在哪里发现、什么年代发现的，那就够了，以后你也可以再去慢慢了解。再比如文化带的内容，把每个文化带所在几个地方的最好的经典做一些说明，这就等于是个文化地图，可以被别人欣赏或是有目的性地根据它去寻找。

可以这样说，《中国地域文化通览·广西卷》里做的文化地图是我们的创造。为什么呢？按照《中国地域文化通览》的总体安排，前面是有中国地图的，你可以有广西的行政图，但没有提出要做文化地图。最初内蒙古文史馆编了个内蒙古的旅游文化地图，只是列出了重点旅游单位和文物保护单位，我们觉得眼前一亮，这个我们也可以做，我们做出来比他们改进一点、提高一点。我们不单是体现文物、古籍，书中里提到的历史人物，我们也在地图里有小小的照片反映，信息量很大。《中国地域文化通览·广西卷》出来后，广西社科院搞历史文化和民族研究的研究员潘其旭打电话给我，说这个很好，可以做成挂图去推广。这个文化地图引起各方面的关注，是我们广西卷的一个特色和亮色。简编本把这个地图做了点修订、充实，简编本出来后也很受欢迎。

《通览》的广西古代部分做得比较好，比较顺利，简编本也出得快，相关工作都走在全国的前面，广西的简编本是全国最早出版的简编本，被认为是这些年来出版的有关广西历史文化的读本里面是最好的、最经得起看又能够普及的本子。李康的前言写的是“需要高质量的普及工程”。曹光哲先生多次讲到这书编得太好了。

2

从编《中国地域文化通览·广西卷》到做简编本，再到编《广西现代文化史》，这一系列工作，也可以说是我个人工作的一个高峰，因为这些是真正地在做文化、做文化事业，跟搞外国文学、办刊物还不完全一样，所以很值得回忆。

在完成《中国地域文化通览·广西卷》及其简编本后，我们又往前走了一步，编了现代部分的续编，出版了《广西现代文化史》。本来这个续编不是中央文史馆布置下来的任务，不是每个省都一定要做的，当时国务院参事室主任陈进玉在报告里指示说，续编我们不做布置和安排，各个省有兴趣有条件的可以做。如果需要我们支持帮助，我们会提供支持和帮助。这个是我们自己给自己加的任务。我们觉得已经有个班底，可以继续做下去。我们下定决心一直写到21世纪初，写到党的十八大。现在看起来

2009年12月24日，广西文史研究馆在桂林召开《广西文史》座谈会

这个形式还是好的，广西总算是有一部贯通到当代的文化史，但是还有很多困难，文学、教育、艺术写得都比较好，但有些地方还不尽如人意。这个文化史是从1911年辛亥革命开始，把近代、现代、当代连在一起来写。改革开放有一段写得比较好，但是像出版的部分还是梳理得不够。

《广西地域文化通览·广西卷》，就是广西文化史的古代部分，《广西现代文化史》作为它的续编，编纂的难度不下于古代部分。古代部分的难处是时间跨度很长，几千年，资料、材料，不管是考古发现也好，典籍、记载也好，都很多，要梳理很不容易，但毕竟已经有很多定型的东西，成规模的材料、资料的整理出版也很多。现代部分就不一样了，现代部分越靠近当代，好处是新鲜的材料多，但是成系统、成规模地整理出来的资料还并不是很多，主要是《广西大百科全书》里面有一部分，通史、通志里有一部分，个人的专著也有一些，但不是很多。讲到做续编的时候，虽然大家都觉得很难做，因为靠近当代，很多事情比较敏感，不好估价和评论，有很多困难，但是我们当时的情绪很高涨、信心很大，觉得完全可以做下来，不过到底做到什么程度一开始还不是很有底。

同我们搞古代卷一样，作者的选择就要很精准，要求每一方面的写作，都是要那一方面比较权威、有分量的专家来写。而且这些专家还要有时间、兴趣、能参与，不然答应了，项目拿下来了，但是实际上不能写，就会耽误别人，使得整个工程没法完成。我们请了十多位专家，历史、文化、艺术的，因为是大文化，包括新闻、出版、电影、广播、戏曲、话剧、壮剧、桂剧等等。文学部分找了黄伟林来写；科学技术找了万辅彬重新写，因为我们发现《中国地域文化通览·广西卷》的科技部分写得不够。

做这样的大工程首先要有钱。李康副主席一手管这个事情，她看到古代卷做出来的效果好，对我们的简编、续编工作就继续给予大力支持。财政厅给我们拨款，稿费标准都按学术研究的专著来付酬，而且预付了稿费。讨论文稿的时候，也根据个人的进度预付一定的报酬，让大家没有后顾之忧。广西文史馆每次开会地方的选择、服务工作都做得非常好。这是一个学术工程要完成必备的、必有的先决条件。

在编纂工作方面，我们最开始并没想到要做到四大卷150多万字的规模，我们想至少应该有七八十万字，但是心里也没有底。当时只是有个初步的框架，根据内容大体上进行了分配，各人去写提纲，去写初稿。在写作过程中我们发现，总篇幅按七八十万的框架肯定不够，内容越写越多，没有100万字搞不定。交稿时成稿有200万字，后来压缩了一下，成书时也还有150万字。为什么没有一开始就把篇幅控制得很死呢？因为我们觉得现代部分材料比较多，比较好找，这里面包含的内容门类太多了，得有个总的社会背景、社会经济文化发展的梳理和评估，这一部分相当于上篇，这部分概述性的内容很多。这方面的文章过去也发表了一部分，缺少的是比较全面、充实、丰富、翔实的文化史的本子。与其写得太简略，似乎不如写得更丰富些。我们就没有对各部分的字数实行过于严格的控制。比如新闻部分写了4万多字，我看了后觉得还有很多重要部分没有展开，太简单，整体感觉和通志差不多。通志中大事都有记载，人物也有一些反映，但没有更多的分析、研究和评点。所以我就提出哪些内容要增加、要充实的意见，这样篇幅就不止原来写的4万字了。其他部分情况也差不多。再比如文学部分，我们是请黄伟林负责的，这部分内容包括从古代文学到现代文学的转变，包括民族文学的崛起、地域边缘的崛起；从文学的门类来说，还包括小说、诗歌很多内容；如果从大文学的概念来说，还包括古典文学、现代文学，以及文艺理论，文学翻译、外国文学作品的引进等。这样一写下来，最后文学部分差不多十八九万字，加上图片一起，实际上差不多就20万字的篇幅了，相当于一部《简明广西现代文学史》了。按照这样的思路和设想，各个部分都要增加和扩充，到后面，篇幅较小的部分也有15万字左右，总共就达到了150多万字。我们还配了2000多幅图片，一共四大卷。

《广西现代文化史》文内插图是双色的，前面还有彩色插页。第一卷前面还有文化地图，增加到7幅，把古代文化地图、现代文化地图分开了。因为有很多人物都到过桂林，留下很深刻的印记，比如田汉、茅盾等等，都有他们的照片。桂林文化城这部分设了7页图，有4页是机构、成果、作品、刊物等等，有3页是人物的，直观性也很强。

这样一个规模的现代文化史，所有的编纂专家们感觉到有充分施展的余地。因为好不容易做一次分门别类的梳理，不如写得比较充实点好。这个书出来以后，各方面都感觉到很惊讶。广西政协副主席、古典文学专家梁超然来参加座谈会时，一连讲三个“大”字：大工程、大手笔、大格局。他感觉到这是近年来广西历史文化研究的一件大事，一个大成果，令人震撼。自治区原副秘书长何绍榜说，仅仅两年多的时间，能拿出这样的成果，使人钦佩，值得祝贺，拿出来的成果水平质量也不错。广西人大的民族委员会主任、广西民族大学原校长何龙群说，这是近几年广西历史文化研究的一件大事，能取得这样的成果令人钦佩。广西出版传媒集团总编辑曹光哲说，这个书在广西文化史和出版史上两方面都有独创性和标志性的成果，特别是理论上在对现代历史的研究很少的情况下，尤其显得难能可贵。广西社科院副院长、社科联副主席、广西历史学会会长黄铮说，《广西现代文化史》从1912年中华民国成立一直写到改革开放的2015年，一共100多年的时间里的历史，包括近代、现代、当代装在一起加以论述，这个是同类历史书上绝无仅有的，突破的勇气非常值得关注。周民震、韦其麟、覃彩銮、彭匈、蒋钦挥等各界人士、专家在座谈会上

《广西现代文化史》

讲了很多话，但是我们觉得都在书上发表也不可能，我们就在每卷后面把他们的评语一个人写一条，一本书5条，一共收了20条。

这本书为什么这么受到关注呢？首先还要说下书的名字。既然规模已经做到了这个程度，从广度和深度来讲，我们觉得如果对应“地域文化通览”这样一个名字是不足以概括书的内容的，也不足以反映这个书所达到的学术高度。但如果叫“文化史”，别人也不一定认可，毕竟没有经过考验。有过犹豫。最后我下定决心，应该义不容辞地用“广西现代文化史”这个名字。因为这个书已经具备文化史的规模、深度和广度，150万字，2000多幅图片，而且这些图片都极其珍贵，选择都用尽苦心，花费了很多心血，反复斟酌比较，不是随便拿出来的。

这个文化史在体例上、观点上也有很大的突破。前言标题《百年回眸，三座高峰》是我写的，我认为这百余年里广西文化有三个高峰：20年代、30年代新桂系，广西号称“模范省”；40年代的桂林文化城；80年代、90年代的改革开放。

首先肯定桂系20年代、30年代的广西建设，成为模范省。这点上共产党的文件给予了客观的评价和肯定。这个就不错，虽然广西不是第一个被肯定的，新桂系时代，很多已经突破了对桂系的认识。二三十年代新桂系在广西做了很多事，当然他们也有反共、反革命的一面，后来白崇禧参加“四月大屠杀”，双手沾满了人民的鲜血，但广西的建设在20年代、30年代是走在中国的前列的，要不然怎么叫作“模范省”？这可也不是乱吹的。

桂林文化城是在中国共产党领导下，得到国民党开明人士理解和支持的，是进步的、规模很大的、持续了近10年的文化活动和现象，对广西的地方文化建设，对全国的文化抗战起到了极大的推动作用。那段时间应该算是广西文化的一个高峰。

改革开放后更加是这样了，真正的高峰应该是改革开放后。但如果没有新桂系治桂，没有桂林文化城的积淀，光秃秃地有“文学新桂军”的

2022年春节前，广西文史馆馆员、广西师范大学教授张明非和广西师范大学原党委书记黄介山前来看望

突起，有广西文学“三剑客”现象的产生，或者有漓江出版社现象、广西出版现象产生，这也是不可想象的。历史总有积累和铺垫才有高峰，漓江出版社拔地而起，实际上它的渊源可以追溯到桂林文化城。桂林文化城期间，翻译刊物就有三个，一直到改革开放后全国的翻译刊物最多也就三个。所以说，漓江出版社的外国文学能够异军突起也有历史土壤的哺育，而不是凭一两个人的聪明才智就可以凭空想象出来的。

“三个高峰”的说法就是一个突破，当然肯定有人有不同的看法，那也不要紧，可以讨论。即使不算“高峰”，起码也可以说有三个亮点、三个板块。文学史、文化史就是做梳理、整理的工作，把这个脉络搞得清晰些不就是一种进步吗？

能把《广西现代文化史》这部书推出来，是广西文史馆对广西历史文化事业的一大贡献，也是广西文史馆的光亮点所在。这部书能出来，还是很幸运的事。想一想全国有几个省份有这样的现代文化史出版？《广西现代文化史》能够比较完整地出来很不容易。这里面的理论观点、历史视角、现代意识、突破的勇气和信心，我觉得我们这个写作班子都是有功劳的。我们再讲一个例子，在17年的成就和回顾里，高校的院系调整是一个很重要的节点，但没有几个人否定高校调整所造成的破坏和影响。1952年开始院系调整，给全国高校事业带来的破坏和混乱这是历历可见的，但很少有人提出批判和揭发。广西大学就是个例子，广西大学20世纪20年代在梧州创办，后来广西大学已经发展成全国比较好的重点大学之一，法律、土木工程、机械工程、冶金等都很不错的，中文、历史也不错，培养了很多人才，二三十年代有很多名教授在广西，1952年居然要把广西大学撤销，工学院分到武汉、广州，华中、华南工学院其中就有广西大学调整过去的院系，就留下几个师范院校，专科的大学也很少。我们文化史梳理的高校部分，对于新中国成立初期院系调整起的消极作用的揭示、展示、批评是很有价值的。这也是《广西现代文化史》的一个普遍的、客观的立场。所以《广西现代文化史》让梁超然这样的学者都感到震撼，这也不是一种捧场、客气话。这个文化史是一个大工程、大手笔、大格局。就像黄铮讲的，能把辛亥革命后中华民国建立，把近代史、现代史、当代史融合在一起，在其他的作品里是很少见的，这就是一种突破。

这里我要特别讲一下，这个书的图片很了不起，因为这些图片非常珍贵，韦其麟在评语里说这个书图文并茂，很多图片是很珍贵的，找不到的。有些书被湮没了，只有老图书馆里才能看到一点影子，比如说孙中山的像。拿第一卷来讲，图片很讲究。第一卷里面前面的彩色图，几幅文化地图，包括毛泽东来南宁的照片，孙中山的照片，都是很重要的。我们对孙中山与广西的关系给予了充分的重视，孙中山在桂林见到共产国际的马林，孙中山的“联俄、联共、扶助农工”三大政策的形成离不开桂林。桂林是很有历史意义的，不光是风景好，山好水好，有很多历史见证在这里。毛泽东开的南宁会议，也是有重大影响，有重要意义的。孙中山、毛泽东、邓小平，都要有重点体现，这很合理，历史也是这么发展的。此外，还有一些历史人物，比如刘少奇、朱德、周恩来，我们这里面每个人都有一张照片，而且是和广西有关的。然后是桂系的李宗仁、白崇禧、黄绍竑、黄旭初等人物，也得有体现。黄绍竑的重要性从某种意义上来讲，不亚于白崇禧他们，新桂系之所以能够崛起，黄绍竑是绝对不可缺少的人物。在选照片上，红七军、红八军也得有，尤其是共产党的人物。第一个人物应该是张云逸，他对广西的贡献很大，是第一任书记、主席，红七军、红八军的缔造者。解放初期的广西省的四个书记——陈漫远、何伟、莫文骅、李楚离，配了四张照片。李楚离的照片是没见过的，他当时是书记处副书记，主管人事的，肯定得放。到广西壮族自治区成立，得有韦国清的照片。第一卷最后一张图片是李宗仁回归，1964年李宗仁回到北京，毛泽东接见他，他来到广西，韦国清欢迎他，用这个照片作为第一卷前面的“盖棺”，显示了共产党的伟大，这个处理有深意在，这个呼应就很好。如果对这个主体部分，没有足够的表现，就是对历史的歪曲。所以这些图片很讲究的，不是随便放一张上去的。

又比如说文学艺术那一卷前面的彩图，作家先放谁，是秦似还是陆地？这个很讲究。从资格来说，好像陆地年纪还要大一些，他去过延安，从延安回来的，秦似40年代还是个小青年，桂林文化城的时候，他是个20岁的小伙子，学化学的，不是学文学的。后来靠写杂文起家的秦似得到夏衍的赏识，夏衍把他提拔起来，当《野草》的主编。秦似的杂文、散文放在全国同类的作家中可以有得一比，位置站得住。我和顾绍柏说，恐怕还是秦似放在第一章，陆地作为壮族作家来说有很大的影响，他也是老革命、老领导，但是他的长篇小说作品在全国的长篇小说领域还不能排在前列。在从事活动的某个领域里面，从全国的地位、影响来说，似乎两个人也不相上下，但是把秦似摆在前面也说得过去。又比如说美术界，阳太阳、黄独峰、涂克、马万里，还有陈烟桥、廖冰兄，怎么处理？陈烟桥是搞木刻的，鲁迅书信里称“烟桥兄”，能被鲁迅称为“兄”的有几个人啊？廖冰兄祖籍是象州，出生于广州。他的漫画很有特色，曾连续当选中国美术家协会理事，任美协广东分会副主席。我们应该给广西籍的在外省的作家、艺术家有所反映，就像黄伟林写海外写作，有海外的很多作家，除了武侠小说以外，还有写现代小说的，都要给一个位置一样。像廖冰兄是外省的广西籍画家，很有影响的，也值得给一个位置。然后到漓江画派，到黄格胜这一拨人，如果没有一定的篇幅，只是一张图片，只有一个页码，难免挂一漏万，很难摆平。

第一卷的图片是我选的，后面三卷的图片是顾绍柏选的。顾绍柏费了很多工夫去找这些图片。他原来是广西社科院文学和历史研究所的老研究员，对情况掌握了解。他本来不是电脑专家，后来和工厂排版的人来往，熟悉后可以自己用电脑编辑图片，这不简单。这里面不是一个技术问题，首先要有知识，要有所了解，有个整体的观念才能把握得好。前面用了16页图片来反映文学、艺术，看似几页图片，实际上要对这个门类有全面深入的了解，观点还不能太陈旧，还不能人云亦云，要有自己的见解，而这个见解还得能站得住脚。广西的艺术成就上，1949年以后谁排第一啊？当然是尹羲。桂剧是我们的地方戏，尹羲是毛主席接见过几次的。从现代来讲，是黄婉秋。文化史是你来评说，你来排位置，就像请客吃饭，谁在第一桌，坐哪里？都很费周折。所以说，这里面写什么不写什么，不写的比写的有时候还更难选择，你要淘掉一部分，需要彰显的才显得出来，如果平铺直叙就没法写文学史、文化史。

我们用了《广西现代文化史》这个名字是非常重要的。如果用个《广西现代文化通览》，它的意义就不足以概括这个书的深度和广度。所以有一位专家说，还是不用《广西现代文化史》这个名字，用“通览”之类的名字比较好。他的意见也没有错，我们低调一点、说得浅一点也可以，或者叫“广西现代文化汇编”也都行，但实际上我们像爬山一样，爬到什么程度就按什么程度来讲，也用不着太客气。

后来广西文史馆有些人事变动，好在做《广西现代文化史》的时候，我果断地把握了时机，《广西现代文化史》这个项目启动初期就抓紧时间，以最大的努力在2015年完成初稿，之后顺利出版。2016年11月举行新书发布会时，李康副主席到会祝贺，并充分肯定此一开创性重大文化工程的价值以及主编在编撰过程中认真负责、胆大心细的作风。吕洁、王枬、张艺兵、容本镇、谢林城、卢斯飞、曹光哲、李庭华等有关负责人和专家给予高度评价。在中国做出版，只懂得出版规律是不够的，还要懂得中国国情，要懂得很多的周折和意味，要善于回避和化解，才能达到预期的效果。这套书在广西社会科学优秀成果奖评选中获了奖。

我从2007年下半年开始管《广西文史》这份资料性刊物，到2016年春，大概是4月间，广西文史馆领导人事调整，这段时间一共是9年。9年时间，我没有去广西文史馆坐班，但是文史馆给了我很好的条件，我可以自己找助手。不过，我能要什么助手呢？高级的助手请不来，人家也没有空，我就要了个录入员，对编程很熟悉的电脑操作者，由他帮我打字录入。这样我就省出很多时间，也提高了工作效率。这9年多的工夫，我编了35期杂志，还有“政府参事文史馆员丛书”和3部文化史著作，做了这么几件事。如果没有之前在《广西日报》的锻炼和积累，我也不一定能做好这些事情。所以人一生的成果能达到什么程度，这个不是个人所能完全控制的，这里面有时代的因素，有历史的条件。在我一生里面来讲，这35期杂志、一套丛书、三部著作，既是对广西的回报，也是我一生的根结。叶落归根不单是指生活上、工作上，也可以包括文化、学术方面的“归根”。我最后还是回到了广西这片土地上，为广西做了一点事。

第十三章 一个幽灵在漓江徘徊

心系漓江，鞠躬尽瘁。

协助筹建南宁译文中心，

重译“世界文学名著名译丛书”，

助力重振“漓江”品牌。

策划选题，编选图书，

用历史的“来信”与“围观”，

给漓江出版社一个珍贵的回眸，

也为自己谱写人生的交响乐。

* 本章内容根据2021年2月8日对刘硕良的视频采访（采访人：李逊、梁虹程；录音整理：李逊、唐迎欣）整理；根据2021年10月2日对刘硕良的现场采访（采访人：李逊；采访地点：南宁，刘硕良家中；摄像助理：黄高峰、胡昊直、王逸晨；录音整理：李逊）和2021年11月14日对刘硕良的现场采访（采访人：李逊；采访地点：南宁，刘硕良家中；摄像助理：霍东升、田家健、周超；录音整理：李逊）修订。

在我离开漓江出版社以后，特别是2010年后，我为漓江出版社做过一些事情，为重振“漓江”做了一点努力。那是2010年，郑纳新做社长后，征求我的意见。我和他谈到重振“漓江”的问题，从什么入手呢？我认为外国文学还是很重要的方面。漓江出版社的外国文学在我到《出版广角》后逐步萎缩，但主要原因是中国参加版权公约后，漓江出版社的版权问题没有解决好。版权问题，除非不做外国文学，要做就是绕不过的门槛。参加版权公约，过版权这一关，不仅是取得合法权益的问题，也是必不可少的途径，不应该视为畏途，有投入才有产出。我觉得漓江出版社在90年代后期，对于版权的购买可能有点消极、有点畏难情绪。外国著作的版权没拿到，译者的版权也守不住，眼看着一本本好的畅销书被拿走，非常可惜。我提出来要重振“漓江”，在版权上做足文章，但是出版社后来也没采取更有效的办法，没有什么大的行动。漓江出版社的外国文学还是在公益版权的范围内流转，做公版书的有限性是显而易见的。

后来郑纳新倡议成立了南宁的翻译中心，我帮他在南宁建这个中心，吸收了李冬婷、孙精精、吴巧燕三位年轻人前来工作。这期间，漓江出版社也出版了一大批外国文学图书，包括我协助郑纳新重译“世界文学名著名译丛书”，一共70多种。“获诺贝尔文学奖作家丛书”也新出了几本作品，包括法国哲学家亨利·柏格森的《创造的进化论》。亨利·柏格森的作品，我是从20世纪八九十年代就开始组稿，到我差不多离开漓江出版社20年的时候，到2012年才终于在漓江出版社出版了。当然，漓江出版社自己的团队也组织了一些获诺贝尔文学奖作家作品，比如加缪的作品，比如路易斯的《巴比特》，还有《雪国·千鹤·古都》的修订本。诺贝尔丛书只有漓江出版社有，因为“漓江”有个庞大的计划在那里实施，别的出版

1992年3月，中国国际合作出版促进会在桂林举办第四届合作出版洽谈会，自治区副主席李振潜（右二）、中国国际合作出版促进会会长许力以（右一）、自治区新闻出版局局长梁定伟（左二）、副局长张章嵩（左一）在巨流图书出版公司的展台前与台湾出版界朋友合影

和广西新闻出版局局长孙权科（右二）、广西民族出版社社长冯艺（左一）访问法国，右一为金龙格

与广西出版界老朋友陈肖人（左二）、陈文炯（右二）、郑妙昌（右一）合影

社很怕重复，也下不了决心出版。

实际上“获诺贝尔文学奖作家丛书”还是值得坚持出版的，这是一个开放式的，不断补充新内容的工作。外国文学的引进是一件大事，值得去做。有些事情不是想的问题，而是要去干的问题。像诺贝尔文学奖的那些研究丛书，漓江出版社早就有想法，但一直没有行动。郑纳新来后坚决行动起来，一年多时间里出了一套“获诺贝尔文学奖作家研究与评论丛书”，共三大部，分别是《诺贝尔文学奖授奖词和获奖演说》《诺贝尔文学奖作家传略》《诺贝尔文学奖作家论》，较完整地收录了诺贝尔文学奖获奖作家资料，包括授奖词、获奖演说、答词、传略、作家论和中国学者的评论等内容，每卷加前言，有一部三本、有两部两本，一共7本书。后来到2018年又重印，增加了新的材料。这也是很好的，查找也方便，可以隔几年补充修订，把新的材料加进去，让读者有所期待，有所关注，这也是很好的事情。另外，郑纳新采纳我的意见，组织了一套“翻译家自选集丛书”，计划出版10本。但高莽的译本有些版权问题没解决，就没出来，

出版的9种还是很好的。可惜郑纳新离开漓江出版社后，这些工作又一度被搁置下来了。张谦回到漓江出版社主管编辑工作之后，漓江出版社开始重新关注外国文学，在困难很多的情况下，得到刘迪才社长和集团领导的支持，想了很多办法，恢复和加强外国文学出版。招聘外语人才，组建中外文学编辑部，多方挖掘潜力，过去的“诺丛”是一位作家一本代表作，现在新出诺贝尔文学奖作家文集，一位作家出几种，选目很好，译笔也很好，装帧设计很漂亮，放到市场上去能吸引读者。顺着这个思路，能不能做得更多一点，更快一点呢？也许以这个为抓手，可以把漓江的“诺贝尔文学奖”品牌进一步打响，重现当年雄风。还有，这套书没有主编名字，

在法国巴黎埃菲尔铁塔观光留影

其实按规模和前景来讲，是应该署上主编的，有主编才能够更好地显示权益、责任和担当，才能更好地调动各方面力量使丛书得到更好的发展。我当主编已经是陈年旧事了，一切应当从现状出发，根据目前的实际情况，做出新的安排，这样才有利于事业的传承和发展。

由于时间跨度长，人员更迭快，也许现在的漓江人对自己过去的家底陌生了，到底有些什么宝贝值得珍惜，值得重光，值得延伸，值得扩展，或者要做什么调整、改造，心里未必都很了然，漓江的库存样品，由于多年来忙于眼前的工作没有得到很好的盘点，我很想漓江的同志回过头来好好做一做这方面的工作。

一本好书一件好事做起来很难，很费工夫，要是遗忘它，舍弃它，毫不费力，像20世纪八九十年代之交推出的四部文学工具书，多么了不起！辞书最可宝贵的品质是它的寿命、延续性、再生性，从出版到现在，整整30年了，三十而立，我们立了什么？按惯例辞书是要每十年修订一次，三十年未出，拖得太久了。当然可圈可点的东西是很多的，是不是也有遗忘了的角落呢？互联网时代给我们的平面出版增加了困难，但也提供了机遇，是不是纸质工具书就要完全消亡呢？可不可以找到一种新的方式、新的载体来进入辞书领域呢？世界是无边的，要走向它，引爆它，总要付出一点代价，版权贸易不光是赚不赚钱的问题，而是关涉我们的眼界、未来、前途的问题，富有开拓精神的漓江人过去做过那么多惊天动地的大事，今天也不会在版权关口止步下来吧。历史的经验值得注意，休息下来以后，我回过头来翻看几十年积累下来的资料，发现很多有价值的东西。

2017年、2018年，我把我几十年来，特别是80年代、90年代收到的翻译家、评论家、作家和读者的780多封来信编了一本书——《春潮漫卷书香永》，还附了很多照片，责编霍丽一开始就十分推崇这本书的史料价值。这个书信选出版后，影响也很大。刘迪才社长亲自把我写的2万多字长序发到手机上，让相关同志先睹为快。这个时候，我又推动做了一部《围观记》，收录80年代以来，我在漓江出版社或在其他岗位的出版活动在社会

《春潮漫卷书香永》

《春潮漫卷书香永》

上的反响和评论。我想把这些相关媒体报道资料出一本书，也许可以和我的口述史一起出版发行。事情是做不完的，好事也是做不完的，我只是希望书比人长寿，书能流传得更久一点。

我记得有一次在上海的公共汽车上，我碰到了复旦大学出版社的潘凯雄，他是文学评论家，后来调到北京，在人民文学出版社当社长。当时，潘凯雄谈起漓江出版社，说漓江的外国文学影响很大。我说可惜我们中国文学还是比较薄弱的。他说你在外国文学这个方面能做得好，能做得出出色的成果就了不起了，不可能都做好。想什么都做好，确实也就是个设想和愿望，尺有所短，样样都齐是很难的，能做好某个领域的某个项目就不错了。人生苦短，时间有限，条件有限，什么都做好是很难的。值得肯定的是，在漓江走过的几十年历程中，除了在外国文学出版方面异军突起外，漓江在中国文学、美术、书法、旅游、文化等方面也做了大量拓荒性、积累性的工作，出了很多好书，取得了很多效益，同样铸造了漓江的辉煌和荣耀。但就我个人而言，我在漓江出版社还是有很多遗憾的，还有一些应该要做但没做好的事情。如今我回过头想，也不能太求全责备，缺陷总是难免的。

黄伟林在《一个编辑和一个时代的文

学》这篇文章中，对漓江出版社早期出版的一些外国文学著作，对我围绕这些书开展的一些工作给予了多个角度的叙述和评价，甚至不吝溢美之词，说“他[1]编辑了数以百计、涉及多个领域、适应多层次需要的外国文学名著，他以他的远见卓识和精工细作，创造性地参与了影响了中国20世纪八九十年代具有革命意义的伟大文学进程”。

2022年春节的前几天，1月25日，漓江出版社的领导班子到寒舍召开扩大会议。会议由刘迪才社长主持，张谦、李弘、梁志、何伟等社领导及骨干编辑霍丽、辛丽芳参加。大家很客气很热情地祝贺我的回忆录即将完稿，表示要借这股“东风”，在“十四五”期间，重振漓江的外国文学出版。

40年来，我好像一个幽灵在漓江徘徊，前前后后为漓江出版社做过这样那样的一些工作，但是质量和效益还是很有限的，只不过是留下一些历史成绩罢了。

我最痛心的是，在纪念漓江出版社成立40周年期间，我的老伴黄丽清走了。2020年11月27日上午，漓江出版社在桂林开纪念出版社成立40周年大会，下午黄丽清就离开了我们，当时刘迪才社长等人还在从桂林回到南宁的途中。可惜得很，这样一个好人，好护士、好助产士，好校对、好技术副编审永远离开我们了。

偶然的巧合，也许会促使人们留存对丽清的怀念，我想最好的纪念还是留在大家的心里。

我在这里有意回避了很多事情，就是不想打扰她。让她安息吧，让她在另外一个世界里面能过得安然。终究我们要走到一起的。

[1] 指刘硕良。

附录

刘硕良年表

—

1932年8月

出生于湖南宁乡灰汤镇乌江之畔、与湘乡毗连的杨柳湾附近一个小村落——河堤上。

—

1936年（4岁）

2月，入读小学一年级。

—

1941年（9岁）

6月，毕业于宁乡灰汤中心小学，校址设在高迁湾刘氏祠堂。校长张良学，教导主任成人美，教师谢国璋、李卓章、萧华、张良君等。此前曾在湘乡鹤后乡金薮小学入读高小一个学期，教导主任李丰，教师文士登、李石立等。

—

1942—1944年（10—12岁）

因植根兄在读明德中学，家境不能同时供两人上中学，寒暑假随兄学习初中一、二年级主要课程，平时则在家自习。上过私塾，帮过农工。不求甚解地读了《论语》《孟子》和《幼学琼林》《增广贤文》，还读了一部分《诗经》《左传》《战国策》《史记》《古文辞类纂》，对历史地理产生浓厚兴趣，把家藏中国分省地图册从头读了多遍。

—

1945年（13岁）

1月，插班考入宁乡友仁初级中学（今宁乡六中）三年级，当年年底毕业，英文、国文、史地成绩突出，受吴岳钟、谢甲南、谢国勋、严寰澄等老师鼓励，用功学习，暑假住同学父亲、数学老师谢甲南家，期间上小阁楼埋头看完一大摞《了凡纲鉴》。为《三国演义》《洪秀全演义》等历史小说着迷，并开始接触《萍踪寄语》《萍踪忆语》和《子夜》等新文学作品以及钱穆《国史大纲》、周谷城《中国通史》等现当代史学著作。

—

1946年（14岁）

上半年因病休学，随父去安乡帮教小学，深为洞庭湖风光所吸引。下半年随兄在湖南大学新生宿舍自习，接触到不少意气风发的大学生和开阔眼界的图书报刊。

—

1947年（15岁）

1月，插班考入清华大学校友会主办，教育家傅任敢、旷壁城领导的长沙清华高级中学一年二学期。1949年7月毕业，成绩列文科班第四。在校期间得易仁荄、施无己、杨英明、陈克劲、唐炳亮、宋扬、傅柏诸名师教导，较多阅读历史地理、中外文学名著与新文学作品，对多个版本的中国近百年史、李剑农的《最近三十年中国政治史》和《中国史话》《两千年间》与“青年自学丛书”等尤多用心；参加地下党领导的外围组织和“反内战、反饥饿、反迫害”等进步活动；主编墙报，向《湖南日报》《生活与时代》等报纸刊物投稿；利用学校空置房舍，开办民众夜校，传播文化知识与时局信息，服务附近村民，迎接长沙解放。

—

1949年（17岁）

9月初，参加革命工作。考入李锐、朱九思领导的《新湖南报》和新华社湖南分社主办，廖经天、尹正义、梁中夫主持的新闻干部训练班学习，任分队长、组织干事。周小舟、李锐、李龙牧、廖经天、谢文清、邓钧洪和袁学之、尚子锦等前辈精英和领导同志的大课以及众多来自四面八方的有为学子互相砥砺，为开启新闻出版的一生打下初步基础。

11月8日，调入广西工作队，随中国人民解放军南下，被分配到《广西日报》（其间有一段在《桂北日报》）工作。曾任平乐专区、容县专区、玉林专区记者站（初名通讯站）站长，新闻组组长、农村组组长、理论组组长，总编室副主任兼记者组组长，文教部主任、文教政法部主任、副刊部主任兼主编。1956年起任编委。

—

1950—1955年（18—23岁）

采写广西土改展览会、广西物资交流会、广西第一次农民代表大会、广西第一次工业展览会、苏联经济及文化建设成就展览会（广州）、黎湛铁路通车，报道桂北减租退押、桂东土改、桂东南土改复查、生产建设、互助合作以及抗美援朝等大事全貌与典型个例。

建立通讯员队伍，帮助地县委宣传部通讯干事开展工作。所负责记者站发稿数量居全省各记者站前列。

在贺县莲塘乡（今莲塘镇）桂水村参加土改。

在土改和采访中学会了白话和基本的客家话。1951年广西第一次农民代表大会期间，农民代表到广西日报印刷厂参观，为秘书长黄耿的讲话作粤语翻译。

获专业技术中级职称：编辑。

采写的主要报道：

《翻身农民爱祖国　增产捐献顶积极——记贺县三嘉乡农民爱国捐献运动》（1951年8月22日），随当时广西省委代理书记陶铸下乡采写，总编辑刘毅生写社论配发第一版。

《处理侵犯私有财产案件的一个范例》（1953年7月7日）。

《郁林新民乡怎样解决土改遗留问题，进行稳定农民生产情绪的工作》（1953年11月8日）。

《容县地区处理土改遗留问题前后》（1953年12月5日）。

《从郁林沙浪乡今年增产看党支部领导方法》（1953年12月13日）。

《大有前途的广西工业——广西工业展览馆总馆掠影》（1954年5月1日）。

《丰收后的晓光农业生产合作社》（1954年8月28日），以《月光晚会》篇名收入华南人民出版社通讯集出版。

《从湛江到黎塘——黎湛铁路通车记》（1955年7月5日）。

《广州苏联经济及文化建设成就展览会侧写》系列（1955年10月—11月）。

《推行了民族政策，办好了农业合作社》（1955年12月17日）。

—

1956年（24岁）

3月，参加全国青年文学创作者会议。华南代表团由广东广西两省代表20余人组成，郑江萍、韦丘领队，广西代表5人：李汗、刘硕良、蒙光朝、赵丹、陈成初。会后，撰写杂记，刊《广西日报》1956年4月29日。

响应“向科学进军”的号召，所订自学计划在报社推介。开始较系统地学习中外历史文化及文学与理论著作。

—

1958年（26岁）

1月22日，受派采访毛主席在南宁人民公园接见各族干部群众。

学习毛主席南宁会议期间就办好省报问题给刘建勋、韦国清的信，结合所管部门和值班编委岗位，推进报纸文艺、理论、社论、新闻等版面的改革。

2月，任《广西日报》临时报道组组长，统一指挥有关广西壮族自治区成立的报道。

11月20日，与黄丽清结婚。

—

1959年（27岁）

4月，当选首届广西文联委员及作协广西分会理事。兼任广西文联党组成员，《广西文艺》编委，《广西艺术》主编。

8月，《广西日报》全文连载柳州彩调团演出剧本《刘三姐》。

11月，儿子刘方出生。

12月，宜山桂剧团来南宁演出《刘三姐》期间，代表《广西日报》主持召开彩调剧《刘三姐》座谈会，会后详细摘登文学界戏剧界人士的发言，并结集由广西人民出版社出版。

纪念毛主席信发表一周年，就报纸文艺方面的工作作回顾总结，撰文刊登于人民日报社主办的《新闻战线》1959年第10期。

—

1960年（28岁）

4月21日至27日，有11个剧种1400多代表参加的广西全区《刘三姐》会演在南宁举行，任会演宣传处处长并负责会后编组的歌舞剧《刘三姐》赴京演出团宣传工作。

7月23日，出席全国第三次文代会，受到毛泽东、刘少奇、朱德、邓小平等党和国家领导人接见。

—

1961年（29岁）

适应国民经济调整和丰富人民精神文化生活的需要，总编辑钟林为首的编委会领导全社改进工作。在所负责的文教政法部及副刊部，以思想性、知识性、学术性、艺术性、趣味性、生动性、多样性等“七性”方针为指导，推动副刊扩容改版，新辟《言路》《园边杂话》《影城来信》《桂林文化城忆旧》等栏目，办活《叠彩》，充实《山地》，同时组织关于侬智高的评价、壮族古代社会分期以及油画《耘天》引出的“雅与俗”之争等学术讨论。文教政法部与副刊部负责的报纸第三版每天都有综合性副刊和轮流出版的党的生活、青年、妇女、民兵及学术理论专刊与文学创作专刊。

—

1963年（31岁）

2月，《喜读〈故人〉》在《广西文艺》发表。

—

1964年（32岁）

7月，参加广西现代戏观摩演出大会，为《广西文艺》撰写述评。

受自治区党委宣传部委派，代表广西参加中共中央中南局宣传部副部长魏伯率领的现代戏观摩组赴中南各省区观摩，为中南区现代戏会演大会作准备。

—

1965年（33岁）

6月5日，在“四清”运动中被诬陷入狱，判刑3年，刑满后留农场劳动11年多，在劳改劳教场所前后近15年。其间，读报不断，并从头细读《毛泽东选集》1—5卷和多种鲁迅著作单行本，曾一篇篇地背过《毛泽东选集》第1卷。

—

1980年（48岁）

4月20日，由广西壮族自治区党委宣传部重新安排工作，到广西人民出版社文艺编辑室任编辑，负责外国文学出版业务。

11月27日，漓江出版社获准成为广西人民出版社副牌社，在南宁市河堤路14号挂牌，随即以“漓江”名义首先出版外国文学图书。

—

1981年（49岁）

响应党的十一届三中全会改革开放号召，带头解放思想，冲破地域和题材限制，走出广西，面向全国，编辑出版小开本外国文学名著系列的头两本亦即漓江出版社的开山之作——《白夜》《保尔和薇吉妮》，首印分别达到325 000册、193 000册。接着陆续推出《家族复仇》《人鼠之间》《七个被绞死的人》《强盗》《移民》《西方爱情诗选》及头两册“漓江译丛”——《猎枪》《巴黎的秘密》，以令人耳目一新的内容和形态吸引书店与广大读者，印数大，重印率高。

5月20日，参加湖南省文学学会外国文学研究会主办的“普希金、雨果学术讨论会”。

—

1982年（50岁）

编辑出版《世界中篇名作选》1—3集，“外国文学名著丛书”《巴黎的忧郁》《爱玛》《黑奴吁天录》《麦克白夫人》《普希金戏剧集》《托尔斯泰论创作》和“艺苑人物丛书”《苍茫的时刻》《生活和爱情》以及“漓江译丛”《最后一个莫希干人》《沼中梦》，评论《法国文学论集》，传记《凡尔纳传》。

6月下旬，参加在无锡举行的第一届法国文学讨论年会及法国文学研究会成立大会。

—

1983年（51岁）

编辑出版“获诺贝尔文学奖作家丛书”首批作品《爱的荒漠》《蒂博一家》《特雷庇姑娘》《饥饿的石头》和名著《麦田里的守望者》《心》，“域外诗丛”《叶赛宁诗选》《丘特切夫抒情诗选》，畅销小说《荆棘鸟》，评论《雨果创作评论集》《普希金创作评论集》《普希金论文学》，“漓江译丛”《在码头上》《人生游戏》，“艺苑人物丛书”《我的故事》。

3月，参加中国社科院在桂林举行的全国文学艺术学科规划会议。

10月，参加在厦门举行的屠格涅夫学术研讨会。

参加在烟台举行的外国文学研究会。

参加在南京举行的美国文学研究会。

—

1984年（52岁）

编辑出版“获诺贝尔文学奖作家丛书”《福地》《天边外》，“外国文学名著丛书”《阿伽门农王》《丁香花开》，研究资料《马尔罗研究》《泰戈尔传》，“漓江译丛”《斜雨》。

—

1985年（53岁）

4月，漓江出版社成为实体，5月27日在桂林挂牌，由蒋振立、刘硕良、陈肖人三名副总编辑组成领导班子，蒋振立为主持工作的法定代表人，分管美术室、旅游室、办公室，刘硕良分管译文室、编务室、出版科、发行科，陈肖人分管中国文学室和《叠彩》期刊及党支部工作。

漓江出版社挂副牌近5年期间，主要依靠富于创意的有计划、多方位、高质量外国文学图书的编辑出版，初步搭起了框架，打出了品牌，建立了一定的经济基础。到桂林建社时，广西出版总社拨给漓江出版社的19.5万元流动资金，主要源自当时基本由刘硕良一人负责编辑的漓江版外国文学图书在途产品的效益。

相继调入吴呵融、吴裕康、宋安群，组建译文编辑室，成为主干力量。

组织出版“获诺贝尔文学奖作家丛书”《赫索格》《四个四重奏》《雪国·千鹤·古都》《巴比特》，“外国文学名著丛书”《阿道尔夫》《暗夜行路》《海盗船长》《杀鹿人》，译丛《暗沟》《为了你》，研究资料《马克思主义与美学》，散文《家庭中的泰戈尔》，“域外诗丛”《十二个》，“艺苑人物丛书”《星运久长》《功夫巨星李小龙》。

11月，香港中国书展展出漓江版“获诺贝尔文学奖作家丛书”，《良友》杂志发表彭燕郊《这套丛书出得好》、裘小龙《另辟蹊径，独具特色》，赞扬漓江出版社开风气之先和严肃求精的出书路线。

—

1986年（54岁）

组织出版“获诺贝尔文学奖作家丛书”《荒原狼》《静静的顿河》《柔情》《风暴眼》《紫罗兰》，“外国文学名著丛书”《囚鸟》《一个迷途的女人》《熔炼》《哥萨克》《火坑》，“域外诗丛”《尼采诗选》《意象派诗选》《苏联女诗人抒情诗选》《马克思青年时期爱情诗选》，“漓江译丛”《甜蜜的生活》，“艺苑人物丛书”《一个演员的自白》，柳鸣九主编“法国二十世纪文学丛书”第一、第二批《栗树下的晚餐》《悠悠此情》《长别离·广岛之恋》《东方奇观》《嫉妒》《正义者》《魔鬼与上帝》《王家大道》《茫茫黑夜漫游》《毒蛇在握》《少年们》《背德者/窄门》《你好，忧愁》《婚变》（此丛书漓江出版社先后出版7批35种，包括《名士风流》《人的状况》《在撒旦的阳光下》《少年心事》等现代经典），“通俗文库”《假若明日来临》《情盗》《烈药》《百分之七溶液》《偷宝石的猫》等（此丛书漓江出版社共出10余种，包括《战争与爱情》《夏威夷》《流浪儿迪克》等优秀畅销书），小说《爱斯基摩人》，评论集《西风杂草》。

4月，联手新华书店广西分店，召开全国中心城市新华书店座谈会，研究漓江版图书发行工作。新华书店北京、上海、重庆三发行所及北京、上海、武汉、大连、哈尔滨、青岛、西安、贵阳等40多个城市新华书店代表参加。

4月22日，漓江出版社在《人民日报》刊登通栏广告祝贺全国首届书展举行。

带队参加“五一”在北京举行的第一届全国书展，其间在中国社科院外国文学研究所举行外国文学出版座谈会。中国出版工作者协会主席王子野，广西出版局主持工作的副局长谢盛培，外文所领导和文学界翻译界出版界著名专家叶水夫、张羽、吴元迈、绿原、沈昌文、董秀玉、董衡巽、李文俊、柳鸣九、黄宝生、吕同六、董乐山、梅绍武、力冈、宋兆霖、北岛、白烨、王家新、柯雷等及媒体记者80余人出席。报章杂志纷纷评介“漓江”。

5月1日，新华社播发记者朱幼棣、吴锦才报道：“世界各国诺贝尔文学奖获得者的代表作正由我国翻译家系统地编译为一套丛书出版”。8日，再播“世界文学名著《静静的顿河》最新汉译本已与我国读者见面”，介绍漓江出版社一次推出的力冈译四卷本。《人民日报》等多家报纸刊出，新华社还特地播发了俄文电讯。

在一次上海之行中，恰逢诺贝尔文学奖评委、瑞典著名汉学家马悦然教授到沪，经《文汇读书周报》记者陆灏联系，与马悦然小叙。

接受记者陆灏采访，访问记《“知我罪我唯读者”》刊于1986年12月27日《文汇读书周报》。

—

1987年（55岁）

组织出版《国际诗坛》1—3辑，“获诺贝尔文学奖作家丛书”《丽达与天鹅》《弗兰德公路》《老人与海》《圣女贞德》《第三个女人》《霍乱时期的爱情》及《叶夫图申科诗选》《印度古代诗选》《阿赫玛托娃诗选》《美国自白派诗选》《魏尔伦诗选》《黑暗中的笑声》《尤瑟纳尔研究》等。

5月17日，漓江出版社在《人民日报》刊登通栏广告，祝贺新华书店成立五十周年。

《静静的顿河》获“1987年全国优秀畅销书奖”。

与副社长张颉、美编室副主任邓福党赴日本京都校订漓江社与赞交社合作出版的大型画册《名家画桂林》和《花山岩画》清样。这两部画册的出版开广西对外合作出版的先河，在当时全国亦属罕见。

应法中友协邀请，参加广西出版代表团，与孙权科、冯艺、金龙格访问法国。

漓江译文室陆续吸收沈东子、莫雅平、金龙格和汪正求等新生力量，他们或来自名牌学府北京大学、复旦大学、南京大学等，或为自学成才，语种涵盖英、法、德、俄、日，出书阵营进一步壮大。

—

1988年（56岁）

编辑出版荷兰青年汉学家柯雷和中国青年诗人马高明合译的国内第一部《荷兰现代诗选》。荷兰驻华大使杨乐兰在中外记者招待会上称道漓江出版社“代表广西移植了一支奇异的‘郁金香’”，“荷兰人民与中国人民今后进一步的文化往来还有赖于‘漓江’，有赖于广西”。《广西日报》6月20日第一版刊登新华社记者吴锦才报道。

编辑出版《美国通俗文化简史》《现代小说代表作100种/现代小说佳作99种提要》《莫洛亚研究》《美国电影史事拾零》《陀思妥耶夫斯基论艺术》及“获诺贝尔文学奖作家丛书”《老虎！老虎！》等。

《青年外国文学》创刊，任主编。中国译协发来贺电，冯至、叶水夫、王佐良、草婴、高莽、刘安武、杨武能、林秀清、王智量、贺祥麟、王逢振、赵长天、舒婷、裘小龙、陈建功、白烨、吴亮等撰文致贺。

10月11日至16日，漓江社与中国译协、广西译协联合主办第二届全国中青年文学翻译经验交流会，到会中青年译者和特邀老译家100余人。中国译协代会长叶水夫，自治区党委副书记李振潜，自治区政府副主席、桂林市市长郑义和有关部门负责人林煌天、贺祥麟、谢盛培等到会祝贺。戈宝权、冯亦代、董乐山发来贺信。汤永宽、傅惟慈、刘硕良、李景端、卢永福和张成柱、张廷琛、吴德艺、郑海凌、黄天源、李政文、卡的尔、杨松河、毕冰宾、姚锦清、龚文庠、陈新、吴建辉、马高明、管筱明、王逢振、赵琼、唐正秋、熊振儒等23人在大会上发言，孙致礼、刘先刚、廖綵胜、董继平等17人提交了论文。

经张秋林介绍，台湾出版人林郁访问漓江出版社，多批次购买漓江版外国文学名著版权，在台湾出版中文繁体字版。

因导向失误，出版《花花世界》一书，致使漓江社受到罚款处分。

—

1989年（57岁）

组织出版飞白著译《诗海——世界诗歌史纲》传统卷、现代卷与飞白主编《世界名诗鉴赏辞典》，张英伦、吕同六、钱善行、胡湛珍主编《外国名作家大词典》，朱虹、文美惠主编《外国妇女文学词典》及“获诺贝尔文学奖作家丛书”《悲哀的咏叹调》《大地硕果·畜牧神》《寻找自我》《人鼠之间》《折散的笔记簿》。

组织和主持出版《挪威的森林》《洛丽塔》《猫与鼠》等当代名著。

《勇于开拓 善于切割》，刊于国家新闻出版署主办的《出版工作》1989年第7期。

11月11日，《广西日报》记者李宁以《“小弟弟”创出响牌子：漓江》为题，在第四版头条位置报道漓江出版社的外国文学出版成就。

广西新闻出版局充实漓江社领导班子：社长彭匈，副社长兼副总编辑刘硕良，副总编辑蒋振立、聂震宁、宋安群。

—

1990年（58岁）

2月5日，《人民日报》刊登新华社4日播发的记者吴锦才报道：“著名译诗家飞白教授新完成奇书《诗海——世界诗歌史纲》的撰述”，书中“多种诗歌直接从原文译为汉语，上万首诗中只有400首诗是从英语转译的”。

2月14日，《文汇读书周报》联手漓江出版社在上海举办以四大辞书为最新亮色的“漓江书展”。上海市委宣传部副部长龚心瀚、上海市新闻出版局副局长赵斌等出席并讲话，众多读者踊跃购书。这是中国近现代出版中心上海首次为一家外省区地方出版社单独举办书展，新华社驻上海记者赵兰英特发专稿报道。

2月21日，与中国社科院外文所在新落成的社科院学术大厅举行漓江版四部辞书出版座谈会。邓力群、贺敬之、汝信、刘启林、玛拉沁夫、伍杰、梁光弟、朱崇利、杨牧之、张羽、吕同六和冯至、叶君健、王佐良、叶水夫、袁可嘉、冯亦代、飞白、邹荻帆等知名学者专家70余人出席。领导和专家们对漓江及四部辞书的出版给予充分肯定。《外国文学评论》刊发专文报道。

周珏良在《人民日报》撰文《莫道新来少好书》赞扬《外国名作家大词典》，王佐良在文艺报赋诗称许《诗海》，杨德豫在香港大公报以“大哉”“美哉”形容《诗海》，唐湜、邹荻帆、李元洛、白烨、莫渝等知名学者分别在《读书》《诗刊》《外国文学评论》《文汇读书周报》台湾《国语日报》等报刊撰文评介四部辞书。

2月28日，新华社记者李光茹报道：“现在有些文化人赞美桂林山水时，往往谈到这里的书也美。虽然漓江出版社一直自谦‘势单力薄’，却不断推出高质量高格调的外国文学出版物，令海内外出版界刮目相看。”《每日电讯》等3月1日刊登。

7月中，国家新闻出版署在桂林主办外国文学出版工作座谈会，广西新闻出版局和漓江出版社协办。副署长刘杲出席并作重要讲话，图书出版管理司司长杨牧之主持。刘硕良在会上发言：《把外国文学出版作为一项严肃的事业来抓——漓江社外国文学出版十年回顾》。17日，刘杲视察漓江出版社，会见全体同志并讲话，中宣部出版局张小影在场。

《诗海》获第四届中国图书奖一等奖。

编辑出版《我弥留之际》《局外人·鼠疫》《狮子和宝石》《从彼得堡到斯德哥尔摩》《新娘·主人·十字架》等诺贝尔奖名著。

“获诺贝尔文学奖作家丛书”列入国家“八五”重点图书出版工程规划。

获编审职称。

—

1991年（59岁）

编辑出版《彩色插图世界文学史》并撰后记，主译者李文俊在上海《青年报》著文，视本书出版为“生平一大快事”。

组织出版“获诺贝尔文学奖作家丛书”《孤独与沉思》《女士及众生相》《邪恶之路》《不吉利的姑娘》《磨坊血案》及《最新西方文论选》等。

任中国版协首届外国文学出版工作委员会副主任及新闻出版署聘请的第一届全国优秀外国文学图书奖评委。

11月，在吉林举行首届全国优秀外国文学图书评奖，从1978年十一届三中全会至1990年全国出版的外国文学图书中评出96种优秀图书，漓江获奖10种，其中一等奖3种——桂裕芳译《爱的荒漠》，李文俊、陶洁等译《我弥留之际》，刘习良、笋季英译《玉米人》，占一等奖总数的15%；二等奖4种——《外国名作家大词典》《茫茫黑夜漫游》《诗海——世界诗歌史纲》《栗树下的晚餐》；三等奖3种——《外国妇女文学词典》《夏威夷》《马克思与流浪儿》。获奖总数和一等奖数量在各省区出版社中均居首位。《广西日报》在第一版上方加边框突出报道。

“获诺贝尔文学奖作家丛书”获首届广西壮族自治区人民政府颁发的桂版优秀图书奖特别奖。

11月26日，为“获诺贝尔文学奖作家丛书”作总序《新时期有数的宏伟工程》，并请装帧家陶雪华女士将此前分辑出版的各辑不同封面统一设计为红底饰金、加统一标志与连续序列的新封面，由上海中华印刷厂印制，上海新华书店向全国发行。此前已出的按新设计重印，新出的均采用新设计。署主编名，每种书后附录自1901年起“获诺贝尔文学奖作家丛书”目录。浙江省新华书店为“获诺贝尔文学奖作家丛书”发文给各市县店，要求加强推广工作。

年末，编辑出版弘征译析、左右对排的《唐诗三百首》，周谷城题词，王子野作序。

—

1992年（60岁）

编辑出版插图本《恶之花》，书前有译者郭宏安的10万字专论代序。次年12月该书获第三届桂版优秀图书奖一等奖。

组织出版“获诺贝尔文学奖作家丛书”《有产者》《荒原和爱情》《约翰·克利斯朵夫》《苔依丝》《大盗巴拉巴》《七月的人民》《为亡灵弹奏》《情诗·哀诗·赞诗》《蝇王·金字塔》及莎士比亚长诗《贞女劫》与《世界长篇名著精华》等。

应约为湖南文艺出版社、浙江文艺出版社组织名著重译，罗新璋译《红与黑》、董燕生译《堂吉诃德》、臧仲伦译《罪与罚》、黄建人译《简·爱》、沈东子译《呼啸山庄》等佳作广受好评。

台湾桂冠图书公司成系列购买漓江版“获诺贝尔文学奖作家丛书”版权，在台北出版中文繁体字版。

已届花甲之年，广西新闻出版局领导不作退休安排，继续在岗工作。

10月12日，《老人与海》获中国书刊发行业协会颁发的全国优秀畅销书奖。

—

1993年（61岁）

3月，参加杭州国际版权贸易会，经花山文艺出版社社长娄熙元介绍，会晤河北教育出版社社长王亚民，应邀策划“世界文豪书系”。初拟三四年内推出屠格涅夫、莎士比亚、歌德、雨果、泰戈尔、川端康成等6套全集（文集）新译本，以后陆续增加莫泊桑、纪伯伦、雪莱、普希金、莱蒙托夫、海涅、卡夫卡、乔伊斯、波德莱尔等全集（文集）新译本，共15套、150余卷，5000多万字。另由河北教育出版社自组杰克·伦敦、勃朗特姐妹、陀思妥耶夫斯基等文集。书系构成中国出版史上罕见的雄伟景观，在海峡两岸产生巨大影响。

4月，调广西新闻出版局工作，暂在图书管理处。原拟由总社直接编辑运营若干图书，后因实际操作困难，改变计划，筹创出版专业刊物。

5月，赴石家庄出席河北教育出版社召开的“世界文豪书系”编委会，河北省局社领导和各卷主编桂裕芳、柳鸣九、叶廷芳、高慧勤、郭宏安、章国锋、胡其鼎、钱满素、刘文飞、江枫、吴钧陶、王逢振、宋兆霖、沈念驹、顾蕴璞与编委张小影、寇晓伟等出席。

事迹载复旦大学教授潘旭澜主编《新中国文学词典》，江苏文艺出版社，1993年3月。该书后获国家图书奖提名奖。

—

1994年（62岁）

主编《出版知识读本》，广西人民出版社出版。为广西全区出版知识竞赛命题。

为接力出版社主编少年版“世界小说名著”及“世界童话经典”系列。

筹办由广西新闻出版局和广西出版总社主管主办的《出版广角》杂志。

事迹载黄伟林《一个编辑和一个时代的文学——记编辑家刘硕良》，见林建法选编《中国当代作家面面观》（上下），时代文艺出版社，1994年6月。

—

1995年（63岁）

1月，国际大16开《出版广角》双月刊创刊，任主编。刊物围绕热点话题，传播出版界领导和代表性机构及精英人物的声音与市场资讯，促进眼界的开阔、思维的活跃与操作的精进。创刊号发表接力出版社社长李元君访谈录。

为每期刊物撰写卷首语，策划栏目和选题。陆续设立《大视角》《出版论坛》《局长专访》《编注例话》《书人声影》《时评杂感》《岁月回眸》等栏目及《刘杲随感录》《沈仁干说法》《聂震宁断想》，于青《长篇短评》，《张泽青看期刊》，辛广伟《叙台湾出版史话》，钟叔河《学其短》，《丁东书话》等专家学者的个人专栏。

为漓江出版社组织南京师大教授黄树南在其所译人民文学版《钢铁是怎样炼成的》基础上增补的新译全本，前后行销70余万册。

8月14日，受广西壮族自治区人民政府主席聘为广西文史研究馆馆员，文史馆员为终身性荣誉性身份。

12月27日，至1995年，诺贝尔文学奖获奖作家92人，“获诺贝尔文学奖作家丛书”已出72卷（含已发稿5卷），占应出书78.26%。

为河北教育出版社主编《屠格涅夫全集》，获国家新闻出版署颁发的第二届国家图书奖提名奖。

任广西新闻出版局专家评审委员会委员。此后参加多届广西出版选题论证、重点图书出版基金论证和“五个一工程”申报图书评审、桂版图书奖评奖。

—

1996年（64岁）

10月13日—11月14日，受广西新闻出版局派遣，与陈南南到华东取经，先后走访了沿海四省——山东、江苏、浙江、福建的新闻出版局的领导钱海骅、石启忠、罗鉴宇、白京兆，归来后撰《走马看华东》，刊于《出版广角》1997年第1期。

组织引进翻译的诺贝尔文学奖评委、瑞典诗人谢尔·埃斯普马克著《诺贝尔文学奖内幕》由漓江出版社出版。作者在中文版前言中赞扬“漓江出版社为把诺贝尔文学奖获得者的作品介绍给中国读者作出了巨大的贡献”。此前，曾在漓江出版社接待来访的埃斯普马克夫妇。

—

1997年（65岁）

3月，采访在北海举行，于友先主持的第二次全国版权局长会议，会议侧记《版权管理任重道远》刊于《出版广角》1997年第5期。

5月24日—6月7日，与广西、云南出版界同仁参加美国书展。

中宣部出版局领导张小影访谈录《把出版过程的各个环节抓准抓实》，刊于《出版广角》1997年第5期。

7月，广西高级人民法院撤销南宁市人民法院1965年刑事判决，工龄自1949年9月参加工作之日起连续计算。

8月12日，当选广西出版工作者协会副主席。

为9月30日举行的首届广西出版成就展草拟策划方案。

与杨武能联手为河北教育出版社主编《歌德文集》，该书获第三届国家图书奖提名奖。

—

1998年（66岁）

1月，《出版广角》由双月刊改为月刊。

上海市新闻出版局长孙颙访谈录《创作、研究与管理》，湖南省新闻出版局长陈满之访谈录《出书　出人　出效益》，广西新闻出版局长阳建国访谈录《管理，首先是改革》分别刊于《出版广角》1998年第1、第3、第4期。

2月，被评为广西首届十佳出版工作者。

5月15日—17日，参与策划组织在桂林举行“广西出版改革与发展理论研讨会”，潘琦、李祖泽、陈昕、谢明清、周立伟、王其鹏、阳建国、黄介山和各出版社负责人40余人出席。

6月2日—3日，组织《出版广角》与广西教育出版社在南宁联合举行“教育出版战略研讨会”，曹成章、王洪信、黄书元、周榕芳、周常林、李晓翔、王为松、江淳、李人凡等30余人出席。

10月5日—23日，参加法兰克福国际书展，并访德、奥、意、法、荷、比、卢等国。

《“弱水三千，取一瓢饮”》刊于《出版广角》1998年第6期。

年底，为广西出版总社设计各出版社年度考核表。

—

1999年（67岁）

组织读者评选“感动共和国的50本书”，评选结果和50本书书评由江苏教育出版社结集出版。杨牧之撰序《50本书和一个时代》。

《多角度透视》刊于《出版广角》第3期。

与俞凡听张胜友谈改革纪要《如坐春风》，刊于《出版广角》1999年第5期。

5月26日—27日，组织《出版广角》与广西师大出版社在桂林联合主办“高校出版发展战略研讨会”，伍杰、刘健斌、夏永翔、邓德全、韩兆熊、贾国祥、高敏、张留芳、乔少杰、苏雨恒、顾其兵、刘石年、党玉敏、肖启明、李荣才等40余人出席。

江苏省新闻出版局长石启忠访谈录《“稳健是整个江苏的风格”》，刊于《出版广角》1999年第6期。

在广西出版系统编辑培训班上讲课：《组稿工作与著译队伍建设》。

10月，出版《新中国出版50年特辑》。在阿正、李频等的策划下，依靠各方力量，梳理发展脉络，回眸重大节点，标举50件大事、50家出版社、100种书、100家期刊、100条个例和业界有影响的100位人物——出版家、编辑家、装帧家、理论家、经营家、管理专家、风云人物、中青年才俊、新生代精英、技术及教育专家各10名，附录大事记及专题透视，为新中国出版50年建起第一份较全面的民间档案，引来广泛关注与好评。《中国新闻出版报》1999年11月11日介绍特辑采编经验。

参加长沙全国书展，接受湖南电视台采访。

《高人何学惠》刊于《出版广角》1999年第9期。

11月20日，组织《出版广角》与河北教育出版社在北京河北大厦主办“21世纪出版论坛”，聂震宁、张胜友、彭松建、董秀玉、吴江江、程大利、程志方、王亚民、海飞、常汝吉、李频、魏玉山、张泽青、袁亮、阙道隆、林穗芳、戴文葆、邵益文、周奇、郑士德等40余人出席。

11月20日—21日，组织《出版广角》与安徽教育出版社在合肥继续举行“21世纪出版论坛”，龚存玲、黄书元、胡守文、张秋林、刘健屏、汪稼明、王一方、王国伟、陈生明、李庆西、阿正、刘景琳、孙庆国、段维、贺圣遂、邵敏、祁智、肖启明、苏旅、曹光哲、高兴、项纯文、席广辉、曹露明、鲍康健等50余人出席。

—

2000年（68岁）

1月，《出版广角》改为全彩月刊。

3月9日—10日，与江苏教育出版社在南京主办“21世纪出版论坛”，巢峰、吴智仁、周舜培、李伟国、祝君波、汪义群、贺圣遂、朱效荣、吴源、胡明琇、黄元森、张胜勇、章祖德、高云、吴培华、张志强、陈生明、金明善、孙永大、安波舜、刘拥军、王亚民、孙天放、王宇鸿、刘建生、周伟勤、秦立德等60余人出席，王庆、周立伟、黄理彪提交书面发言。

4月，荟萃《出版广角》1995—1999年重要文章的三卷本文存《同步的足音》由广西人民出版社出版。为文存撰序《与中国出版同步，为中国出版服务》，这一序题也是《出版广角》一以贯之的指导方针和行进路径。

4月26日离休。属广西新闻出版局。局和总社分设后，属广西出版总社（今广西出版传媒集团有限公司）。

离休后返聘一年，续任原职。

为陈昕著《WTO与中国出版》作序，广西师大出版社2000年7月出版。

和接力出版社联合设立“《出版广角》接力佳作奖”。出版界权威人士宋木文、刘杲、伍杰、杨牧之、邬书林、张伯海、张小影等任评委。首届评奖从1999年《出版广角》作品中产生，2000年第6期揭晓，胡守文、袁亮、杨牧之、俞晓群、郑纳新等获奖，一等奖奖金1万元。王建辉《“五四”和新出版》、胡守文《试谈出版现状与走向》获一等奖。

7月1日—2日，组织《出版广角》与中国编辑学会青年编辑专业委员会在成都联合举行“出版发展论坛”，胡守文、阙道隆、李正培、唐瑾怀、李晓翔、金平、张京、安庆国、李大星、曲仲、汪稼明、周北鹤、袁林新等30余人出席。

8月3日—4日，组织《出版广角》与上海科技出版社联合在上海举行“社刊工程研讨会”，钟修身、楼荣敏、陈昕、江曾培、巢峰、吴智仁、胡守文、赵济清、郝铭鉴、陈保平、沈振明、王为松、包南麟、翁经义、周舜培、朱明钰、顾林凡、区向明、阳继波、谢将、姚卫伟、贺娟、秦立德等60余人出席。

11月9日，采访刚到任的国家新闻出版署署长，《新署长石宗源》刊于《出版广角》12月号。

广西新闻出版局在《出版广角》的基础上建立广西出版杂志社，任总编辑兼《出版广角》主编。杂志社下新办《求学》杂志。

—

2001年（69岁）

1月，湖北省新闻出版局长邱久钦访谈录《突出发展主题　建设出版大省》，刊于《出版广角》新世纪第1期。

2月，为漓江出版社“诺贝尔文学奖典藏文库”作序：《佳作永恒 漓江长青》。

3月5日上午，与同事采访辽宁出版集团董事长任慧英，一谈五个多小时。访谈录《“事业需要伟大的精神”》载《出版广角》2001年第4期。

第二届“《出版广角》接力佳作奖”从2000年《出版广角》发表的作品中评出，陈昕、董秀玉、艾立民、安庆国、彭兆平、徐春莲、戴文葆、叶新等获奖。陈昕《中国出版业应积极迎接加入WTO后的挑战》获一等奖。

4月14日—15日，与中国书刊发行业协会非国有书业工作委员会、广西师范大学出版社、北京大学出版社、河北教育出版社联合，在长沙举行“非国有书店发展研讨会”，贾伟、孙冰文、胡丹、崔元凤、王永珊、陈志方、薛野、钱晓华、颜晓明、姜革文、呼延华、吴培华、曹光哲、贺圣遂、王亚民等40余人出席。

与路燕合写《清醒的实干家——记庄智象和他领导的上海外语教育出版社》，刊于《出版广角》2001第7期。

7月2日，应云南教育出版社社长何学惠聘请，任云南教育出版社社长顾问，创办《人与自然》杂志。到昆明后立即拟订办刊方略，招聘人员，选题组稿，联系相关事务，撰写发刊词。

9月2日，深圳印制的大16开全彩月刊《人与自然》创刊号出版，在5日昆明全国书市上亮相。

10月，跟随父母在非洲大草原和原始森林生长的法国小女孩蒂皮的传奇故事在《人与自然》第2期刊出。

—

2002年（70岁）

6月，主编“人与自然文库”。经广西万达版权代理公司，引进《我的野生动物朋友》作为首打之作。撰写前言《远方的榜样》，并做细各个环节，高质量高效率出版。首印2万册，一销而空。至11月已重印9次，印数130 000册。精装版和幼儿版随之推出。

《我的野生动物朋友》荣登中国书刊发行业协会组织评选的2002年度全国优秀畅销书榜前10名，2002年全国十大引进书之首，获2002年冰心儿童图书奖、“科学时报读书杯”科普佳作推广奖。作者蒂皮·德格雷入选中国图书商报年度人物。

台湾圆神集团如何出版社从云南教育出版社购买版权推出的中文繁体字版首印3万册，上市头一周即跃登金石堂销书榜第一位。

引进《鳄鱼先生传奇》，撰编后记《爱之有道》。

9月5日，在北京和敬府宾馆举行《人与自然》杂志及同名文库研讨会。宋木文、伍杰、陈为江、聂震宁、张泽青、李频、陈俊愉、杨东平、刘兵、卢风、于希贤、刘华杰、田松、赵欣如、唐锡阳、郭耕、徐刚、金涛、白烨、叶廷芳、李青松、李清治等领导同志和专家学者到会并发言。会议开了4个小时，未及发言的还有孟智斌、李中锋、陶铠、罗小韵、王逢振、刘文飞、孙庆国等。

中央电视台、北京电视台和《光明日报》《工人日报》《中国青年报》《北京青年报》《中国环境报》《中国绿色时报》《中国教育报》《中华读书报》《中国图书商报》《中国新闻出版报》及《云南日报》等20余家媒体到会采访。

8月22日—9月3日，邀请小蒂皮和她母亲茜尔维来中国，先后访问北京、成都、昆明、香格里拉、深圳、南京、上海，到处受到读者、媒体的热捧，四次应邀到中央电视台接受采访，并为云南电视台制作专题节目。

云南省委常委、宣传部部长晏友琼会见并宴请茜尔维和小蒂皮母女。

国家图书馆馆长、著名哲学史家任继愈在京会见小蒂皮，满足她想拜见“中国智者”的愿望。

在国外访问的全国政协委员、环保领袖人物梁从诫获悉蒂皮抵京，提前回国，与老伴中午骑自行车赶到和敬府宾馆会见小蒂皮和她母亲，向她赠送法文版画册。

9月，引进《神奇的海豚奥利娜》，撰序《不止于传奇》。

《我的野生动物朋友》获香港商务印书馆和商务网上书店从2001—2002年度两岸三地出版的华文图书中评出的“隽永恒久书香十二佳”之首。

当红明星周迅向小读者推荐《我的野生动物朋友》。

入选《中国图书商报》“2003年度值得关注的产业人物”。

年末，应约为《中国图书商报》撰写专栏《窗边碎语》，陆续写出《把窗口开大一些》《在重新审视中寻求突破》《尊重和了解是第一位的》《“为什么要出诺贝尔啊？”》《不尽长江滚滚来》《“非诺贝尔情结”亦可不必》《胸中要有一幅地图》《重点和亮点（上、下）》《再现美丽的理论思维》《特别钟爱的一套小书》《一个对比和一点联想》等12篇，200 00余字，未及写完。

—

2003年（71岁）

1月，编辑《蒂皮在中国》，撰序《海水不可斗量》，同时出版纸质书和光盘。

引进《熊的真相》。

引进《狐猴的神秘世界》。

引进《寻找濒危野生动物》（上下），撰序《需要志士仁人》。

6月，引进蒂皮之父阿兰·德格雷著《荒漠天使——小蒂皮的诞生与成长》，撰序《自然的杰作》。阿兰·德格雷应邀访问中国。

引进《猫鼬情怀》，撰编后记《为野生动物立传》。

引进《树顶世界》，撰编后记《森林是一本天书》。

接受记者于鹤立、锁华媛采访，整版专访《刘硕良：挡不住自然的诱惑》刊于《春城晚报》2003年6月14日。

7月，《可遇亦可求——从〈我的野生动物朋友〉谈畅销书运作》，在《编辑学刊》2003年第7期刊出。

9月17日—21日，云南教育出版社《人与自然》书刊在第九届北京国际图书博览会上成为聚焦热点，《我的野生动物朋友》获引进版优秀畅销书奖和输出版优秀图书奖，《神奇的海豚奥利娜》获引进版优秀畅销书奖。

台湾圆神集团如何出版社购买云教社《荒漠天使》《猫鼬情怀》版权，在台湾出版中文繁体字版。

全国人大常委会副委员长韩启德、国家新闻出版总署署长石宗源、国家版权局副局长沈仁干到云南教育社展台观看《我的野生动物朋友》等书刊。

12月，获第八届中国韬奋出版奖。

—

2004年（72岁）

1月，为河北教育出版社引进获奥斯卡奖法国大片的伴生杰作《迁徙的鸟》出版，撰编后记《孩子、鸟儿和圣人》，并赴深圳校印。著名学者清华大学教授刘兵称誉此书为“镇室之宝”。

1月24日《中华读书报》20版整版选登《迁徙的鸟》图片及后记。

《成长与成熟》载2004年1月7日《中华读书报》。

《沉下去》载2004年2月11日《中国新闻出版报》。

《图片质量：科技图书娱乐化的一大要素》刊2004年4月25日《新华书目报·科技新书目》。

3月，出席中国韬奋出版奖颁奖大会。会后接受《文汇读书周报》记者顾军采访，《从心所欲 振翅于飞——韬奋出版奖获得者刘硕良印象》刊该报2004年3月5日第1版。

4月，郑克鲁《胆识过人》，刊《文汇读书周报》2004年4月28日第11版。事迹载张东《往高处去做——记第八届中国韬奋出版奖获得者刘硕良》见《追寻韬奋的足迹》，中国书海出版社，2004年5月。

5月，在北京注册成立北京硕良文化发展有限责任公司，经湖北省新闻出版局批准，作为长江文艺出版社外国文学编辑室运作有关工作。

7月，策划“背影丛书”。赵诚著《长河孤旅——黄万里九十年人生沧桑》书稿辗转多处未能问世，经硕良公司编辑、长江文艺社出版后反响强烈。

全国政协副主席、全国工商联主席、黄万里之侄黄孟复，全国政协委员、北京大学教授、黄万里之弟黄方毅，中科院软件研究所研究员、黄万里之女黄且圆，中科院院士、黄万里女婿杨乐和李锐、牟广丰、李亚莉、牟筱白、杨美卿、卢跃刚、徐刚、何西来、郑易先、章立凡、章诒和、丁东、止庵、朱正、吴国盛、吴保生等学者专家在座谈会上发言，共话黄万里伟大的民族精神。

9月，编辑《一代报人王芸生》，赶在作者王芸生之子王芝琛重病谢世前由长江文艺出版社出版，获《新京报》、《南方都市报》主办的当年华语图书传媒大奖。在颁奖大会上发言：《有利先进文化建设的盛事》。

11月18日，编定章诒和《一阵风，留下了千古绝唱》，并写编后记送长江文艺出版社付印，未获发行。

—

2005年（73岁）

1月，编辑傅国涌《1949年：中国知识分子的私人记录》，长江文艺出版社出版。

应邀到武汉参会期间，为湖北及武汉出版系统编辑人员做业务报告。

编辑沈容《红色记忆》，十月文艺出版社出版。

为长江文艺出版社引进2004年诺贝尔文学奖得主耶利内克文集5卷出版，包括《“钢琴教师”耶利内克》《贪婪》《情欲》《啊，荒原》《魂断阿尔卑斯山》。

为新世界出版社组编系列图书《虫舞飞扬》《百草含笑》《万木有灵》《太空追星》。

4月5日，接受《新京报》记者张弘采访，刊于该报“追寻80年代”专栏，《一个闪亮的名字联系一个时代的文学记忆——刘硕良：把诺贝尔介绍给中国》。图文一整版，记者秦斌摄影，半身像说明：当年刘硕良有着超前于时代的出版理念和文学嗅觉；如今年过七旬的他仍然有着旺盛的精力。

5月，编辑胡宗刚《不该遗忘的胡先骕》，长江文艺出版社出版。

应邀到北京十月文艺出版社做业务交流。

在广西出版总社主办的出版改革论坛讲演《出版业要有自己的明星》。

8月，编辑老鬼《我的母亲》，长江文艺出版社出版，首印50 000册。

9月，应河北出版集团邀请，为河北省出版系统编辑室主任培训班讲课：《思路才是根本——从当下编辑室主任的角色谈起》。

12月，为长江文艺出版社编辑刘文飞主编五卷本《普利什文文集》：《鸟儿不到的地方》《恶老头的铁链》《大自然的日历》《人参》《大地的眼睛》。

编辑陈敬组编于光远读史笔记《新民主主义社会论的历史命运》，长江文艺出版社出版。

冬，为纪念《堂吉诃德》问世400年，策划出版董燕生权威译文豪华本，获原著最初诞生地西班牙卡斯蒂利亚—莱昂自治地区政府提供资助和珍贵资料。塞万提斯学院院长塞利纳和中国西葡拉美文学研究会会长、北京大学教授赵振江作序。

《我的野生动物朋友》获2005年度“国家图书馆文津图书奖”，为该年度文津奖9种获奖书之一。译者黄天源应邀到国家图书馆做报告。

—

2006年（74岁）

1月，特约邓中良译著《品品特——2005年诺贝尔文学奖得主的全纪录》，长江文艺出版社出版。

推出彭子诚、陈敬编《我的1976》，长江文艺出版社出版。

为长江文艺出版社引进出版2004年英国布克奖获奖作品《美丽曲线》。

2月，图片《出版家刘硕良和他的助手》，作为光明日报出版集团主办的《老人天地》封面人物，在2006年第2期刊出，程淖尔撰文介绍。

3月，编辑柳鸣九《“翰林院”内外》，长江文艺出版社出版。

5月19日，接受《新京报》记者为《重访80年代》专刊所作的采访。

6月，为长江文艺出版社引进五卷本《欧茨文集》出版，包括《妈妈走了》《大瀑布》《狐火》《鬼魂出没》《直言不讳》，与王理行联合主编，王理行作序。

长江文艺《堂吉诃德》豪华版在北京塞万提斯学院揭幕时隆重面世。西班牙大使馆官员和学院负责人及首都学术界人士到会祝贺，长江出版集团总编辑周百义致辞。

9月，编辑王燕妮《光旦之华》，长江文艺出版社出版。

《〈人与自然〉创刊四周年致读者》，《人与自然》2006年9月。此前《人与自然》作为云南上海合作项目之一已由云南教育出版社与上海文艺出版社联合出版，在上海编辑发行。

10月，推出罗新璋编、余光中题签《古文大略》，长江文艺出版社出版。2013年，华东师大出版社重版。

—

2007年（75岁）

1月回南宁。公司业务交助手吴超负责，后停止运行。

为湖北教育出版社组编“世界文学大花园”，邀请陈众议、赵振江、余中先、刘文飞、高兴、石琴娥、叶渭渠、肖天佑、杨武能、王逢振、常耀信、石海军、薛庆国等优秀专家担纲，按英、法、俄、德、美、意、西、拉美、北欧、东欧、日本、印度、阿拉伯等国家和地区分13册，共428万字，含选文754篇、图片2763张。

为湖北人民出版社组编“梁东元科学纪实系列”——《中国飞天大传》《596秘史》《倾听大师们的声音》《走过额齐纳》。

为湖北人民出版社组编《绿色营》，并撰跋语：《感受壮烈，学做好人》。

3月，应广西文史研究馆聘请，任《广西文史》主编。到任后，从规范和改进开本、体例、篇幅、设计等外观形象入手，扩大作者队伍，团结馆内外力量，加强对史料特别是近现代史料的挖掘研究，扩大观照面，提升影响力。

6月，《新时期的文学翻译与力冈的贡献》在杭州纪念力冈逝世十周年会议上宣读。

—

2008年（76岁）

1月，回忆录《五十年前一件非凡的大事：关于毛泽东在南宁的点滴回忆和感受》，载《广西文史》当年第1期。

4月，《贤良方正的钟林》载《广西文史》2008年第2期。

5月，与广西文史研究馆同道赴山西采风，并探访广西壮族自治区党委原候补书记兼秘书长霍泛，归来作《思念广西：山西访霍泛》，并在《广西文史》发表霍泛《回忆陶铸同志在广西的几件事》和《忆刘建勋同志几件事：答刘立强的一封信》。

8月，回忆录《改革开放带来的突破和飞跃——漓江出版社诞生前后》，载《广西文史》2008年第4期。

11月，改革开放30周年之际，获广西壮族自治区党委宣传部给在改革开放中为新闻出版事业做出了突出贡献的先进工作者颁发的荣誉证书。

—

2009年（77岁）

1月，《历史的检验：二十七分之八——“30年最具影响力的300本书”中的漓江风景》，载《广西文史》当年第1期。文章记述为纪念改革开放30周年，由中国出版集团主办，江西出版集团协办，中国图书商报社、中国对外翻译出版公司、江西教育出版社承办的“30年最具影响力的300本书”评选结果：在入选的27种外国文学中，漓江出版社有《老人与海》（1987年版）、《麦田里的守望者》（1983年版）、《假若明天来临》（1986年版）、《意象派诗选》（1986年版）、《日瓦戈医生》（1986年版）、《洛丽塔》（1989年版）、《在路上》（1990年版）、《挪威的森林》（1996年版）等8种入选，居全国众多出版社之首。

回忆录《新中国初期广西日报纪略》，载《广西文史》2009年第3期。

《珍惜有限的时间》，载新湖南报、新华社湖南分社新闻干部训练班花甲纪念：《苦辣酸甜六十年》（1949—2009），香港祖国出版社出版。

广西文史研究馆55华诞之际，选编《广西文史》自1995年至2008年上半年共42期刊物中的130多篇、160万余字文章，以《〈广西文史〉选》为名，在广西师范大学出版社出版。撰写前言《科学发展的必然要求》。

为馆员书画集作前记《盲人的事业》，广西美术出版社出版。

应聘为中央文史研究馆主持编撰的《中国地域文化通览·广西卷》主编，按丛书编委会确定的方针、体例、规范，遴选作者，构思框架，草拟提纲，执笔“绪论”。

4月26日，上报《中国地域文化通览·广西卷》提纲；8月赴京参加丛书编撰工作会议，《中国地域文化通览·广西卷》提纲获得肯定。撰稿工作全面展开。

—

2010年（78岁）

上半年，汇集《中国地域文化通览·广西卷》初稿，逐章研究修改。

9月6日，上报《中国地域文化通览·广西卷》第一稿，丛书编撰办审核后认为“最接近中央馆要求”，并对“绪论”给予好评，推荐给其他卷参考。

11月22日，《中国地域文化通览》广东、广西、海南三卷编撰工作座谈会在南宁举行。在会上发言汇报《广西卷》编撰情况。

12月12日上报第二稿，丛书编撰办当即提交中华书局，成为丛书34卷中最先提交中华书局的一卷。中华书局审阅后认为“书稿质量较好，提供了很好的文本”，并提出详细的修改意见。

《人与自然》入选《共和国期刊六十年》，李频主编，中国大百科全书出版社出版。

—

2011年（79岁）

6月8日，与广西文史研究馆馆长柳盛权和《中国地域文化通览·广西卷》副主编卢斯飞、顾绍柏赴黄山参加《中国地域文化通览》广西、安徽两卷编撰工作座谈会。国务院参事室副主任、丛书执行副主任陈鹤良表扬“《广西卷》对丛书作出了重要贡献”，并对柳馆长说，“《广西卷》主编选得好，选对了人”。

黄万里传记《长河孤旅》在陕西人民出版社再次出版。

回忆录《漓江的记忆》约50 000字，《广西文史》2011年第4期，2012年第1、第2期连载。

—

2012年（80岁）

2月，应漓江出版社社长郑纳新博士邀请，任社长顾问，在南宁组建译文中心，为漓江出版社恢复已停顿10年的外国文学出版工作，双方合作至2013年7月，历时一年半。

组织“外国文学名著名译丛书”，至2013年底已出60余种。

主编“获诺贝尔文学奖作家丛书”，新出《喧哗与骚动》《人间食粮》《创造的进化论》等卷，重印《雪国·千鹤·古都》，均以精装新装面市。
主编“广西政府参事文史馆员丛书”，2012年出版5种：《幽默与人生》、《〈广西文史〉选二集》（上中下）、《纪念与回忆》、《笔记野史中的广西》、《名门之后说名人》。
6月，“获诺贝尔文学奖作家丛书”入选首届“广西十大创意”品牌，颁奖词盛赞“获诺贝尔文学奖作家丛书”“以一个出版创意，成就一套经典丛书，成为连接国内读者与世界经典的桥梁与门户，历经30年长盛不衰，取得远大的经济效益和社会效益。她的出版填补了中外文学出版领域的一大空白，无疑有利于中外文化交流和提振广西在海内外的影响”。作为丛书主编被邀为嘉宾，出席广西电视台播出的颁奖大会，回答主持人提问。
同月，应山西省新闻出版局邀请，赴太原为山西省出版系统编辑室主任培训班讲课：《发现的智慧和匠人的手艺》。
《民族良心的体现与担当——读〈申报〉广西辛亥革命资料选编有感》，刊于《南国早报》2012年6月29日。
9月，两卷集《三栖路上云和月——为新闻出版的一生》，由漓江出版社出版。文字70余万，图片300多幅。刘杲作序《出版能人刘硕良》，曹光哲作序《一个真正的出版家》，高莽画像，郑纳新组稿，谢阅责编，李星星设计封面。
16日下午，漓江出版社在广西人民出版社成立暨广西人民出版事业开创60周年纪念大会结束后，于邕江宾馆举行《三栖路上云和月》出版座谈会。文化出版界知名人士曹光哲、夏永翔、罗平汉、陈肖人、彭匈、吴明生、区向明、欧薇薇、黄天源、蒋钦挥、张燕玲、顾绍柏、苏旅、张千骥、张谦等出席，郑纳新主持。与会人士对文集和作者成就与精神给予高度评价。发言纪要载《广西文史》和《广西出版工作通讯》。
20日，80岁生日，广西政府参事室主任冼祖元、广西文史研究馆副馆长朱嘉新等热情致贺。
10月13日，就莫言获诺贝尔文学奖接受《南国早报》记者李岚的采访，成稿《莫言获奖是莫大的喜事》，刊于第28版。
19日，《南国早报》刊登记者李岚、实习生黄静采访记：《不老的人生》。

—

2013年（81岁）

1月，为漓江出版社主编1901—2012年《诺贝尔文学奖授奖词和获奖演说》（上、下）、《诺贝尔文学奖作家传略》（上、下）、《诺贝尔文学奖作家论》（上、中、下），撰写“前记”和“丛书回顾”，收入黄伟林、穆莉《百年中国文学与诺贝尔文学奖》。这套3种7册大书为中国读者提供了最新最全面的诺贝尔文学奖档案。

主编“当代著名翻译家精品丛书”，首批分别推出傅惟慈、李文俊、罗新璋、郭宏安、施康强、余中先、刘文飞、张玉书、董燕生、黄健人等译家自选集。每集前均有译家宝贵的经验之谈。

《中国地域文化通览·广西卷》由中华书局出版，16开精装，55.5万字，含《广西历史文化地图》及图片160幅，插页10页。

毕冰宾读《三栖路上云和月》随感——《一个出版家的风雨路》，刊于《中华读书报》2013年1月30日“人物”版。

4月，广西日报以“广西第一部文化通史”为题在第一版报道《中国地域文化通览·广西卷》问世，南国早报以通栏标题报道此书出版消息，并摘登陈进玉、袁行霈、陈祖武评语。

7月，接受《新周刊》记者唐瑶瑶采访，《刘硕良：助推中国人了解世界》，载《新周刊》第400期特大号《我的故乡在八十年代》新启蒙专栏，2013年8月1日出版。

8月5日，举行《中国地域文化通览·广西卷》出版座谈会。自治区副主席李康到会祝贺并要求认真做好成果利用工作。专家学者梁超然、韦其麟、黄铮、曹光哲、容本镇、秦邕江、李建平、李庭华、彭匈、区向明、覃彩銮、周中坚、林杰谋、蒋钦挥、韩德明、麦超群等发言或寄来信函文字，畅谈《广西卷》的丰硕成果及其重大的学术意义与现实意义。

10月24日，在广西版协举办的以“地域文化与出版”为主题的读书讲座作第一讲：《把历史文化放到更突出的位置》，提出11条设想，引起出版人和读者强烈共鸣。讲稿刊于《广西文史》2013年第4期。

11月，主编《中国地域文化通览·广西卷》简编——《广西地域文化要览》，由广西师大出版社出版，李康作序。撰写“后记”介绍有关情况，并对“绪论”做了增补。“要览”37万余字，100多幅图片。较之“通览”，有缩有增，被认为“篇幅适中，精当充实，可读可信，兼具浏览欣赏与长期存留备查价值”。

11月15日，应广西电视台邀请，与蒋廷瑜、梁扬到广西电视台录制《广西历史文化大讲堂》特别节目，题为《书绘广西历史文化地图》，分上下两集，分别在11月24日、12月1日广西台都市频道播出，主持人周静，制片人谭江，编导李颖祺、麦颖、吴治平，频道总监陈维革。

10月，组织引进的胡小跃译加拿大畅销小说《街猫》，漓江出版社出版，销售良好。

为云南教育出版社引进的《我的野生动物朋友》已印17次，540 000册。

主编“广西政府参事文史馆员丛书”，2013年出版5种：《〈广西文史〉选三集》《三余集》《周榕林书法》《邓敦伟美术作品选》《广西开发史》。

12月，主持《中国地域文化通览·广西卷》续编——《广西现代文化通览（1902—

2014）》编撰工程，基本确定宗旨、框架、体例和作者分工、大致进度。第一、第二次编撰工作会议讨论了提纲一、二稿，会后改出提纲第三稿。

中央文史研究馆编印的《中国地域文化通览编撰工作通讯》，详细介绍《广西卷》成果利用工作及在各省区中首先出版“简编”的情况和做法。

—

2014（82岁）

1月21日，召开“续编”第三次编撰工作会议。新任参事室副主任、广西文史研究馆副馆长卢岱到会讲话。会议讨论提纲第三稿，文史馆、主编和作者签订编撰合同。要求抓紧展开编撰工作，年中写出初稿，下半年统稿修改，2015年大致完成。

会后修订出提纲第四稿，分送作者，作为编事指要。

为《周民震文集》作序《奔向太阳的美丽真诚》，广西民族出版社，2014年3月。

《在翻译中找到精神乐园——怀念老翻译家傅惟慈先生》，刊于广州《南方都市报》2014年3月28日。

《永远的新干班——兼读〈朱九思评传〉》，刊于《广西文史》2014年第3期。

10月15日，赴在国务院参事室和中央文史研究馆于北海主办的参事馆员培训班讲课，题为“地域文化研究的若干问题与思考”。

12月18日在北京中国地域文化研讨会上发言《〈通览〉带动文史馆工作的发展》，整理稿刊于《广西文史》2015年第1期。

主编“广西政府参事文史馆员丛书”，2014年出版6种：《〈广西文史〉选四集》《广西地域文化与地区百科全书》《广西铜鼓文献汇编及铜鼓闻见记》《筚路鸿爪——我的史学之旅》《经济金融工作思考》《清代广西巡抚列传》。

—

2015年（83岁）

5月22日—23日，在广西药用植物园宾馆举行《中国地域文化通览·广西卷》续编统稿会。11月中排出四卷三校本，书名定为《广西现代文化史》，并在南宁饭店邀请专家学者座谈，听取修订意见。梁超然、周民震、韦其麟、何龙群、黄铮、秦邕江、曹光哲、梁扬、彭匈、覃彩銮、吴文贯、蒋钦挥、李庭华等出席。

9月15日在北京举行的《柳鸣九文集》出版座谈会上作书面发言——《理论光辉的美丽和魅力》，收入由深圳海天出版社出版的座谈会文集，并刊于该年第4期《广西文史》。

主编“广西政府参事文史馆员丛书”，2015年出版6种：《〈广西文史〉选五集》《瑞牛吟草》《古代越南使节旅桂诗文辑览》《乐此不疲》《西风剪影》《八桂人文与旅游文化》。至此丛书在四年内共出版23种，完成了室馆制订的出版计划。

—

2016年（84岁）

3月，编完当年《广西文史》第1期（总第72期），从此结束在广西文史馆的书刊主编工作。自2007年第3期（总第37期）起，近9年内主编《广西文史》35期，使刊物稳定发展，质量逐步提高，受到社会关注。期刊和丛书的出版团结和壮大了作者及馆员队伍，带动了室馆建设。

11月，插图本《广西现代文化史》由广西师大出版社正式出版。全书四册，150万字，2200多幅图片。自撰“绪论”引语和第2节及“出版”专章，并设计部分彩页。李康副主席在出版座谈会上充分肯定此一开创性重大文化工程的价值和意义，广西新闻出版广电局副局长吕洁到会祝贺，广西师大党委书记王枬、广西师大出版社集团公司董事长兼社长张艺兵、副总编辑黄毓汇报有关情况，与会专家容本镇、谢林城、卢斯飞、曹光哲、李庭华等给予高度评价。座谈会由广西师大出版社南宁分社社长黄毓主持。

—

2017年（85岁）

与黄权才合作选编的《日读一篇识广西——八桂文脉史痕录》，作为广西壮族自治区成立60周年献礼作品，由漓江出版社出版图书本和台历本。年终，广西出版传媒集团公司将此书列入春节购赠职工带回家过年的礼品图书。

草拟“我们的广西”丛书《广西读本》提纲。

个人口述史料，黄伟林采访整理。

接受广西民族大学副教授张静为博士研究生论文写作提出的采访。

—

2018年（86岁）

《春潮漫卷书香永：开放声中书人书事书信选》一书由漓江出版社于2018年10月出版。该书分上、下两卷，80万字，插页108页。收入454人的788封书信，刘硕良编注并撰前言，柳鸣九信代序，刘迪才作跋，霍丽作编后记。刘凛设计。首印5000套。次年1月重印3000套。

入选纪念改革开放四十周年及广西壮族自治区成立六十周年，广西壮族自治区党委组织部、宣传部组织评选的“八桂先进人物”。

广西日报7月7日发表记者林雪娜采访记《殷殷丹心辑华章》。

广西电视台六、七月间在卫视新闻等多个栏目播出专题，记者余跃、宋江波。

8月，与郑维宽合作，主要由郑维宽撰写的《广西读本》，收入“我们的广西”丛书，由漓江出版社出版。

11月14日，在中国编辑学会年会上，获广西出版传媒集团公司颁发的“行业影响力杰出人物奖”，同时获奖的有聂震宁、李元君、白冰、张昌华。

11月，漓江版“获诺贝尔文学奖作家研究丛书”3种7册重印。重印本增加2013年以来新获奖作家的有关资讯。出版统筹吴晓妮，责编周向荣、王坤。

12月4日，广西出版传媒集团公司和漓江出版社在中国社科院外文所举行“书信选”新书发布会，中国社科院学部委员、外文所所长陈众议，荣誉学部委员郭宏安和董秀玉、马国仓、刘文飞、高兴、白烨、叶廷芳、王逢振、谭立德、赵振江、林洪亮、冯植生、李频、毕冰宾、刘昆等出席，并在会发言或作书面发言。荣誉学部委员柳鸣九、李文俊在采访视频中深致贺意。广西出版传媒集团公司副总经理黎洪波和漓江出版社总编辑张谦、副总编辑梁志到会致辞。

12月12日，《中华读书报》报道“书信选”面世并以整版篇幅报道北京座谈会发言。

12月13日，在广西壮族自治区党委宣传部和广西日报联合主办的《行进广西的故事》专栏发表《开放之天地洒满阳光》。

12月28日，漓江书院举办“书信选”新书发布会，夏永翔、李元君、曹光哲、吴明生、刘迪才及编注者在会上发言，白烨等专家致贺。

—

2019年（87岁）

应约为广西师大筹建的桂学博物馆刘硕良陈列室提供有关资料，并接受该馆负责人、广西师范大学文学院博士生导师黄伟林教授及其研究生的采访。

为广西民族大学副教授张静所作的博士研究生论文写作提供指导和帮助。

与广西译协和广西民族大学外语系翻译学院中心联合召开“书信选”座谈会，谢天振、黄天源、覃修桂、张旭等专家出席。

8月7日，《中华读书报》以几近一版的篇幅刊载记者舒晋瑜采写的《“唯书是追求，为书而生”——访出版家刘硕良》，并配大幅照片。

为漓江出版社“旅伴文库”主编其中的“锦囊旧书”系列，年中出版第1批6种：《西方爱情诗选》《家族复仇》《人鼠之间》《阿道尔夫》《心》《在撒旦的阳光下》。

8月，孙女刘瑾懿出生。

2020年（88岁）

7月23日，将珍藏的图书6 000余册捐赠予南宁师范大学图书馆，李兰荣副校长参加赠书仪式，并在仪式上致辞，仪式由该校图书馆馆长陈光伟主持。

11月27日，为漓江出版社成立四十周年纪念文选撰文《一个幽灵在漓江徘徊》；

妻子，南宁市红十字会医院原护师、助产长，漓江出版社一级校对黄丽清于11月27日下午3时病逝。12月1日，在南宁市殡仪馆举行追悼会，广西出版传媒集团副总编辑、漓江出版社社长刘迪才致悼词，作家周民震讲话。

12月19日，全国政协委员、经济委员会委员，原中宣部出版局局长，经济日报社原社长、总编辑张小影参加广西书展期间，看望广西出版传媒集团老专家刘硕良。陪同看望的有原广西出版总社副社长李元君、资深媒体人欧宏、广西出版传媒集团教材有限公司董事长孙蓓。

在此前后，看望刘硕良的还有汪家明、彭兆平、张海鸥、黄介山、张明非、蒋廷瑜、彭书琳、王燕妮、胡小跃、邱滨、孙晓红、孙精精、张文杰等同志。

—

2021年（89岁）

由黄伟林总策划的《与时间书：刘硕良口述回忆录》，自2012年启动，陆陆续续进行多次采访，2020年中进一步加强人力、加快进度，至2021年12月，完成两稿。

—

2022年（90岁）

1月，为刘迪才主编，霍丽、苏子新、梁虹程编辑的《围观记——刘硕良出版活动评论选》提供资料，口述题注。全书收文214篇，60余万字。

2月16日，《与时间书：刘硕良口述回忆录》完成第三次统改，接着进行打磨修订工作。

后记

1990年，我认识了刘硕良先生，一个个子不高、戴着眼镜、有点书卷气的中年男人。印象中，刘硕良先生的办公室里，堆的全是书，他是在书堆里跟我说话，说的也是书。当时我已经开始发表文学评论，刘硕良先生跟我说话的内容，是请我为他新编辑出版的图书写书评。他很精练地介绍这些新版图书的特点。我们的交谈，没有一句脱离书的闲话。临走的时候，刘硕良先生慷慨地送我一大包书，然后，又埋头于书堆中。

至今，我仍然认为，刘硕良先生当时编辑出版的书具有极高的品质，不仅是那套洋洋上百册的“获诺贝尔文学奖作家丛书”，而且还包括《诗海——世界诗歌史纲》《彩色插图世界文学史》这些单本的图书，都是当时我所看到的文质兼美的出版物。新世纪之后，中国的出版界出现了“最美图书”的概念，其实，哪怕放到今天，《诗海》《彩色插图世界文学史》仍然堪称最美图书。

那时候，我在报纸上读过一些关于刘硕良先生的文字。记忆中有一篇文章，标题似乎是《一个人的出版社》，说的是漓江出版社为刘硕良先生创办，而且，在最初创办的那几年，只有他一个人。还读过一篇文章，说的是刘硕良先生在北京还是上海或者南京哪个城市参加会议，送了不少书给与会者，可能是没有送完，会议结束后，他又打包把剩下的书带回桂林。

我本人也写过一篇以刘硕良为主人公的纪实文章《一人编辑和一个时代的文学——记编辑家刘硕良》。

1995年刘硕良先生到南宁创办《出版广角》，我成为该刊的作者。这一年，我在北京师范大学进修，经常逛如雨后春笋般生长出来的民营书店，专门为《出版广角》写了《诗意的居所》这类介绍北京民营书店的文章，还在《出版广角》上发表了我的老师任洪渊诗歌研讨会的综述。这些文章配有图片，应该是我刊文配图的开端。

2001年，刘硕良先生创办《人与自然》杂志。这时候我开始对旅游文化研究感兴趣。在《人与自然》上，我发表过《阳朔再发现》这类文章。这类文章对配图要求更高，促使我开始关注摄影家的作品。

2004年，刘硕良先生以72岁的高龄北漂，在北京创办了北京硕良文化公司。那一年，我在鲁迅文学院学习两个月。学习期间，我专门到硕良文化公司，与刘硕良先生讨论图书选题。当时的北京应该还是北漂族的黄金时期，刘硕良先生可能是当时中国出版界年龄最大的北漂。北漂，对于刘硕良先生的出版事业而言，又是一个新的开拓，他策划编辑出版了《长河孤旅——黄万里九十年人生沧桑》《一代报人王芸生》《1949年：中国知识分子的私人记录》《红色记忆》《不该遗忘的胡先骕》《母亲杨沫》《光旦之华》等一批中国20世纪文化史题材的图书，如今看来，这些图书的价值将与日俱增。

记不清是哪一年了，刘硕良先生给我电话，说要在桂林召开《广西文史》的组稿会。多年阅读，我对广西历史文化的知识有所增长，在《广西文史》上发表了一些广西文史类的文章。2013年，刘硕良先生主持《广西现代文化史》的写作，我承担了第十一章《文学》前八节以及第十六章《旅游文化》的撰稿。

2015年，我为刘硕良先生主持的“广西政府参事文史馆员丛书”编选我的旅游文化文选，2016年以《八桂人文与旅游文化》为名出版。

2018年，刘硕良先生编选出版《春潮漫卷书香永——开放声中书人书事书信选》，我专门写了长篇书评《新时期外国文学出版的“信史”》。

之所以不厌其烦地陈述我与刘硕良先生的交往史，是想说明，几乎在刘硕良出版事业的每一个阶段，我都是在场者。正是因为在场，使我能够较为直观地了解刘硕良的出版业绩，并因为这种了解，促使我有意通过口述史的方式，对刘硕良先生的人生历程做一个记录。

我做口述史的实践，始于2006年，最初是凌渡先生带着我对广西老作家陆地先生进行访谈。2008年，我与时任广西师范大学党委书记的王枬教授合作，做了一个小册子《师说新语——广西师范大学口述历史故事集》。在此之后，又与张俊显、谢婷婷等人做了《大学里的作家梦——独秀作家群访谈》，该书有我专程到梅州做作家程贤章访谈。此外，我还访谈了美术家刘绍荟、白晓军、肖舜之以及小说家黄继树等人。

2012年10月21日—22日，我借出差南宁的机会，带领唐迎欣老师和李佳佳等研究生，启动对刘硕良先生的口述访谈。本次访谈包括《从故乡到清华中学》《清华中学》《从“新干班”到广西日报》三个部分，由李佳佳做的录音整理。

2013年1月21日，我委托唐迎欣、谢婷婷、莫艳芳师生三人，访谈刘硕良先生。刘硕良围绕《广西日报》谈党性与人民性如何统一的问题，由谢婷婷做的录音整理。

2017年9月26日—27日，我委托在读研究生王云杉、陆立伟两人，继续对刘硕良先生进行口述访谈，本次访谈包括《漓江出版社》《出版广角》《人与自然》《北漂》《广西文史》五个部分，由陆立伟、王云杉、王伟彤、徐俐文、杨斯淇、贾雅楠、杜子壮、吴怡豪、徐小珍、王燕等人做的录音整理。

2018年，我受命筹办广西师范大学桂学博物馆。我有意在桂学博物馆做一个刘硕良文学出版的专题。有一天，我在宜州河池学院参加桂学协同创新会议，会议期间，我到会场外面给刘硕良先生打了一个电话，说了我的想法，他很支持。这一年11月23日—24日，我带领李逊老师以及农炎灿、孙丽燕等研究生，还有望道记录社的本科生，继续对刘硕良先生进行口述访谈。这次口述采访的主题是“获诺贝尔文学奖作家丛书”。

从2012年到2018年，我们所做的刘硕良口述访谈已经整理出十多万字的文字。2019年，为筹办桂学博物馆的刘硕良专题，我与李逊带领望道记录社郭烨泷等同学，多次到南宁与刘硕良先生交谈。我做刘硕良先生的访谈，有点“只知耕耘，不问收获”的架势，我们积累了一些录音和影像，整理了许多文字，但从来没有找地方发表。我只有一个执念，就是刘硕良先生值得我们去做这样一个口述访谈，这个口述访谈有藏之名山，传诸后世的价值。

2020年，刘硕良先生对这个口述访谈有了紧迫感。然而，因为新冠疫情的出现，我们往返南宁和桂林很不方便，最后，我们利用2021年的寒假时间，开启腾讯会议，对刘硕良先生做视频访谈。

刘硕良先生高度重视这次视频访谈，他另起炉灶，对他将近90年的人生历程进行了一个完整的回顾。

所谓视频访谈，基本上是刘硕良先生预先打好腹稿。南宁南湖边，刘硕良先生通过视频面对我们侃侃而谈，漓江出版社的梁虹程女士为他做技术支持；桂林漓江畔，我们在广西师范大学文学院会议室，看着屏幕，听刘硕良先生讲述。整个寒假，这样的视频访谈，进行了整整20次。每次长达两三个小时。参加这个视频访谈的人员主要有李逊、唐迎欣、张俊显和我等人。有时候，我不在会议室，也会通过手机视频聆听刘硕良先生的口述。作为整个口述项目的负责人，我的一个重要职责，就是作为一个对话者和聆听人，保证刘硕良先生思路的开启和贯通。而全程聆听刘硕良先生视频口述的，是李逊，他一边聆听一边记录，打字速度接近专业速记人士。

2021年寒假的视频访谈，是刘硕良先生深思熟虑的结果，不少口述内容基本不用怎么加工，就可以直接转化为书面文本。即使如此，因为刘硕良先生已经89岁高龄，说话有湖南口音，记忆也有模糊含混的地方，加之有些章节前后多次口述，内容亦有增补、追述、穿插，因此，我们在进行文字整理的时候，仍然需要细心慎重。首先由李逊进行第一遍文字整理，部分章节由唐迎欣做第二遍文字整理，然后由张俊显做全书统稿。张俊显的统稿依据的是我们从2012年开始的多个版本的口述整理稿，不仅要整合版本，理顺逻辑，梳理结构，疏通文字，力求使书稿能够要言不烦、通达晓畅、浑然一体，而且要增补材料、核查史实、斟酌推敲，特别是对《外国文学出版的老骑士》《出版的广角》《人与自然》等章节，先后根据刘硕良的有关文章及其他资料，对刘硕良先生口述未展开的内容或因有相关文章而未重复叙述的内容进行了整理和补写，以期让回忆录更加均衡、饱满。之后，李逊将统稿文本带到南宁，在刘硕良先生家中，逐字逐句诵读给因视力问题而难以阅读的刘硕良先生，由刘硕良先生订正。然后，张俊显再根据刘硕良先生的意见逐章修改完善。特别让我们感动和钦佩的是，刘硕良先生对前后的讲述和修订了然于心，尤其是重点内容漓江出版社部分，不断有新的思考，不厌其烦地进行了多次的结构性调整和重要修订，并且刘硕良先生对文稿保持着一个资深出版家的职业敏感，对每次修订的文稿都精益求精，字斟句酌，提出了不少我们都未及时注意到的文字问题。

为完成这项工作，李逊与望道记录社的霍东升、黄重贸等同学，从桂林往返南宁多达11次。直至2021年末2022年初，所有文字文本接近完成的时候，李逊又往返南宁多次，在刘硕良先生家中，与刘硕良先生搜寻照片，为书稿配图。

2022年1月16日，张俊显、李逊赴刘硕良先生家中进行补充性采访和整体性沟通，用了一整天的时间对回忆录的一些细节和表述逐一沟通、校订，并就书稿的编排、标题、配图等问题进行了商议。

从2019年至2021年，得知我们在进行刘硕良口述访谈，不少人表示了关注。2019年，上海的中国新闻出版博物馆王晨副馆长曾专程到桂林了解抗战时期桂林文化城出版状况，听说我们正在做刘硕良先生的口述历史，遂表示他们有意做一个刘硕良先生的出版专题展，并愿意支持我们的刘硕良先生口述访谈项目。因为疫情的原因，也因为各自工作繁杂，我们未能有机会与刘硕良先生三方商谈，刘硕良先生口述访谈仍然由我们团队独立完成。

2021年，在《与时间书：刘硕良口述回忆录》接近完成之际，北京三联书店的汪家明先生、北京故宫出版社的王亚民先生、广西师范大学出版社的刘春荣先生，都曾表示过对书稿的关注，因为各种原因，最后，我们确定与漓江出版社合作。

这个选择，既是因为刘硕良先生最重要的出版业绩在漓江出版社实现，另一方面，则是因为近几年来，我们在做刘硕良文学出版专题展的时候，得到漓江出版社霍丽女士的多方支持，我们在做刘硕良先生视频访谈时，亦与霍丽女士、梁虹程女士有深度合作。

漓江造就了举世闻名的桂林山水，漓江出版社成就过与人民文学出版社、上海译文出版社鼎足而三的外国文学出版业绩，漓江的自然风光与漓江的人文风景在这个维度交相辉映。《与时间书：刘硕良口述回忆录》以一个新中国出版人、改革开放时代外国文学出版“漓江现象”创造者的亲历、亲见、亲闻和所感、所思、所悟，成为我们共同经历过的文化变革、文化发展与文化繁荣的历史见证，亦为我们正在从事的文化传承、文化创新与文化复兴事业提供启示。

黄伟林

2021年12月28日于桂林

读《与时间书：刘硕良口述回忆录》

◎汪家明

硕良先生今年九十岁了。我初见他时他六十七岁，转眼已过了二十多年。近读他的《与时间书：刘硕良口述回忆录》书稿，很感慨也很受益。

硕良先生一生传奇丰富，但轨迹特别清晰，左右离不开新闻出版：在《广西日报》做编辑记者十六年；因冤案判刑、在劳改场所十五年；参与创办漓江出版社并任领导十三年；创办《出版广角》杂志并任主编六年；去云南教育出版社主编《人与自然》杂志三年；到北京注册“硕良文化有限公司”，并与湖北长江集团合作出书，又三年；回广西任广西文史研究馆馆员、《广西文史》杂志主编有年……

二十多年里，我和硕良先生并无多少交集。他1980年进漓江出版社时，我还在大学读书。1984年我调到山东画报社工作，虽然进了出版，但编摄影杂志是另一个圈子，直到1993年成立山东画报出版社，才进入图书出版领域。1996年底，《老照片》创办，引起广泛注意。

那时出版界很活跃，有三家出版媒体我每期必读：《文汇读书周报》《中国图书商报》《出版广角》。《文汇读书周报》主编褚钰泉眼光独

汪家明，又名稼明。出版人，作家。曾任山东画报出版社总编辑，三联书店副总编辑，人民美术出版社社长。

到，功夫深厚，所发文章短小，但文采不减，对市场反应很快，《老照片》第一辑出版不到一个月，就在头版中间位置，用花边圈出《为〈老照片〉鼓掌》短文，快捷犀利；《中国图书商报》出身于新华书店总店，改刊后的总编辑是程三国，他雄才大略，立足一个“商”字，做足出版改革的文章，坚持不懈介绍国外，尤其是欧美和日本的出版经验，通过驻北京的歌德学院与法兰克福书展建立了密切联系。当时叱咤风云的出版实干家、理论家胡守文、陈昕动辄在这里发表长篇大论。这两家报纸背景都很雄厚，堪称业界翘楚。《出版广角》寄身中国一隅，没有什么背景，而且是时效低的双月刊（后改为月刊），却因一个个名家专栏而牢牢吸引读者，尤其是像我这样进入图书出版行业不久，渴求新知的读者。记得前后专栏有《刘杲随感录》《沈仁干说法》《聂震宁断想》以及于青《长篇短评》《张泽青看期刊》、辛广伟《叙台湾出版史话》、钟叔河《学其短》系列、朱正《编注例话》等，令人目不暇接。别的我不了解，请国家新闻出版署副署长刘杲开专栏，据我所知是难上加难，不知主编者用了何等绝招约稿成功。其他几位署里的官员，扎堆为《出版广角》写文章，也属奇迹。

《出版广角》的宗旨是“与中国出版同步，为中国出版服务”，口气很大，但的确是这样做的。他们走出广西，举办许多全国级的研讨会，如“高校出版发展战略研讨会”“教育出版战略研讨会”；举办“21世纪出版论坛”，分别在北京、合肥、南京举办三场，以及在成都举办“出版发展论坛”，在上海举办“社刊工程研讨会”……这些论坛和研讨会借助有实力的地方出版社资助，动员了全国出版界的风云人物（几乎无一遗漏），荟萃了出版界的各种新动向、新观念，像一浪浪波涛，与《中国图书商报》遥相呼应，共同搅动中国出版改革大潮。

我知道的《出版广角》的高潮是1999年10月《新中国出版50年特辑》。《与时间书：刘硕良口述回忆录》里记载：“在阿正、李频等策划下，依靠各方力量，梳理发展脉络，回眸重大节点，标举50件大事、50家出版社、100种书、100家期刊、100条个例和业界有影响的100位人物——出版家、编辑家、装帧家、理论家、经营家、管理专家、风云人物、中青年才俊、新生代精英、技术及教育专家各10名，附录大事记及专题透视，为新中国出版50年建起第一份较全面的民间档案”。

《老照片》忝列100种书，我本人忝列十大“中青年才俊”。这个评选虽然是非官方的，但我感到非常荣耀。厚厚的一大本“特辑”，里面都是实实在在的出版范例，都是干货。这本“特辑”我保留至今。

我是以创办《老照片》的“中青年才俊”身份参加在合肥举办的“21世纪出版论坛”的。查1999年11月20日的日记：“一早到合肥，7：50，列车晚点五十分钟。安徽教育出版社车来接。等上海一班车来，直到近9时才到，亦晚点。到会场9时半，先见到李庆西。然后照合影，合影后开会。到会二十九人。下午胡守文先发言，我接着发言。中午安徽有线电视台采访。晚无事，与李庆西、胡守文聊天，至12时许”。正是在合肥会议上，我见到《出版广角》主编刘硕良，矮壮的身型，专注的眼睛，一副做事果断、投入的神情。我暗想，这人长得有些像丁聪，但比丁聪严肃。是个厉害角色。

会上有好几位老朋友，如胡守文、贺圣遂、王一方、肖启明、苏旅等，也结识了几位新朋友，如黄书元、张秋林等。会上还有文汇报的周毅，年轻、秀丽，有点清高，我们很谈得来。转过年的7月，我又参加了《出版广角》和中国编辑学会青年编辑委员会在成都举办的“出版发展论坛”，也结识了许多新朋友。

我想，硕良先生也许并不知道，他的《特辑》和评选，以及各种论坛会议对我等的作用有多大，可以说影响到我以后的整个出版生涯。所以我一直对硕良先生尊崇有加，对他的行踪也时时了解。后来他去云南主编《人与自然》杂志，也是一炮打响。我对《人与自然》有另一种了解：2002年第四期上有我撰文并摄影的《遥远的纳米比亚》，足足占了十个页码。至今记得，开篇的跨码照片用得很大胆，很有眼光。我是编摄影杂志出身的，对图片应当如何使用有特殊的感觉，可是硕良先生似乎并不以这方面见长，却具备这种眼光——我认为，这是《人与自然》成功的重要原因之一。

我过去对漓江出版社与硕良先生的关系不太了解，读了《回忆录》才知道他其实是主要的创办人之一，那些外国小说都是他推出的，当时这是很大胆、冒险的举动。如此，我可以说和他神交已久了——我喜欢文学，尤其对翻译小说情有独钟。他在漓江社最早策划出版的《白夜》《保尔和薇吉妮》《巴黎的忧郁》《麦田里的守望者》，我当时就买了，都是小开本的册子，让人喜欢。后来我还买了许多漓江社出版的获诺奖作家小说，如马丁·杜·加尔（当时翻译为马丹·杜伽尔）四卷本的《蒂博一家》、阿斯图里亚斯的《玉米人》、索尔·贝娄的《赫索格》、泰戈尔的《饥饿的石头》、君特·格拉斯的几本书等，早期那些书封面大大的“N”字图案（诺贝尔奖开头字母）让人过目不忘。

硕良先生九十岁了。一个人一生的事业中，能做成一件大事就很不简单了，硕良先生在出版界起码可以说做成了三件大事：创办漓江出版社、开荒外国小说（尤其是现代派小说）出版园地；创办《出版广角》并影响整个出版界；创办《人与自然》闯出人文地理杂志的一方天地。他为什么能做到这一点，除了历史的机遇外，个人的眼光和胆识不容忽视。那么，他为什么会有这样的眼光和胆识呢？我有一个观点，未必正确——十五年的冤案和劳改的经历起了决定性的作用——其一，他曾经被打入社会最底层，亲身体验过屈辱和痛苦，还有什么可怕的？其二，憋闷了十五年的才能和志向，一旦找到机会，便不可阻挡地喷发出来……他的人生经历了低谷和高潮的大起大落。我想，这样的人生是至为精彩的，是十分难得的。